왜
전쟁
까지

SENSOU MADE: REKISHI WO KIMETA KOUSHOU TO NIHON NO SHIPPAI
by Yoko KATO
© Yoko KATO 2016, Printed in Japan

Korean translation copyright © 2018 by Sakyejul Publishing Ltd.
First published in Japan by Asahi Press
Korean translation rights arranged with Asahi Press
through Imprima Korea Agency.

일본 제국주의의 논리와
'세계의 길' 사이에서

왜
전쟁
까지

가토 요코 지음

양지연 옮김

사□□계절

일러두기

1. 이 책은 2015년 12월~2016년 5월까지 진행된 강의를 재구성하고 가필한 것입니다. 국제 정세 등에 관한 서술은 강의 이후의 동향을 추가하기도 했습니다.
2. 인용문 가운데 저자가 추가한 내용은 [ ]로 표시했습니다. 옛 일본어는 현대의 표현으로 고쳤고 읽도록 쉽도록 한자를 병기했습니다. 책의 내용 중 오늘날 시점에서는 민족차별적이라 여겨지는 표기가 등장하는데 이 부분은 당시 일본제국의 의식을 정확하게 전달하기 위해 그대로 사용했습니다.
3. 한국 독자의 이해를 돕기 위해 한국어판에는 원서에 수록되지 않은 사진과 지도 등을 추가했습니다.

머리말

   애초에 이 책이 고등학생을 위한 책은 아니었습니다. 하지만 여섯 번에 걸친 강의를 들으러 온 사람은, 일부 중학생과 교사들을 제외하면 대다수가 고등학생이었습니다.

   저는 대학에서 역사를 가르치고 있습니다. 혹시 대학에 들어가 역사를 배울 때까지 기다리면 되지 일부러 고등학생에게 역사를 가르칠 필요가 있느냐고 말하는 사람이 있을지도 모릅니다. 또 이 책을 집어든 독자 가운데에는 자신은 아직 젊은 신체와 정신을 유지하고 있다고 자부하는 중장년도 있을 것입니다. 그런데 저는 왜 고등학생들과 나눈 대화를 책으로 묶으려 했을까요. 이 질문에 대해, 학생들은 선택을 강요당하는 위치에 있고 그 선택의 시간이 정해져 있기 때문이라고 대답하고 싶습니다. 학생들 앞에는 졸업 이후 대학에 진학할지, 취직을 할지, 고향에서 지낼지, 도시로 나갈지, 문과를 택할지, 이과를 택할지 등 인생 최초의 큰 선택이 놓여 있습니다.

   이 노래를 아시나요. 1963년에 후나키 가즈오舟木一夫(1944~,

일본의 엔카 가수-옮긴이)가 부른 〈고교 3학년高校三年生〉에는 "교정을 물들이는 붉은 노을"이라는 가사가 나옵니다. 또 2001년에 모리야마 나오타로森山直太郎(1976~, 2002년에 데뷔한 일본의 남성 가수-옮긴이)가 부른 동명의 노래에는 "수업 시간 내내 너의 등만 바라봤다"는 가사가 나오는데, 두 곡 모두 그 시절이 지닌 애틋함을 빼어나게 포착했습니다. 고등학생이 실제 나이보다 더 어른스러워 보이는 이유는 취업, 입시, 친구나 가족과의 이별 등 삶의 큰 기로를 마주하는 데에서 오는 긴장감 때문이라고 말할 수 있을 것 같습니다.

제 강의에 참석한 학생들은, 이들을 이렇게 표현하는 것이 실례이기는 하지만, 절박한 선택의 길에 서 있었다고 말할 수 있습니다. 그러므로 이 사회에서 살아가며 날마다 선택에 쫓기는 사람이라면, 그가 중학생이든 대학생이든 육아를 하는 사람이든 사회인이든 퇴직한 사람이든, 모두 이 책의 독자라고 할 수 있습니다.

다행인지 불행인지 현대는 우리에게 매일 선택의 문제를 던져줍니다. 때로는 절대 일어나지 않을 것 같았던 일이 일어나기도 하지요. 2016년 6월 23일, 영국은 유럽연합EU 잔류 여부를 묻는 국민투표를 실시했고, 예상을 깨고 근소한 차이로 탈퇴를 선택해 세계를 놀라게 했습니다.

선택이 어려운 이유는, 선택이라는 행위가 다양한 전제와 제약 속에서 이루어지기 때문입니다. 민주정치의 근간인 선거를 예로 들어볼까요. 2016년 7월, 참의원 선거부터 일본 국민의 선거 연령이 20세 이상에서 18세 이상으로 조정되면서 약 240만 명의 청년이 새로 투표권을 얻게 되었습니다. 이는 장차 국가를 짊어질 세대에게 국가의 앞날을 결정할 권한을 더 빨리 주자는 의도였습니다. 그런데 데이터를 보면 국민 한 사람 한 사람의 선택이 모두 똑같은 무게를 지니지 않는다는 사실을 알 수 있습니다.

2014년 12월 제47회 중의원 선거를 예로 들면, 투표에 참여한 60대 이상의 수는 20대의 약 6배에 달했습니다('탈실버정치', 『니혼게이자이신문』, 2016년 6월 18일 조간). 연령별로 국가 운영에 영향을 미치는 무게가 다른 것이지요. 또한 도쿄대학 다니구치 마사키谷口將紀 연구실과 『아사히신문』이 제47회 중의원 선거를 조사한 데이터를 보면, 헌법 개정에 찬성한 유권자는 33퍼센트였지만 당선 의원 가운데 찬성파는 84퍼센트에 달했습니다. 자민당에 투표한 유권자로 한정해서 보면, 헌법 개정에 찬성한 유권자는 46퍼센트였던 데 비해 자민당 의원 중 찬성파는 97퍼센트나 됐습니다(『아사히신문』, 2015년 2월 8일 조간). 이를 통해서 한 정책에 관한 유권자와 의원의 의견에 엄청난 차이가 있다는 사실을 확인할 수 있습니다. 많은 이유가 있지만, 특히 중의원 선거의 소선거구제와 참의원 선거의 1인선거구 문제 등 선거제도 자체에서 기인하는 바가 크다는 것은 분명합니다.

정치평론가 이언 브레머Ian Bremmer는 영국 국민이 국민투표로 EU 탈퇴를 선택한 이유를 다음과 같이 설명합니다. "이민과 주권을 둘러싼 문제도 중요했지만, 무엇보다도 국가에 대한 신뢰가 약해졌고 국가와 국민 사이의 사회계약이 깨졌다는 점을 확인할 수 있었다. 브렉시트Brexit는 국가를 향한 국민의 항의 표시이지 않았을까(『니혼게이자이신문』, 2016년 7월 2일 조간)." 저 또한 일본뿐 아니라 전 세계에서 국가와 국민 사이의 관계가 전례 없이 크게 요동치고 있다고 느낍니다. 현실이 이러한데 '선택하시오'라는 말로 인생의 기로에 선 청년들의 등을 떠밀어서는 안 됩니다.

게임의 규칙이 불공정하거나 심판이 불공평하다는 사실을 알아챘을 때 우리는 어떻게 해야 할까요. 개인이 국가와 맺은 사회계약이 깨졌다고 절망하지 말고, 게임의 규칙을 공정하게 바꾸거나 심판을 공평한 사람으로 바꿔야 합니다. 그 방법을 역사에서 배우는 일, 그 일이 지금 우리에게 절실합니다.

지난 2015년은 일본이 태평양전쟁에서 패배한 지 70년이 되는 해였습니다. 일본 정부는 2015년 8월 14일 의회의 결정을 거쳐 '내각총리대신 담화'를 발표했습니다. 막부 말기와 유신 시기부터 현재에 이르는 일본의 행보에 대한 역사적 평가 및 세계의 번영을 견인하는 국가로서의 결의를 표명한 이 담화에 대해 일본 내외에서 많은 논평이 쏟아졌습니다. 이 책의 첫 번째 장에서 이 담화를 자세히 다루고자 합니다. 다만 역사학자로서 제가 강조하고 싶은 것은, 이 담화는 국가가 쓴 '역사들' 중의 하나일 뿐이라는 사실입니다.

그렇다면 국가가 역사를 쓰려고 할 때, 역사를 말하려 할 때는 언제일까요. 또한 한 인간 혹은 국민이 역사를 쓰고 역사를 말하려는 때는 어떤 순간일까요. 과거의 역사를 정확하게 그려서 보여주고 그 과정을 통해 미래를 만드는 데 도움을 주는 것이 역사학자의 본분이자 마음가짐입니다. 이런 시각을 바탕으로 1장에서는 국가와 국민의 관계가 크게 흔들릴 때 국가와 국민 사이에는 어떤 문제가 일어났었는지를 남아 있는 사료와 연설문을 되짚어보고 최신 연구 성과를 검토하면서 논했습니다.

2장부터 4장까지는 이 책의 핵심에 해당합니다. 국가의 '선택'은 진공 상태가 아니라 다양한 제도의 제약 속에서 국제 환경과 국내 정치의 영향을 받으며 이루어집니다. 이때 중요한 것은 문제의 본질이 올바른 형태로 선택 문항에 반영되어 있는가 하는 점입니다. 저는 이 책에서 당시 위정자나 언론이 보여준 선택지가 아니라 세계가 일본에게 제시한 진짜 선택지의 모습과 내용을 명확히 밝히고, 일본이 바꿔치기한 선택지의 형태와 내용을 정확하게 재현하여 세계와 일본이 격렬하게 대립했던 순간을 포착하려고 시도했습니다.

지금까지 세계가 일본의 선택을 진지하게 물었던 일이 세 번 있었습니다. 2장에서는 '리튼 보고서'를 둘러싼 교섭과 일본의 선택을 다뤘습니다. 1931년 9월 관동군의 모략으로 일어난 만주사변을 조사하기 위해 국제연맹이 조사단을 파견했습니다. 이때 작성된 보고서가 바로 리튼 보고서입니다. 당시 일본의 신문 등은 '지나支那(중국) 측 광희狂喜' 같은 선동적인 제목을 달며 보고서가 중국의 주장을 전면 지지하는 것처럼 보도했습니다. 본문에서도 다루겠지만, 당시 중국은 리튼 보고서가 오히려 일본을 지나치게 배려한다고 강력하게 반발했습니다. 2장을 읽고 나면 리튼 보고서가 일방적으로 중국을 편들었다는 주장은 단박에 무너질 것입니다.

1940년 9월 유럽의 전쟁이 태평양을 중심으로 한 미국과 일본의 대립으로 이어지면서 일본·독일·이탈리아는 삼국동맹을 체결합니다. 저는 당시 영국과 미국의 동향을 살피면서 독일과 일본의 외교 교섭 및 일본 국내의 합의 형성 과정에 초점을 맞췄습니다. 당시의 일본은 1937년 7월에 시작된 중일전쟁을 3년째 치르는 중이었습니다. 1939년 9월 유럽에서 2차 세계대전이 시작되었을 때 일본은 중립을 취했습니다. 1940년 봄 독일의 전격전이 시작되고 네덜란드와 프랑스 등이 차례로 항복하면서 유럽 국가 가운데 오직 영국만이 독일과 맞서게 됩니다.

나치 독일은 1차 세계대전 이후 구축된 베르사유체제의 타파를 부르짖으며 정권을 잡았습니다. 일본은 유럽에서 승리한 독일이 동남아시아와 태평양 일대에서 어떤 정책을 취할지 주시했습니다. 3장에서는 일본 국내외의 최신 연구 성과를 참조하면서 삼국동맹 이면에 깔린 일본의 진의와 중국의 반응 등을 밝힙니다.

4장에서는 1941년 4월부터 11월까지 진행된 일본과 미국의 교섭을 다룹니다. 교섭이 결렬된 이후 같은 해 12월 8일에 일어난 진주만 공격에 관해서는 70여 년이 지난 지금까지도 수많은 연구가 진행되고 있습니다. 그 가운데에는 유럽에서 독일과 싸우는 영국을 돕는 한편 중남미에서 독일의 영향력을 저지하고 싶었던 미국이 국내의 반전反戰 여론을 바꾸기 위해 일본의 진주만 공격을 유도했다는 설명도 있습니다. 혹은 석유 수출을 전면 금지해 일본이 전쟁을 시작하도록 부추겼다는 설도 있지요.

진주만 공격이 있기 반년 전에 시작된 미일교섭의 내용과 쌍방의 의도를 살펴보면 이 해석들이 사실과 다름이 드러납니다. 뜻밖에도 당시 일본도 미국의 암호를 해독했고 상대의 속셈을 파악하고 교섭에 임했습니다. 저와 함께 당시의 사료를 하나씩 곱씹으며 미일 쌍방에게 교섭이 필요했던 진짜 이유를 발견하게 되기를 바랍니다. 마지막 장에서는 전쟁의 참화 속에서 일본이 스스로 택한 길을 다루고자 합니다.

　때로는 사소한 우연이 세상을 크게 바꾸기도 합니다. 지금 우리는 그런 거대한 변화 앞에 서 있습니다. 일본이 전쟁의 길로 나아가며 경험한 세 번의 교섭을 돌아보며 '선택의 지혜'를 배울 수 있기를 바랍니다.

차례

5장

패전과 헌법

1장

국가가 역사를 쓸 때, 역사가 태어날 때

세상보기

역사의 렌즈로

역사학자의 눈앞에 펼쳐진 풍경

안녕하세요. 다들 바쁜 토요일 밤에 이렇게 역사 강의를 들으러 와주셔서 감사합니다. 여기에 모인 이들 가운데 가장 어린 분이 중학교 2학년이고 가장 나이가 많은 분은 정시제 고등학교(일과 학업을 병행하는 '근로 학생'을 위한 고등학교로, 대부분 야간제이다-옮긴이)에 다니는 30대 학생이네요. 언뜻 보기에 남녀 비율은 반반 정도인 것 같습니다. 아, 저쪽에 선생님도 다섯 분 정도 오셨어요.

생각이 젊고 유연한 여러분을 만나니 왠지 가슴이 설렙니다. 저는 평소에 죽은 사람과 그들이 남긴 사료에 둘러싸여 삽니다. 산 사람을 상대할 때는 학생, 대학원생 수업 때가 전부인 것 같습니다. 니체F.W. Nietzsche는 역사학자를 '무덤을 파는 인부'라 칭하며 매도[1]했습니다만, 그리 틀린 말은 아니라서 부인할 수가 없네요. 하지만 아무도 주목하지 않는 땅속에 깜짝 놀랄 만한 보물이 묻혀 있기도 합니다. 과거의 권력이나 권위 등과는 전혀 무관한 위치에서 땅속을 파헤치는 일은 재미있습니다. 물론 진짜로 땅을 파지는 않고요, 어디까지나 비유적인 표현입니다.

지금부터 진행할 역사 강의와 여러분이 학교에서 듣는 수업의 가장 큰 차이는, 이곳에서는 학년이나 나이에 따라 학습 내용을 제한하지 않는다는 점입니다. 학교 공부를 등산에 비유한다면, 우선 등산 준비를 철저히 배운다고 할 수 있습니다. 이를테면 날씨를 파악하고 장비를 사용하는 법을 먼저 배운 다음, 체력을 기르고 낮고 오르기 쉬운 산에서 시작해 점차 높고 험준한 산을 오르는 것이지요. 학교 선생님은 그런 방식으로 여러분을 가르칩니다.

저는 1989년부터 대학에서 일본 근대사를 가르쳐왔습니다. 거의 30년 가까이 됐네요. 대학에 오래 머문 사람의 특징이라면, 산 정상의 풍경을 말해줄 수 있다는 데에 있지 않을까 싶습니다. 대학이라는 배움의 장에서 역사를 연구하는 사람의 눈앞에 펼쳐진 광경은 어떤 것일지, 이 강의를 그것을 미리 경험해보는 시간이라고 여겨주십시오.

긴 안목으로 보는 태도

이 말을 듣고 마음속으로 '산 정상에서 바라보는 풍경 따위는 미리 배우지 않아도 된다. 나는 한 발 한 발 발밑을 쳐다보면서 산을 오를 것이다. 산이 거기에 있으니까'라고 다짐한 사람이 있을지 모르겠네요. 물론 그런 냉철한 태도도 좋습니다만, 제가 여러분에게 전하고 싶은 것은 긴 안목으로 세상을 보는 태도, '오랜 시간'이라는 잣대를 사용해 시대와 사회를 재는 자세입니다. 평소에는 발밑을 쳐다보며 걷더라도 가끔씩 얼굴을 들고 시간의 잣대를 사용해 세상을 재면 자신의 자리를 다른 시각으로 볼 수 있습니다.

2015년 프랑스 파리에서 이슬람국가Islamic State(이하 IS)를 따르는 젊은이들이 극장을 습격하고 레스토랑에서 자폭 테러를 벌였습니다. 곧이어 희생자를 추모하고 종교 대립의 어리석음과 관용의 필요성을 설파하는 집회가 열렸다는 보도도 나왔습니다. 그런가 하면 독일에서는 유럽으로 온 100만 명의 난민이 테러의 온상이 된다고 주장하는 배외주의자의 시위가 일어나기도 했습니다. 이런 광경이 매일 텔레비전 뉴스에 등장합니다. 이 뉴스를 접할 때마다 제 머릿속에 다음과 같은 질문이 떠오릅니다. '왜 100만 명이나 되는 난민이 유럽으로 몰려들게 되었을까?' 시리아 난민이 생기게 된 배경에는 시리아 정부군과 반정부군 사이의 내전(2011년에 시작되었고 현재도 이어지고 있다)이 있다는 점도 떠오릅니다. 그리고 '과거에도 이런 일이 있었는데'라는 질문이 이어집니다. 19세기 중반에 아일랜드에서 감자 기근이 발생했고 그 결과 미국과 캐나다로의 대량 이민[2]이 발생했지요.

여러분은 아일랜드라는 말을 들었을 때 곧바로 그 나라가 어디에 있는지 떠오르나요. 아일랜드는 잉글랜드 서쪽에 위치한 국가로 1949년 독립하기 전까지 오랫동안 인접국인 영국의 지배를 받았습니다. 16세기에 밀가루보다 값싼 감자가 신대륙에서 유럽으로 전해졌습니다. 그 결과 먹을 것이 풍족해지면서 아일랜드 인구는 18~19세기 100년 사이에 2.6배 증가합니다. 하지만 감자는 병충해를 입으면 대흉작을 일으키는 작물로도 유명합니다. 19세기 중반에 감자 대흉작이 닥치자 아일랜드에서만 100만 명의 아사자가 발생했고 실업자도 급증했습니다. 그 결과 80만 명의 아일랜드인이 바다를 건너 미국과 캐나다로 갔습니다. 이때 이민을 간 이들의 자손 중 한 명이 미국의 제35대 대통령 존 F. 케네디입니다.

19세기 중반의 극심한 기근과 실업으로 미국으로 갈 수밖에 없었던 아일랜드 난민들, 그리고 21세기 초인 현재 내전으로 인해 중동에서 지중해를 건너 유럽으로 향하는 난민들. 과거의 역사에서 사례를 그러모아 무엇이 똑같고 무엇이 다른지 비교하다보면 오늘날의 난민 문제를 '이슬람 원리주의가 낳은 종교 대립에서 비롯된 것이니 해결이 불가능하다'라는 식으로 간단히 결론내릴 수 없다는 판단에 이르게 됩니다.

아일랜드 이민자가 건너갔을 때 미국의 산업구조, 노동시장 등은 어떤 상태였는지 볼까요. 미국은 만성적인 노동력 부족 상태였습니다. 경제성장으로 급부상하던 신흥국가였지요. 그렇다면 오늘날 EU의 산업구조와 노동시장은 어떨까요. EU 27개국³ 중 아일랜드를 제외한 26개 회원국은 국경 이동을 자유롭게 허용한 셍겐협정Schengen agreement⁴에 서명했습니다. 이 협정으로 시리아의 난민은 무슨 수를 써서든 그리스까지만 가면, EU에서 가장 매력적인 노동시장이자 난민정책도 갖춘 독일로 향할 수 있습니다.

19세기 초 미국이 경제적으로 매력적인 곳이었듯, 21세기 초 독일이 경제적으로 가장 매력적인 국가라는 점에 눈길이 갑니다. 난민이 독일을 목적지로 삼는 배경에는 EU 회원국 간의 이동의 자유 외에도 유로화라는 공통의 통화 시스템이 있습니다. 이런 점을 파내려가다 보면 갑자기 눈앞이 환해지는 느낌이 들 때가 있습니다. '인간 집단은 때로 바다를 건너 매력적인 경제 시스템이 있는 곳으로 움직인다'라고 식견이 확장되는 것이지요.

역사라는 긴 잣대로 시리아 내전과 IS의 확장을 바라볼 때에도 눈앞의 석유 쟁탈이나 종교 대립보다 더 깊은 원인을, 중동이라는 지역과 강대국 사이의 얽히고설킨 복잡한 관계를 살펴보는 깊은 사고가 가능해집니다.

사료와데이터 대조하기

전쟁은 정치와 외교의 연장

이 강의의 목표는 전후 70년을 맞으며 일본의 과거를 어떻게 이해하고 미래를 어떻게 만들어나갈지 생각해보는 것입니다. 이런 말을 하면 '설교를 늘어놓으려는 거 아냐. 일본의 과거를 반성해야 한다느니 미래를 생각하라느니 하면서 말야' 하고 일단 방어 자세를 취하는 사람이 많습니다. 하지만 저는 '무덤을 파는 인부'일 뿐입니다. 여러분의 머릿속에 과거의 어떤 사건이 떠오르게 하고, 거기서 출발해 미래 계획에 도움이 될 이야기를 들려드리고 싶습니다.

전후 일본 70년의 발자취를 돌아보기 위해서는 1945년 8월에 끝난 전쟁의 전모를 다시 살펴볼 필요가 있습니다. 우선 지나간 전쟁을 고찰해야 하는 이유를 이야기해보죠.

하세베 야스오長谷部恭男라는, 도쿄대학에서 와세다대학으로 옮겨간 헌법학자가 있습니다. 하세베는 2015년 6월 4일 안전보장 관련 법안에 관한 중의원 헌법심의회에 자민당 참고인으로 불

려나갔고 그 자리에서 정부가 추진하는 새 안보법제는 위헌이라
고 말했습니다. 하세베 교수는 18세기 프랑스혁명의 시대에 국
민주권 개념을 처음으로 확립한 사상가 장 자크 루소Jean Jacques
Rousseau가 자신의 논문에 전쟁이 일어나는 이유를 한마디로 설
명해놓았다고 말합니다.

　루소에 따르면 "전쟁은 상대국 권력의 정통성 원리인 헌법을
공격 목표로 하며, 전쟁은 주권과 사회계약에 대한 공격이자 상대
국 헌법을 공격하는 형태"[5]를 취합니다. 이때 헌법은 헌법 제○조
와 같은 구체적인 조문이 아니라, 사회를 이루는 기본질서인 헌법
원리를 말합니다. 루소는 고대 이후 일어났던 전쟁의 본질을 정리
하고 고찰했습니다. 자원이 풍부한 지역을 차지하거나 상대 국가
에 보복하는 등 전쟁의 표면적인 이유는 다양할지도 모릅니다. 그
렇지만 결국 전쟁은 국가의 결코 꺾일 수 없는 결의, 반드시 지켜
야만 할 원칙을 둘러싸고 싸우는 것이 아닐까라는 생각에 이릅니
다. 루소는 상대국의 기본을 이루는 질서, 즉 헌법에까지 손을 뻗
어 그것을 바꿔놓는 일이 곧 전쟁이라고 정의합니다.

　그렇다면 1945년 8월 일본의 패배로 끝난 전쟁을 경계로 일
본 사회의 기본질서, 곧 헌법원리가 바뀌었다는 말이 됩니다. 실
제로 미국을 비롯한 연합국은 패전국인 일본의 헌법원리를 바꿨
습니다. 헌법원리가 바뀐 세계, 즉 전후의 시간이 엮어온 오늘날
의 사회를 탐구하기 위해서는 헌법원리가 바뀌기 전의 세계, 즉
전쟁 이전과 전쟁이 벌어지던 시기를 먼저 고찰해야 합니다.

　루소에 이어 군사 사상가 클라우제비츠Karl von Clausewitz
를 모시겠습니다. 클라우제비츠는 19세기 전반 나폴레옹의 군

대와 싸우다 패배한 프로이센의 군인으로, 그가 베를린 일반사관학교 교장이던 시절에 집필한 저작 『전쟁론』[6]이 매우 유명합니다. "전쟁은 정치 교섭의 일부이다. 따라서 전쟁은 독립적으로 존재하지 않는다"[7]라는 말을 들어본 적 있나요. "전쟁은 정치적 수단과는 다른 수단으로 지속하는 정치"라는 표현도 잘 알려져 있습니다.

클라우제비츠는 전쟁에 이르기까지의 외교 교섭과 교섭이 결렬된 후에 시작되는 전쟁은 연장선상에 있으며, 정치·외교와 전쟁은 다른 수단을 사용하지만 같은 목적을 가진 연속된 활동이라고 말합니다. 루소와 클라우제비츠의 주장을 조합하면, 전쟁은 그 자체뿐 아니라 전쟁 이전의 교섭 과정까지 살펴봐야 한다는 결론으로 귀결됩니다.

서론이 길었습니다. 앞으로의 강의는 1941년 12월에 시작된 태평양전쟁에 이르기까지 일본과 세계가 벌인 정치·외교의 교섭 과정을 좇아갑니다. 일본과 세계는 어떤 헌법원리를 가지고 싸웠는지 여러분과 함께 사료를 읽으면서 생각해보려 합니다. 이 작업을 통해서 전쟁 이전의 일본과 일본인이 어떤 생각을 했는지, 결코 물러설 수 없다는 결의로 지키려 했던 것은 무엇이었는지 분명해질 것입니다.

전쟁은 그 수단으로 무력을 동원합니다. 이에 비해 정치와 외교가 이용하는 수단은 말의 힘이라고 볼 수 있습니다. 상대국 사회의 기본질서, 사회계약, 헌법원리 등에 다가갈 때 '말'이 필요해집니다. 일본과 세계가 서로 칼을 휘두르던 상황을 좇아가는 일은 무척이나 힘든 작업입니다. 오늘은 앞으로 하게 될 복잡한 작업의 준비운동으로, 우리가 일상에서 접하는 역사 인식을 다루겠습니다. 전후 70년인 2015년, 다양한 사람들이 전쟁의 역사에 관한 말을 쏟아냈습니다. 먼저 그 발언들을 살펴보겠습니다.

드러나지 않은 희생

앞에서 2015년이 전후 70년이라고 했습니다. 중고등학생인 여러분은 이 시간을 좀처럼 체감하기 힘들 텐데요, 70년은 사람이 건강하게 살아가는 일생의 평균치라는 점에서 50년이나 60년과는 조금 다릅니다. 사람들의 집단 지성으로 '이 나라의 모습'(일본 작가 시바 료타로司馬遼太郎가 1986~1996년에 『월간 분게이슌슈』에 연재한 역사 에세이의 제목으로, 이후 6권의 단행본으로 출간되었다. 일본의 국민작가로 불리는 시바 료타로는 이 에세이에서 일본은 어떤 국가이며 일본인은 어떤 민족인가를 역사적으로 고찰했다-옮긴이)이라는 기억이 축적되고, 그 기억에 따라 사람들은 국가의 역사를 평가합니다. 70년은 그러기에 딱 적절한 시간이 아닐까 싶습니다.

예를 하나 들어볼까요. 1917년 러시아혁명을 거쳐 1922년 소련이 탄생했습니다. 소련이 붕괴한 것은 약 70년 후인 1991년입니다. 이 사회주의 실험국가는 모든 사람에게 행복을 가져다준다고 외쳤지만, 한 사람의 일생이 저무는 70년이 흘렀을 때 실패한 것으로 보였고 결국 국민의 지지를 잃고 맙니다. 국민이 국가의 실험에 판단을 내린 셈이죠.

전후 일본국 헌법하의 70년의 발자취가 어떤 역사적 평가를 받을지 생각해보는 일은 매우 흥미롭습니다. 이런 관점에서 전후 70년을 기해 어떤 사람이 어떤 말을 했는지 잠깐 되돌아 볼까요.

💬 천황은 전후 70년을 맞아 2차 세계대전을 돌아보고 다양한 측면 에서 전쟁을 생각했다고 말했어요.

네, 미리 짠 것처럼 제가 하려던 말을 해주셨네요. 아키히토明 仁 천황이 12월 23일 천황 탄생일에 개최한 기자회견에서 "전쟁 과 평화라는 관점에서 올해를 뒤돌아보고 내년에 대한 생각을 들 려주십시오"라는 질문을 받고 한 대답입니다. 천황은 기자회견 때 할 말을 직접 준비한다고 합니다.

천황은 전쟁 중에 군에 징용(국가가 국민을 강제로 동원해 특 정 임무를 맡기는 것)된 민간 선박의 선원들이 받은 고통을 언급하 며, "군함도 제공권도 없는 상황에서 운송 업무에 임해야 했던 선 원들의 참혹한 마음을 깊이 통감합니다"라고 말했습니다. 제공권 이란 항공 병력이 그 지역의 공중을 제압하고 있는 상태를 말합니 다. 이 발언은 전투원인 군인인지 비전투원인 민간인인지 구분이 애매한 상태로 전쟁에 투입된 선원을 언급했다는 점에서 이례적 입니다. 1937년 7월 중일전쟁부터 태평양전쟁이 종식될 때까지 8년 동안 바다에서 사망한 일본 선원의 수는 현재까지 6만 609명 [8]이라고 밝혀졌습니다. 천황은 민간인 사망자 수를 언급했지만, 바다에서 사망한 군인·군속(군을 구성하는 인적 요소 중 군인이 아 닌 자의 총칭. 기술자, 통역관 등)의 수는 더 많았습니다. 해군이 18 만 2,000여 명, 육군이 17만 6,000여 명으로 총 35만 8,000여 명

⁹이나 됩니다. 태평양전쟁 말기에 제공권·제해권을 빼앗긴 상태에서 전쟁을 계속한 탓이지요. 약 230만 명[10]으로 추정되는 전체 일본 군인·군속 전몰자 가운데 약 16퍼센트가 바다에서 사망했습니다. 천황도 기자회견에서 이 사실을 언급했지요.

역사 속 오키나와

이 밖에도 어떤 사람이 어떤 소회를 밝혔을까요. 이를테면 언론이 특히 주목한 지역이 있었지요.

💬 오키나와?

그렇습니다. 오키나와현은 일본에서 유일하게 대규모 지상전이 벌어진 곳입니다. 해마다 오키나와 전투가 종결된 6월 23일이 되면 오키나와에서 전몰자추모식이 열립니다. 그런데 2015년 추모식에서 오나가 다케시翁長雄志 현지사가 한 '평화선언'[11]은 전후 70년을 강하게 의식한 내용이었습니다. 그동안 매년 나왔던 평화선언은 ①비참하기 이를 데 없었던 오키나와 전투와 전후의 한결같은 노력, ②미군기지 집중 등 부담이 가중된 오키나와의 현재, ③항구적 평화 실현을 향한 결의를 세 축으로 했습니다.

2015년에도 이 구성은 변함이 없었지만 ②항 미군기지 부분에서 "오키나와 미군기지 문제는 일본의 안전보장 문제이며 전 국민이 함께 짊어져야 하는 중요한 과제"라고 말하며, 국가와 국민 모두에게 오키나와를 자신의 문제로 여겨달라고 촉구한 점이

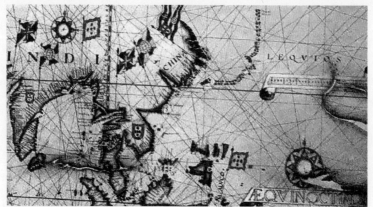

16세기에 포르투갈에서 제작된 세계지도. 일본열도에 'Leqvios'라고 크게, 그중 한 섬에 'Japan'이라고 작게 적혀 있다.

새로웠습니다. 이 입장은 후텐마普天間기지(일본 오키나와현 기노완시 도심 한가운데에 위치한 미국 해병대 비행장-옮긴이)를 헤노코辺野子(오키나와현 중북부 나고시에 위치한 해안-옮긴이)로 옮기는 작업의 중지와 기지 부담의 경감을 촉구한 부분에서 더욱 분명하게 나타납니다.

전후 70년을 의식하는 내용은 "국민의 자유, 평등, 인권, 민주주의가 동등하게 보장되지 않는 한 평화의 초석을 다질 수 없다"라는 부분에서 강하게 드러납니다. 일본 헌법의 기본원리(국민주권, 기본권 존중, 평화주의)가 오키나와에 보장되어 있지 않다는 인식을 읽을 수 있습니다. 전쟁으로 고쳐 쓰인 헌법이 전쟁의 참화를 가장 극심하게 겪은 오키나와에서 지켜지지 않고 있다고, 핵심을 토로하고 있습니다.

평화선언에는 "아시아 국가를 잇는 가교로 활약한 선인들의 만국진량萬國津梁(세계 여러 나라를 잇는 가교-옮긴이)의 정신을 가슴에 새겨"라는 구절이 나옵니다. 만국진량은 1458년 류큐왕조 시대에 제작된 동종에 새겨진 문장의 일부로, 동아시아 해상 무역의 중심에 섰던 자랑스러운 역사를 상징하는 말입니다.

무라이 쇼스케村井章介는 아시아 세계에 속했던 일본의 중세를 예리한 시각으로 포착했습니다.[12] 16세기 중반 포르투갈에서 제작한 세계지도에 과거의 오키나와가 어떻게 그려졌는지 볼까요. 중국 동쪽으로 가로로 길게 열도가 그려져 있고 그 위에 '류큐 Leqvios'라고 적혀 있습니다. 그리고 열도 가운데 하나의 섬에 '일본Japan'이라는 이름이 적혀 있습니다. 당시 세계는 일본을 류큐(오키나와)의 일부로 인식했다는 말이 됩니다.

오나가 현지사는 "일본과 일본인은 오키나와를 자신의 일로 생각해주십시오"라고 호소했지만, 16세기 중반의 지도를 보면 당시에는 오히려 일본이 류큐의 일부였다고 말해야 할 것 같습니다.

전국전몰자추모식 기념사

2015년 8월 15일 전국전몰자추모식에서 천황이 낭독한 추모사[13]에는 과거와 달라진 내용이 더 많이 보입니다. 그동안 추모사는 거의 매해 같은 구성과 표현으로 이루어졌습니다. ①전몰자와 유족 위로(제1단락), ②국민의 끈질긴 노력으로 전후 평화와 번영을 이룬 점(제2단락), 그리고 ③평화와 발전의 기원(제3단락)이 축을 이루었죠. 그런데 2015년 그 축이 바뀌었습니다. 1단락은 이전과 똑같았지만 2단락과 3단락에서 눈에 띄는 변화가 보입니다.

2단락 　전쟁이 끝난 지 이제 70년, 전쟁이 가져온 폐허에서 부흥과
　　　　 발전에 힘 쓴 국민의 끈질긴 노력과 평화의 존속을 염원하는
　　　　 국민의 의식 덕분에 일본은 오늘날 평화와 번영을 이루었습
　　　　 니다. 전후라는 이 긴 시간 동안 국민 여러분의 소중한 행보
　　　　 를 떠올리면 감개가 무량합니다.[14]

3단락 　이 자리에서 과거를 돌아보며 과거의 전쟁을 깊이 반성함과
　　　　 동시에 앞으로 전쟁의 참화가 두 번 다시 반복되지 않기를
　　　　 간절히 바랍니다. 전 국민과 함께 전장에 흩어져 전화에 쓰
　　　　 러져간 분들의 헌신에 진심을 다해 추모의 뜻을 표하며 세계
　　　　 평화와 일본의 더욱 큰 발전을 기원합니다.

　두 번째 단락을 살펴볼까요. 2014년까지의 추모사는 '오늘
날의 평화와 번영을 이뤄낸 것은 국민의 끈질긴 노력의 결과이다'
라는 말로 요약할 수 있습니다. 그런데 2015년 추모사에서는 오
늘날의 평화와 번영을 이뤄낸 배경에 '평화의 존속을 염원하는
국민의 의식'이 있었다는 내용이 추가되었습니다.

　이어서 세 번째 단락을 볼까요. 이 부분은 언론에도 여기저
기 보도되면서 주목을 받은 부분입니다. '과거의 전쟁을 깊이 반
성한다'는 말은 그전까지는 없었습니다. 또 지금까지 계속 써왔던
'전쟁의 참화가 두 번 다시 반복되지 않기를'이라는 말 앞에 '앞
으로'라는 말이 들어 있습니다. 결코 되풀이하지 않겠다는 의지가
더욱 강하게 표현된 것으로 볼 수 있지요.

　여기서 잠깐 일본 천황의 지위를 되짚어보겠습니다. 혹시 일
본국 헌법 '제1장 천황'을 읽어본 적 있으신가요.

제1조 [천황의 지위·국민주권] 천황은 일본국의 상징이자 일본 국민 통합의 상징이며 그 지위는 주권이 있는 일본 국민의 총의에 기반한다.

제4조 [천황의 권능 한계, 천황의 국사행위의 위임] ①천황은 이 헌법이 정하는 국사에 관한 행위만을 행하며 국정에 관한 권능을 갖지 않는다. (중략)

제7조 [천황의 국사행위] 천황은 내각의 조언과 승인으로 국민을 위해 다음의 국사에 관한 행위를 행한다.
1. 헌법 개정, 법률, 정령 및 조약을 공포하는 일
2. 국회를 소집하는 일
(중략)
10. 의식을 집행하는 일

　추모사가 낭독된 전국전몰자추모식은 매년 8월 15일 정부 주최로 일본 부도칸武道館(도쿄도 지요다구 기타노마루공원에 있는 실내경기장-옮긴이)에서 열립니다. 천황과 황후는 정부가 주최하는 행사에 참석해야 하지만, 천황의 추모사는 천황의 국사행위(일본국 헌법이 정하는 내각의 조언과 승인으로 이루어지는 국사에 관한 행위) 가운데 '의식을 집행하는 일'에는 해당하지 않습니다. 즉 국사행위가 아니라 공적행위(천황이 상징으로서의 지위에 근거해 행하는 공적인 일)로 분류됩니다.

　제1회 추모식은 연합국과 일본의 강화조약, 즉 샌프란시스코조약이 발효(1952년 4월 28일)된 직후인 5월 2일, 신주쿠 교엔(일본 도쿄도 신주쿠에 위치한 공원으로 본래 황실의 정원이었으나 1945년 이후 시민공원으로 개방되었다-옮긴이)에서 열렸습니다. 추모식을 개최하기로 정한 각의결정閣議決定(한국의 국무회의 의결에 해당한다-옮긴이)[15]은 의식에서 추모하는 '전몰자'를 군인과 군속에 한정하지 않고 '지나사변(중일전쟁)' 이후 전쟁에서 죽은 모든 사람으로 정했습니다. 여기서 당시 일본 정부가 전몰자의 범위를 어떻게 인식하고 있었는지 알 수 있습니다.

'과거의 전쟁을 깊이 반성한다'는 천황의 발언이 상징천황제에서 일탈한 행위라고 비판한 사람도 있었습니다만, 추모사 전문을 본다면 그런 오해는 풀릴 것입니다.

국민과 상징천황의 관계

앞에서 추모사의 두 번째 단락에 오늘날 일본이 평화와 번영을 구축한 배경에 '평화의 존속을 염원하는 국민의 의식'이 있었다는 내용이 추가되었다고 말했지요. 보도에 따르면 천황과 황후는 여러 신문을 두루 읽는다고 합니다. 종이 신문만 일곱 종이라는 이야기도 있습니다. 이 신문들에 2015년 9월 안전보장 관련 법안이 통과되기 전에 언론에서 진행한 여론조사가 여러 차례 실렸을 것입니다. 그렇다면 2015년 추모사에서 천황의 말이 바뀐 이유를 여론조사 등에서 명백해진 국민의 의사를 받아들인 결과로 보는 것도 가능합니다. 상징천황제의 근거가 되는 일본국 헌법 제1조에는 천황은 '일본 국민 통합의 상징'이며 그 '지위는 주권이 있는 일본 국민의 총의'에 기반한다는 규정이 있습니다. 여러 여론조사의 대세는 집단적 자위권의 해석 변경과 안전보장 관련 법안에 대한 국민의 우려를 그대로 보여줬습니다. 추모식 이후의 자료입니다만, 2015년 9월 14일 안전보장 관련 법안을 '이번 국회에서 통과'시킨다는 정부의 방침에 대한 NHK의 여론조사는 찬성 19퍼센트, 반대 45퍼센트, 잘 모르겠다 30퍼센트로 집계되었습니다.[16] 안전보장 관련 법안 등이라고 가볍게 말했지만, 이는 전후 70년간 이어진 안보정책의 파격적인 전환을 의미합니다. 지금까지 일본은 헌법 9조에 의해 국가의 무력행사는 직접 공격을 받았을 때에만 가능했습니다. 잠깐 일본국 헌법 제2장의 '전쟁의 포기' 조항을 살펴볼까요.

제9조   [전쟁의 포기, 무력 및 교전권의 부인] ①일본 국민은 정의와 질서를 기조로 하는 국제 평화를 성실하게 희구하며, 국권의 발동에 의한 전쟁과 무력에 의한 위협 또는 무력행사는 국제분쟁을 해결하는 수단으로서는 영구히 포기한다.
②전항의 목적을 달성하기 위해 육해공군 및 그 밖의 전력을 유지하지 않는다. 국가의 교전권을 인정하지 않는다.

그동안 많은 헌법학자, 역대 법제국 장관, 최고재판소에서 근무했던 법률가 등은 집단적 자위권의 용인과 안전보장 관련 법안의 정비는 헌법 9조가 허용하는 범위를 넘어서는 것이라고 우려를 표명했습니다. 그럼에도 2015년 9월 안전보장 관련 법안이 국회를 통과했습니다. 천황은 이런 상황을 반영해 현재 일본 국민의 의식은 '평화의 존속을 염원한다'는 말을 추모사에 포함시킨 것이 아닐까라는 추측을 해봤습니다.
천황은 기자회견에서 최근 나이듦을 느끼는 일이 많아졌고 실수도 늘었다는 등 개인적인 얘기를 꺼내기도 했습니다. 어쩌면

2015년 추모식에서 지금까지와는 무척 다른 추모사를 해야 했기
때문에 조금 긴장했을지도 모릅니다. 저는 추모식을 생방송으로
지켜봤는데, 천황을 보며 조마조마해서 숨이 멎을 것 같다는 말을
처음으로 실감했습니다.

일본 정부의 담화

이제 일본 정부의 생각을 살펴볼 차례입니다. 2015년 2월,
아베 신조安倍晋三 총리는 담화문 작성의 기초가 될 역사인식을 준
비하기 위해 유식자회의(21세기구상간담회)를 조직했습니다. 그
리고 8월 14일, 일본 내각은 이 회의에서 작성한 보고서를 바탕으
로 전후 70년의 소회를 담은 담화를 발표했습니다.

교도통신의 조사를 보면 아베 담화를 의미 있는 내용이라고
'평가한다'는 답변이 44퍼센트, '그렇지 않다'가 37퍼센트였고,
『요미우리신문』 조사에서는 긍정이 48퍼센트, 부정이 34퍼센트
였습니다. 이 결과를 '국민은 아베 담화를 일정 정도 긍정적으로
평가했다'고 말할 수 있겠지요.

담화에 앞서, 내각은 2015년 담화에 전전戰前(일본에서는
1868년에 단행된 근대적 정치 개혁인 메이지유신 이후부터 태평양전쟁
이전까지를 가리키는 것이 일반적이다. 한편으로는 경제와 이념의 연속
성을 반영해 메이지유신부터 1945년 종전까지를 전전으로 보는 견해
도 있다-옮긴이)에 대한 반성뿐 아니라 미래 지향적인 내용을 담고
싶다고 했습니다. 21세기에 일본이 맡아야 할 역할의 중요성을
국민과 세계 앞에 밝히려 한 것이지요. 그런데 2015년 아베의 담
화에 1995년 8월 15일 발표된 무라야마 담화나 2005년 8월 15

일에 발표된 고이즈미 담화와는 다른, 새로운 입장이 담겼다고 할 수 있을까요.

무라야마 담화는 '잘못된 국가 정책으로 전쟁의 길을 걸어 국민을 존망의 위기에 빠트리고 식민지 지배와 침략으로 많은 국가, 특히 아시아 국가의 국민들에게 엄청난 손해와 고통을' 준 점을 통렬하게 반성한다는 뜻을 표명했습니다. 고이즈미 담화에서 정부는 전후의 의의를 통찰하며 '일본의 전후 역사는 바로 전쟁에 대한 반성을 행동으로 보여준 평화의 60년'이라고 강조했습니다. 저는 무라야마 담화가 '일본'을 주어로 명시하고 잘못된 국가의 정책이 전쟁을 불러와 '국민을 존망의 위기에 빠트'렸다고 한 대목에서 크게 감동했습니다. 아시아 국가들에 대한 식민 지배와 침략에 일본의 책임을 인정하는 것은 당연히 해야 할 일입니다. 그런데 무라야만 담화는 외국에 대한 사과에 앞서서 자국민을 위기에 빠트렸다는 사실을 먼저 적었습니다. 위정자가 국가를 주어로 삼고 자국민에게 잘못을 분명히 밝히는 일은 이때가 처음이었습니다.

그렇다면 2015년의 일본 정부는 국제사회와 국민에게 어떤 말을 했을까요. 지금부터 2015년 담화를 하나의 역사 사료로 삼아 자세히 읽어보겠습니다.

담화 속 일본 근대의 발자취

여러분 가운데 총리관저 홈페이지를 매일 열람하는 분은 없으시겠지요. 총리관저 홈페이지에 「헤이세이平成 27년 8월 14일 내각총리 담화」(헤이세이는 일본의 연호이다. 연호는 천황이 즉위한 해를 원년으로 삼는데, 헤이세이는 아키히토 천황이 즉위한 1989년 1월 부터 사용하고 있다-옮긴이)가 게재되어 있습니다. 중국어판과 영어판도 있으니 각 언어를 비교해가면서 보는 것도 재미있고 공부가 될 것입니다.

담화는 30개의 단락, 도합 3,354자로 되어 있습니다. 여러분과는 일부를 보게 되겠지만, 본래 역사 사료로서 '문장'을 읽을 때에는 전체를 봐야 합니다. 입맛에 맞는 것만 골라 먹어서는 공정성을 잃게 되고 배경도 파악할 수 없기 때문입니다. 우선 담화의 앞부분을 인용해보겠습니다.

1단락   종전 70년을 맞이하며 우리는 과거 전쟁에 들어선 행로와 전후의 행보, 21세기라는 시대를 차분히 되돌아보며 역사의 교훈에서 미래의 지혜를 배워야 합니다.

2단락   100년도 더 전의 세계는 구미의 제국을 중심으로 식민지화가 확대되고 있었습니다. 압도적인 기술을 배경으로 한 식민지 지배의 여파는 19세기 아시아에도 밀려들었습니다. 그 위기감이 일본 근대화의 원동력으로 작용했습니다. 당시의 일본은 아시아 최초로 입헌정치를 확립하고 독립을 지켜냈습니다. 러일전쟁은 식민지 지배하에 있던 많은 아시아인과 아프리카인들에게 용기를 주었습니다.

3단락   1차 세계대전을 거치며 민족자결의 움직임이 확산됐고 이전까지의 식민지화에 제동이 걸렸습니다. 이 전쟁은 전사자가 1,000만 명이 넘는 비참한 전쟁이었습니다. 사람들은

'평화'를 강렬히 열망했으며 국제연맹을 창설하고 부전조
약不戰條約을 맺있습니다. 선생 사체를 위법화하는 새로운 국
제사회의 조류가 생겨났습니다.

4단락 　처음에는 일본도 세계의 조류를 따랐습니다. 그러나 세계공
황이 일어나고 구미 제국이 식민지를 끌어들여 경제 블록화
를 진행하자 일본의 경제는 큰 타격을 입었습니다. 그러면
서 일본의 고립감은 심화되었고, 막다른 길에 몰린 외교적·
경제적 문제를 무력행사를 통해 해결하려 시도했습니다. 국
내 정치 시스템은 이를 제어하지 못했고, 그 결과 일본은 세
계의 큰 흐름을 놓치고 말았습니다.

　1단락에서는 전쟁으로 치달은 과정, 전후의 행보, 21세기를
되돌아보고 역사의 교훈에서 미래의 지혜를 배우자고 말합니다.
그리고 일본의 개국부터 메이지유신 그리고 패전에 이르는 과정
을 설명하지요. 이어서 1931년 만주사변, 1933년 국제연맹 탈퇴
가 나옵니다. 일본은 점점 1차 세계대전 이후 국제사회가 구축해
온 '새로운 국제질서'에 대항하는 '도전자'가 되어갔고, 방향을
잘못 짚어 전쟁의 길로 들어갔으며(5단락), 결국 70년 전 패전에
이르렀다(6단락)는 설명이 이어집니다. 1854년 개국부터 1945
년 패전까지 약 90년의 행보가 700여 자로 정리된 마법 같은 문
장입니다. 이를 보면서 '교과서가 이렇게 간결하면 얼마나 좋아'
라는 생각이 들었습니다.

　연도를 확인하면서 담화문을 되짚어볼까요. 2단락 앞부분
은 '혁신 기술을 지닌 구미의 제국이 일본에 문호 개방을 압박했

고 일본은 식민지화될 위기에 대응하기 위해 1868년 체제 변혁인 메이지유신을 단행했다'라고 할 수 있겠지요. 그리고 곧바로 1904~1905년에 벌어진 러일전쟁으로 넘어갑니다.

3단락에서 1914년부터 시작된 1차 세계대전을, 4단락에서는 1929년 미국을 뒤흔든 세계공황을 언급하면서, 전쟁과 공황이 세계의 역사를 바꿔놓았다는 점을 시사합니다. 1차 세계대전의 희생이 너무나도 컸기 때문에 국제연맹, 부전조약(1928년 8월 일본을 포함한 15개국이 국가의 정책 수단으로서의 전쟁을 포기하고 분쟁을 평화적으로 해결할 것을 선언한 조약으로, 최종적으로 소련을 포함한 63개국이 가입하였으며 국제사회의 중요한 규범적 원리가 되었다-옮긴이), 전쟁의 위법화 등 국제협력을 위한 새로운 조류가 생겨났다고 정리할 수 있겠지요.

하지만 4단락 첫째 줄에서는 그전까지 세계 조류를 따라가던 일본이 세계공황과 구미 제국의 경제 블럭화로 타격을 입고 이를 극복하기 위해 세계의 대세에서 일탈해간다는 식의 설명을 펼쳐놓습니다. 본래의 담화를 더 간결하게 정리하면 이런 뜻만 남지요. 여기까지 읽으면서 어떤 기분이 들었나요?

💬 청일전쟁이 나오지 않았어요. 2단락에 러일전쟁의 승리로 '아시아와 아프리카 사람들에게 용기를 주었다'라고 나오는데, 중국과의 관계는 언급하지 않은 점이 이상합니다.

흥미로운 지적을 해주셨어요. 가령 여기에 분량은 고려하지 않아도 좋으니 청일전쟁(1894~1895)에 관한 설명을 추가하라고 한다면 어떻게 써야 좋을까요? 러일전쟁에 대해서는, 뒤늦게 근대화에 합류한 아시아의 비非백인 국가인 일본이 러시아를 상대로 승리해 식민지 아시아와 아프리카인들에게 용기를 주었다고 되어 있는데, 청일전쟁은 뭐라 하면 좋을까요.

💬 일본의 국제적 지위가 한층 강화되었다?

그렇습니다. 청나라에 승리한 일본은 조선(1897년에 국호를 대한제국으로 변경) 등 동아시아 세계에 대한 영향력을 확보했습니다. 잘 짚어주셨는데, 좀 더 들어가 청일전쟁이 세계에 준 충격이 있다면 무엇일까요.

💬 '잠자는 사자'라 불리던 중국이 패배했습니다.

잠자는 사자라는 표현은 참 옛날에 쓰던 비유인데, 그 말을 알고 있다니 놀랍네요. 청은 일본보다 먼저 구미 열강의 문호 개방 압력을 받았습니다. 청나라가 1840년 아편전쟁에서 영국에 패배한 뒤 국력을 한꺼번에 상실했다는 식의 판단은 경솔합니다. 청일전쟁이 발발하기 전까지 10년간 청나라는 최고 실력자인 리훙장李鴻章을 중심으로 개혁을 진행했고 영국과 러시아 등 열강과의 관계도 재조정했으며 조선과의 외교도 근대적으로 재편했습니다. 그러나 청일전쟁의 패배로 짊어지게 된 배상금 부담이 재정을 압박해 동아시아에서 청의 권위가 하락한 것도 사실입니다.

일본 정부가 담화에서 청일전쟁을 직접 언급하지 않은 데에는 어쩌면 매우 의미심장한 의도가 있을지도 모릅니다. 청일전쟁을 언급하게 되면 오늘날 중국인이 느끼는 '민족으로서의 역사의식'을 자극하게 되므로 피했다고 볼 수 있지요. 2015년은 일본이 세계대전에서 패배한 지 70년이 지난 해이지만, 중국에게 2015년은 청일전쟁에서 패배한 지 120년이 되는 해입니다. 아편전쟁부터 시작된 일련의 굴욕에 또 하나의 커다란 획을 그은 사건이 바로 청일전쟁입니다.

이 담화를 보면서 저는 문화와 학문에 관한 언급이 전혀 등장하지 않았다는 점이 의아했습니다. 전전 시기에 일본의 학문이 동아시아에 준 영향은 실로 대단했습니다. 근대 일본에는 정치사라는 학문을 최초로 구축한 요시노 사쿠조吉野作造와 처음으로 정교한 헌법학을 만들어낸 미노베 다쓰키치美濃部達吉 등의 인물이 있었고, 이들의 사상은 주변 한자문화권에 많은 영향을 주었습니다. 담화문 2단락에서 일본은 아시아에서 최초로 입헌정치를 도입했고 독립을 지켰다고 언급했으니, 일본이 아시아에 미친 학문적 영향을 언급했어도 좋지 않았을까 생각합니다.

지금도 〈진격의 거인〉 등의 일본 애니메이션이 아시아에서 널리 인기를 끌고 있습니다. 그것과 비슷한 현상이 과거에도 있었지요. 애니메이션과 비교하면 요시노 사쿠조 선생과 미노베 다쓰키치 선생이 땅속에서 통곡할지도 모르겠습니다만, 그 영향력은 똑같이 크다는 점을 지적하고 싶습니다.

중화민국 시기의 중국 헌법을 연구하는 나카무라 모토야中村元哉[17]에 따르면, 아이러니하게도 중일 관계가 악화일로로 치닫던 1928년부터 1937년까지 중국 내 일본 서적의 번역이 최전성기를 맞이했다고 합니다. 이 시기라면 대중국 관계가 좋았던 미국 같은 국가의 책이 인기였을 것 같은데, 당시의 자료를 보면 일본 서적이 가장 많이 번역되었다는 사실을 알 수 있습니다. 미노베 다쓰키치 선생의 헌법학과 의회제도론 등도 중국에 소개되었습니다.

특히 미노베 헌법학이 중화민국 헌법의 기초를 닦은 장즈번 張知本이라는 학자에게 영향을 주었고, 장즈번은 이를 비판적으로 수용했다는 점에 주목할 필요가 있습니다. 중화민국 시기의 중국은 일본의 도지사에 해당하는 인물들이 정치행정 권력뿐 아니라 군사력도 거머쥐고 있었습니다. 장즈번은 정치와 군사의 밀착 관계에 어떻게 칼을 대야 할지 고심했다고 합니다.

행정과 군사를 분리하고 싶었던 장즈번은 중화민국의 최고 권력자인 장제스蔣介石에게 미움을 사 여러 번 실각되기도 했습니다. 전후에 국공내전(1927~1950년 중국 재건을 둘러싼 중국 국민당과 공산당 사이의 내전-옮긴이)에서 패배한 국민당은 타이완으로 건너갔습니다. 저는 당시 동아시아의 패권을 놓고 중국과 일본이 다투고 있는 상황에서 양국의 헌법학자들이 헌법으로 군사 권력을 제어할 방법을 찾으려고 고군분투했다는 사실을 접했을 때 가슴이 뭉클했습니다.

자, 다시 담화로 돌아가볼까요. 담화를 여러 번 꼼꼼히 읽으면서 저는 막부 말기의 구미 열강과 일본의 차이를 기술력을 중심으로 정리한 점이 가장 인상 깊었습니다. 특히 기술의 차이가 심했던 부분은 군사력이었지요. 구미 열강은 압도적인 기술을 무기로 자신들의 경제적 이익을 극대화하기 위한 규칙이었던 자유무

역주의를 내세우며 일본에 개국을 강요했습니다. 담화는 군사력
이 뒤처지는 아시아 국가들은 어쩔 수 없이 개국을 해야 했다는
식으로 역사를 파악하고 있습니다.

기술력이 어떻게 식민지화를 결정했는지 생각해봐야 할 것
같습니다. 기술력만으로 설명하는 것은 지나치게 단편적이지 않
을까요. 구미 열강은 어떻게 기술력을 지니게 됐을까요. 그 배경
에는 산업혁명의 달성은 말할 것도 없고 국민의 힘을 최대한 끌어
모을 수 있는 제도, 이를테면 헌법전憲法典 편찬과 의회제도 정비,
근대적 경제 시스템과 금융제도의 정비가 있었을 것입니다.

일본을 포함해 당시 아시아 국가는 전반적으로 정치 · 경
제 · 문화적 기초가 부족했는데, 담화문에서는 문화와 학술 등 사
상적 측면을 고려하지 않고 단지 기술력만 뒤떨어졌던 것처럼 은
근슬쩍 넘어갔죠. 이렇게 서술하면 구미 열강에 대한 일본의 열등
감을 드러내지 않을 수 있다는 장점은 있습니다. 기술력이 뒤졌다
는 말은 전후 일본인이 태평양전쟁의 패배 이유를 찾을 때에도 사
용한 인식의 틀입니다. 하지만 이런 인식은 미노베 같은 헌법학
자가 정치와 군사를 분리하려는 명확한 헌법론을 지니고 있었는
데도 불구하고, 그 이론을 국내의 정치 상황 때문에 스스로 매장
해버렸던 전전 일본 정치의 결정적 실패를 직시할 수 없게 만듭니
다. 1935년 천황기관설天皇機關說 사건이 대표적인데, 천황은 법
인인 국가의 최고기관이라는 미노베의 헌법이론이 제국회의 등
에서 비판을 받아 저서가 절판된 사건입니다.

일본의 전후 인식

　메이지유신부터 패전에 이르기까지를 바라보는 담화의 역사
관을 경제사 연구 측면에서도 비판할 수 있습니다. 이것을 다루기
전에, 먼저 전후 역사를 전개하는 제7단락 이후의 내용을 자세히
읽어보겠습니다. 10가지 정도의 골자로 이루어져 있습니다.

　①히로시마, 나가사키, 오키나와, 중국, 동남아시아, 태평양
의 여러 섬 등 전장이 된 지역의 희생자에게 애도의 뜻을 표하고
(7~11단락), ②어떠한 무력 위협과 행사도 '국제분쟁을 해결하
는 수단으로는' 두 번 다시 사용하지 않겠다는 다짐을 밝힙니다
(12~14단락). 그런 뒤 ③인도네시아와 필리핀을 비롯한 동남아시
아, 타이완, 한국, 중국 등 이웃 국가에 그동안 일본이 표현한 통절
한 반성과 진심어린 사과를 다시 한 번 표명합니다(15~17단락).

　④아시아 태평양 지역에서 일본으로 돌아온 귀환자, 중국 잔
류 고아의 귀국 등에 힘을 쏟은 관계국에 감사의 뜻을 밝히고 미
국, 영국, 네덜란드인 포로의 일본 방문, 위령에 관한 대처 등을 소
개하고(18~21단락) ⑤세계가 일본에 보여준 관용 덕분에 일본
이 국제사회에 복귀할 수 있었음에 감사하고, 역사의 교훈을 가슴
에 새겨 평화와 번영의 유지를 위해 노력하겠다는 다짐을 밝히며
"우리 아이들과 자손, 그리고 미래 세대에게 계속 사죄의 숙명을
짊어지게 해서는" 안 된다는 뜻을 밝힙니다(22~25단락).

　⑥무력을 이용해 현상을 타개한 과거를 거울삼아 핵무기 확
산 금지와 궁극적인 폐기를 목표로 삼고(26단락) ⑦전쟁 기간에
"많은 여성의 존엄과 명예에 깊은 상처를 낸 과거"를 가슴에 새기
며(27단락) ⑧경제 블록화가 분쟁의 씨앗을 키웠다는 점을 거울

삼아 자유롭고 공정한 국제경제 시스템의 발전에 힘쓰겠다고 선언합니다(28단락). 마지막으로 ⑨"국제질서에의 도전자가 되었던 과거를 늘 마음에 새기며" "적극적 평화주의"의 기치를 높게 들어(29단락) ⑩앞으로도 국민과 함께 지금까지 말한 이념에 토대를 둔 일본을 만들어가겠다는 결의(30단락)로 마무리됩니다.

전쟁 과오의 인식과 미래의 결의를 연결하여 일본이 지향하는 방향성을 제시했죠. 다만 전후의 행보에서, 평화헌법을 기축으로 아시아 태평양 국가와의 신뢰를 견고히 하고 온건한 외교정책을 취하며 경제 대국으로 자리잡아온 전후 70년에 대한 묘사가 의외로 적은 점에 놀랐습니다.

전후 70년의 회고라지만, 여기서 말하는 것은 '전후 70년간'이 아니라 어디까지나 '전후 70년이 된 시점에서 돌아보는 전전'이라는 것이 새삼 절절히 다가왔습니다. 이를 보면서 '일본에게 전후는 전전을 돌아보면서 생각하기 위한 시간 자체이지 않았을까'라는 숙연함을 느꼈습니다.

식민지 제국 일본의 경제력

잠시 이야기가 감성적으로 흘렀습니다. 지금부터는 안심하셔도 됩니다. 담화를 일본 근대사 연구와 관련지어 읽을 때 세계공황, 블록 경제, 식민지 지배라는 세 문제를 하나로 묶어버린 것은 문제입니다. 앞에서 인용한, 러일전쟁에 관한 2단락과 식민지 경제에 관한 4단락을 연결하는 부분의 논리가 마음에 걸립니다. 이 부분은 식민지 제국을 일찌감치 건설해왔던 구미 열강이 공황을 겪으면서 재빠르게 경제 블록화를 추진한 데 비해, 취약한 자본주의국가였던 일본은 뒤늦게 제국주의 대열에 합류해 무력 침략을 경제적 타개책으로 삼았다는 논리 위에 쓰였습니다.

　그래프를 볼까요. 이 그래프는 식민지 제국이 된 일본의 경제사에 관해 획기적인 연구를 진행해온 교토대학 경제학부 호리 가즈오堀和生 교수가 만든 것입니다. 영국, 프랑스, 일본이 식민지에 수출을 얼마만큼 했는지 확인해봅시다.[18] 영국의 수치에 자치령(캐나다, 뉴질랜드, 남아프리카공화국, 오스트레일리아, 뉴펀들랜드, 아일랜드)은 제외되어 있습니다. 자치령을 제외하더라도 이렇게 수출이 많다니, 영국은 정말 거대한 식민지 제국이었다는 사실을 알 수 있습니다. 가로축의 연대를 주의 깊게 봐주시기 바랍니다. 1921년 자료를 보면 역시 영국의 힘은 막강했습니다. 인도 등 식민지에 수출한 금액이 8억 달러에 육박해, 프랑스와 일본을 크게 따돌렸습니다. 이에 비해 같은 시점 일본의 수출액은 2억 달러에도 미치지 못합니다.

　그렇다면 세계공황이 일어난 1929년 무렵은 어떨까요. 1929~1930년 무렵 영국의 그래프는 급격하게 떨어집니다. 한편 프랑스와 일본은 비교적 완만한 하향 곡선을 그립니다. 그리고 세 국가 모두 1932년에 바닥을 찍은 뒤 상승 곡선으로 돌아섭니다. 1931년은 일본이 만주사변을 일으킨 해입니다. 그해에 영국이 먼저 금본위제를 폐지했고, 이어서 일본도 금본위제를 폐지하고 관리통화제도로 이행합니다. 다시 말해, 금을 국내통화 발행의 근거로 삼고 국제통화로 유통시키는 금본위제에서 통화의 발행량을 조절하여 경제를 관리하는 제도로 이행한 것입니다.

　다시 일본을 볼까요. 1937년을 기점으로 일본의 대식민지

영국·프랑스·일본의 식민지 수출

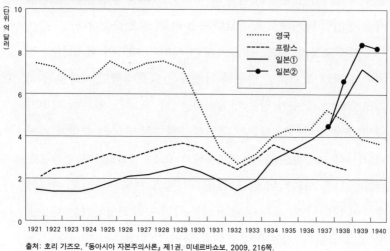

출처: 호리 가즈오, 『동아시아 자본주의사론』 제1권, 미네르바쇼보, 2009, 216쪽.

수출액이 엄청나게 늘어났습니다. 1937년은 중일전쟁에 돌입한 시기인데, 일본의 수출액이 영국을 앞지르는 상황을 눈으로 확인할 수 있습니다.

1937년 시점부터는 그래프가 일본①과 일본②로 나뉘어 표시되어 있습니다. 일본①은 일본의 식민지인 타이완, 조선, 관동주(뤼순과 다롄을 중심으로 한 지역)에 1932년에 건국한 만주국까지 포함한 수치입니다. 만주국은 일본의 괴뢰국가였으므로 엄밀한 의미에서는 식민지가 아니지만 다른 식민지와 함께 집계했습니다. 일본②는 중일전쟁 발발 이후 일본이 괴뢰정권을 만들고 사실상 행정을 장악했던 화베이, 베이징, 상하이, 난징 등의 도시와 연안 지역을 상대로 한 수출액입니다.

이 그래프를 보면 세계공황으로 매우 심각한 경제적 타격을 받은 영국과 그다지 큰 타격이 없었던 프랑스, 일본의 차이를 읽을 수 있습니다. 다음으로 영국과 프랑스는 모두 특혜 관세(본국과 자국 식민지와의 무역을 유리하게 전개하기 위해 관세동맹을 맺고 제3국에 대해서는 고율의 관세를 부과하는 등 관세 장벽을 설정하는 조치)를 바탕으로 경제 블록화를 추진했던 것으로 이해하기 쉽지만, 그래프를 보면 영국과 프랑스가 경제 블록화를 통해 식민지 국가에 대한 수출을 양적으로 증대시켰다고 말하기는 어렵습니다. 영국과 프랑스가 자국과 식민지의 경제를 블록화하고 자국의 이익만을 고려하며 타국을 따돌린 결과 일본이 손해를 입었고, 그래서 일본은 협력의 길에서 이탈해 국제사회에 등을 돌렸다는 주장은 그래프에서 보듯 사실이 아닙니다. 이런 설명은 태평양전쟁이 시작된 이후, 특히 전황이 악화된 이후에 언론에서 꾸며낸 이미지에 지나지 않습니다.

💬 일본의 무역액이 늘어난 이유가 만주사변이나 중일전쟁과 관계가 있나요?

글쎄요. 언뜻 일본의 무역량이 증가한 것이 1931년 이후부터이니 만주에 일본군이 침투하면서 수출이 급격하게 증가했다고 읽힐지도 모르겠네요. 하지만 침략의 결과가 경제지표로 그렇게 빠르게, 현저하게 나타날 수 있을까요.

호리 교수가 쓴 다른 논문[19]도 참조하면서 일본의 공업 생산력을 살펴볼까요. 일반적으로 수출에서 공산품이 차지하는 비율이 높은 국가를 선진 자본주의국가라 할 수 있었습니다. 국제연

50

맹의 데이터를 통해 당시 각국의 수출에서 공산품이 차지하는 비율을 산출할 수 있는데요, 일본은 1913년 무렵에 30퍼센트 정도였던 공산품 비율이 1926년부터 1929년 사이에 50퍼센트 수준으로 올라갔고 1938년에 84.4퍼센트로 정점을 찍습니다. 1938년 당시 공산품의 비율은 스위스, 독일에 이어 영국을 누르고 3위를 차지합니다. 수출액 규모도 독일, 영국, 미국에 이어 세계 4위에 오르죠. 일본의 공산품 수출은 1차 세계대전을 계기로 크게 늘어났고 1920년대 전반에 전 세계 경제에 강력한 영향력을 미치게되었습니다. 일본의 공산품은 영국을 제치고 세계시장을 포섭하기 시작했습니다. 기계 제품으로는 철도 차량 등을 식민지에 많이 수출했지요. 당시의 일본 경제를 무력을 비롯한 비경제적 수단으로 획득한 성과로만 보아서는 일본 자본주의의 강점을 제대로 이해할 수 없습니다.

제국주의 일본의 경제력을 정확하게 측정하는 일이 왜 중요한가 하면, '세계공황-열강의 경제 블록화-일본의 경제 블록화-실패-무력에 의한 경제 침략'이라는 공식으로는 식민지와 일본의 관계를 정확하게 포착할 수 없기 때문입니다. 앞에서 본 그래프와 공산품의 수출 증가 등을 종합적으로 고찰해보면 일본이 식민지에 꽤 많은 공산품을 수출하고 있었음을 알 수 있습니다.

자전거를 예로 들어볼까요.[20] 1937년 중일전쟁이 일어나기 전까지 자전거는 일본이 식민지 국가뿐 아니라 중남미 국가에까지 수출하던 훌륭한 수출품이었습니다. 1936년 수출액은 3,700만 엔에 이릅니다. 그렇다면 1936년에 식민지 타이완에 수출한 자전거는 얼마나 될까요. 350만 엔으로, 전체 수출의 10퍼센트를 차지합니다. '그 정도야'라고 여길지도 모르지만 1940년 당시 타이완의 인구는 약 580만 명이었으니 타이완에서 일본제 자전거의 존재감은 굉장했다고 말할 수 있습니다. 덧붙이자면 1936년 당시 조선에 자전거를 수출한 금액은 약 850만 엔으로 총액은 타이완보다 많지만 당시 조선의 인구 또한 약 2,400만 명으로 타이완의 4배였습니다.

경제 블록화의 실상을 잘 들여다봐야 합니다. 이를테면 영국은 식민지에 자동차 타이어 같은 상품을 수출하고 싶었습니다. 하지만 영국의 식민지에는 그것을 구입할 만한 계층과 경제적 여력이 없었기 때문에 수출액이 늘어나지 않는 딜레마에 빠져 있었습니다. 이런 점에 비추어볼 때, 식민지 제국으로서 일본의 경제가 서구 열강에 뒤쳐져 있었다고 평가하는 것은 잘못입니다.

일본제국과 식민지의 긴밀한 경제

일본과 식민지의 관계를 다른 측면에서도 살펴보겠습니다. '아시아 식민지 무역에서 본국이 차지하는 비율'을 볼까요. 구미 열강과 각국의 아시아 식민지 사이의 무역을 나타낸 표입니다. 첫째 줄을 보면 인도가 종주국인 영국에서 얼마만큼 수입해오고 또 영국에 얼마나 수출하는지 알 수 있습니다. 인도 전체의 무역량 가운데 영국이 차지하는 비율은 수출입 모두 30퍼센트 수준입니다.

두 번째 줄의 영국령 말레이는 말레이반도와 싱가포르섬 등의 해협 식민지를 말합니다. 본국 영국과의 교역량은 수입은 전체의 15~18퍼센트 정도, 수출은 8~14퍼센트 정도밖에 안 됩니다. 인도차이나는 당시 프랑스령 인도차이나(현재 베트남, 라오스, 캄

52

아시아 식민지 무역에서 본국이 차지하는 비율(단위: %)

식민지	본국	수입			수출		
		1937	1938	1939	1937	1938	1939
인도	영국	39.0	31.5	31.4	33.2	32.3	33.7
말레이	영국	15.1	15.7	18.4	8.8	11.1	14.2
동인도	네덜란드	16.7	19.1	22.2	23.6	20.1	20.4
인도차이나	프랑스	53.4	53.5	53.1	55.2	46.1	47.3
필리핀	미국	60.8	58.0	68.1	80.4	81.7	77.2
타이완	일본	83.3	86.3	89.4	92.5	93.2	92.0
조선	일본	85.0	82.2	87.3	87.4	83.5	80.8
만주국	일본	52.8	75.1	78.9	47.4	50.0	57.5

출처: 호리 가즈오, 『동아시아 자본주의사론』 제1권, 미네르바쇼보, 2009, 216쪽.

보디아에 해당하는 지역)로, 여기서는 종주국에서 수입하는 비율이 전체 수입의 50퍼센트를 넘습니다.

그렇다면 타이완과 조선을 볼까요. 1937년 타이완의 수입액 가운데 일본이 차지하는 비율은 83퍼센트입니다. 일본에 수출하는 비율도 92퍼센트로, 무역의 거의 대부분이 일본과 이루어집니다. 조선의 수출입도 일본의 비중이 80퍼센트 이상입니다.

이 표에서 무엇을 알 수 있을까요. 우선 전전 일본이 식민지와 매우 긴밀하고 깊은 경제적 관계를 구축했다는 점입니다. 의외로 영국과 프랑스는 실속이 없습니다. 여러분 머릿속에 있던 이미지와는 사뭇 다르지요. 영국과 프랑스 등 서구의 제국이 경제 블록화를 추진한 결과, 후발 주자로 뒤늦게 뛰어든 일본은 경제적으로 살아갈 길이 끊겨 어쩔 수 없이 무력을 쓸 수밖에 없었다는 기존의 이미지와 데이터로 확인한 실상은 엄청난 차이가 있습니다.

경제적 측면에서 확인해보면 일본과 일본의 식민지 타이완, 조선 등은 영국·프랑스와 그들의 식민지의 관계보다 훨씬 밀접했습니다. 지배받는 쪽에서 보면 이는 옴짝달싹할 수 없이 종속된 위계적 관계였겠지요. 한국 등 일본의 식민 지배를 경험한 국가들의 역사의식이 서구의 식민 지배를 경험한 국가와 다른 것은 당연한 결과라고 말할 수 있습니다. 호리 교수는 타이완보다도 조선이 훨씬 더 일본제국에 포섭되어 있었다[21]고 설명합니다. 현재 일본에 대한 한국과 타이완의 인식이 다른 요인의 하나가 경제적 종속의 강도에서 나왔는지도 모릅니다. 데이터는 전후 식민지 국가의 역사인식의 근거를 적나라하게 보여주기도 하지요.

내각총리대신 담화를 두고 아베 내각의 역사인식이 우편향되었다라거나 한국에 대한 식민 지배의 책임을 자각하지 못한다는 등의 비판을 하기에 앞서, 일본이 식민지라는 것을 갖고 있었으며 일본제국의 힘이 바로 식민지로부터 나왔다라고 철저히 밝힐 수 있어야 합니다.

경제사는 우리에게 많은 것을 가르쳐줍니다. 세계에 일등국가로 인정받고 싶었던 일본은 국제연맹 등에 무역 자료를 정확하게 제출했습니다. 이 데이터를 분석하면 근대 일본의 이미지도 바뀔 것입니다.

역
사
를
쓸
때

국가는 역사를 형성한다

아베 내각의 전후 70년 담화는 일본의 과거와 현재에 관해
국가가 직접 쓴 하나의 '역사 기록'입니다. 전후 오랫동안 일본이
유지해온 집단적 자위권의 해석을 변경한 아베 내각이 중일전쟁
부터 태평양전쟁에 걸친 역사, 또 전전부터 이후로 이어진 일본과
세계의 관계를 어떻게 바라보는지를 중국, 한국, 미국 등을 비롯
한 전 세계가 주시했습니다. 여러분은 동시대인으로서 국가가 쓴
하나의 '역사'를 정면에서 마주한 셈입니다. 그런데 국가는 언제
역사를 써서 남기려 할까요.

💬 전후 70년처럼 시간이 어떤 주기를 맞이할 때라든지 새롭게 뭔
가를 해보려는 시도를 담으려 할 때가 아닐까요.

바로 그렇습니다. 하나는 대외적으로 '일본은 현재 이렇게
생각합니다'라고 표명하고 싶을 때이겠지요. 그렇다면 일본이라

는 국가가 최초로 쓴 역사 기록은 무엇이었을까요.

💬 『고사기古事記』와 『일본서기日本書記』요.

맞습니다. 둘 다 국가가 편찬한 역사서로, 『고사기』는 712년에, 『일본서기』는 720년에 편찬되었다고 알려져 있습니다. 8세기, 중국 당나라의 제도를 본떠 율령체제가 정비된 나라 시대에 쓰였습니다. 그때 천황을 중심으로 한 고대국가가 생겨났고 어떤 의미에서는 그 완성을 기념해서 썼다고 말할 수 있지요.

혹시 『풍토風土』(한국어판 제목은 『인간과 풍토』-옮긴이)와 『고사순례古寺巡禮』라는 책을 쓴 철학자 와쓰지 데쓰로和辻哲朗를 아시나요? 와쓰지 선생은 국가의 성립을 이렇게 설명합니다. "국가는 전쟁으로 형성되고 전쟁으로 길러진다." 참 무시무시한 얘기죠. 또 이런 말도 했습니다. "국가는 다른 국가와 대치하면서 공동체 속에서 자연히 생겨난다."

> 국가는 역사를 형성한다. 따라서 역사는 국가의 자각이라고 말할 수 있다. 자기 인식은 반드시 남을 매개로 생겨난다. 국가 또한 자신을 자각하기 위해서는 다른 국가와 교섭해야 한다. 그 속에서 얻어지는 자각이 역사적 자각으로서 역사를 형성한다.[22]

와쓰지 선생은 '타국과의 관계에서 국가가 생겨나고, 그 국가가 역사를 쓴다'고 딱 잘라 말합니다. 여러분 얼굴을 보아하니,

도대체 이 철학자가 무슨 말을 하는지 잘 모르겠다는 표정이에요. 그럼 고고학자의 의견을 참고해볼까요.

3세기 초 중국 남방에서 기원한 것으로 알려진 주술 '귀도鬼道'는 오늘날의 샤먼에 해당한다고 볼 수 있는데요, 그 귀도를 섬기는 히미코卑弥呼(일본 고대 시대의 여왕으로, 통치자인 동시에 사제의 역할을 했다-옮긴이)가 왜국(야마타이고쿠 연합, 당시 일본을 일컫던 국명)의 오키미大王(일본 고대 시대의 왕을 일컫는 말-옮긴이)가 되었다는 내용이 중국의 역사서 『삼국지』「위서」동이전 왜인조, 일명 '위지왜인전'에 기술되어 있습니다. 아무래도 중국 입장에서 봤을 때 왜국은 히미코를 왕으로 세우면서 그때까지 빈번하게 일어나던 내란을 잠재우고 국가를 하나로 정리한 것처럼 보였을 것입니다. 왜국이 신속히 정리됐다는 말은 정확해 보이는데요, 고고학자인 데라사와 가오루寺澤薰 선생은 일본의 수장 권력, 즉 왕권은 사실상 단기간에 갑자기 탄생했다고 말합니다.[23]

히미코는 어떻게 국가를 급속하게 통합할 수 있었을까요. 제가 1970년 무렵에 학교를 다닐 때에는 다음과 같이 설명했습니다. '일본처럼 유속이 빠른 하천이 좁은 평야를 흐르는 국가에서는 대규모 치수공사가 필요하다. 즉 집약적인 농경을 해야 했던 일본에서는 그 기술을 관장할 왕권이 발달했다'라고요.

하지만 사실은 그렇지 않습니다. 오늘날에는 왜국이 단시간에 국가로 통합된 이유는 긴박한 한반도의 군사 정세에 대응하기 위해서였다는 설이 유력합니다. 이 무렵 중국의 북쪽 절반을 위나라가 지배하고 있었는데, 위는 중국과 조선의 국경지대 이남으로 지배를 확장해 내려왔습니다. 위나라 입장에서는 중국 남쪽에서 세력을 뻗어나가는 오나라의 존재가 마음에 걸렸습니다. 당시 중국은 일본 열도의 위치가 실제보다 훨씬 남쪽에 있다고 여겼습니다. 북쪽에 위치한 위나라는 '오와 일본이 연합하면 곤란하다. 일본이 오나라를 남쪽 해상에서 견제해주면 좋겠다'고 생각했습니다.

위나라가 금인자수金印紫綬(관직에 임명할 때 주는 인장-옮긴이)를 주며 히미코를 친위왜왕親魏倭王으로 봉한 배경에는 위와 오의 대립과 한반도를 향한 위의 지배력 확장이라는 동아시아의 새로운 정세가 영향을 끼쳤습니다.

전쟁은 어떤 공동체가 외부를 향해 권력을 행사하는 가장 궁극적인 태도라고 말할 수 있습니다. 수장이 공동체의 운명을 걸고 전쟁 지휘관으로서 책무를 맡을 때, 그 또는 그녀는 진정한 통치자이자 최고 권력자로 나아갈 수 있습니다. 이렇듯 고대국가는 공동체의 운명이 걸린 전쟁을 통해 형성되었습니다.

7세기 동아시아의 중일전쟁

그렇다면 일본이라는 국가가 쓴 역사서 『일본서기』는 어떠한 배경에서 태어났는지를 중국 및 한반도의 정세와 연관시켜 살펴보죠. 누가 어떠한 의도로 이 역사서를 썼는지 하나하나 짚어봅시다. 우선 중국 대륙과 한반도가 서로 영향을 주고받는 가운데 대립의 맹아가 생겨납니다.

618년 수나라가 멸망하고 더욱 강력한 중앙집권국가인 당나라가 탄생하자 한반도에 있던 고구려, 신라, 백제는 624년 모두 당의 책봉체제(중국의 황제가 주변 국가의 수장에게 왕, 제후 등의 작위를 주어 중국의 통제 아래에 두는 시스템)에 들어갑니다. 대륙

과 한반도는 땅으로 이어져 있었으니 7세기 전반 무렵에는 당을
중심으로 하는 동아시아 국제질서가 형성되었다고 말할 수 있습
니다.

그런데 한반도에서 바다를 건너 훨씬 동쪽에 위치한 왜국은
633년에도 당의 책봉체제 밖에 있었습니다. 당은 고구려를 견제
하기 위해 신라와 손을 잡았습니다. 압력을 받은 고구려가 백제와
손을 잡으면서 대륙과 한반도에 걸쳐 복잡하게 뒤얽힌 대립 관계
가 형성되었고, 그 안에서 일본은 고구려·백제와 손잡고 당과 신
라에 대항합니다.

645년 당 태종이 10만 대군을 이끌고 고구려 영토를 침공합
니다. 왜국은 당나라가 고구려에 직접 군사적 압력을 가하는 것을
보고 충격을 받았을 것입니다. 당나라가 고구려에 이어 왜국을 침
략하지 않을까 하고 말이지요.

실제로 645년 왜에서는 나카노오에 황자中大兄皇子 등을 중
심으로 한 궁정 세력이 호족 세력가인 소가씨蘇我氏를 멸하고 '다
이카개신大化改新'이라 불리는 개혁을 단행합니다. 이는 우연히
일어난 일이 아닙니다. 나카노오에 황자가 소가씨를 멸한 이유는
단순한 권력 싸움 때문이 아니었습니다. 각지에서 호족이 연립하
는 상태로는 국제정세의 변동에 제대로 대응할 수 없습니다. 당
의 공격도 예상되고 동아시아 세계가 군사적으로 극도로 긴장된
상황인 만큼 왜국은 국내 권력을 천황을 중심으로 집중해 위기에
대비할 필요가 있었습니다. 이 국내 개혁을 이끌어갈 인물이 나
카노오에 황자, 즉 훗날의 덴지天智 천황이었으며 이때 개혁에 협
력했던 사람이 동생인 오아마노 황자大海人皇子, 훗날의 덴무天武

천황입니다.『일본서기』등의 국사 편찬은 덴무 천황의 명으로 이루어졌지요.

이후 고구려를 공격하다 지친 당 고종은 고구려와 친교를 맺은 뒤 백제를 먼저 토벌하는 작전을 세웠고 660년 백제를 멸망시킵니다. 왜국은 백제가 망한 뒤 백제 유신遺臣들의 파병 요청을 받아들여 당과의 전쟁에 한 걸음 다가갑니다. 한반도에 군사를 파병했지요.

당시 사이메이齊明 천황뿐 아니라 나카노오에 황자 등도 한반도 출격의 거점인 규슈로 내려와 있었습니다. 왜국은 국가의 존망을 걸고 나당 연합군에 도전했지만 663년 백촌강 전투(오늘날 한국의 금강 하구 유역-옮긴이)에서 참패합니다.

전쟁에서 패한 뒤 왜국의 긴장은 계속됩니다. 신라와 당의 연합군이 일본 해안에 나타나지는 않을까 노심초사했지요. 그래서 쓰시마와 이키섬(규슈와 쓰시마섬 사이에 위치-옮긴이)에 방어 시설을 만들고 쓰쿠시(일본의 옛 행정구역, 현재의 후쿠오카현 일부 지역-옮긴이)의 다자이후大宰府(7세기 무렵 일본 규슈 지방에 설치된 지방 행정기관-옮긴이)에 미즈키水城(후쿠오카현 다자이후시 등에 걸쳐 세워진 고대 일본의 성-옮긴이)를 축조하는 등 공포와 긴장감 속에서 만반의 준비를 갖춰나갑니다.

7세기 일본이 외국의 침략을 걱정했다니, 참 의외이지요. 흔히 일본은 독립된 섬나라라고 말하지만 대륙과 한반도의 긴장감이 고대 일본에 드리웠던 그림자는 어마어마했습니다. 동아시아에서 나당 연합군과 일본·백제의 유신이 벌인 해전, 그리고 왜국이 참전했던 백촌강 전투는 7세기에 일어난 또 하나의 중일전쟁이라고도 말할 수 있을 것 같습니다.

일본이라는 새로운 국가의 사신으로 왔습니다

역사는 가혹합니다. 668년, 당은 끝내 고구려를 멸망시킵니다. 백제는 660년 이미 멸망했고 676년 신라가 한반도를 통일합니다.

왜국은 이 시점에서 또다시 고민에 빠졌을 듯합니다. '백촌강에서 참패를 당한 왜국이 계속 당의 책봉체제 밖에 머물 수 있을까'라고요. 어설프게 대응했다가는 고구려의 전철을 밟게 됩니다. 그렇다면 어떻게 해야 할까요. 왜국은 이때 필사적인 방향 전환을 시도합니다. 그때까지 중단했던 견당사遣唐使를 재개하며 32년 만에 당과의 관계 회복에 힘을 쏟습니다. 그때의 논리가 기발합니다.

702년에 당에 파견된 견당사 아와타노 마히토粟田眞人는 당의 측천무후測天武后를 만나 '이번에 제가 당에 온 것은 왜국의 사신으로서가 아니라 일본이라는 새로운 나라의 사신으로 왔습니다'라고 설명합니다. 측천무후는 아와타노 마히토를 마음에 들어 했고 왜국에서 일본국으로의 국호 변경을 인정합니다. 일본은 당과의 긴장을 새로운 나라가 세워졌다고 주장하면서 해결했습니다.[24]

고대의 일본은 절체절명의 위기에서 대내적으로는 다이호大寶 율령이라는 새로운 법령을 정비하고, 대외적으로는 새로운 나라 일본의 건국을 천명하면서 적국과 외교를 재개하고 과거의 적대를 청산합니다. 그때 당나라에 일본이라는 나라는 이런 나라라고 설명하기 위해 만든 책이 바로 국가가 편찬한 최초의 역사서인 『일본서기』입니다.

전쟁에서 패배한 뒤 사태를 수습하고 살길을 도모하기 위해 국가의 태생을 스스로 밝혀 전승국에게 보여주려고 쓴 책이 『일본서기』인 셈입니다. 이는 어떤 의미에서는 스스로 헌법원리를 고쳐 적는 일이라고 말할 수도 있습니다. 그게 바로 덴무 천황 때였습니다.

덧붙이자면 백촌강 전투를 '역사의 긴 잣대'를 사용해 자신이 처한 상황과 비교한 사람이 있습니다. 바로 패전 이후의 쇼와昭和 천황입니다. 쇼와 천황은 태평양전쟁에서 패배한 이듬해인 1946년 8월 14일, 패전 무렵 총리를 지냈던 스즈키 간타로鈴木貫太郎와 시데하라 기주로幣原喜重郎, 그리고 당시 총리였던 요시다 시게루吉田茂 등을 불러 간담회를 열었습니다. 천황이 내각의 각료를 부르고 사회도 맡은 것인데, 이런 이야기로 회의를 시작합니다.

"전쟁에 져서 송구하다. 모두를 힘들게 했다. 그렇지만 일본이 전쟁에서 진 것은 처음이 아니다. 663년 백촌강 전투 때도 조선에 군사를 파병했다가 패배했다. 그 결과 개혁이 일어나 일본 문화의 발전에 크나큰 전기가 되었다. 이런 것을 생각하면 앞으로 일본이 나아가야 할 길도 자연히 알 수 있을 것이다." 쇼와 천황은 태평양전쟁 이전에 일본이 패배했던 국제전으로 7세기의 백촌강 전투를 불러옵니다. 쇼와 천황으로부터 80대 남짓 거슬러 올라가면 덴무 천황이 나옵니다. 물론 신화이지만요. 7세기 백촌강 전투와 20세기 태평양전쟁 사이의 거리는 그야말로 하늘과 땅만큼 떨어져 있습니다. 그렇지만 닮은 점도 있습니다. 오늘날의 헌법은 태평양전쟁에서 패하고 난 뒤 다시 쓰인 것이지요. 대외적으로 신생국가를 표명하고, 국내적으로는 새로운 법령체계를 정비하는 등 안팎으로 헌법을 수정했다는 점에서 두 전쟁은 닮았습니다.

역
사
의
시
작
은

기원전 5세기에 태어난 역사에 묻다

지금까지 국가는 어떤 때 역사를 쓰려 하는지 살펴봤습니다. 하지만 역사는 국가만 쓰는 게 아닙니다. 한 인간이 어떤 사건을 보고 후세에 그 사건을 기록으로 남겨야겠다는 생각에서 역사를 쓰기도 합니다. 이때의 '어떤 사건'은 전쟁인 경우가 많습니다.

로마의 정치가 키케로가 역사의 아버지라고 부른 사람이 있습니다. 바로 기원전 5세기 그리스에서 태어난 헤로도토스입니다. 헤로도토스는 『역사』[25]라는 저작을 남겼습니다. 사실 이것은 헤로도토스가 쓴 그리스와 페르시아의 전쟁 이야기에 후세 사람들이 '역사'라는 제목을 붙인 것입니다. 어쩌면 역사는 본래 전쟁 이야기를 쓰는 데에서 시작됐다고 볼 수도 있을 것 같습니다.

오늘은 헤로도토스보다 스무 살 정도 젊은 고대 그리스 아테네 출신의 투키디데스를 만나러 갈 것입니다. 그는 역사라는 학문을 만들어낸 인물 중 한 사람으로, 『전사』[26](한국어판 제목은 『펠로폰네소스전쟁사』-옮긴이)를 썼습니다. 여기에서 투키디데스는 기원전 431년에 일어난 펠로폰네소스전쟁을 서술했습니다. 이 전쟁은 스파르타가 이끄는 펠로폰네소스동맹이 그리스의 대표적인 폴리스인 아테네와 델로스동맹을 공격하면서 시작됩니다. 전쟁의 불씨는 케르키라(현재 그리스 서북부 이오니아제도 북쪽 끝의 코르푸섬에 있는 도시)를 둘러싼 작은 분쟁이었습니다. 하지만 분쟁은 곧 전 그리스가 참가한 대전으로 확장됩니다.[27] 기원전 404년, 27년에 걸친 싸움 끝에 전쟁은 아테네의 패배로 끝납니다.

아테네는 지중해를 제압하고 뛰어난 문화를 탄생시킨 그리스 문명의 중심지로, 당시 가장 우수한 민주정을 운영하던 도시국가였습니다. 한편 스파르타는 왕과 귀족 중심의 귀족제를 취했던 국가로, 철학자들은 스파르타가 아테네에 비해 문화적으로 뒤떨어져 있었다고 평가합니다.

투키디데스는 아테네가 왜 정치적·문화적으로 열등한 스파르타에게 패배했는지 깊은 고민에 빠졌고, 거기에서 생겨난 역사적 질문에 천착합니다.

이 전쟁을 써내려가면서 투키디데스는 두 가지 방법을 취합니다. 우선 육하원칙에 따라 간결하게 사건의 흐름을 좇습니다. 하지만 전쟁의 원인을 따지다보니 작은 섬을 둘러싼 대립만으로는 도저히 설명이 되지 않았죠. 전쟁의 보다 근본적 원인, 진짜 쟁점을 고찰하던 투키디데스는 '아테네의 세력 확장을 두려워한 펠로폰네소스동맹이 그 세력을 미리 제압하기 위해 전쟁을 결정한 게 아닐까'라는 생각에 이르게 됩니다.

그렇다면 아테네를 향한 공포심과 경계심이라는 심리적 측면의 대립은 어떻게 서술하면 좋을까요. 눈으로 볼 수 없는 것을 육하원칙에 맞춰 서술하기는 어렵습니다. 그래서 투키디데스는 여러 폴리스의 정치가와 군인들이 한 연설을 살살이 뒤졌고, 거기에서 드러난 쟁점을 좇아갑니다. 투키디데스가 『전사』를 남길 수 있었던 비결은 이런 거듭된 시행착오에 있었습니다.

진실에 다가가기 위해 말을 분석하다

투키디데스는 전쟁이 시작되기 바로 전해인 기원전 432년, 스파르타에서 열린 펠로폰네소스동맹 회의에서 행해졌던 연설을 자세하게 기록했습니다. 스파르타 측에 선 코린토스인 대표가 아테네와 전쟁을 벌여야만 하는 이유를 제시했고 개전 결의를 위한 과반수의 찬성 획득에 성공했습니다.[28] 연설을 들어볼까요.

이 전쟁에서 패한다는, 입에 담기조차 두려운 가정이 현실이 된다면 우리는 가차 없이 노예로 전락하리라는 것을 각오해야 합니다. (중략) 겁이 많고 나약해서 선조만 못하다는 오명을 달게 받는다고 조롱당할 것입니다. 우리 선조는 그리스에 자유를 주었지만 우리는 스스로 자유를 지켜낼 수 없어서 (중략) 한 폴리스가 독재자처럼 여러 나라 위에 군림하는 것을 좌시하게 됩니다.

지금 전쟁을 피한다면 노예로 전락하고 후세에 겁쟁이라는 비웃음을 사게 된다. 이렇게 말하면서 전쟁을 선동하고 있지요. 전쟁에 패배하면 노예가 된다는 말은 매우 손쉬운 선동 방식입니다. 이 선동은 동서고금 어디서든 유효합니다. 태평양전쟁 말기에 미국과 영국 등 연합국이 제시한 무조건 항복 방침 등을 논할 때 일본의 신문들은 '전쟁에서 지면 노예가 된다'는 말로 지면을 채웠습니다.

투키디데스가 정치가와 군인들의 연설을 모아 무엇을 하려 했는지, 그리고 말과 사건의 관계를 어떻게 포착했는지를 『전사』를 번역한 그리스 고전학의 대가 구보 마사아키久保正彰 선생은 이렇게 설명합니다.[29] "진실이란 행위라는 사실만으로 이루어지는 것이 아니다. 말에 나타난 지성의 운용과 행위라는 사실, 양면에서 포착된다."

왜 전쟁에 이르렀을까. 그 원인을 좇아가다보면 중요한 위치에 있는 섬의 영유권을 둘러싼 대립, 항해로航海路의 자유로운 확보 등 경제적·정치적 대립 지점은 명백해집니다. 하지만 양 진영의 뿌리 깊은 대립, 불구대천의 갈등을 이해하기 위해서는 양적인 데이터 조사만으로는 부족합니다. 그래서 투키디데스는 국가와 국가가 생사를 걸고 싸울 때 총동원되는 지성의 역할, 말로서 결실을 맺는 지성의 힘 자체를 분석 대상으로 삼았습니다.

그 시대에는 정치가와 군인이 시민의 사기를 고무하기 위해 연설을 많이 했으니 말이 곧 지성의 힘이었다고 할 수 있겠지요.

국민이 주인공인 역사를 쓸 때

지금까지 국가는 어떤 때 역사를 쓰는지, 개인은 언제 어떻게 역사를 쓰기 시작했는지를 돌아봤습니다. 역사에는 누가 한 일이 그려져 있을까요. 여러분도 언젠가 역사에 기록되는 사람이 될 것입니다. 다만 역사학이 처음부터 개개의 국민을 대상으로 삼았느냐 하면 그렇지는 않습니다.

극단적으로 말하자면 고대 사회에서 노예는 시민에 포함되지 않았습니다. 아테네에서 민회에 참가할 수 있는 사람은 시민이었는데 그 수는 매우 적었습니다. 또한 왕권이 등장한 뒤로는 국가의 의사결정권은 궁극적으로 왕에게만 주어졌습니다. 그 당시 역사가 그리는 대상은 단 한 명의 인간이었을지도 모릅니다.

중세가 되면 지배계급이 천황, 귀족, 무사 등 3개의 그룹으로 이루어지고, 에도 시대가 되면 사농공상이라는 말에서 알 수 있듯이 다양한 기술자, 상인이 포함된 직분職分이라는 관념이 등장합니다. 이때부터 각 계층의 직분을 지닌 사람들이 국가를 떠받치고 있다는 의식이 생겼습니다. 근대로 올수록 인간사회가 복잡한 구조로 바뀌면서 국가를 구성하는 인간의 수가 점점 증가하는 모습을 상상할 수 있습니다. 그렇지만 국민의 대다수를 점하는 일반인, 농민과 상인, 기술자들이 역사의 대상이자 주인공으로 등장한 것은 메이지유신 이후입니다.

개인적으로는 일본에서 국민을 대상으로 한 역사학을 만들어낸 사람은 요시노 사쿠조(1878~1933)라고 생각합니다. 요시노 선생은 서구와 중국, 일본의 정치사를 최초로 본격적으로 연구한 인물입니다. 요시노의 궁금증은 '근대란 무엇인가'라는 질문에서 시작합니다. 근대의 구분을 어디에 둘 것인가. 여러 대답이 나오겠지만 공동체 해체, 신분제 해체, 시장을 축으로 한 재생산 구조, 이런 것들이 모두 뒤엉켜 근대가 이루어졌다고 말할 수 있습니다.[30]

요시노 선생의 연구가 뛰어난 이유는 "이런 일반적인 지표가

68

아니라, 국민들에게 '근대적 정치의식'이 생겨났을 때가 바로 근대다"[31]라는 대담한 의견을 개진했다는 점에 있습니다. 공동체와 신분제를 해체시키는 주체는 당시의 위정자였습니다. 단지 근대적 지표에만 초점을 맞춰 근대를 설명하면 아무래도 분석 대상은 정치에 한정되고 맙니다. 요시노 선생은 국민을 면밀히 관찰하면서 국민의 머릿속에 근대적 정치의식이 생겨난 때가 언제쯤이며 어떤 계기로 생겨났는지에 주목했습니다. 요시노 선생은 국민의 근대적 정치의식을 '정치를 나의 일로 여기는 태도'라고 바꿔 표현했지요.

요시노 선생의 논문은 매우 쉽고 흥미로워서 손에 잡으면 내려놓기가 힘듭니다.[32]

오랜 기간 봉건제도에 짓눌려 천하의 정치에 용훼容喙하는 일은 일대죄악이라고 배워왔던 일본 국민이 근대에 이르러 어떻게 갑자기 정치를 나 자신의 일이라고 확신하기에 이르렀는지를 천명하려는 데 있다.

불과 얼마 전까지 정치는 막부의 일일뿐, 자신들은 농공상에 힘쓰는 사람이라는 생각 속에서 살아왔던 사람들이 메이지 시대가 되자 갑자기 정치를 '자신의 일'로 생각하게 됐습니다. 도대체 왜일까요.

우선 요시노 선생은 '에도 막부를 쓰러뜨린 메이지 정부가 유신을 단행한 직후 궁지에 몰렸던 것은 아닐까'라는 생각을 합니다. 메이지 정부를 이끈 산조 사네토미三條實美(1837~1891), 이

와쿠라 도모미岩倉具視(1825~1883), 오쿠보 도시미치大久保利通
(1830~1878)는 막부 말기에 무엇을 주장했나요.

💬 막부타도?

그렇다면 그들은 막부의 어떤 점이 잘못됐다고 비판했을까요?

💬 존왕양이尊王攘夷(왕을 높이고 외세를 배격하자는 이론-옮긴이)를 내
세우며 개국은 안 된다고 했습니다.

네, 맞습니다. 막부가 외국과 조약을 맺고 개국하려 했던 점
을 비판했습니다.

메이지유신의 결과, 막부타도를 외치던 사람들이 정부의 주
인이 되었습니다. 하지만 그들은 곧 혼란에 빠졌습니다. 막부 말
기까지 이들은 외국인은 일본에서 나가야 한다고 주장했습니다.
그런데 이제 자신들이 해야 할 일이 바로 타도 대상이었던 막부가
했던 것과 똑같은 일, 즉 외국과의 교류였던 셈입니다. 말하자면
외국 사신을 메이지 천황과 만나게 한다든가 하는 일이었지요. 이
때가 1869년(메이지 2년) 무렵입니다.

막부타도, 외세배격을 외치던 사람들이 개국화친開國和親을
주장해야 했던 것이지요. 민중이 보기에 무척 황당한 상황이 벌어
진 것입니다. 비판이 거세지는 가운데 정부가 민중을 설득하려고
나서는데, 그 논리가 무척 기발합니다.

메이지 정부가 탄생하기 전까지 일본인은 외국인을 이적금

수이적금수夷狄禽獸(오랑캐와 짐승-옮긴이)라고 칭하며 열등하다고 혐오했습니다. 하지만 자세히 조사를 해보니 '외국인에게는 만국공법萬國公法이라는 인간의 교류 방식을 정한 법이 있다고 한다. 일본인에게 천하의 공도公道에 따라 교류하자고 하니 이를 따라보는 것이 어떤가. 무턱대고 교류를 거부하는 것은 인의의 도에 어긋나며 하늘의 도에도 반하지 않는가'라고 정부는 국민을 설득합니다.

메이지 정부는 민중이 이해하기 쉬운 말로 차근차근 설명하면서 개국화친과 교류의 필요를 설파했습니다. 핵심은 만국공법입니다. 정부는 국제법을 '이는 해가 동쪽에서 떠서 서쪽으로 지는 것과 마찬가지로 천하의 공도이며, 하늘의 도'라고 설명했습니다.

이런 설명을 지배자가 피지배자에게 해야만 하는 시대, 그것이 근대입니다. 이전까지는 피지배자에게 뭘 설명할 필요가 없었습니다. 하지만 막부를 누르고 정부를 장악한 메이지 세력은 그동안 해왔던 말에 모순이 생깁니다. 이런 궁지에서 벗어나기 위해 국가는 필사적으로 국민을 설득할 논리를 만들어내기 시작했습니다. 국가와 국민의 관계에 변화가 생긴 것이지요.

지금에야 만국공법에 따르는 것이 하늘의 도라는 설명이 참 엉성해 보이지만, 이렇게 쉬운 설명을 들은 사람들은 왜 외국인을 습격하면 안 되는지, 왜 그들과 통상을 해야 하는지 등을 이해할 수 있는 정치의 언어를 비로소 손에 넣게 된 것입니다.

정치를 나의 일이라고 할 때, 국민을 국가와 이어주는 것은 선거입니다. 25세 이상 남자에게 이른바 보통선거권이 부여된 해가 1925년입니다. 1890년 제1회 제정의회가 개설됐을 때에 선거권을 갖고 있던 사람은 전체 인구의 1퍼센트를 조금 넘는 정도였다고 합니다. 정말로 아주 소수의 지주층만 투표할 수 있었죠. 하지만 사람들은 선거 연설회에 몰려가 열심히 연설을 경청했습니다. 메이지 시대의 선거 연설회는 주로 절에서 열렸는데 선거권을 갖지 않은 국민도 모자를 쓰고 절에 갔습니다. 연설회장과 뜰에 빼곡하게 사람이 들어찼죠.

메이지 시대에 등장한 '국민'은 근대적 정치의식을 지니게 됐는데, 그 이유를 국가가 진지하게 국민에게 설명해야 하는 순간에서 찾은 요시노의 통찰에 절로 고개가 숙여집니다. 국가의 주인공은 왕 한 사람이 아니며, 귀족이나 소수의 부르주아도 아니다. 그것은 국민 전부, '매스mass'라고 꿰뚫어 본 것이지요.

국가가 국민에게 진지하게 말을 걸고 대응하는 방식, 또 역으로 국민이 국가에게 진지하게 말을 걸고 대응하는 방식, 양쪽을 오갔던 힘의 흔적을 사료에서 찾아내는 일 또한 역사학의 책임 중 하나입니다.

경제학의 목적

여러분 중에는 대학 전공을 고민하는 사람도 있을 테지요. 요즘 많은 대학이 오픈 캠퍼스(강연, 대학 시설 견학, 개별 상담 등 대학이 입학 촉진을 위해 벌이는 다양한 활동을 일컬음-옮긴이)를 시행하고 있고, 모의 수업이나 학부 소개 등에 정성을 기울이면서 고등학생인 여러분을 모시려고 노력하고 있으니 그런 행사에 참여하는 것도 도움이 될 것 같습니다. 대학 웹사이트에는 학부마다 어떤 학문을 다루는지와 소속 학부생들의 경험 등이 올라와 있으니 참고하시면 좋을 것 같습니다. 자신의 전공을 고르는 일인 만큼

연구와 교육의 질을 꼼꼼히 따지기를 권합니다.

그렇다면 많은 학문 가운데 역사는 과연 어떤 학문일까요. 역사학부와 일본사학과 등을 소개할 때 빠지지 않고 들어가는 구절이 '사료를 이용해 인간의 과거 활동과 사회의 형태를 고찰하는 학문이다'입니다. 과연 무슨 뜻일까요. 앞으로 역사학이라는 학문이 어떤 것인지 함께 공부해볼 텐데요, 그러기 위해 우선 다른 학문은 어떤 특징을 지녔는지 알아야 합니다.

앞에서 전후 70년 담화를 비판적으로 읽으면서 경제적 측면의 관점이 중요하다고 말했습니다. 먼저 경제학은 어떤 재미가 있는지 볼까요. 경제학을 '부자가 되는 방법을 가르쳐주는 학문'으로 이해하는 사람도 많을 거예요. 도쿄대학 경제학부 오노즈카 도모지小野塚知二 교수는 경제학의 목적은 'ㅇㅇ의 모든 △△과 이와 관련된 인간의 행동과 의도를 합리적으로 설명하는 일'[33]이라고 설명합니다. 여기서 'ㅇㅇ의 모든 △△'는 무엇일까요. 이어지는 문장을 보면 '사람은 다양하지만 인간의 행복을 실현하는 조건에는 공통점이 있다. 따라서 인간의 행복을 실현하는 조건을 해명하는 일, 그것 또한 경제학의 목적이다'라고 말합니다.

힌트를 드리겠습니다. 18세기에 태어난 한 영국인이 세상 사람을 행복하게 하기 위한 학문을 끙끙대며 고뇌했고, 그 사색 위에 오늘날 경제학의 기초가 만들어졌습니다. 영국에서 산업혁명이 일어날 무렵입니다. 'ㅇㅇ의 모든 △△'에 들어갈 단어는 무엇일까요?

💬 사회의 모든 계약?

73

대단히 훌륭한 추리예요. '인간의 행동과 의도'와 대비되는 단를 찾다보니 '사회'가 떠올랐겠죠. 그리고 18세기이니까, 루소의 『사회계약론』이 생각났을 거예요. 그런데 루소는 프랑스인입니다.

힌트를 하나 더 드리겠습니다. △△는 '현상'입니다. 'ㅇㅇ의 모든 현상'인 것이죠. 우리는 인간의 어떤 행동을 설명할 때 상상 속 개념을 만들어냅니다. 그 모델로 설명하면 모든 현상을 제대로 설명할 수 있다는 것이지요.

💬 시장?

그렇습니다. 잘 찾아냈네요. 시장市場(일본어에서 市場은 이치바라고 읽기도 하고 시조라고 읽기도 한다-옮긴이)을 '이치바'라고 읽을 때에는 마켓을 가리킵니다. 누구나 물건을 사고 팔 수 있는 현실의 구체적인 장소입니다. 하지만 '시조'는 볼 수도 만질 수도 없는, 머릿속에서 만들어진 개념입니다. 그리고 바로 이 상상을 통해서 인간의 다양한 행위를 훌륭하게 설명할 수 있습니다.

오노즈카 교수는 경제학의 목적을 시장의 모든 현상과 이와 관련된 인간의 행동과 의도를 합리적으로 설명하는 일, 또 인간의 행복을 실현하는 조건을 해명하는 일, 이 두 가지로 설명했습니다. 바꿔 말하면 경제학의 아버지라 불리는 18세기의 영국인은 양쪽 모두를 생각했던 인물입니다. 이 영국인은 1759년 자신의 첫 저작의 머릿말에 이렇게 적었습니다.

인간을 아무리 이기적 동물이라 상정한다 하더라도 분명 인간의 본성 속에는 뭔가 다른 원리가 있다. 그것에 의해 인간은 타인의 행복과 불행에 관심을 갖고 타인의 행복을—그것을 보는 기쁨 이외에는 아무것도 얻을 수 없는데도 불구하고—자신에게 필요한 것이라고 느낀다. 여기에 속하는 감정으로 연민 또는 동정이 있으며, 이는 우리가 다른 사람의 비참한 모습을 보거나 생생하게 마음에 그릴 때 느끼는 감정이다.

혹시 이런 실험을 들어본 적 있나요. 생후 10개월 된 젖먹이에게 공격하는 사람을 그린 그림과 공격받는 사람을 그린 그림을 보여주자 아기는 공격받는 사람이 그려진 그림 쪽으로 다가갔다고 합니다. 유아기 단계에서도 희생자에 동정을 보이는 원초적 감정이 있다는 것이지요.[34] 이 영국인은 인간이라는 동물의 본질을 꿰뚫어 봤습니다. 이런 그가 경제학의 법칙을 생각했다는 것이 재밌습니다. 이 사람은 누구일까요?

💬 애덤 스미스Adam Smith(1729~1790).

네, 맞습니다. 제가 '18세기 영국인'이라고 말했지요. 케인스John Maynard Keynes(1883~1946)를 떠올렸을 수도 있지만, 케인스는 20세기의 인물입니다. 게이오대학의 도메 다쿠오堂目卓生[35] 교수가 애덤 스미스에 관해 쉽게 쓴 책이 있으니 관심이 있는 분은 읽어보시기 바랍니다. 저처럼 문외한인 사람은 애덤 스미스라고 하면『국부론』(1776)에서 정부의 시장 규제를 철폐하고 경쟁을 촉진하는 것이 풍요롭고 강대한 국가를 만들 수 있다고 주장한 인물이라는 인식이 강한데, 자세히 들여다보면 그렇시가 않습니다. 애덤 스미스가 처음으로 펴낸 책은 『도덕감정론』입니다. 『국부론』을 쓰기 17년 전에 집필한 이 책을 머리 한 구석에 새겨둔 채로 애덤 스미스의 고민을 잠시 따라가 보겠습니다.

미국을 독립시킬 것인가 말 것인가

애덤 스미스는 분업과 자본축적이라는 경제학의 원리를 생각해내기 전에, 먼저 인간의 본성과 행복의 조건을 고민했습니다. 당시 영국 사회는 정치 면에서 1688년 명예혁명과 이듬해 권리장전으로 의회의 권리를 확립했습니다. 또한 프랑스와 네 번에 걸친 전쟁을 치르며 대서양을 중심으로 한 식민지 제국을 확장해가고 있었습니다. 하지만 스미스가 두 번째 책을 쓸 무렵에 영국은 경제적으로 점점 어려운 상황에 빠져듭니다.

오스트리아 계승전쟁(1740~1748), 7년전쟁(1756~1763), 미국 독립전쟁(1775~1783) 등 영국은 10~20년마다 전쟁을 치렀고 그 비용이 국가의 재정을 압박했습니다. 본래 영국의 식민지였던 미국이 본국 영국을 상대로 독립전쟁을 일으킨 이유도 영국이 프랑스와 7년전쟁을 치를 비용을 긁어모으기 위해 미국에 새로운 세금을 부과했기 때문입니다.

『국부론』에서는 뜻밖에도 미국을 독립시켜야 할 것인가 말 것인가를 두고 논의를 전개합니다. 첫 번째 안은 미국에서 과세권을 유지하는 대신 영국 본국 의회에 대표를 파견할 수 있는 대표권을 인정하는 선에서 미국을 영국제국에 통합하는 형태로 화평을 맺는 안입니다. 두 번째 안은 미국 식민지를 독립국으로 승인하는 안입니다.

스미스의 선택은 두 번째 안으로 기울었습니다. 스미스는 영국이 미국 식민지 지배를 포기하면 식민지 유지비, 거액의 방위비에서 해방될 뿐 아니라, 국민 대중에게는 독점적 식민지 무역보다 더욱 유리한 자유무역을 보장해주는 여러 가지 통상조약을 식민지와 체결할 수 있다고 생각했습니다. 『국부론』의 마지막 부분에서는 더 단적으로 말합니다.[36]

> 지난 한 세기 동안 브리튼의 지배자들은 대서양의 서쪽에 거대한 제국(미국)을 갖고 있다는 상상만으로 국민을 즐겁게 해주었다. (중략) 그 계획에 이미 막대한 비용이 들었고 지금도 계속 들어가고 있으며, 또한 만약 지금과 같은 방식으로 계속 추진한다면 앞으로 어떤 이윤도 얻지 못한 채 비용만 쓸 것이다. 왜냐하면 식민지 무역 독점의 결과는 국민 대다수에게 이익이 아니라 난지 손실만을 가져다주기 때문이다.

이 글을 썼을 때가 1776년, 미국 독립선언이 나온 해입니다. 독립전쟁이 미국의 승리로 끝날 때까지 7년이 걸렸습니다. 스미스의 주장은 당시 영국에서 소수파였습니다. 미국 식민지 경영은 정의에 반하는 일이며, 경제적으로도 이익을 가져다주지 못한다는 주장은 대단한 용기가 필요한 일이었습니다. 인간의 행복과 국민의 이익 증대라는 관점에서 미국 식민지를 독립시켜야 한다고 주장한 애덤 스미스의 통찰은 역시 위대합니다. 이때 국가가 미래의 풍요를 위해 어떤 길을 걸어야 할지 갈림길에서 번민한 끝에 경제학이라는 학문이 세상에 등장했습니다.

세계사의 거대한 분기점

여러분의 눈앞에도 애덤 스미스가 고민하던 것과 똑같은 거대한 경제적 갈림길이 놓여 있습니다. 앞에서 영국의 전쟁 비용을 이야기했는데, 당시 영국은 이 돈을 증세가 아니라 국채(정부가 발행하는 채권으로 증권회사, 은행, 보험회사, 개인 투자가가 채권을 구입해 국가에 돈을 빌려주고 이자를 받는다)로 보충했습니다. 증세는 의회의 승인이 필요하지만 국채는 이자만 지불하면 손쉽게 돈을 얻을 수 있었으니까요.

지금 일본도 이 국채가 어마어마합니다. 재무성 홈페이지를 보면, 2014년 말 기준 일본의 국가부채는 약 780조 엔, 국내총생산GDP 대비 국가채무 비율은 세계 최악의 수준입니다.

다른 선진국들처럼 일본에서도 글로벌화, 기계와 인공지능의 발달로 중간층을 이루는 직종이 급속히 감소했고, 사회가 소수의 엘리트와 대다수의 저소득층·비정규직으로 양극화되면서 경제 격차도 크게 벌어졌습니다. 그리고 환태평양경제동반자협정TPP이라는 태평양 주변 국가 간의 자유무역협정이 준비되고 있다고 합니다(2015년 10월 6일 미국, 일본, 캐나다, 호주 등 12개국의 참여로 타결되었다. 그러나 미국은 트럼프 행정부의 결정으로 2017년 1월 30일 이 협정에서 탈퇴했다-옮긴이).

💬 EU를 만든 유럽에는 아시아보다 먼저 분기점이 왔다고 볼 수 있

겠네요.

그렇지요. 유럽은 EU를 창립하면서 먼저 지역을 통합해 면적을 늘리고 인구수를 늘리는 것으로 문제를 해결하는 방침을 취했습니다. 지금까지 '미국의 일국 지배체제가 무너지고 중국과 러시아가 대두해도 EU가 버텨준다면 괜찮을 거야'라는 세계의 바람이 있었습니다. 그런데 오늘날 세계의 동향은 완전히 유동적인 상황으로 바뀌었습니다. 수와 양으로 문제를 해결하는 방식이 더 이상 통하지 않게 된 것입니다.

저는 인간이 고통 속에서 번민을 거듭한 끝에 찾아낸 진리, 그것을 자국민에게 널리 알릴 뿐 아니라 세계가 공감하고 수용할 수 있게 호소하고 제시할 수 있는 지성의 힘을 지닌 국가와 국민이 시대를 이끌어간다고 생각합니다. 산업혁명을 계기로 국민의 경제학이 영국에서 태어났고 메이지유신을 계기로 국민의 역사학이 일본에서 태어났듯이, 또 어떤 학문이 어디선가 태어나지 않을까요.

세계는 지금 바로 그 거대한 분기점, 거대한 전환점에 서 있습니다.

선택을 할 때 무슨 일이 일어날까

리튼 보고서

만주사변과 리튼 보고서 1931~1933년

— **1894** 청일전쟁

— **1904** 러일전쟁

— **1910** 대한제국 병합
— **1911** 신해혁명(이듬해, 청나라 멸망)

— **1914** 1차 세계대전 발발
— **1915** 대중국 21개조 요구

— **1917** 러시아혁명

— **1919** 파리강화회의
— **1920** 국제연맹 발족

— **1922** 워싱턴회의(9개국조약 외)
— **1923** 관동대지진

— **1928** 장쭤린 폭살 사건
— **1929** 세계공황

— **1931** 만주사변(9월 18일)

— **1933** 일본, 국제연맹에 탈퇴 통고(3월 27일)

— **1937** 중일전쟁 발발

— **1939** 2차 세계대전 발발
— **1940** 일·독·이 삼국군사동맹 조인
— **1941** 미일교섭(4월~11월)

1931년
 9.21 중국이 일본을 국제연맹에 제소

1932년
 1.28 상하이사변
 2.29 리튼 조사단 방일
      (중국, 만주 시찰 후 9월 귀국)
 3.1 만주국 건국
 3.5 단 다쿠마 암살(혈맹단사건)
 5.15 이누카이 쓰요시 총리 암살(5·15사건)
 9.15 일본, 만주국 승인(일만의정서 조인)
 10.1 국제연맹에 리튼 보고서 제출
      (이튿날 공표)
 10.19 리튼, 채텀하우스에서 강연
 11.21 국제연맹이사회에서 심의 개시
      (1933년 3월까지)

세
계
의
길

일본과 세계의 역사적 순간

이제 일본과 세계의 역사적 순간(기리무스부斬り結ぶ)을 들여
다보려 합니다. 이 말을 들어본 적 있나요? 기루(斬る. 베다, 자르다
라는 뜻-옮긴이)라는 글자와 무스부(結ぶ. 묶다, 연결하다라는 뜻-옮
긴이)라는 글자로 구성되어 있는 단어입니다. 기리무스부切り結ぶ
라고 쓰기도 하는데요, 무슨 뜻일까요.

💬 기루와 무스부는 서로 반대되는 뜻이에요.
💬 엇갈린 뒤에 뭔가 교섭, 타협한다는 뜻인가요?

먼저 싸우고 난 뒤에 교섭으로 전환하는 느낌이 드시나요?
혹시 여러분 중에 동아리 활동을 하는 사람이 있다면 이 말이 익
숙할 수도 있습니다.

💬 새로운 것을 모두 같이 만들어가는 혁신의 이미지가 느껴집니다.

이 말을 듣고 새로움을 떠올리다니, 독특한 감성을 지녔네요. 깜짝 놀랐습니다. 그러고 보니 '참신斬新한' 디자인이라는 표현도 있네요. 동아리 활동이란 말을 했을 때 검도부를 염두에 두었는데, 여러분 세대와 저는 참 많이 다르군요. 시대극이라고 하면 예전에는 당연히 〈미토코몬水戶黃門〉(에도 시대를 배경으로 한 일본의 텔레비전 사극으로 미토번의 번주였던 미토 미쓰쿠니가 전국을 유랑하며 잘못을 바로잡는 이야기-옮긴이)을 떠올렸습니다. 그런데 요즘에는 〈루로니 겐신るろうに劍心〉(한국에는 〈바람의 검심〉으로 알려졌다. 일본 막부 말기에서 메이지유신으로 이행하는 격변기를 배경으로 한 와쓰키 노부히로의 창작 만화이다. TV 시리즈, 영화로도 제작됐다-옮긴이)이 먼저 생각나죠. 서로 검을 들고 팽팽히 맞서는 모습. 그리고 한 걸음씩 나아가며 칼날과 칼날이 부딪치고 불꽃이 튀는 광경. 서로 칼날을 맞부딪치며 싸우는 것이 '기리무스부'의 원래 뜻, 본래의 의미입니다. 이 뜻이 바뀌어, 이제는 격렬하게 대립한다는 의미로 쓰이게 되었습니다. 날카롭게 대립하는 것이 '챙'하고 부딪히면서 불꽃이 일어나는 이미지를 연상시키지요.

이 장에서 다룰 만주사변과 리튼 보고서, 3장의 주제인 일본, 독일, 이탈리아의 삼국동맹, 그리고 4장의 미일교섭 사이의 공통점은 모두 일본의 근대사에서 전환점이 되었던 사건이었을 뿐만 아니라 일본과 세계가 불꽃을 튀기며 대치했다는 것입니다. 아직 중학생이라면 리튼 보고서를 처음 들어봤을지도 모르겠네요. 국제연맹이사회가 1931년 9월 18일에 일어난 만주사변의 사실관계를 조사하기 위해 파견한 조사위원회를 일본에서는 '리튼 조사단'이라고 불렀습니다. 이 조사단이 1932년 10월에 정리한 보고서가 바로 리튼 보고서입니다.

보고서를 받은 국제연맹이사회는 1932년 11월 21일부터 중일 간의 분쟁에 관한 심의를 시작했고, 일본 정부를 대표한 전권대사 마쓰오카 요스케松岡洋右(1880~1946)와 중국 정부를 대표한 전권대사 구웨이쥔顧維鈞(1887~1985)이 연설을 했습니다. 스위스 제네바에서 영어에 능한 일본의 요스케와 중국의 구웨이쥔은 불꽃을 튀기며 격렬하게 대립했습니다. 요스케는 리튼 보고서가 만주(중국 동북부)를 중국의 영토로 보는 것은 잘못이다, 만주는 중화민국 이전의 왕조인 청나라의 영토라고 주장했습니다. 일본은 청나라 마지막 황제인 푸이溥儀(1906~1967)를 데려와 황제로 앉히고 만주국을 세웠습니다.

구웨이쥔은 일본의 팽창정책은 멀리 도요토미 히데요시豊臣秀吉 때부터 시작되었으며, 다나카 상주문(다나카 기이치田中儀一 총리가 쇼와 천황에게 보고한 세계 침략 방침으로, 중국 측에서 일본의 문서를 바탕으로 작성한 가짜 문서이다[1])에 일본의 만주 침략 야욕이 드러나 있다고 주장했습니다. 이 말은 곧 만주사변이 일본의 대중국 침략 계획의 시작이라는 말이었지요. 하지만 다나카 상주문은 중국이 날조한 문서로 밝혀졌습니다.

요스케와 구웨이쥔의 주장에는 과장과 허위가 섞여 있습니다. 그리고 리튼 보고서의 내용과 국제연맹의 논의를 상세하게 뒤쫓던 일본의 언론은 중국과 일본의 전권대사들이 벌인 설전에 과민하게 반응했습니다.

하지만 리튼 보고서가 보여준 내용의 전모와 일본 정부가 주장하는 논점 사이의 실질적인 대척점은 다른 데에 있었습니다. 지

84

금부터 일본과 세계가 불꽃을 튀기며 격렬하게 대립한 진짜 쟁점을 하나씩 확인하겠습니다.

선택이라는 행위

리튼 보고서가 세계에 공표된 순간, 일본이라는 국가와 그 속의 개인은 자신의 견해를 어떻게 선택했고 자신의 현재와 미래를 어떻게 선택했을까요. '그 시대를 살아간 사람들이 과연 국가와 사회의 방향을 선택할 수 있었을까'라는 의문이 떠오를 것입니다. 국제 환경과 국가의 존재 방식을 규정하는 무수한 제도가 한 국가의 선택에 영향을 미칩니다. 이보다 더 중요한 점은 살면서 맞닥뜨리는 인생의 길이 시험문제마냥 A 아니면 B로 제시되지도 않는다는 것이지요. 무언가를 고른다는 행위가 일어나기 전에 먼저, 그것이 어떤 형태의 선택지로 눈앞에 있었는지가 무척 중요합니다.

지금까지의 이야기를 들으면 '아, 선택이라는 게 참 힘든 거구나'라는 생각이 들 겁니다. 인공지능은 '선택'이라는 행위를 할 수 없다고 합니다. 인간이 무언가를 '선택'할 때에는 아름답다, 맛있다, 무섭다 같은 내면의 감정이 작동하기 때문입니다. 인공지능 전문가인 도쿄대학 마쓰오 유타카松尾豊 교수는 감성은 오랜 진화의 과정에서 길러진 인간 고유의 것으로 인공지능에 이런 내적 평가 기준을 심는 것은 거의 불가능하다[2]고 말했습니다. 한편 아름답다, 맛있다라는 감정은 그 사람이 자라온 환경에 좌우되기 때문에 개인마다 차이가 큽니다. 또한 안전과 위험에 대한 감각도 한 사람이 받아온 교육과 사상에 따라 큰 차이가 생깁니다.

예를 들어 2012년 9월 노다 요시히코野田佳彦 내각의 센카쿠
열도 국유화 조치(일본 정부가 중국과 영토분쟁 중인 오키나와 남쪽
의 무인도 5개로 이루어진 센카쿠열도, 중국명 댜오위다오 가운데 일본
인이 소유한 섬 3개를 구입하여 국유화한 조치-옮긴이)를 두고 중국
에서 극렬한 시위가 일어났습니다. 시리아 등의 분쟁 지역에서 온
100만 명이 넘는 난민이 유럽으로 유입됐습니다. 이를 두고 실업
이 증가할 것이라는 위기감이 고조되었고, 치안이 악화되고 테러
의 온상이 될 것이라는 공포에 빠져 난민에게 적의를 드러내는 배
외주의 시위가 벌어졌습니다.

인간은 유사 이래로 서로를 죽이며 살아왔습니다. 살인의 주
요한 원인 두 가지가 공포와 명예였다고 주장하는 사람도 있습니
다. 1,000만 명이 죽은 1차 세계대전과 그 2배가 죽은 2차 세계대
전을 사료에서 찾아보는 것이 역사가의 일입니다. 사람들이 가진
공포를 피할 수 있는 처방전을 과거에서 찾아내어 사람들에게 보
여주는 일, 오늘은 이것을 여러분과 함께 해볼까 합니다.

만주사변-전쟁준비를 위한 점령 계획

1930년대는 1차 세계대전(1914~1918)이 끝나고 국제연맹
이 창설된 지 약 10년이 지났을 무렵입니다. 1차 세계대전을 연합
국의 일원으로 치른 뒤 국제연맹 상임이사국이 된 일본은 타이완,
관동주, 조선 등을 식민 지배하는 세계 5대 강국 중 하나였습니다.

1931년 9월 18일에 일어난 만주사변은 일본의 관동군 참모
이시와라 간지石原莞爾 등이 2년 전부터 치밀하게 준비해서 일으
킨 사건입니다. 관동군은 1905년에 끝난 러일전쟁 이후 일본이

러시아로부터 얻은 관동주의 방위와 남만주철도를 보호하기 위해 설치한 군대입니다. 하지만 점점 철도 수비뿐 아니라 일본의 권익을 군사력으로 지키는 한편, 소련과의 전쟁을 준비하는 주체로서 역할을 강화해갑니다.[3]

러시아에서는 1917년 혁명이 일어났고 1922년에는 공산주의국가 소비에트연방이 세워졌습니다. 관동군은 혁명 이후 소련의 세력이 약화된 때를 노려 일본에 유리한 기반을 다져야 한다고 생각했습니다. 그들은 남만주철도의 선로 일부를 폭파하고 이를 중국 측 소행이라며 군사행동을 일으킵니다. 그러고는 만주(중국 동북부 헤이룽장성, 지린성, 랴오닝성으로 구성된 지역)의 펑톈(현재 선양)을 비롯한 남만주철도 연선沿線의 주요 도시뿐 아니라 그 외의 도시도 한꺼번에 점령해버립니다.

이시와라가 사변을 일으킨 이유는 명백했습니다. 목표는 소련의 군사력이 약할 때 일본의 영향력을 북쪽으로 확장시키는 것이었습니다. 소련의 국경선을 따라 아무르강과 그 남쪽으로 산맥이 지나는데, 이를 천연의 방어선으로 삼으면 철도가 통과하는 곡창지대 정면에서 싸우는 것보다 유리하다는 판단이었지요. 그리고 만주를 장차 예상되는 미국과의 전쟁의 병참기지(후방에서 물자와 병력을 보급하는 장소)로 삼으려 했습니다.

만주사변은 만주를 소련의 육군력과 미국의 해군력에 대항하는 거점으로 삼기 위해 무력으로 점령한 사건입니다. 일본은 1920년대부터 미국, 러시아, 중국을 적국으로 상정하고 있었습니다. 하지만 군부가 국민에게 설명한 내용은 달랐습니다. 오늘날의 감각으로는 이상하게 여겨질지도 모르지만, 당시 군인들은 세

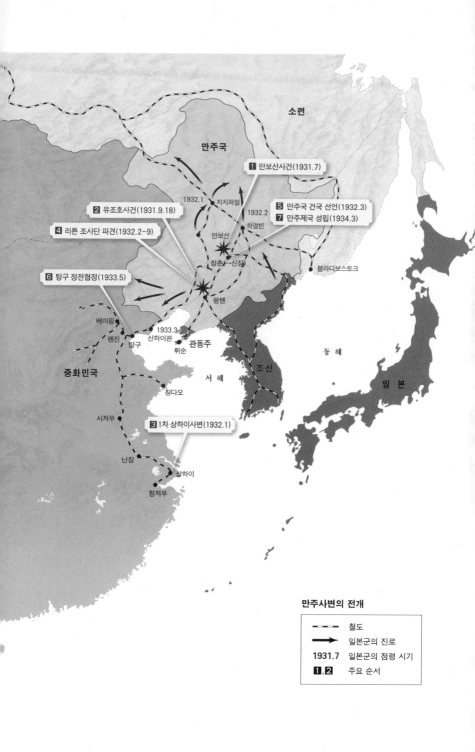

소련

만주국

1 만보산사건(1931.7)

5 만주국 건국 선언(1932.3)
7 만주제국 성립(1934.3)

치치하얼

1932.1

1932.2

하얼빈

2 유조호사건(1931.9.18)

4 리튼 조사단 파견(1932.2~9)

만보산

창춘 신징

블라디보스토크

6 탕구 정전협정(1933.5)

펑텐

베이핑

1933.3

텐진   산하이관   관동주

탕구   뤼순

중화민국

조선

동 해

서 해

일 본

칭다오

시저우

3 1차 상하이사변(1932.1)

난징

상하이

항저우

만주사변의 전개

▄▄▶	철도
➡	일본군의 진로
1931.7	일본군의 점령 시기
1 **2**	주요 순서

계의 최신 정세를 국민들에게 알린다는 명목으로 도시와 농촌에서 국방 사상 보급강연회를 개최했습니다.

만주사변이 일어날 무렵은 뉴욕 주식시장의 대폭락(1929년 10월)으로 시작된 세계공황이 일본에까지 영향을 미치던 때입니다. 농산물 가격은 하락했고 농민은 불황으로 힘들어했지요. 군부는 국민을 향해 생활고와 경제 위기가 닥쳐온 이유는 내각의 대중국 협조 외교 때문이며, 또한 본래 정당한 일본의 권리를 중국의 방해로 이행하지 못하고 있다고 비판하면서 국민의 반중反中 감정을 부추겼습니다.

당시 중국의 정치적·군사적 지도자는 난징에서 국민정부를 이끄는 장제스였습니다. 하지만 여러 군벌 세력이 각지를 나눠 다스리고 있었습니다. 동시에 공산당도 농민들의 지지를 받으며 세력을 확장해나갔습니다.

당시 만주를 다스리던 인물은 장쉐량張學良(1901~2001)이었습니다. 1928년 일본이 일으킨 열차 폭발 사고 때 사망한 펑텐의 군벌 장쭤린張作霖(1873~1928)의 아들이었죠. 장쉐량은 장제스와 연합해 철도와 항만을 개발하려 했고, 일본은 이에 반발했습니다.

사료로 전해지는 논리

만주사변 발발 직후인 1931년 9월 21일 중국 국민당은 일본의 군사행동을 국제연맹에 제소했고 국제연맹이사회는 12월 사실관계 조사를 위한 조사단 파견을 결정합니다. 그래서 영국 귀족 리튼Victor Bulwer-Lytton(1876~1947)을 단장으로 한 조사단이 일본과 중국에 파견됩니다.

1932년 10월 리튼 보고서가 국제연맹에 제출되었고 2개월 뒤인 12월부터 일본 전권대사인 마쓰오카 요스케와 중국 전권대사인 구웨이쥔 등 각국에서 온 대표들이 모인 가운데 국제연맹총회가 시작됩니다. 리튼이 만든 보고서는 국제연맹총회에서 심의의 기초 데이터가 됐지요. 일본은 리튼 보고서와 이를 바탕으로 쓰인 국제연맹총회 결의안을 거부하고 이듬해인 1933년 3월 국제연맹에 탈퇴를 통고합니다. 이 흐름이 오늘 이야기의 배경입니다.

리튼 조사단의 정식 명칭은 '국제연맹 조사위원회'입니다. 조사단은 미국, 영국, 독일, 프랑스, 이탈리아 등 다섯 국가에서 파견한 인물로 꾸려졌는데 그때까지 국제연맹에 가입하지 않았던 미국도 들어가 있습니다. 식민지의 행정과 군사 업무를 다뤄왔던 단장 리튼과 프랑스 대표 앙리 클로델Henri Claudel(1871~1956), 독일 대표 하인리히 슈네Heinrich Schnee(1871~1949), 영토 문제를 둘러싼 국가 간 분쟁을 조정한 경험이 있는 미국 대표 프랭크 R. 맥코이Frank Ross McCoy(1874~1954), 노련한 이탈리아 외교관 알드로반디 마레스코티Aldrovandi Marescotti(1876~1945) 등으로 구성되었습니다.

리튼은 오늘날에도 그 자손이 성과 같은 대저택을 보유한 명문가입니다. 그는 인도 총독이었던 아버지 슬하에서 인도에서 태어났으며 벵갈주지사를 지내기도 했지요. 리튼은 일본과 중국에서 만주사변에 관한 현지조사를 진행하며 일본과 중국의 위정자, 경제인, 군인, 국민 등의 의견을 청취한 후 보고서를 썼습니다. 두 분쟁국 사이에서 제3자가 조사 보고서를 쓸 때 어떤 점을 염두에

상하이에 도착한 리튼 조사단. 오른쪽부터 슈네, 맥코이, 리튼, 클로델, 마레스코티.

두어야 할까요. 보고서를 받아 든 일본은 어떤 생각을 했고 무엇을 선택하려 했을까요. 지금부터 역사의 한 국면을 깊이 파고들어가 '역사를 선택하는' 순간에 어떤 일이 벌어지는지 살펴보겠습니다.

리튼 조사단이 파견된 경위

국제연맹에 조사단을 요청한 게 일본이었다고 들었습니다. 불리한 처지에 처하게 될 텐데 왜 그랬는지 궁금합니다.

14개국으로 이루어진 국제연맹이사회는 1931년 10월 24

일, 다음 이사회 개최일(11월 16일)까지 일본군은 남만주철도에서 철군해야 한다는 결의안을 만들었지만 일본의 반대로 부결되었습니다(찬성 13, 반대 1). 만장일치가 원칙이었기 때문이죠.

당시 제2차 와카쓰키 레이지로若槻禮次郎(1866~1949) 내각과 여당인 민정당은 온건한 성향이었습니다. 시데하라 기주로(1872~1951) 외무상 또한 중일 관계를 타개하는 데 힘을 쏟았지요. 와카쓰키와 시데하라는 노련한 정치가로, 당시 군부를 제압할 만한 능력을 가지고 있었지만 국제연맹이 제시한 기일까지 관동군을 회군시키기는 어렵다고 판단했습니다. 뒤에서 다시 말씀드리겠지만, 당시 일본에서는 군부의 주도로 테러와 쿠데타가 일어날 것이라는 소문이 떠돌고 있었습니다. 군부의 체면을 세워주면서 철군을 성공시키려면 시데하라 외무상이 일관되게 주장했던 일본과 중국 양국 간의 직접 교섭이 가장 적절했을지도 모릅니다.

자신의 정치 기반에 불안을 느끼던 장제스는 '공리에 호소'하는 방책을 선택해 일본을 국제연맹에 제소했습니다. 공리란 무엇이 옳고 무엇이 그른가 하는 도리를 말하는데, 그 시시비비의 판단을 국제연맹에 맡긴 셈입니다. 소가 제기된 이상 국제연맹이 개입하지 않을 도리가 없었지요.

11월에 이사회가 재개되었을 때 상황은 일본에 매우 불리했습니다. 당치 않게도 관동군이 북만주의 치치하얼을 추가로 점령해버리는 사태가 일어나면서 남만주철도에서의 철군은 더욱 더 요원해지고 말았지요.

당시 스기무라 요타로杉村陽太郎(1884~1939)라는 노련한 일본인 외교관이 국제연맹의 사무차장을 맡고 있었습니다. 스

2장 선택을 할 때 무슨 일이 일어날까 -리튼 보고서

기무라와 국제연맹 사무총장인 드러먼드James Eric Drummond
(1876~1951)가 협의를 진행하는 가운데, 국제연맹이사회에서 이
어지는 추궁을 피하기 위해서, 또 중국의 혼란한 상황을 제대로
파악하기 위해서 조사단 파견이 모색되었습니다.⁴ 일본은 만주 현
지보다도 중국 국내의 공산당과 국민당의 대립, 일본산 제품 보이
콧 사태를 국제연맹에 상세히 보여주려 했습니다.⁵ 의도가 불순했
지요. 그렇기 때문에 조사단 파견이 일본에게 불리할 거라고는 생
각하지 않았습니다.

조사단은 1932년 2월 3일, 프랑스의 르아브르항을 출발해
2월 29일 요코하마항에 도착합니다. 먼저 도쿄에서 일본 정부와
군부, 실업계의 유력자 등과 면담을 한 뒤 중국으로 향했습니다.
그들은 상하이, 난징, 한커우, 베이핑(당시는 난징이 수도였기 때문
에 베이징北京이 아닌 베이핑北平이라 불렀습니다) 등을 시찰하고 4월
20일 만주 지역으로 향해 한 달여 동안 현지조사를 한 뒤, 다시 도
쿄로 갔다가 베이핑에서 보고서를 집필하고 9월에 영국으로 돌
아갔습니다. 꽤나 복잡한 일정이지요. 거의 반년이 넘는 긴 여행
이었습니다. 영국 왕실에 납품되던 여행 가방 글로브트로터Globe
Trotter를 든 수행원이 100명쯤 몰려다녔을 겁니다. 이렇게 완성
된 리튼 보고서는 1932년 10월 1일 국제연맹이사회에 제출되었
고 이튿날 전 세계에 공표됩니다.

조사를 마치고 돌아온 리튼

지금부터 여러분과 함께 읽어볼 사료가 리튼 보고서는 아닙
니다. 보고서는 일본어로 번역된 게 400자 원고지 약 450장에 달

합니다. 두꺼운 책 한 권 정도의 분량이지요.

보고서를 제출한 리튼은 1932년 10월 19일 채텀하우스라 불리는 영국 왕립국제문제연구소Royal Institute of International Affairs(영국 외교 안보 분야의 싱크탱크로, 애칭으로 불리는 채텀하우스Chatham House는 연구소가 위치한 건물의 이름이다-옮긴이)에서 귀족과 외교관 등을 모아놓고 보고서의 내용을 설명했습니다. 이제부터 막 귀국한 리튼의 생생한 강연록을 같이 읽어보겠습니다. 강연 첫머리부터 살펴볼까요.[6]

국제문제연구소가 극동에서 조사를 마치고 돌아온 제게 바로 연단에 설 기회를 주신 점을 매우 명예롭게 생각합니다. (중략) 지인과 얘기를 나누면 대체로 '나는 아직 당신의 보고서를 읽지 않았다. 하지만 보고서에 관해 쓴 기사를 통해서 일부 내용을 알고 있다'라고 합니다. 채텀하우스에서 매우 폭넓은 지식을 지닌 여러분에게 이런 말을 하는 것이 무척 외람되지만, 여러분 가운데에도 방금 말씀드린 제 지인과 같은 분이 있을 테니 먼저 보고서의 내용을 설명하고, 그 뒤에 보고서를 만든 정신에 관해 말씀드리겠습니다. -「리튼 보고서의 경위」(태평양문제조사회 번역, 1933년 1월)

리튼은 영국 명문 사립학교인 이튼스쿨과 케임브리지대학 트리니티컬리지를 나왔습니다. 아마도 이튼스쿨을 나온 뒤 옥스퍼드대학에서 공부한 전 영국 총리 데이비드 캐머런David Cameron처럼 상류계급의 조금 거북스런 발음으로 강연을 했겠지요. 분명 그 당시에도, 그리고 지금도 보고서를 전부 다 읽은 사람은 얼마

안 될 것입니다. 오늘날 우리가 70년 담화와 같은 글의 전문을 읽지 않고 신문 기사의 제목만으로 내용을 읽었다고 생각해버리는 것과 똑같지요.

리튼은 채텀하우스에 모인 사람들도 똑같은 상황일지 모르니 보고서 내용과 이를 만든 정신에 관해 설명하겠다고 말했습니다. 채텀하우스는 1차 세계대전에 대한 반성을 토대로 미래의 전쟁 회피 등 향후 국제문제를 연구하기 위해 1920년 런던에서 설립되었습니다. 그 뒤 왕립국제문제연구소로 자리를 잡았지요. 중요한 대외정책과 외교에 관한 사회의 반응을 보고 싶을 때 이곳에서 강연을 개최한다고 합니다. 그렇기 때문에 리튼의 이야기를 듣는 사람은 영국의 정책 입안자를 포함한 외교가, 정치가 등 상류계급이 주를 이뤘을 것입니다.

💬 리튼의 강연을 번역한 태평양문제조사회는 어떤 기관인가요?

이 질문은 사료를 읽을 때 가장 주의해야 할 '출전'에 관한 문제입니다. 리튼 강연록의 일본어 번역본이 1933년 1월에 나왔으니 일본이 국제연맹 탈퇴를 통고하기 두 달 전에 번역 간행된 셈입니다.

앞에서도 말했듯이 리튼 보고서는 1932년 10월 1일 국제연맹에 제출되었고 다음 날 제네바 시간으로 오후 1시(일본 시간 2일 오후 9시)에 세계에 공표되었습니다. 최초의 보고서는 연맹의 공식 언어인 영어와 프랑스어로 작성되었기 때문에 번역을 위해 일본 외무성에는 9월 30일 오후 7시에 건네졌습니다. 당시 신문

은 외무성에 450~500명의 실무자들이 모여 정신없이 보고서를 번역했다고 보도했습니다.[7]

리튼의 강연록을 번역한 곳은 태평양문제조사회The Institute of Pacific Relations라는 국제단체의 일본지부입니다. 이 단체는 국제 비정부기구의 선구자 격으로 1925년에 발족했습니다. 참가국은 오스트레일리아, 캐나다, 중국, 일본, 필리핀, 미국, 영국 등입니다. 민간기구라고는 하지만 일본지부의 구성원 면면을 보면 하나같이 일류 정재계 인사와 지식인이었습니다. 회장은 시부사와 에이이치澁鐸榮一(1840~1931)입니다. 일본 최초의 은행인 제일국립은행, 일본철도회사 등을 설립한 실업가이자 미일 관계의 개선을 위해 노력했던 외교가이지요. 이사장은 일본은행 총재인 이노우에 준노스케井上準之助(1869~1932)가 맡았습니다. 학자로는 도쿄대학에서 미국사를 가르치던 다카기 야사카高木八尺(1889~1984) 등이 참여했습니다.

태평양문제조사회는 태평양에서 일본, 영국, 미국, 프랑스 등의 강대국이 서로 충돌하지 않도록 정재계의 이해를 대표하던 조직이라고 볼 수 있습니다. 미국지부의 자금은 석유왕 록펠러John Davison Rockefeller(1839~1937) 등 부호의 원조로 조달됐습니다. 태평양문제조사회 일본지부는 리튼이 보고서에 관해 설명한 내용을 일본 국내에도 알리고 싶다는 취지에서 강연록을 번역했지요.

일본은 리튼에게 전쟁의 역사를 호소했다

이제 리튼이 채텀하우스에서 어떤 이야기를 했는지 살펴보겠습니다. '우선 일본에게 이렇게 말을 걸었습니다'라고 설명하

는 부분입니다.[8]

보고서는 만주에서의 일본의 권익을 충분히 인정했습니다. 그
래서 우리는 일본에 "당신들은 이런 이익을 확보하고 권리를 유
지하기 위해 조약상의 의무와 합치하지 않는 방식을 취했습니
다. 우리는 당신들의 이런 방식을 승인할 수 없습니다. 세계의
길이라는 것이 존재합니다. 만약 당신들에게 세계의 길을 받아
들일 생각이 있다면 아직 늦지는 않았습니다"라고 말했습니다.

여기에서 말하는 '세계의 길'에 대해서는 나중에 다시 생각
해보기로 하죠. 한편으로 리튼은 일본의 외무대신인 우치다 야스
야内田康哉(1865~1936)에게 이렇게 말했다고 합니다.[9]

당신은 만주가 일본에게 매우 중대한 이익을 지닌 곳이며 역사
적으로도 관련이 있고 이 땅에서 두 번이나 전쟁을 했다, 만주
와 일본은 긴밀하게 연결되어 있다고 우리에게 말했습니다. 또
한 만주는 일본의 생명선이며 (중략) 누가 뭐라고 하더라도 일
본이 취하는 입장을 의심하는 일은 용인할 수 없다고 했습니
다. (중략) 우리는 일본의 조약 관계를 인지하고 있습니다. 우리
는 일본의 경제적 이익에 관해 당신이 말한 내용을 인정합니다.
(중략) 유럽대전 당시 모든 국가는 국가의 생명이 다할 때까지
싸웠습니다. (중략) 당신은 일본이 만주에 10억 엔을 썼다고 했
습니다. 유럽대전 때 모든 국가가 그보다 훨씬 많은 비용을 지
불했고 앞으로 오랫동안 후손을 괴롭힐 부채를 짊어졌습니다.
일본은 20만의 정령을 잃었습니다만 이들 국가는 몇 백만을 잃

었습니다. (중략) 유럽이 대전쟁에 지불한 모든 희생의 유일한 결과물이 바로 병화를 유시하고 참화를 반복하시 않기 위한 협력기관입니다.

리튼의 말에서 추측해보면 일본 정부 관계자는 일본이 치른 희생과 그 결과로 얻은 만주에서의 권익을 이야기했습니다. 만주에 관한 일본의 특별한 관심도 설명했던 것으로 보입니다. 하지만 영국인 리튼은 일본의 만주 이야기도 중요하지만 자신들에게도 1,000만 명이 죽었던 유럽대전, 즉 1차 세계대전의 기억이 있다고 말하면서 반론을 펼칩니다. 여기에서 아주 대조적인 두 세계관이 드러납니다.

그렇다면 일본이 중국의 주장(만주의 주권은 중국에 있다는 주장)에 강하게 반발했던 이유는 무엇일까요?

💬 일본이 만주에 10억 엔을 썼다는 것과 20만의 정령을 잃었다는 것이요.

네, 80퍼센트 정도 맞습니다. 그런데 20만의 희생자와 10억 엔의 비용을 언제 어디에 썼다고 말하고 싶은 걸까요. 일본은 '일본을 위해 한 게 아니야'라고 말하고 싶어 했습니다.

💬 만주사변이 일어나고 만주국이 만들어지기까지 일본인이 희생되었고 돈도 썼다.

매우 훌륭한 오답입니다. 만주국이 생긴 것은 만주사변 이듬해인 1932년 3월이고 일본이 만주국을 승인한 것은 9월입니다. 그러므로 '만주사변 발발부터 국가의 성립까지 반년 동안 관동군 등 일본인의 희생이 있었고 비용도 썼구나'라고 생각하는 것이 일반적이지요. 하지만 지금 우리가 찾고 있는 사건은 만주사변이 아닙니다.

💬 러일전쟁인가요?

그렇습니다. 이 부분에서 만주에 관한 일본인의 역사적 기억의 특수성이 드러납니다. 20만 명과 10억 엔이라는 수치는 심상소학교尋常小學校(1886~1941년까지의 일본 초등교육기관의 명칭-옮긴이) 등에서 가르쳤던 수치입니다. 실제 러일전쟁의 전사자(약11만 8,000명)[10]와 전쟁 비용(18억 2,629만 엔)과는 다르지만, 어쨌거나 이 수치는 1904~1905년 러일전쟁 때의 이야기입니다.

'만주사변 이후 만주국 건국까지 이미 엄청난 돈을 썼는데 만주국 건국을 없던 일로 하다니, 허용할 수 없어'라고 했다면 그리 이상하게 들리지 않았을 것입니다. 하지만 리튼이 만난 많은 일본인은 러일전쟁 이야기를 꺼냈습니다. 당시 일본인 대부분은 러일전쟁에서 일본이 러시아를 이기지 못했다면 중국 동북부는 중국에서 떨어져나가 러시아 땅이 됐을 것이라는 생각을 지니고 있었습니다.

만약 일본이 러일전쟁 대신 리튼이 보고서를 쓰기 직전인 1932년 7월에 개업한 만주중앙은행 등을 거론했더라면 더욱 효과적이었을지도 모릅니다. 만주 지역에서 유통되던 수많은 중국계 통화를 회수하고 화폐제도(화폐의 발행과 유통 등에 관한 제도)의 통일을 이루었다는[11] 경제 성공 신화를 이야기했더라면 이해가 더 쉬웠겠지요. 하지만 일본은 역사를 말했습니다.

그리고 일본의 반론에서 중요한 핵심이 한 가지 더 있습니다. 무엇일까요?

💬 만주가 일본에게는 경제적으로 중요한 곳이다.

그것은 본래 무엇으로 보장되어 있었을까요?

💬 조약이었습니다.

바로 그겁니다. 리튼은 일본이 맺은 조약들을 알고 있었습니다. '경제적 이익에 관해 당신이 한 말을 인정합니다'라고 말했죠. 이 말은 곧 중국이 조약을 지키지 않아 일본이 경제적 이익을 지킬 수 없었음을 인정한 것으로 이해할 수 있습니다.

리튼이 제시한 세계의 길

리튼은 '일본의 권익은 잘 알고 있지만 이번에 일본이 한 행동은 인정할 수 없다. 일본도 세계의 길을 받아들여라. 아직 늦지 않았다'라고 말합니다.

그런데 이 말은 대번에 반론을 불러옵니다. 영국 또한 중동을 빼앗지 않았느냐고요. 1차 세계대전 중인 1916년, 영국과 프랑스는 오스만제국의 아랍인 지역을 나누어 가졌습니다(사이크스피코 협정의 결과로, 애초 러시아도 끼어 있었지만 이듬해 혁명으로 탈퇴했다). 영국은 이때 이라크와 시리아 남부를 소유하기로 했습니다.

'1차 세계대전 이후에도 영국과 프랑스는 아프리카의 독일 식민지를 위임통치령이라는 형태로 빼앗지 않았느냐'라는 비판도 나올 법합니다. 위임통치는 일본도 포함해 1차 세계대전에서 승리한 국가들이 국제연맹의 위임을 받아 독일이 소유했던 식민지를 나눠서 통치한 제도입니다. 하지만 리튼은 몇 백만 명의 생명을 희생하며 유일하게 얻은 것은 전쟁을 두 번 다시 되풀이하지 않기 위한 국제연맹이라고 우치다 외무대신에게 말합니다.

뒤이어 리튼은 조사단장으로서 자신의 역할을 다음과 같이 설명합니다.[12] '군사 면에서 일본은 강대국이며 중국은 약소국이다. 양국이 지금 협의를 진행하면 중국은 일본이 하라는 대로 따를 수밖에 없다. 그러므로 중국과 일본 간의 힘의 격차를 감안해 먼저 조사단이 준비한 원리와 원칙을 양국이 승인해주기 바란다.' 리튼은 이렇게 자신의 구상을 말합니다.

중일 간의 힘의 차이라는 점에선 중국 국민당 정부가 처한 국내 상황도 문제가 됐겠지요. 장제스는 밖으로는 공산당과 전쟁을 치르면서 안으로는 중국 국민당 내 좌파의 압력을 받고 있었습니다. 만주사변이 일어난 1931년 9월에는 장제스가 국민당의 일인자였습니다. 그렇지만 1931년 12월(마침 일본에서도 제2차 와카쓰키 내각이 무너지고 이누카이 쓰요시犬養毅(1855-1932)가 총리가 되었습니다), 장제스는 정권에서 내몰리고 국민당 좌파(광둥파)의 후한민胡漢民(1879~1936)을 수장으로 하는 정권이 들어섭니다. 리튼이 1932년 3~4월, 중국에서 조사를 벌일 당시 중국 정부의 주인은 장제스가 아니라 후한민이었습니다. 하지만 1932년 6월, 베이핑에서 리튼이 보고서를 작성할 무렵에는 다시 장제스가 정권을 되찾았습니다.

리튼은 중국과 일본 양국이 문제를 해결하기 위해서는 조건이 필요하다고 제안합니다.

저는 이에 관해 10개조의 원리를 제안했습니다. (중략) 이것을 기초로 양국이 협의할 것을 승낙한다면 (중략) 두 당사국은 평등한 입장에 서게 됩니다. (중략) 이를 가리켜 '세계의 길'이라고 말했습니다.

지금까지의 이야기를 들어봤을 때 '세계의 길'은 무엇일까요. 세계의 길을 어떻게 설명할 수 있을까요?

💬 서로 협조하는 길이라는 느낌이에요.

그렇습니다. '일본은 국제협조의 길로 돌아와주기 바란다'라고 요청하고 있습니다.

💬 국제정세를 잘 따르고 세계의 의견을 들으라는 것인가요?

그렇습니다. 이와 관련해 요시노 사쿠조는 1차 세계대전 이후의 정세를 표현할 때 '세계의 대세'라는 말을 썼습니다. 덧붙이자면 아베 내각의 전후 70년 담화에도 이 말이 들어 있습니다.

1차 세계대전 중인 1917년 러시아혁명을 이끈 레닌Vladimir Il'ich Lenin은 모든 교전국에 '평화에 관한 포고'를 보내고 러시아는 더 이상 식민지도 배상금도 필요 없다며 공정한 강화를 호소합니다. 이어서 미국 대통령인 윌슨Woodrow Wilson 또한 독일에 휴전조건 14개조를 제시합니다. 요시노는 1920년 1월에 쓴 논문에서 '전쟁 거래에는 정가定價가 없다'라고 말한 뒤 '전쟁에 정가를 붙인' 사람이 윌슨이라고 표현했습니다.[13] 정가는 에누리 없는 정확한 가격을 말하는데 요시노는 윌슨이 휴전의 조건을 적대국 독일에 명시한 행위를 '정가를 붙였다'라고 비유했습니다. 이런 움직임을 요시노는 세계의 대세라고 불렀습니다.

그러므로 '세계의 길'이라고 했을 때 요시노의 논문을 읽어본 사람이라면 '아, 요시노가 말했던 세계의 대세와 비슷하네. 리튼이 호소한 것이 이거구나'라고 바로 이해했을 것입니다.

리튼은 이런저런 궁리를 하며 국제연맹총회가 열리기 전에 미리 중국과 일본이 평등한 입장에서 논의할 수 있는 장을 만들려 했습니다. 흥미로운 점은 일본을 국제연맹에 불러내 추궁하는 상황을 상정하지 않았다는 것입니다. 최종적으로 중일 양국이 협의해야 하며 그러기 위한 조건을 연맹이 제안한다는 입장이었습니다. 양국이 마주보고 대화를 하는 것이 가장 좋다는 사실을 알고 있었던 것이지요.

이런 것을 보면 문제가 생겼을 때 영국인에게 현실적인 해결책을 찾게 하면 무척 잘할 것 같습니다. 실제로 영국은 조사위원회 같은 조직을 척척 잘 만들어내는 국가입니다. 2003년 이라크전쟁이 일어났을 때 당시 토니 블레어Tony Blair 총리가 앞장서서 참전을 결정했는데, 그 일의 시비를 가리는 독립조사위원회가 2009년 브라운Gordon Brown 총리 때 설립되어 철저한 검증을 진행했습니다. 약 7년 동안 150명이 넘는 관계자의 증언을 받고 15만 건 이상의 공문서를 세세히 조사했지요. 그 결과 2016년 7월 6일에 공표된 보고서는 이라크전쟁 참전은 불완전한 정보를 바탕으로 결정되었다고 결론 짓습니다. 주목해야 할 점은 위원회의 구성원으로 노련한 정치가, 역사학자, 군사 전문가 외에 채텀하우스 사무차장도 포함됐다는 것입니다. 이를 통해 채텀하우스가 영국 사회에서 지니는 무게를 짐작할 수 있습니다.

이라크전쟁의 주체였던 미국도 2004년 부시George W. Bush 대통령이 독립조사위원회를 설치했고, 조사위원회는 최종보고서에서 전쟁 개시 이전 대량살상무기에 관한 정보기관의 판단이 틀렸다고 인정했습니다. 일본은 어떨까요. 고이즈미 준이치로 내각이 자위대를 파견했던 일본에선 제대로 된 검증이 진행되지 않았습니다. 2009년에 간결한 보고서가 국회에 제출되었고 2012년 외무성이 자신들의 정책결정 과정에 관한 검증 결과를 발표하기는 했지만 내용은 보고서 딱 4쪽이었습니다. 이에 비해 영국의 보고서는 약 260만 자로 이루어졌는데, 영국 언론은 이것이 『해리 포터』(전7권)의 2.4배 분량이라고 보도했습니다.

리튼 보고서의 주요 내용

리튼이 제안한 10개의 조건을 보기 전에, 리튼 보고서 자체를 좀 살펴봅시다. 리튼은 강연을 시작하면서 자신은 18만 자나

104

되는 보고서를 썼는데 아무도 읽지 않는다고 씁쓸해 했었지요. 그러면서 보고서를 다 읽지 않아도 되니, 결론을 구성하는 3개의 장만이라도 읽으라고 알려줍니다.

리튼 보고서는 '서언'이라는 머리말 외에 총 10장으로 이루어져 있는데 1장부터 8장까지는 역사와 사건에 대한 분석이 들어 있습니다. '청일전쟁, 러일전쟁이 일어났고 만주국은 이런 과정에서 만들어졌습니다'라는 내용입니다. 9장과 10장에는 이른바 해결안, 앞에서 말한 세계의 길을 위한 10개의 조건이 나와 있습니다.

리튼이 말하는 3개의 장은 만주사변에 관한 판단(제4장), 만주국에 관한 견해(제6장), 중국에서 일어나고 있는 반일 보이콧에 관한 부분(제7장)입니다. 리튼 보고서 가운데 이 부분을 같이 읽어보겠습니다.

먼저 제4장 만주사변에 관해서는 이렇게 쓰여 있습니다.[14]

그날 밤에 있었던 일본군의 군사행동을 합법한 자위적 조치라고 인정하기 어렵다. 다만 그렇다 하더라도 본 위원회는 현지에 주둔하는 장교가 가능한 한 자위를 위해 행동할 것이라고 사유한다는 가정을 배제하지 않는다.

1931년 9월 18일 밤 관동군의 행동은 합법적인 자위 조치로 인정할 수 없다고 말합니다. 하지만 보고서의 표현이 참 온화하네요. '가능한 한 자위를 위해 행동할 것이라고 사유한다'에서 사유라는 말은 생각한다는 뜻입니다. '관동군 장교가 철로 폭파를 일본군을 향한 적대 행동이라고 여겨 자위 조치를 취했을 가능성은 배제하지 않는다. 즉 일본군의 행동은 자위가 아니지만 자위라고 생각했던 것 자체는 부정하지 않는다'라고 매우 미묘한 표현으로 일본을 배려한 문장입니다. 현실적인 문제를 조정할 때 사용하는 전형적인 표현이지요.

이어서 제6장 '만주국'에 관한 판단[15]을 읽어보겠습니다.

'만주국' 창설에 기여한 요소가 많지만 그중 두 가지 (중략) 이 것이 갖추어지지 않는다면 신국가는 형성될 수 없다. 이는 곧 일본 군대 및 일본 문무관리의 활동이다. (중략) 현 정권이 순수 하면서도 자발적인 독립운동으로 출현했다고 사고하기는 어렵 다. (중략) 지방의 중국인[외무성 번역에서는 지나인]은 '만주 국 정부'를 일본 측 앞잡이로 보고 있다. 나는 '만주국 정부'가 중국 측 일반의 지지 없이 이루어졌다는 결론에 도달했다.

'만주국 정부'에 따옴표가 붙어 있는 이유는 '리튼 자신은 이 를 인정하지 않지만'이라는 뉘앙스를 전달하기 위한 것입니다. 한 번 읽어서는 좀처럼 이해하기 힘든 문장이지만 두 가지 요소가 없 었다면 '만주국'은 만들어질 수 없었다고 말하고 있습니다. 두 요 소는 바로 일본군과 일본 관료입니다. 결국 만주국은 일본의 괴뢰 국가라는 말이지요. 뒷부분도 중요한데 만주국은 현지인의 지지 를 받지 못했다고 쓰여 있습니다.

이어서 세 번째, 일본의 경제적 이익과 중국의 보이콧을 서술 한 제7장의 결론 부분[16]을 읽어봅시다.

'보이콧'은 강한 국민적 감정에서 배태되고 이에 의해 지지받는다고 말할 수 있지만, 이를 개시 혹은 종식할 수 있는 단체가 지배하고 또한 지휘한다는 것, 또 분명 협박과 같은 방법으로 강행되고 있다는 결론에 이르렀다. '보이콧'의 조직에는 다수의 개별 단체가 연관되어 있다고 말할 수 있으며, 그 중심은 국민당이다.

이 번역문을 한마디로 정리할 수 있을까요.

💬 보이콧을 중국 국민당이 조직했다.

그렇습니다. '보이콧은 중국 국민의 감정을 보여주는 것이며 국민이 자발적으로 행동하고 있는 것은 사실이다. 하지만 보이콧을 조직한 주체는 국민당 정부이다'라고 단정했습니다. 중국 입장에서는 이 부분이 매우 거북했을 것입니다.

중국은 국민이 일본 제품(일화日貨라고 부릅니다)을 거부하게 된 것은 애국심의 발로이지 당이나 정부가 지도한 것이 아니라고 말했지만 리튼은 이를 부정했습니다. 중국 국민이 이렇게 철저하게 일화를 배척하는 배경에 중국 국민당이 있다고 그 책임을 인정했습니다. 이런 인식을 바탕으로 '만주사변'을 중국이 일본에게 끼친 경제적 손해(이를테면 조약으로 정해진 본래 지불해야 할 관세를 지불하지 않은 점, 일화를 보이콧한 점 등)를 일본이 군사적 수단으로 해결하고자 도모한 사건이라고 설명할 수도 있을 것입니다.

경제적 타격과 군사적 침공은 두말할 필요도 없이 비대칭적 행동이며, 일본의 부도덕함은 명백합니다. 그런데 경제적 보이콧은 약자에게 허용된 저항 수단이기는 하지만 부전조약을 위반하는 행위라는 주장도 있었습니다. 부전조약은 1928년에 체결된 국제조약으로, 제2조에서 국제분쟁을 전쟁이 아니라 평화적 수단으로 해결한다고 명시합니다. 그 점을 논거로 일본은 중국이 부전조약을 위반했다고 주장했습니다.

이런 주장을 군인이 한다면 이해가 됩니다. 하지만 오사카 상업회의소의 경제인이 리튼에게 건네준 문서에 다음과 같은 대목[17]이 있습니다.

> 세간에서는 보이콧을 중국이 그들이 입었다고 자처하는 불법행위에 대한 복수[대항 수단을 말함]로서 취한 수단이라고 한다. 또한 현재의 보이콧을 두고 만주에서 일어난 분쟁이 그 원인이라고 한다. 이러한 논법은 전적으로 오류이며 결코 정당하지 않다. 만주의 변란을 야기한 것은 (중략) 중국이 조약에 보장된 일본의 권리를 존중하지 않아서 일본 스스로 그 권리를 확보하기 위해 정당방위에 나섰을 뿐이다.

중국에 무명을 수출하는 일에 종사하는 경제인이 이런 강경한 주장을 폈다는 점에 주목해야 합니다. 일본의 견해는 한마디로 '보이콧은 무력을 이용하지 않았을 뿐 적대행위이다'라고 정리할 수 있겠지요. 따라서 일본은 리튼 보고서의 제7장을 환영했을 것입니다. 리튼 보고서는 '①만주사변은 일본의 자위 행위가 아니다. ②만주국은 민족자결로 만들어지지 않았다. ③다만 중국의 경제적 보이콧은 국민당이 지휘한 일이다'라고 결론 내렸습니다.

지금까지 살펴본 리튼 보고서의 판단과 결론 가운데 뭔가 궁금한 점이 있나요.

💬 만주철도 폭파에 관한 보고는 없었나요?

매우 재미있는 점을 지적해주셨습니다. 리튼은 강연을 하면서 "내가 아는 한 보고서에 양국의 동기를 비평하는 내용은 없다"라고 말했습니다. 보고서에 사건의 핵심 배경인 만철 폭파에 관한 설명이 나오지 않는다는 점을 알아채다니, 정말 예리합니다. 리튼 보고서는 일본에게 진실을 어디까지 들이밀지 치밀하게 안배한 문서입니다. 일본은 중국인이라고 여겨지는 누군가가 만철을 폭파했다고 주장했지요. 일본이 중국의 원한을 사고 있으니, 이를 핑계 삼아 중국이 만철을 폭파하려 드는 것은 자연스러운 일이지 않느냐고 몽니를 부린 것이지요.

리튼이 제안한 10가지 조건

이제 리튼 보고서의 해결안이라 불리는 제9장과 10장에 어떤 말이 쓰여 있는지 볼까요. 제9장 '해결의 원칙 및 조건'에 10개의 원칙이 나옵니다.

① 중국과 일본, 쌍방의 이익 양립
② 소련의 이익 고려

③ 현존하는 다변적 조약(국제연맹규약, 9개국조약, 부전조약)과
　합치
④ 만주에서 일본의 이익 승인
⑤ 중일 간의 새로운 조약 설정
⑥ 앞으로의 분쟁을 해결할 수 있는 유효한 조치
⑦ 만주의 자치(만주에 세워지는 정부는 중국의 주권을 인정하고
　이 지방의 특성에 맞게 고안된 광범위한 자치가 확보되는 형태로
　바뀔 필요가 있다)
⑧ 내부 질서 및 외부 침략에 대한 안전보장
⑨ 중일 간의 경제적 접근 촉진
⑩ 중국 개조에 관한 국제협력

　③의 '현존하는 다변적 조약과 합치'는 1932년 10월 시점에
서 국제사회가 인정하는 모든 조약을 위반하지 말라는 요구입니
다(9개국조약은 1922년 워싱턴회의에서 맺어진 중국의 영토와 주권
에 관한 조약입니다). ⑦에는 만주에 세워지는 정부는 중국의 주권
을 인정하는 가운데 광범위한 자치를 인정하는 정부로 한다고 적
혀 있습니다. 보고서가 공표되기 7개월 전에 건국을 선언한 '만주
국'과 ⑦의 새롭게 세워지는 정권이 과연 어떤 관계인지 의심스럽
지요.
　보고서는 만주사변 전으로의 원상복귀는 어렵다고 분석합니
다.[18] 그렇다면 '만주국'을 어떻게 처리해야 할까요. 앞에서 조사
단은 만주국은 일본군과 일본 관료 없이는 이루어질 수 없으며 지
역민의 민족자결의 결과로 생겨난 국가가 아니라고 썼습니다(제4
장). 제9장에는 더욱 명확하게 '만주에서 현 정권의 존치 및 승인'

도 안 된다고 되어 있습니다.[19]

다만 제9장에 '앞으로 만족스러울 만한 제도는 과격한 변경 없이 현 제도를 보다 진전시키는 방식으로 이뤄질 수 있다'[20]고 명시되어 있습니다(또한 제10장에는 '동북3성에 현존하고 현재 진화 중인 행정기관을 고려한다'[21]라는 설명이 나옵니다). 즉 만주국을 존치시키면서 그것을 현재와는 다른 새로운 자치정권으로 만들자는 것입니다.

'일본군의 행동은 자위로 인정할 수 없다. 만주국은 지역민의 자발적인 욕구로 생겨난 것이 아니다'라고 일본을 비판하면서도 만주사변을 일으킨 일본의 태도를 침략 행위로 정의하지 않은 부분에서 리튼의 정치적 노련함을 엿볼 수 있습니다. 이를테면 리튼 보고서는 이렇게 말합니다.[22]

본 분쟁은 일국이 국제연맹규약이 제공하는 조정의 기회를 최선을 다해 이용하지 않고 다른 일국에 선전宣戰한 사건이 아니다. 또한 인접국의 군대가 일국의 국경을 침략한 사건도 아니다.

'만주사변은 일본이 국제연맹규약을 위반하고 타국을 침략한 사건이다'라고 써도 됐을 텐데 그렇게 하지 않았습니다. 만약 일본을 규탄한다면 국제연맹의 상임이사국으로 활동해온 일본이 연맹을 탈퇴해버릴지도 모르니까요. 중일 간에 더 광범위한 무력 충돌이 발생하면 상하이와 홍콩에 거점을 둔 영국의 무역이 위태로워집니다. 일본을 쓸데없이 자극해서 좋을 일은 하나도 없었지요.

리튼은 채텀하우스 강연에서 "일본이 과연 만주에서 손을 뗄 거라고 생각하는가"라는 질문을 받았습니다. 리튼은 일본이 만주에서 한 치도 물러나지 않을 거라고 생각했습니다. 또한 "일본에게 손을 떼라고 권고해야 할 이유는 없다고 생각합니다. … 양 당사국이 일본인이 만주에 머물면서 얻을 수 있을 만한 조건을 승낙하게" 만드는 일이 중요하다[23]고 말합니다.

리튼 보고서에는 일본을 교섭의 장으로 끌어들이기 위한 조건이 철두철미하게 명기되어 있었습니다. 만주에 신정부를 만들기 위한 자문위원회를 설치하는데, 이것을 일본 대표, 중국 대표, 일본 측이 지정하는 현지 대표, 중국 측이 지정하는 현지 대표 4자로 구성하자고 제안[24]합니다. 중국의 주권이 인정되는 지역에 어떤 신정권을 만들 것인가를 자문하는 기구인데 일본에 과반수의 발언권을 준 것입니다. 또한 신정권에 외국인 고문이 필요하다고 인정하면서 '일본인이 충분한 비율을 점해야 한다'[25]라고 말합니다.

리튼은 채텀하우스 강연에서 더욱 명확하게 "일본은 분명 만주에서 질서와 안녕을 유지하고 생명과 재산의 안전을 보증하며 조약과 의무를 이행할 만한 정부 설립을 요구할 권리가 있다"라고 인정하면서, 중국 측에 신정부 수립에 앞서 전문가의 조력을 구하라고 권고했습니다. 그러면서 "전문가의 대다수는 일본인이어야 한다"라고 덧붙였습니다. 굉장히 놀랄 만한 발언이지요.

또한 일본을 교섭의 장으로 끌어들이기 위한 더 큰 유인책이 준비되어 있었습니다. 일본인에게 만주 거주권과 상조권商租權(토지와 가옥을 빌리는 권리)을 인정한 것입니다. 이는 1차 세계대전 중인 1915년에 일본이 중국에 요청했던 '대중국 21개조 요구'가운데(자세한 내용은 뒤에서 다시 다룹니다) 중국이 절대로 인정할 수 없다고 거절했던 바로 그 조항입니다. 만주 전역에서 거주권과 상조권을 승인한다는 계획은 일본에게 무척이나 매력적으로 보였을 것입니다.

리튼이 가족에게 보낸 편지

당시 일본은 리튼과 리튼이 작성한 보고서가 중국을 편들고 있다고 생각했을지도 모릅니다. 여러분도 그런 설명을 들은 적이 있을 것입니다. 하지만 만주사변에 관한 리튼의 본심이 공식적인 보고서의 내용과 얼마나 다른지를 알면 리튼이 지나칠 정도로 일본을 배려했음을 확인할 수 있습니다.

리튼의 누나인 엘리자베스의 남편은 전직 영국 외무장관 아서 밸푸어Arthur Balfour입니다. 리튼이 1932년 5월 말 만주에서 누나 엘리자베스에게 보낸 편지(우편물이 개봉될 것을 염려한 리튼은 본국으로 돌아가는 영국 외교관에게 편지를 맡겼습니다)는 엘리자베스의 손을 거쳐 밸푸어에게 전해졌고, 그는 다시 외무장관인 존 사이먼John Simon에게 편지를 전달했습니다. 리튼은 이 편지가 그런 운명을 맞이하리라는 것을 미리 알고 반쯤 공식적인 의미를 부여하면서 편지를 썼을지도 모릅니다. 이 편지는 영국 외무장관 사이먼에게서, 미국의 국무장관 스팀슨Henry L. Stimson을 거쳐 국제연맹 사무총장 드러먼드에게 전해졌습니다.[26] 리튼의 본심이 담긴 편지를 같이 읽어볼까요.

만주국은 명백한 기만입니다. (중략) 일본은 만주에 100만 명의 일본인(조선인 포함)이 있다고 말합니다. 하지만 만주에는 3,000만 명의 중국인이 살고 있으며 그들은 일본인에게 토지를 빼앗겼다고 생각합니다. 장쉐량 정부는 확실히 부패했고 강압적이며 사람들은 통치자가 바뀌기를 바라고 있습니다. 하지만 그들은 중앙정부로부터 독립하는 걸 바라고 있지는 않습니다. 조사단이 지금 해야만 하는 일은 전 세계에 사실을 전하고 평화를 확립하기 위한 조건을 제시해주는 것입니다.

리튼은 만주국의 실태가 '기만'이라는 것, 만주국은 현지민이 민족자결로 만든 국가가 아니라 일본의 괴뢰정부라는 것을 알고 있었습니다. 하지만 일본을 향해 당신들은 침략자라고 손가락질을 한다면 일본은 더욱 거세게 반발할 것입니다. 그러므로 보고서에 중국과 일본을 교섭 테이블에 앉게 할 조건을 적고 '세계의 길'을 준비했다고 일본에게 호소했던 것입니다.

채텀하우스의 찬성 의견-현실적 처방전이다

리튼 보고서의 결론을 확인했으니 이제 다시 채텀하우스 강연으로 돌아가겠습니다. 채텀하우스에서는 강연회가 끝난 뒤 반드시 전문가들이 모여 찬반 의견을 교환하도록 되어 있다고 합니다. 우레와 같은 박수라든지, 고성이 오가는 상황을 피하기 위해 반대와 찬성 의견을 고루 듣는 것이지요. 무척 훌륭한 제도입니다.

리튼의 강연이 끝난 뒤에는 어떤 말이 오갔는지 들어볼까요. 우선 중국에서 오랜 기간 살았던 그린[27]이라는 미국인이 다음과 같은 찬성 의견을 내놓습니다. "일본의 복잡한 권익을 지키기 위한 처치, 방책이 쓰여 있으며 이와 함께 중국을 어떻게 개혁할 것인가라는 점도 자세히 나와 있다. 이는 현실적인 처방전이므로, 오랫동안 중국에서 생활한 나는 여기에 찬성한다."

그린은 매우 진지한 사람이었던 것 같습니다. 그는 의견도 내놓았습니다. "지금까지 나는 중국을 오랫동안 관찰해왔다. 정부를 이끌어야 할 지도자끼리의 다툼이 일어났을 때 중국에서는 반드시라고 말해도 좋을 정도로 군사적인 분쟁으로 치달았다. 하지만 1931년 장제스가 이끄는 난징의 국민정부와 광둥의 반反장제스파 광둥정부가 대립했을 때 처음으로 군사적 충돌로 나아가지 않았다. 이는 중국의 진보를 보여준다. 중국의 국민정부야말로 우리가 상대해야 할 정부이며 조약을 맺었을 때 그 조약을 지킬 만한 정부이다."

하지만 이후에도 중국의 정치적 분쟁은 군사적 분쟁으로 확장됩니다. 중국에서 내전이 일어난 때를 기억하시나요?

💬 태평양전쟁이 끝난 뒤요.

맞습니다. 국민당과 공산당이 협력해 일본과 싸우다가 일본이 포츠담선언을 수락하고 전쟁에서 패하자마자 국공내전이 시작됩니다. 물론 1932년에는 중국의 내전을 예측할 수 없었겠지요.

지나는 아무런 희생도 치르지 않고 만주를 회복했다

이어서 반대 의견을 살펴볼까요. 반대를 표명한 사람은 블랜드[28]라는 작가 겸 저널리스트입니다. 그는 중국에 27년간 살았습니다. 마침 1932년에 중국의 국민혁명(국민정부군이 중국 통일을 목표로 각지의 군벌을 군사력으로 타도한 혁명)을 비판한 책[29]도 썼다고 합니다. 블랜드는 어떤 이유로 리튼 보고서를 비판했을까요.[30] "1904년 당시 만주의 미래는 일본의 의지에 전적으로 달려 있었다. 일본은 러시아가 만주를 점령하지 못하도록 했고 그래서 지나는 아무런 희생도 치르지 않고 만주를 회복할 수 있었다."

그는 만주사변이 일어나기 훨씬 전의 러일전쟁을 상기시켰습니다. 일본이 러일전쟁을 거론하며 군인 20만 명이 사망하고 10억 엔의 전쟁 비용이 들었다고 역사에 호소했다는 점은 이미 살펴봤지요. 블랜드도 똑같은 말을 합니다. 1904년의 만주, 즉 중국이 주권을 지니고 있는 동북3성 지역의 귀추는 일본의 의지에 달려 있었으며, 일본은 이 지역을 러시아로부터 되찾으려고 했다. 그 덕분에 중국은 아무런 희생도 치르지 않고 만주를 회복할 수 있었다고 말합니다.

1904년 러일전쟁 당시 중국은 청왕조였는데 중국 동북부의 3성은 러시아의 점령하에 있었습니다. 왜 러시아가 이곳을 점령했는지, 세계사를 배운 분은 생각나실 겁니다.

1900년 청왕조 아래에서 의화단이라는 배외주의조직의 운동이 각지에서 일어났습니다. 베이징의 외국 공사관 구역이 공격을 당하고 일본 공사관원, 독일공사 등이 살해되자 열강은 8개국 연합군(영국, 미국, 러시아, 프랑스, 독일, 이탈리아, 오스트리아, 일본)을 조직해 톈진 해안에 있던 포대를 점거합니다. 그러자 서태후 등 지도층이 열국에 선전포고를 하기에 이릅니다(정부가 관여하고 부터는 북청사변이라고 부릅니다). 연합군은 의화단을 무너뜨리고 청왕조에 거액의 배상금을 물립니다. 나아가 베이징에서 바다에 이르는 교통로를 유지한다는 명목으로 12곳에 외국군 점령(실질적인 군대 주둔권)을 인정하게 합니다.[31] 그때 영국은 의화단의 출병을 방어하기 위해 일본의 군사력에 주목했습니다. 당시 영국은 1899년에 시작된 남아프리카전쟁에 45만 명이나 되는 병력을 투입한 상태였기 때문에 일본이 아시아에서 자신들의 공백을 메우기에 가장 적합한 존재라고 생각했던 것이지요.[32]

러시아는 자국의 권익(둥칭東淸 철도 남만주 지선)을 침해한 의화단을 방치한 청왕조의 태도를 문제 삼으면서 중국 동북부(만주) 점령에 나섭니다. 북청사변이 해결된 뒤 다른 열강은 군대를 철수시켰지만 러시아는 이런저런 이유를 대면서 좀처럼 중국 동북부에서 물러나지 않았습니다. 일본의 초등학교에서는 러시아를 중국에서 내쫓기 위해 일본이 러일전쟁을 치렀다는 식으로 가르치고 있지만, 이는 일본의 입장에서 본 설명에 지나지 않습니다. 블랜드의 발언은 군부의 주장을 믿던 당시 일본인이 들었다면 박수를 칠 내용이지요.

블랜드의 반대 연설을 들어볼까요.[33]

국제연맹은 극동의 일에 직접 나서서는 안 된다. (중략) 만주에서의 일본의 지위는 다른 국가, 즉 미국이 일본으로 하여금 이를 유지하도록 할 것인지 말 것인지에 따라 결정될 것이다. (만약 일본이 따르지 않는다면) 미국과 국제연맹이 공동으로 일본을 억제할 것이다. 그럼에도 일본이 멈추지 않는다면 제재를 가하

게 될 것이다. 바꿔 말하면 일본을 위협하기 위해 영미 공수동
맹이 맺어지게 된다. 그 결과는 세계 평화의 견지에서 몹시 우
려되는 일이다.

독특한 견해지요. 1931년 당시 만주의 상황을 보면 일본은
과거 러일전쟁 이전의 러시아와 똑같은 처지에 놓여 있습니다. 일
본이 러시아를 내쫓았던 것과 마찬가지로 이제 만주에서 일본을
내쫓을 수 있는 국가는 태평양으로 영향력을 뻗어나가던 미국밖
에 없다는 의견입니다.

그는 "미국이 중국과 손을 잡거나 국제연맹과 손을 잡을까?
그렇지는 않다"라고 말합니다. 일본을 위협하기 위해 영국과 미
국이 동맹을 맺는다면 세계의 평화가 깨질 것이라는, 매우 뒤틀린
견해입니다. 블랜드는 영미동맹이 전쟁을 초래할 것이라고 본 것
같습니다.

영국인 가운데 많은 수가 이런 생각을 지니고 있었다고 보셔
도 좋습니다. 마찬가지로 미국인 가운데 일부는 영국에 속아 1차
세계대전에 참전하게 됐다고 생각했습니다. 영국에 속아 유럽에
400만 명이 넘는 군인을 보냈고 그 결과 참혹한 꼴을 당했다는 것
입니다.

한편 영국도 미국에 불만이 컸습니다. 겨우 종전 1년 전에 참
전한 미국이 파리강화회의에서 주도권을 잡지를 않나, 전쟁 중에
겉으로는 이성적인 체하며 뒤로는 적국 영토의 재분배를 노린 비
밀협정 등을 시도했다고 의심했습니다. 게다가 미국은 영국이 빌
린 전시채권도 전후에 철저하게 거두어갑니다. 이런 시각에 대한

반동으로 오히려 제국주의적 군사동맹인 영일동맹(1902~1923)을 긍정적으로 평가하는 사람도 있습니다. '동서 해양에서 방위를 분담하면서 대륙의 러시아를 유효하게 견제하는 위치에 선 영국과 일본이 맺은 영일동맹이야말로 가장 결점이 없는 동맹이지 않을까'라는 평가이지요. 영일동맹은 '일본은 조선을, 영국은 중국을'이라는 식으로 양국이 제멋대로 세력 범위를 정한 제국주의적 동맹입니다.[34] 일본은 제국주의의 모든 것을 영국에게서 배웠다고 해도 과언이 아닐지 모릅니다.

블랜드도 영일동맹 옹호파였을까요. 그는 "영일동맹이었을 때가 그립다(1923년에 효력 상실). 영미 공수동맹이 맺어지면 오히려 전쟁이 일어난다"라고 말합니다.

물론 리튼의 강연을 듣던 대다수의 사람들은 블랜드의 의견에 반대했습니다. 영국은 국제연맹과 함께 행동하고 있었고, 독일이나 일본에 대항하기 위해서 국제연맹에 미국이나 소련을 끌어들이는 것을 타당하다고 여겼습니다. 이 길은 2차 세계대전 때 선택한 길입니다. 독일이라는 최강의 적을 타도하기 위해 영국은 미국, 그리고 소련과 한편이 되어야 했습니다.

전쟁을 피하기 위해서는 어떻게 해야 할까요. 여기에는 여러 가지 견해가 있겠지요. 강한 국가와 손을 잡아 안전을 보장한다는 생각도 있습니다. 하지만 블랜드는 일본을 추격하기 위해 미국과 손을 잡는 것은 영국을 위험에 빠트리는 일이라고 말합니다.

리튼이 일본과 중국에게 협의 가능한 안을 제시하고 국제연맹이 문제를 해결하기 위해 노력해야 한다고 말할 때 '아니다. 국제연맹은 노력하지 않아도 된다. 국제연맹은 극동에서 손떼야 한다'라고 말한 사람도 있었던 셈이지요.

대중은 모르고 있다

리튼 강연회에서 논의된 내용 가운데 주목할 만한 의견이 또 있습니다. 여러분이 앞으로 국제 관계를 바라볼 때 열린 마음으로 다양한 시각에서 바라봐야 한다는 사실을 깨우쳐주는 사례입니다. 내용을 읽어볼까요.[35]

국제 문제를 해결할 때 무력에 의존하는 방식을 더 이상 신뢰하지 않게 된 일본의 청년 남녀, 비록 소수이기는 하지만 이들에게 도덕상의 원조를 해줄 수는 없을까. 1931년 10월 상하이에서 개최된 태평양회의 때 일본의 청년들은 (우리에게) 매우 강한 인상을 남겼다.

채텀하우스 회의장에 상하이에서 개최됐던 태평양회의(앞에서 나왔던 태평양문제조사회 회의를 말합니다)에 참석했던 사람이 있었나 봅니다. 그 사람이 당시 회의에 참가한 일본 청년들의 반군국주의 성향을 접했던 것이지요. 마침 『리튼 보고서의 경위』를 번역한 태평양문제조사회가 주최한 제4회 회의가 만주사변이 일어나고 얼마 지나지 않아 상하이에서 개최되었습니다. 평화에 무게를 둔 일본 청년들에게 뭔가 신호를 보내 청년들의 운동에 힘을 실어줄 수는 없겠느냐는 질문을 한 사람이 있었습니다. 그는 '모든 일본인이 군국주의자인 것은 아니다'라고 생각했던 것 같습니다.

덧붙이자면 만주사변이 일어나 어수선한 상황에서도 상하이에서 제4회 회의를 개최할 수 있었던 배경에는 기독교인인 장제스의 지지가 있었습니다. 장제스는 "국민당 당원 몇몇은 태평양문제조사회는 제국주의국가의 도구라며 회의 개최를 강하게 반대했다. 하지만 그런 반대는 그야말로 어린애 같은 행위이다"라고 비판하며 "국민당 정부가 그들을 초대하는 것이다"라고 말했습니다.[36]

리튼은 무력이 아닌 평화적 접근을 지지하는 일본의 청년들을 격려해야 하지 않겠느냐는 질문에 "사건의 진상과 세계의 여론이 일본인에게 전해진다면 가능성이 있겠지만, 일본에서 자유주의는 테러리즘의 표적이 되고 있다. 리버럴한 사고를 지닌 사람도 자신의 의견을 표명하려면 목숨을 걸어야 하는 상황이다"라고 대답합니다.

리튼 조사단 일행은 혈맹단사건이라는 일련의 테러를 잘 알고 있었습니다. 1932년 2월 9일에는 전 대장대신(오늘날 일본의 재무대신에 해당-옮긴이)인 이노우에 준노스케가, 3월 5일에는 미쓰이 그룹의 이사장인 단 다쿠마團琢磨가 암살당합니다. 다쿠마가 암살됐을 때 리튼 일행은 도쿄에 머물고 있었습니다. 게다가 리튼은 다쿠마가 암살되기 하루 전에 그를 만나기도 했고요.

단 다쿠마는 미쓰이고메이三井合名라는 당시 부르주아 재벌의 총수였습니다. 매사추세츠 공과대학에서 광산학을 공부했으니 영어 실력도 뛰어났겠지요. 단 다쿠마는 자신의 저택에서 가든파티를 열어 조사단 일행을 대접했습니다. 그리고 다음 날 아침 다쿠마는 니혼바시미쓰이은행 앞에서 총격을 당했습니다.

일본은 중국 본토의 혼란스런 상황을 보여주려는 목적으로 조사단을 요청했지만, 사실상 조사단에게 혼란스런 사회라는 인상을 남긴 것은 오히려 일본이었습니다. 국제연맹 회의에서 중국 대표인 구웨이쥔은 일본에 테러가 난무하는 상황을 거론하며 날카롭게 반론을 펼쳤습니다. '재벌 총수가 백주 대낮에 저격당하는 국가가 중국을 통일이 안 된 혼돈 국가라고 비판할 수 있는가'라고 말이지요.

리튼은 일본 방문 중 니토베 이나조新渡戶稻造도 만났습니다. 니토베는 국제연맹에서 사무차장을 맡기도 했었고(1920~1926) 태평양문제조사회 일본지부의 대표를 맡고 있었습니다. 앞에서 말한 제4회 태평양문제조사회의에 일본 측 그룹을 이끌고 참가한 인물입니다. 니토베는 무교회주의 기독교인으로, 청년들에게 지대한 영향력을 끼친 우치무라 간조內村鑑三(일본의 개신교 사상가로 일본적인 기독교를 찾고자 한 사상가이며 무교회주의의 창시자로 알려져 있다-옮긴이)와 삿포로농학교 동기였습니다. 인품이 뛰어난 인물로 알려졌고 국제연맹에서는 문화를 통한 세계 협조에 뜻을 두었습니다(최근 연구에서는 이때 상하이 회의에 참가한 일본 측 구성원과 기독교를 골조로 한 사회운동가였던 가가와 도요히코賀川豊彦가 서로 협력했다는 사실[37]이 밝혀졌습니다).

리튼은 이누카이 쓰요시 총리도 만났습니다. 이누카이는 만주국이 건국되었을 때 일본 정부는 만주국을 승인할 생각이 없다고 말해 군부의 분노를 샀고, 이후 5·15사건 때 암살당했습니다. 리튼은 일본에서 지내는 동안 테러를 피부로 실감한 셈이지요. 국제사회가 일본에 무리한 요구를 하면 일본 내의 평화주의자들을

궁지로 몰아넣게 된다고 자각한 리튼은 이렇게 말합니다.[38]

의심의 여지없이 일본 정부는 다수의 강력한 지지를 받고 있습니다. 하지만 대중은 사실의 진상을 거의 모릅니다. 이 말은 진상과 함께 세계의 여론이 알려지면 그들의 의견이 바뀔 수도 있다는 것입니다.

영국의 지도층이 모인 강당에서 일본인은 이런 평가를 받았습니다. '일본 대중에게는 아무것도 알려져 있지 않다. 정부와 군은 진상을 숨기고 있다. 하지만 진상과 세계 여론이 알려진다면 대중의 생각은 바뀔지도 모른다는 점에서 절망하지 않는다'라고요. 이것이 바로 언론의 자유가 허용된 국가에서 정책을 논의하는 과정입니다.

현재 일본 국회에서도 안전보장 법제와 환태평양경제동반자 협정을 둘러싸고 복잡다단한 논의가 벌어지고 있습니다만 그 정도로는 아직 부족해 보입니다. 이를테면 상대 국가의 주장과 생각, 그 너머에 있는 상대국 국민의 주장과 생각까지 논의의 장에서 고려할 수 있는 국가가 된다면 일본에게도 다른 미래가 펼쳐질지 모릅니다.

서택의 길은 어떻게 만들어지는가

보고서를 기다리던 일본의 분위기

일본은 리튼 보고서를 어떻게 받아들였을까요. 먼저 리튼 보고서가 발표되기 직전의 상황을 살펴보겠습니다.

정식 보도가 나오기 전에 신문과 라디오가 예측을 내놓고 논하는 일은 예나 지금이나 변함없는 풍경입니다. 제1차 고노에 후미마로近衛文麿 내각의 자문을 맡았던 쇼와연구회라는 조직의 일원이자 도쿄제국대학 법학부 교수였던 로야마 마사미치蠟山政道가 당시 신문에 쓴 글이 있습니다. 그 글을 보면 보고서가 발표되기 직전, 라디오에서 외무성과 군부가 각 방면에서 종합 검토한 보고서의 결론 내용이 방송되었던 것으로 보입니다. '만주를 일본의 보호령으로 하거나 병합하는 일은 용인할 수 없지만,[39] 만주국 유지는 인정한다'는 추론이 나오고 있다[40]고 전해졌지요.

1932년 말, 라디오를 수신하는 세대의 수는 140만 세대를 넘어섰습니다.[41] 나가이 가후永井荷風(1879~1959, 일본 메이지 시대부터 쇼와 시대에 걸쳐 활약한 소설가이자 수필가-옮긴이)가 쓴 책을 보면 이웃에서 라디오를 크게 틀어놓아 화를 냈다는 내용이 나옵니다. 1932년의 라디오 보급률이 11.1퍼센트였다 하더라도 대부분 목조 가옥이었으니 아마 도시에 거주하는 세대의 절반 정도는 방송을 듣지 않았을까요. 오후 7시부터 뉴스 시간 전후로 리튼 보고서의 내용을 예측한 보도, 즉 '리튼 보고서는 만주국의 존재를 인정할 것이다'라는 내용이 방송되었습니다. 그런데 이튿날에 예상과 달리 '만주국의 존재를 인정하지 않는다'라는 결론이 나왔으니 당연히 소동이 일어났지요.

리튼 보고서의 번역본이 공개된 1932년 10월 3일, 신문은 굉장히 과감한 제목을 뽑았습니다. 「보고서 곳곳 일본이 용인할 수 없는 서술, 만주 정책 부정으로 일관」[42]이라고 씁니다.

일본은 '리튼 보고서가 내린 세 가지 결론 중 두 가지에 동의할 수 없다'라고 말했습니다. 하나는 관동군의 군사행동은 자위권의 발동이 아니라는 점입니다. 일본은 "이는 자위권 행사이다. 이 부분은 양보할 수 없다"라고 말합니다. 또 하나, 현재의 만주국은 순수하고 자발적인 독립활동으로 출현한 것이 아니라는 점에 반론을 제기합니다. 만주국은 현지 중국인과 만주족의 민족자결로 탄생한 국가라고 말이지요. 자위권이니 민족자결이니 꽤 그럴싸한 단어로 반론을 폈습니다. 그런데 민족자결이라는 말은 누가 언제 쓴 단어일까요.

💬 윌슨이요.

그렇습니다. 요시노 사쿠조 선생이 "전쟁에 가격표를 붙인 사람 중 한 명이 윌슨"이라고 말했었지요. 1차 세계대전 중인 1918년 1월 미국 대통령인 윌슨이 14개조의 휴전조건(비밀외교의 폐지와 국제연맹의 창설 등을 제안)을 내걸며 독일에게 항복을 촉구했고 이에 독일은 항복을 결의합니다. 전쟁으로 수많은 국민을 잃은 영국과 프랑스는 즉각 반발했습니다. 파리강화회의가 열리자 표면적으로는 위임통치령이라는 허울 좋은 단어를 썼지만, 실질적으로는 전승국끼리 독일의 식민지를 분할해 점령합니다. 또한 독일에게 거액의 배상금을 물리지요. 독일의 영토를 빼앗지 않겠다고, 배상금을 물리지 않겠다고 했던 윌슨의 제안은 결과적으로 거짓말이 되고 말았습니다.

윌슨은 14개조의 내용을 밝힌 연설에서 민족자결이라는 단어를 명시했습니다.[43] 윌슨이 민족자결이라는 관념을 지녔던 것은 사실이지만 그가 말한 민족자결은 독특한 표현방식에 불과했습니다. '한 민족은 자신의 정치적 운명을 스스로 결정할 권리를 지녀야 한다'라는 통상적 의미로서의 민족자결을 인정한 것이 아닙니다. 오로지 식민 지배를 받는 민족과 그 종주국 정부가 '동등한 무게'를 가지고 이해를 '조정'하도록 촉구하는 것이었습니다.[44]

윌슨이 민족자결을 제창할 때 최초로 적용되어야 할 지역으로 상정했던 곳은 유럽이 아니라 미국 바로 아래에 있던 중남미 국가였습니다. 하지만 파리강화회의에서 패전국인 오스트리아제국이 해체되면서 헝가리, 체포슬로바키아, 유고슬로비아가 독립합니다. 또한 러시아혁명이 발발하면서 연합국에서 이탈한 러시아로부터 폴란드와 핀란드가 독립합니다. 이런 기세는 조선으로까지 번져 1919년 3월의 독립운동을 촉발합니다.

일본은 민족자결이라는 개념을 교묘하게 이용했습니다. 동북3성에 사는 만주족 등은 스스로 난징을 수도로 하는 국민당의 중화민국과는 태생이 다르다고 주장한다는 것이 당시 일본의 설명이었습니다. 그리고 청왕조의 마지막 황제인 푸이를 만주국으로 데리고 와 집정이라는 지위를 줍니다.

푸이에게 만주국은

도이하라 겐지土肥原賢二라는 육군 군인의 이름을 들어본 적 있으신가요. 도이하라는 1913년부터 1931년까지 18년간 중국에서 근무했는데, 만주사변 당시에는 펑톈의 특무기관장을 맡고 있었습니다. 육군 제일의 중국통이었지요. 1911년 신해혁명으로 청왕조가 무너졌습니다. 도이하라는 톈진에서 불우한 시대를 한탄하며 지내던 청의 마지막 황제 푸이의 존재에 주목해 그를 만주사변 이후 만들어질 새 국가의 수장으로 세우려 합니다. 1931년 11월 일본군은 푸이를 톈진에서 비밀리에 탈출시킵니다. 이듬해 3월 9일 만주국 건국에 맞춰 그를 집정으로 내세워 만주국의 수장으로 앉힙니다.[45]

푸이를 추대하는 일이 일본의 의도만으로 시작됐던 것은 아닙니다. 청의 유신遺臣인 뤄전위羅振玉 등도 왕조의 발양지인 만주 땅에서 청조의 부흥을 도모하려 했습니다. 푸이는 자서전『나의 반생』에서 도이하라와 나눈 대화를 다음과 같이 묘사합니다.[46]

푸이   그 신국가는 어떤 국가입니까?

도이하라　앞에서도 말씀드렸듯이 독립자주국가로 선통제宣統帝(푸
　　　　　이의 연호-옮긴이)가 보는 것을 설성하는 국가입니다.
푸이　　　제가 듣기로는 그렇지 않던데요. 제가 알고 싶은 것은 그
　　　　　국가가 공화제인지 제정인지, 아니면 제국帝國인지 입니다.

　푸이에게 중요한 것은 청왕조의 부활이었으며, 새 국가가 제
국이라면 나서겠다고 말합니다. 하지만 일본은 민족자결이라는
형태를 취하는 국가가 청조의 부활이어서는 곤란하다고 생각해
서였는지 처음에는 푸이에게 집정이라는 지위를 줍니다. 만주국
이 제국이 된 것은 1934년, 건국 후 2년이 지난 뒤입니다.
　1980년 푸이의 친동생인 푸제溥傑는 NHK와의 인터뷰에서
"'만주국'은 황제를 비롯한 청왕조의 유신들이 세운 나라입니까"
라는 질문에 "우리는 청조 복벽復辟(한 번 물러난 군주가 다시 왕위
를 되찾는 일)을 위해 관동군을 이용했고 관동군 또한 우리를 정치
목적으로 이용했을 뿐입니다. 그것이 우리의 '만주국'입니다"[47]
라고 대답합니다. 관동군도 푸이·푸제 형제도 모두 냉정하지요.
　일본은 만주국이 민족자결의 원리에 따라 자연스럽게 발생
한 국가라고 주장했습니다. 자위권의 행사와 민족자결, 이 두 개
념이 일본이 펼쳤던 반론의 핵심입니다.

중국의 반응

　여러분은 어떻게 생각하십니까. 리튼은 일본과 중국에 대화
를 시작하기 위한 조건을 제시했습니다만, 리튼이 제시한 선에서
타결이 가능했을까요? 먼저 이 점을 생각해보기로 하죠.

💬 아무래도 타결되기는 어렵지 않았을까요. 중국의 동의를 얻어낼 수 있을지 의문스럽습니다. ⑩에 적시된 중국의 국가 개조에 관한 국제협력은 중국의 주권을 존중하지 않는다는 말처럼 들려요.

네, 그렇습니다. 구웨이쥔 등 국제연맹의 중국 대표부는 리튼 보고서가 문제를 해결하기 위해 제시한 조건(제9장, 제10장)은 기정사실을 인정하는 것처럼 보이기 때문에 8장까지의 역사적 경위 기술과 모순되며, 이런 것으로는 중국인을 만족시킬 수 없다[48]고 판단했습니다. 중국 국민정부의 주석인 장제스 또한 '8장까지는 공평하며 설득력이 있지만 마지막 제언은 동북3성에 관한 일본의 영향력을 중시한 것으로 중국은 국제연맹에 수정을 요구해야 한다'[49]고 중국 측 국제연맹 대표부에 전했습니다. 중국 측은 리튼 조사단의 제안이 일본 측이 만들어놓은 기정사실을 지나치게 중시한다고 여겼습니다. 이는 매우 흥미로운 부분입니다.

왜냐하면 일본의 신문 등은 '지나 측 광희'[50]라는 제목을 뽑으면서 중국이 보고서에 만족하고 있다고 악의적으로 보도하는 한편, 일본의 반응에 관해서는 '아무리 봐도 최악의 보고, 육군 측 크게 분개'[51]라는 제목을 붙였기 때문입니다. 기사에는 '광희'라고 표현할 만한 근거가 어디에도 보이지 않습니다. 육군이 크게 분개한다는 기사도, 읽어보면 '육군 당국은 발표한 담화 이외에는 입을 봉하고 있다'라고 나옵니다. 이는 육군 측은 당국의 담화 이외에는 아무런 말도 하지 않았다는 뜻입니다. 그렇다면 당국의 담화를 확인해볼까요. "국제연맹 조사단이 오늘까지 그 임무 달성을 위해 노력한 노고에 감사한다. 보고의 개요를 통람했지만 군부로서는 제국이 지금까지 종종 국내외에 천명했던 주장을 변경할 필요를 조금도 인정하시 않는다."[52]

이처럼 그때나 지금이나 '중국이야말로 리튼 보고서에 반대하지 않았을까'라는 점에는 주의를 기울이지 않습니다. '리튼 조사단은 중국을 편들 것'이라는 근거 없는 전제를 세우고 있어서 중국이 보고서에 불만을 가지고 있을지도 모른다는 생각은 좀처럼 하기 어려웠습니다. 리튼 보고서를 다룰 때 일본과 국제연맹의 관계만 중시하는 경향이 있는데, '중국 측은 어떻게 생각했는가'라는 관점 또한 매우 중요합니다. 국민당 내에서 장제스를 비판하던 세력[53]은 리튼 보고서에 더욱 냉담했습니다. 그들이 주장한 요지를 살펴볼까요.[54]

> 리튼 보고서는 모순적이다. 동북3성[만주, 중국 동북부]을 중국 영토로 인정하면서 자치 정부에 고문 회의를 설치하고, 외국인 고문을 두도록, 그것도 일본인 고문이 대부분을 차지하도록 하고 있다. 또한 일본 측의 요구를 넣어 중국 동북부 전역에 일본인의 정주권·토지 조차권을 치외법권과 교환해 인정했다. 또한 동북 전역을 비군사 지역으로 한다는 것은 주권국가인 중국이 자신의 국토인 동북부에 군대를 둘 권리를 제한한다는 말이다. 조직적인 일화 배척도 금지했다. 이 규정은 21개조와 비교했을 때 훨씬 가혹하다.

21개조[55]는 중국 입장에서는 아편전쟁 이후 굴욕의 역사의 최후를 장식하는 문제였습니다. 제2차 오쿠마 시게노부大隈重信 내각의 가토 다카아키加藤高明 외무상이 1차 세계대전 중인 1915

년 1월 당시 위안스카이袁世凱 정부에 요구한 것입니다(제1호는 산둥 문제 처분에 관한 조약으로 일본이 장차 독일과 협정하는 내용을 중국이 승인해야 한다는 것. 제2호는 남만주와 동부 내몽고에 관한 일본의 이권 확장. 뤼순, 다롄의 조차 기한과 남만주철도의 조차 기한을 99년간 연장). 일본은 반발이 가장 컸던 제5호를 철회한 뒤 군함 등을 앞세워 중국을 위협하면서 최후통첩을 했고 결국 중국이 요구를 받아들이게 했습니다. 이때 중국 측의 강한 반발로 철회한 제5호에 있던 항목이 바로 일본인 정치·경찰 고문의 초빙이었습니다. 장제스는 리튼 보고서에 반발하는 국내 세력을 끌어안으며 국제연맹 중국 대표부에 다음과 같이 지시합니다.[56]

> 보고서에 관해서는 온화한 태도를 취해야 할 것이며 과도하게 반발해서는 안 된다. 동시에 유의해야 할 점은 아래와 같다. 일본이 보고서를 받아들이는 경우는 단 두 가지이다. 하나는 열강이 경제적·무력적 제재를 가하기로 결의할 때, 또 하나는 일본 국내에서 군벌에 불리한 중대한 변화가 일어날 때이다. 하지만 둘 모두 일어날 가능성은 희박하다. 따라서 중국의 양보는 향후 중국의 행동을 제약할 뿐이며 국내의 반발을 부를 뿐이다.

장제스의 문장을 읽으면 참 재밌습니다. 장제스는 늘 몇 가지 조건에 따른 선택지를 내놓고 고찰하면서 결론을 이끌어내거든요. 그는 열강이 제재를 가할 의지가 있는지, 그리고 일본의 군벌(군대를 말합니다)이 쇠퇴할 만한 변화가 있는지 검토했습니다. 그런 뒤 중국이 아무리 양보를 해서 타협하더라도 문제 해결에는 이르지 못할 것이라고 결론짓습니다.

장제스는 냉철합니다. 국제연맹이 문제를 해결할 가능성은 희박하다고 여기면서도, 어떤 점은 수용 가능하고 어떤 점은 수용 불가능한지를 변별해서 고찰합니다. 이를테면 '중일 간의 영속적인 평화 수립을 위해 동북3성의 군비 철폐는 인정한다'라고 말합니다. 앞에서 살펴본 국민당 내에서 장제스를 비판하던 사람들이 이 지역에서 군대의 주둔을 포기하는 것은 중국의 주권과 관련된 큰 문제라고 생각했던 것과는 다릅니다.

왜 장제스가 중국 동북부에서 군대를 철군하는 일에 동의했는지, 이를 조금 이기적 측면에서 생각해볼까요. 일본은 메이지유신 이후 중앙집권적인 체제로 전환하였습니다. 천황 아래에 모든 군대가 편제되어 있었기 때문에 군벌 간의 다툼은 상상하기 어렵습니다. 하지만 중국의 장쉐량과 장제스는 만리장성 북쪽과 남쪽에 각각 세력을 잡은 군사 리더였습니다. 일본군이 장쉐량의 아버지인 장쭤린을 폭살한 일로 장쉐량은 '역치易幟'(동북정권이 쓰던 깃발을 국민정부 깃발로 바꾼 일. 국민정부에 합류하는 것을 의미합니다)를 행하여 동북3성을 중국 국민당 정부 아래에 두게 했습니다. 장쉐량의 직책은 동북변방군 사령장관이었고 장제스의 직책은 국민정부 주석 겸 육해공군총사령관이므로 장제스의 지위가 훨씬 높았지만, 장쉐량 휘하에는 약 19만이나 되는 동북군의 정예부대가 있었습니다. 공산당과 국민당 내 좌파 등과 내전을 치러온 장제스에게는 장쉐량과 동북군의 존재가 눈엣가시 같았겠지요. 이 군대를 해체해 자신의 휘하에 둘 수 있다면 좋겠다는 마음이 있었을 듯합니다.

군대 철수라는 측면에서는 의외로 유연한 태도를 보였던 장제스도 고문회의 소집, 외국 고문의 강제 임용, 배일排日 보이콧의 영구 금지 등에 관해서는 리튼 보고서의 제안을 받아들여서는 안 된다고 말하며 근본적인 개정을 요구했습니다.

일본은 무엇을 두려워했나

중국이 무엇을 두려워하고 무엇에 분노했는지 이해가 됐다면 이번에는 일본의 상황을 살펴볼까요. 그 당시 일본의 군인, 정치가, 혹은 평범한 국민이 리튼 보고서의 어떤 부분을 인정하고 어떤 부분에 분개했을지 잠시 생각해보시기 바랍니다.

💬 만주에 만들어지는 새 정부를 '중국의 주권'하에 둔다고 한 점이요. 지금까지 일본이 만주에서 행사했던 강력한 발언권을 잃게 되니까요.

네. 리튼은 만주사변 이전의 상태, 즉 장쉐량 정권의 복귀는 안 된다고 했지만 새 정권이 중국의 주권하에 있다는 부분만은 인정하지 않을 수 없었습니다.

일본은 한족, 만주족, 몽고족, 조선족, 일본인이 민족자결의 이념을 바탕으로 서로 협력했다는 오족협화 신화로 만주국의 건국을 설명합니다. 물론 신화에 지나지 않지만요. 일본이 1932년 9월 15일 만주국을 승인한 것은 일본이 바라는 내용의 조약을 마음대로 체결할 수 있기 때문이었습니다. 만약 만주가 중국의 주권하에 들어가게 된다면 만주 문제에 관해서는 중국과 교섭해야 하겠지요.

중국이 자문위원회와 고문을 두는 일을 강하게 반대한 이유는, 그렇게 되면 일본이 이득을 본다고 생각했기 때문입니다. 게다가 일본은 청왕조의 마지막 황제인 선통제 푸이라는 최고의 주연배우도 이미 손에 넣고 있었으니까요. 일본이 또 두려워했던 일은 어떤 것이 있을까요.

💬 중국과 새로운 조약을 맺거나 한다면 지금까지 해왔던 교섭 방식이 허용되지 않게 될 터이고 일본 이외의 국가들도 참견하게 되지 않을까요.

좀 더 보충해서 설명하면 이제까지는 무력을 행사하면서 중국과 교섭을 해왔는데, 앞으로 국제연맹이 관여하게 되면 상황이 불리해지지 않을까 하는 불안이 있었습니다. 나아가 그때 참견하게 될 국가는 강대국만이 아니었습니다.

리튼 조사단에 위원을 파견한 미국, 영국, 프랑스, 독일, 이탈리아는 모두 그 당시의 강대국으로 국제정치에 익숙했습니다. 미국과 독일을 차치하면 나머지 세 국가는 제국주의와 식민지주의의 당사자이기도 했습니다. 여기서 언급하고 싶은 것은 '19인위원회'라는 조직입니다.

리튼 보고서는 국제연맹이사회 논의의 기초가 된 문서입니다. 모든 가맹국이 참가한 국제연맹총회에서 만주 문제에 관한 결의안을 작성한 것은 19인위원회였습니다. 19개 국가의 대표로 이루어진 위원회인데요, 어떤 국가가 포함되어 있는지 볼까요.

리튼 조사단에도 포함된 영국, 프랑스, 이탈리아, 독일에 이어서 파나마, 과테말라, 페루, 콜롬비아 등이 나오네요. 여러분은 중남미 국가들이 이렇게 많이 들어가 있을 거라고는 생각하지 못했을 것입니다. 또한 1차 세계대전을 계기로 1918년에 독립한 유고슬라비아, 체코슬로바키아도 들어가 있습니다. 일본은 중국과 일본의 역사적 경위를 알지 못하는 국가가 결의안 작성에 관여하는 국제연맹의 방식을 불안해 했다고 볼 수 있습니다.

그런데 19인위원회가 조직되는 계기를 만든 당사자가 바로 일본입니다. 국제연맹이사회는 1931년 12월 리튼 조사단의 파견을 결정했습니다. 그 뒤 1932년 1월 일본군의 모략으로 상하이에서 군사 충돌이 일어나 상하이사변으로 발전합니다. 상하이사변을 겪으며 중국은 만주사변을 포함한 중일 분쟁 전체를 다시 제소합니다. 이때 사용한 것이 국제연맹 규약 제15조였습니다. 그때까지 중국은 만주사변을 국제연맹 규약 제11조에 의거해 국제연맹에 제소했습니다. 제11조의 내용은 '전쟁 또는 전쟁의 위협이 될 만한 사변이 발발했을 때 국제연맹 사무총장은 국제연맹이사회를 소집한다'입니다. 하지만 제15조를 적용하면 상황이 달라집니다. 15조에 의거해 제소했을 때에는 이사회의 과반수 표결에 의해 권고를 실은 보고서를 작성할 수 있으며 분쟁 당사국 가운데 한쪽의 요구가 있으면 국제연맹총회로 안건을 가지고 올 수 있습니다.[57] 그리고 또 하나 중요한 문제는 제15조에 의거해 제소하면 국제연맹 규약 제16조의 경제 제재가 가시화됩니다. 제16조 제1항은 다음과 같은 내용을 담고 있습니다.

제15조에 의거한 약속을 무시하고 전쟁에 나선 연맹국은 다른 모든 연맹국에게 전쟁 행위를 벌인 것으로 산수한다. 이에 내해 다른 모든 연맹국은 곧바로 일체의 통상 또는 금융상의 관계를 단절 (중략) 할 것을 약속한다.

전략물자의 대부분을 수입에 의존하던 일본 입장에서는 경제 제재라는 항목을 반드시 고려해야만 했겠죠. 무척이나 고민스러웠을 터입니다.

관동군의 반발

일본은 관동군의 반발도 걱정해야 했습니다. 뤼순과 창춘을 연결하는 남만주철도는 본래 러시아가 건설한 것으로, 러일전쟁에서 승리한 일본이 1905년 포츠머스조약에 근거하여 권리를 획득했습니다. 러시아는 창춘 이북에서 하얼빈까지의 둥칭철도 남지나선을 계속 보유하면서 하얼빈에서 북만주를 동서로 관통하는 중둥中東철도에 접속하고 있었습니다.

이처럼 만주의 철도는 러시아 측이 건설하고, 안산鞍山제철소의 광산 경영 등 만주의 중화학공업의 기초는 일본 측이 만들었지요. '리튼이 제안한 10개의 조건' 가운데 ②에 '소련의 이익을 고려'한다는 말은 그 역사적 경위를 인정한다는 뜻이었습니다. 하지만 관동군 입장에서는 소련을 배려하라는 말은 받아들이기 어려웠지요.

그리고 또 하나의 조건이 있었습니다. 만주사변을 계기로 한반도에서 원군으로 온 조선군(관동군과 마찬가지로 당시 일본이 점령했던 조선에 주둔하던 상설군) 일부를 포함한 일본 측 군대가 만철의 부속 영지로 혹은 조선으로 돌아가는 것입니다. 우리는 만주사변이 모략으로 시작됐다는 것을 알고 있으니까 일본 군대가 만철선 아래로 철군하는 것이 당연하다고 생각하지만, 관동군 입장에서는 자위적 조치를 위해 존재하는 것인데 왜 안 되느냐고 반발하겠지요.

리튼 보고서에는 만주 지역의 안전보장을 위해 특별헌병대를 만든다고 적혀 있고, 또 이런 군대의 훈련에 일본 측 전문가와 고문의 참가를 인정하고 있지만 관동군은 이 조건을 절대로 받아들일 수 없었습니다.

첫째, '정부는 러일전쟁에서 희생당한 아버지, 아들을 잊었는가'라는 일본인의 기억에서 연유하는 비난이 쏟아질 게 뻔했기 때문입니다. 러일전쟁의 신성한 신화에 흙탕물을 끼얹는 꼴이 되기 때문이지요.

또 하나는 공산주의국가인 소련의 확장을 억제하는 효과가 사라지기 때문입니다. 당시 창춘과 철도로 이어진 하얼빈에는 소련군이 주둔해 있었습니다. 만주에서 철군하게 되면 국방을 포기했다는 국민의 분노가 폭발할 것이 뻔했습니다.

선택의 어려움을 자각하다

일본이 결과적으로 어떤 선택을 했는지를 이야기하기 전에 재미있는 실험 결과를 하나 소개할까 합니다. 오늘 수업을 시작하며 인간만이 선택을 할 수 있으며 인공지능은 할 수 없다는 이야기를 했지요. 선택이 얼마나 어려운 일인지 지금부터 함께 확인해보겠습니다.

우리는 어떤 선택을 할 때 제시된 문항에 따라 손쉽게 한쪽으로 유도되고 맙니다. 아모스 트버스키Amos Tversky는 이스라엘 태생의 심리학자입니다. 트버스키가 노벨 경제학상을 수상한 대니얼 카너먼Daniel Kahneman과 함께 한 연구가 있습니다. 지금 소개하는 내용은 트버스키가 스탠퍼드대학에서 학생들을 대상으로 진행한 실험의 결과[58]입니다.

문제1부터 문제3까지 세 가지 질문이 순서대로 제시됩니다. 나열된 문항 뒤에 나온 수치는 이 문항을 고른 피실험자의 비율입니다. 이익을 판단하는 인간의 심리를 알아보는 문제인데요, 첫 번째 질문부터 볼까요.

문제1. 다음 중 선호하는 쪽을 고르시오.
　　A. 확실하게 30달러를 손에 넣는다. 78%
　　B. 80퍼센트의 확률로 45달러를 손에 넣는다. 22%

A는 눈앞에 100개의 병 모두에 30달러가 들어 있습니다. B는 100개의 병 가운데 80개에는 45달러가 들어 있고 20개에는 아무것도 들어 있지 않습니다. 딱 한 번의 기회만 주어진다면 100개의 병 가운데 어느 걸 고르더라도 확실하게 30달러가 들어 있는 A를 고르고 싶어 하는 심리는 이해가 되죠. B를 선택하면 아무것도 들어 있지 않은 병을 집을 확률이 20퍼센트나 되니 피하고 싶을 것입니다.

하지만 B를 선택했을 때 얻을 것으로 기대 가능한 금액은 36

138

달러(45달러×0.8)로 A보다 높습니다. 그렇다 하더라도 불확실성 때문인지 학생들은 대부분 A를 택했습니다. 그렇다면 첫 번째 문제는 일단 잊어버리고 두 번째 문제로 넘어가봅시다.

문제2. 두 단계로 이루어진 게임이 있습니다. 1단계에서 아무것도 얻지 못하고 게임이 종료될 확률이 75퍼센트, 2단계로 진출할 수 있는 확률은 25퍼센트입니다. 2단계에는 다음과 같은 선택 문항이 있습니다. 게임이 시작되기 전에 선호하는 쪽을 골라야 합니다.
C. 확실하게 30달러를 손에 넣는다. 74%
D. 80퍼센트의 확률로 45달러를 손에 넣는다. 26%

이어지는 세 번째 문제도 볼까요.

문제3. 다음 중 선호하는 쪽을 고르시오.
E. 25퍼센트의 확률로 30달러를 손에 넣는다. 42%
F. 20퍼센트의 확률로 45달러를 손에 넣는다. 58%

세 번째 문제에서 '확실하게'라는 표현이 사라졌습니다. E의 경우 실험을 반복했을 때 손에 들어올 것으로 기대할 수 있는 금액은 7.5달러(30달러×0.25)입니다. F의 경우 9달러(45달러×0.2)입니다. E의 7.5달러와 F의 9달러를 비교해보면 F를 선택하는 것이 이득이라고 생각할 수 있지요. 그래서인지 F를 고른 사람이 58퍼센트까지 올라갑니다.

자, 이제 슬슬 눈치를 채셨나요. 두 번째 문제에는 '2단계까지 진출할 수 있는 확률은 25퍼센트'라는 전제조건이 들어 있습니다. 말이 다를 뿐이지 문제2와 문제3은 수학적으로 완전히 똑같은 말을 하고 있습니다. C로 진출할 수 있는 확률은 25퍼센트이므로 선택문항 C는 바꿔 말하면 '25퍼센트의 확률로 30달러를 손에 넣는다'는 말이 되지요. 결국 E와 완전히 일치합니다. 그런데 C를 선택한 사람은 74퍼센트인 데 반해 E를 선택한 사람은 42퍼센트밖에 안 됩니다.

정직하게 문제3과 같은 방식으로 선택 문항을 만들어 물어본다면 돈을 더 많이 획득할 가능성이 높은 쪽을 선택하는 사람이 많아집니다. 두 번째 문제의 '확실하게 30달러를 손에 넣는다'는, 실제로는 1단계에서 게임이 끝날 확률이 75퍼센트이기 때문에 의미가 없던 셈입니다. 인간은 '확실하게'라는 표현, 겉으로 보이는 100퍼센트에 정말 잘 속아 넘어갑니다.

트버스키는 이를 '확실성 효과Certainty Effect'라고 불렀습니다. 사실은 우연에 좌우되는데도 '확실'이라는 말에 현혹되고 맙니다. 이를 밝혀낸 실험입니다.

사람의 반응은 표현 방식에 따라 이렇듯 큰 차이를 보입니다. 이런 일이 신문 기사의 제목이나 정부의 정보유통 과정에서 이루어지면 위정자는 얼마든지 국민을 자신들이 의도하는 곳으로 끌고 갈 수 있습니다. 선택 문항을 어떻게 제시하느냐에 따라 그때그때 위정자가 선호하는 방향을 선택하게 만들 수 있습니다. 이를 뒤집어볼까요. 만약 우리가 C, D처럼 착각을 일으키기 쉬운 선택문항을 E, F 같은 정직한 문항으로 바꿔 생각할 수 있다면, 국민의 눈앞에 정직한 문항으로 바꿔 제시할 수 있다면 합리적인 선택이 가능해지겠지요.

반환할 것인가 계속 점령할 것인가

이 실험을 고안한 트버스키는 이스라엘의 군인이었습니다. 이스라엘은 여성을 포함한 전 국민이 병역의 의무를 집니다. 저는 하버드대학에서 박사학위를 받은 이스라엘 학생에게 일본 근대사를 가르친 적이 있습니다. 그들은 여러 나라의 언어를 구사하는, 믿을 수 없을 정도로 우수한 학생이었습니다. 다만 그런 학생들이 국가주의운동의 이론적 지도자인 기타 잇키北一輝를 연구한다는 게 미스터리였지요. 겨울에도 반팔 티셔츠 한 장만 입고 다니기에 춥지 않느냐고 물었더니 자기는 군인이었기 때문에 춥지 않다고 대답하더군요.

트버스키는 원래 다음과 같은 예를 생각하고 있었습니다.[59]

적으로 둘러싸인 민주국가가 현재 점령 중인 국외의 영토를 반환할지 말지 결정하는 정치적인 논의를 하고 있다고 치자. 전쟁이 일어나면 이 영토는 틀림없이 승리에 기여하는 비장의 카드가 될 것이다. 한편 이 영토를 반환하면 전쟁 가능성은 감소할 것이다. 하지만 이는 근본적으로 불확실한 사항이다. 이때 정치 논의에서 점령 유지파가 우세하리라는 것은 의심의 여지가 없다.

적으로 둘러싸인 민주국가란 이스라엘을 상정하는 것이겠지요. 국외 영토라 함은 팔레스타인 자치정부 지역에 있는 가자지구를 가리키고요. 그 점령지는 전쟁이 일어난다면 틀림없이 이스라엘의 승리에 기여하는 중요한 거점이 될 것입니다. 반면 가자를 팔레스타인에 반환하면 이스라엘과 팔레스타인의 대립이 완화될 터이므로 전쟁 가능성이 낮아집니다. 하지만 이는 불확실합니다. 어느 누구도 반드시 그렇게 된다고 장담할 수 없습니다. 이스라엘에서는 점령 유지파와 반환파가 늘 대립합니다. 트버스키는 두 세력의 논쟁에서 두말할 것도 없이 점령 유지파가 이긴다고 말합니다.

　이 상황이 어딘가에서 일어났던 일과 똑 닮지 않았나요. '전쟁이 난다면 반드시 승리에 기여할 거점'이라는 명백한 확실성이 '점령지를 반환하면 전쟁이 일어날 가능성은 줄어든다'는 불완전한 확실성보다 우세해 보이는 상황. 그래도 '점령지를 반환하는 것이 합리적 선택이지 않겠는가'라는 질문을 받았던 일이 일본 역사에 있었습니다. 어떤 일이었을까요?

💬　… 센카쿠제도?

　음. 센카쿠제도(중국명은 댜오위다오)는 역사적으로 일본, 중국, 타이완, 미국이 주권과 행정권을 두고 오랫동안 비밀리에 협의해온 곳입니다. 이곳은 너무 작아서 군사적 측면에서는 고려 대상이 되기 어렵습니다. 또한 역사적 경위가 알려져 있고 지금은 일본이 국유화를 선언한 곳이라 점령지와는 조금 차원이 다릅니다.

　힌트는 일본이 어떤 지역을 점령했다는 사실입니다. 반환하면 교섭이 더 순조로워지겠지만 일본은 돌려주기 싫다고 해서….

💬 랴오둥반도?

정답은 아니지만 정말 좋은 예가 나왔네요. 랴오둥반도는 반환이 긴장을 완화시킨 성공 사례입니다. 1895년 청일전쟁이 끝난 뒤 일본은 타이완, 펑후제도와 함께 랴오둥반도를 할양받습니다. 그렇지만 그 직후 삼국간섭, 즉 독일·프랑스·러시아가 랴오둥반도를 청국에 돌려주라고 압박했고 당시 무쓰 무네미쓰陸奧宗光 외무상도 이에 동의해 청국에 반환합니다(다만 청국은 이 반환분에 해당하는 돈을 배상금에 더해 일본에 지불했지요).

랴오둥반도를 반환한 후 러일전쟁이 일어나는 1904년까지 10년 동안은 긴장이 완화된 시기로, 이 기간에 일본은 러시아와 싸울 준비를 할 수 있었다고 볼 수 있습니다.

러일전쟁에 앞서 일본은 압록강을 넘어 랴오둥반도에 육군을 진출시킬 때 해군이 수송을 제대로 할 수 있을지 자신이 없었습니다. 랴오둥반도를 계속 점령했더라면 훨씬 유리하게 전쟁을 치렀을지도 모릅니다. 하지만 만약 랴오둥반도를 그대로 유지했더라면 일본의 군세 확장을 경계하는 러시아 측의 대응은 더욱 강경했을 것이고, 일본과 러시아의 충돌은 더 이른 시기에 일어났을 수도 있겠지요. 또한 러일전쟁 당시 청국은 일본을 유형무형으로 원조해주었지만, 랴오둥반도를 돌려주지 않았다면 그런 호의를 보이지 않았을 가능성도 있고요. 이때도 점령 유지파와 반환파가 있었습니다. 총리대신 이토 히로부미伊藤博文는 열강과 교섭해 점령을 유지해보려는 쪽이었고 무쓰 무네미쓰는 돌려주자는 입장이었지요.

이 밖에 반환하지 않아서 실패한 사례가 2차 세계대전 무렵에 있었는데요. 힌트는 남쪽입니다.

💬 인도차이나?

그렇습니다. 잠시 태평양전쟁이 시작되기 약 4개월 전인 1941년 7월로 가보겠습니다. 그때 일본은 프랑스령 인도차이나에 진주합니다. 프랑스령 인도차이나는 오늘날 베트남, 라오스, 캄보디아에 해당하는 곳입니다. 이 지역은 일본 해군이 남쪽으로 진출하기 위해 필요한 비행장을 건설하기에 딱 좋은 위치였습니다. 이 밖에도 네덜란드령 동인도(오늘날 인도네시아)의 석유자원을 손에 넣을 수 있고 미국의 식민지인 필리핀, 또 영국 해군의 근거지인 싱가포르, 홍콩 등을 공격하기에도 최적의 장소였지요.

일본군이 프랑스령 인도차이나 남부에 진주했을 때 군부는 이를 가볍게 생각했습니다. 하지만 영국과 미국은 석유 수출 전면 금지, 대일본 경제 제재로 강경하게 응수했습니다. 그러면서 미국은 1941년 4월부터 이어져온 양국 교섭의 장을 이용해 11월 일본에게 이렇게 제안합니다. 프랑스령 인도차이나에서 일본이 철군한다면 일본이 바라는 석유, 항공기 연료의 수출 금지를 해제하겠다고요.

미국의 요구를 받아들여 프랑스령 인도차이나에서 철군했더라면, 1942년 봄 무렵까지 일본이 기다렸다면, 태평양전쟁과 같은 일이 일어났을까요. 이와 관련한 이야기는 4장에서 이어서 하기로 하죠.

전쟁이 일어났을 때 점령지가 100퍼센트 도움이 될 거라는 말을 듣고 나면, 점령지를 돌려주더라도 교섭은 타결되지 않을 수 있다는 말이 훨씬 불안하게 들립니다. 하지만 어쩌면 점령지를 돌려주고 교섭이 타결될 확률이 전쟁이 시작될 확률보다 높을지도 모릅니다. 말에 현혹되거나 다른 사람이 유도하는 방식에 이끌려 가지 않기 위해서는 효용 가능성을 정확히 꿰뚫어 보는 안목을 길러야 하겠지요.

일본의 선택지와 리튼의 선택지는 무엇인가

리튼 보고서가 나오고 난 뒤 만주사변의 해결책으로 일본에게 던져진 선택지는 무엇이었을까요. 여러분이 관동군 참모가 됐다고 생각해봅시다. 사람들이 리튼 보고서를 부정하도록 몰아가려면 과연 어떤 선택지를 만들어야 할까요.

일본 정부가 국민에게 보여준 선택지는 어떤 것이었을까요. 이미 일본은 만주국을 승인하고 있었습니다. 한편으로 국제연맹 탈퇴와 경제 제재는 피하고 싶어 했습니다. 그런 상황에서 정부는 어떤 선택지를 내놓았을지 생각해볼까요.

💬 국제연맹과의 관계를 유지하기 위해 일본의 주장을 국제연맹에 관철시켜 타협할 수 있을지 고려할 것 같습니다.

우선은 국제연맹에 남는 것을 주안점으로 삼아 국제연맹 가맹국의 주장과 일본의 주장을 잘 조율하려는 것이군요. 당신이 생각하는 일본 정부는 리버럴한 정부네요. 다른 선택지는 또 어떤

게 있을까요.

💬 만주에서 일본의 권익을 '확실히' 확보할지, 리튼의 주장을 받아 들여 당면한 대립을 회피할지 고민하지 않을까요? 다만 만주를 내놨을 때에는 소련이 침공할 가능성도 계산해야 겠지요.

인간은 '확실히'라는 표현에 끌려가게 마련이라는, 앞에서 살펴본 실험을 훌륭하게 활용한 선택지를 만들어주셨네요. 또 만약 지금 국제연맹과의 대립을 피하더라도 이는 잠시 동안의 평화 확보에 지나지 않는다는 점도 암시해줬습니다. 특히 '다만'이라고 첨언한 부분은, 리튼의 주장을 받아들인다면 소련이 남하할 위험도 감수해야 한다는 뜻입니다. 이는 일본 정부에 존재했던 국제연맹 탈퇴도 가능하다고 봤던 사람들, 만주국 승인이라는 일본의 주장을 사수해야 한다고 생각했던 사람들이 보여줄 듯한 선택지입니다.

제가 관동군이라면 이런 선택지를 준비할 듯합니다. "리튼 보고서와 국제연맹의 방침에 따른다면 만주국은 확실히 해체된다. 일본군의 주둔도 허용되지 않는다. 그래도 좋은가."

리버럴한 정부가 준비한 버전, 기정사실을 지키고 싶다고 생각하는 세력의 버전, 관동군의 주장에 가까운 강경파 버전 등 이처럼 위정자가 국민에게 묻는 방식은 얼마든지 달라질 수 있습니다.

💬 타협해서 적지만 확실한 이익을 얻고 세계의 길을 따를 것인가, 혹은 적대적 이익을 확보하기 위해 세계의 길에서 이탈할 것인가.

일본은 타협을 하고 이익을 얻을 것인가. 그렇지 않으면 전쟁 가능성이 있는 길, 고립의 길을 걸어갈 것인가라는 패턴의 질문이 있을 수 있지요. '확실한'이라는, 인간이 무심코 빨려 들어가기 쉬운 단어를 '적지만'과 조합하면서 '이익'과 함께 사용한 측면은 10점 만점을 주고 싶은 화술입니다. 또 리튼이 강연 중에 말한 '세계의 길'이라는 상징적 표현을 목적어로 사용한 점도 뛰어나네요. 리튼의 대변인감인데요. 그 밖에 살펴봐야 할 내용으로, 리튼 보고서의 특별헌병대(지방 헌병대) 구상이 있습니다. 특별헌병대는 놀랍도록 새로운 발상으로, 이를 두고 오늘날 말하는 유엔 평화유지군의 선구라고 평가하는 참신한 연구[60]도 있습니다.

일본은 경제적 권익도 중요하지만 소련, 중국과의 관계에서 안전을 확보하는 일 또한 신경 써야 할 부분이었지요. 관동군은 확실히 강력한 힘을 가졌을지 모르지만 만주에 대부대를 영원히 주둔시키는 일은 엄청난 비용을 요구합니다. 리튼은 '세계가 만주를 지키게 하는 길도 있다'라고 제안했습니다. 이익을 살짝살짝 들춰 보이며 제시한 것이지요. 이 점이 중요합니다.

실제로 보고서에서도 '일본의 무기한 만주 주둔(일본이 만주국을 승인한 결과, 일본군은 만주국의 요청으로 그곳에 주둔하는 형식을 취하고 있었습니다)이 과연 일본의 예상대로 소련군 침공에 유효한 대응 수단이 될 수 있는가. 만주에서 일본군은 그들에게 적대적인 중국 민중에 포위된 채 주둔하게 되는데 그러한 상태에서 일본의 생명선으로 여겨지는 만주를 지킬 수 있겠는가'라고 다음과 같이 일본에게 묻고 있습니다.[61]

일본은 다른 국가의 동정과 호의로, 그것도 아무런 부담을 지는 일 없이, 현재 일본이 집착하고 있는 고비용의 방법으로 획득하려는 것보다 훨씬 확실하게 안전을 획득할 가능성이 있다는 것을 알아야 한다.

보고서의 진짜 마지막 부분, 가장 중요한 결말 부분을 리튼이 어떤 말로 마무리하고 싶었는지를 보는 것도 참고가 될 것입니다. 리튼은 일본의 우치다 야스야 외무상의 발언에 주목했습니다. "제국 정부는 일중 관계를 만몽 문제(만몽은 남만주와 동부 내몽고 지역-옮긴이)보다 훨씬 중요하게 생각한다."[62] 이를테면 만주에서 만철이 가져다주는 이익(수지의 차액)은 5,000만 엔 정도[63]인 데 비해 중일 무역 전체의 이익은 10억 엔이나 되므로 '중국과의 타협이야말로 중요하지 않겠는가'라는 이야기입니다.

하지만 일본의 머릿속은 '만주를 얻기 위해 일본이 그동안 얼마나 많은 투자를 해왔는가'라는 집착으로 가득 차 있었습니다. 1926년 쇼와 원년의 조사를 보면 일본이 만주에 투자한 총액은 14억 203만 4,685엔[64]으로, 일본이 중국 전역에 투자한 금액의 77퍼센트를 차지했습니다. 만주에 온 신경을 쏟은 것도 이해는 가지요.

애덤 스미스는 미국을 독립시켜야만 하는 이유로 인간의 행복 증대와 국민의 이익 증대라는 관점에서 볼 때 영국이 미국을 식민지로 계속 가지고 있어서는 안 된다고 주장했습니다. 식민지에 군대를 두면 영국 재정을 파탄으로 몰아간다는 것이었지요.

애덤 스미스가 『국부론』을 쓰고 156년이 흐른 뒤 작성된 리튼 보고서 또한 똑같은 말을 하고 있습니다. 리튼 보고서는 결론에서 보고서의 주요 요지가 실행된다면 "극동의 두 강대국 및 인류 일반의 최선의 이익을 위해 만주 문제의 만족할 만한 해결[65]이 가능할 터"라고 강조했습니다.

스미스가 고심 끝에 경제학을 탄생시켰던 것처럼 리튼은 만주사변을 보며 고심 끝에 세계의 무력 대립과 분쟁을 끝내기 위해 오늘날의 유엔 평화유지군의 원형인 특별헌병대 구상 등을 짜냈다고 말할 수 있을 것 같습니다.

보에이대학의 도마쓰 하루오等松春夫 교수는 평화유지군을 유엔 안전보장이사회의 주도로 편성된, 중소국이 주체가 되어 경무장한 다국적 군대로, 그 목적을 분쟁 당사국의 동의 아래 계쟁係爭 지역에 출동해 정전停戰의 감시와 치안 유지에 종사하는 것[66]으로 정의합니다.

이처럼 리튼 보고서의 내용은 중일 양국이 대화를 하기 위한 전제조건을 다양하게 궁리한 것입니다. 리튼 보고서에는 교섭이 시작되면 일본 측이 유리하게 쓸 수 있는 조건이 가득 들어 있었습니다.

💬 그런데 국민들에게는 전혀 알려지지 않았네요.

본래는 교섭의 여지가 있는 내용이었지만, 국민의 눈앞에 제시된 선택지는 다른 형태로 바뀌었지요.

리튼은 일본과 중국이 대화를 나눌 수 있는 전제를 착실히 준비했습니다. 적어도 그러한 선택지라면 깊이 고민하는 것이 좋았을 것입니다. 국제연맹 탈퇴까지 고려하던 시점이었으니 반드시 고민했어야 합니다. 하지만 '확실히 만주국은 취소된다'고 쓰여 있었다면, 누구도 리튼 보고서의 내용을 읽으려고 하지 않았을 것이며 합의된 내용에 관해 진지하게 생각하려고도 하지 않을 것입니다. 거짓 확실성을 전면에 내놓은 선택지로 국민 여론을 몰아간다면 모두 '리튼 거부!'라는 식이 되고 말지요.

여러분도 열여덟 살이 되면 선거권이 생길 텐데요, 그때에는 거짓 확실성으로 유도되는 선택지를 정확한 선택지의 형태로 고쳐 읽을 수 있어야 합니다. 리튼 보고서 전문은 당시 신문 호외나 특별호에 게재되었으니, 국민들이 이것을 꼼꼼히 읽었다면 좋았을 것입니다. 읽었다면 말이지요.

위정자는 무슨 생각을 했을까

탄압과 선동의 키워드에는 드러나지 않는 것

💬 언론이 국민을 몰아갔다고 생각은 했습니다만, 그런 상황을 애초에 만들어놓은 것이 정부군요. 우선 정부가 결정을 하지 못했던 것이 아닐까요. 그리고 정부 관계자 모두가 불합리한 선택지 쪽으로 유도했다고는 볼 수 없지 않을까요. 그중에는 그렇지 않은 사람도 있었을 것 같아요.

'국민과 언론, 이 둘의 관계만으로는 설명이 되지 않는다. 정부는 어떻게 했는가'라는 질문이네요. 이제까지 정부는 속이고 국민은 속고, 언론은 이를 선동하는 존재라는 어조로 설명을 해왔습니다. 그렇지만 속고 속이는 관계만으로는 설명할 수 없는 게 아닌가, 당연한 말이지만 정부 내부에 앞날을 내다보는 사람이 있지 않았겠느냐는 의견이시죠.

저도 동감합니다. 국민, 언론, 정부의 관계는 어느 한쪽에 책임을 몰아세운다고 끝나지 않습니다. 국민은 '신문과 라디오가 선동했다. 정부가 속였다'라고 이해하고 싶어 합니다. 정부의 언론 탄압이 극심했다든지 라디오의 선동이 참으로 과격했다든지, 이렇게 탄압과 선동이라는 두 키워드로 종결지어버리려 합니다. 그렇게 하면 사실은 정부가 무엇을 하려 했는지, 국민은 무엇을 알고 있었고 무엇을 바랐는지 그 본질이 파묻히고 맙니다.

이때 두 가지 방향에서 검토할 필요가 있습니다. 우선 정부와 위정자가 내놓은 정책과 구상을 살펴봐야 합니다. 이어서 정부의 주장을 제약하는 것은 무엇인가를 고찰해야 합니다.

정부와 위정자의 주장을 제약하는 요소

정부와 위정자의 주장을 제약하는 것은 무엇일까요. 이를테면 국민 80퍼센트가 구독하는 신문이 어떤 문제를 반대하면 정부도 그 주장에 귀를 기울일 수밖에 없겠지요. 이런 일은 지극히 당연한 일입니다만 여기서는 언론은 제쳐놓고, 그 이외에 정부와 위정자의 선택과 행동을 구속하는 요소에는 어떤 것이 있는지 생각해보기로 하지요.

예를 들어 한 국가의 총리가 뭔가를 하려고 할 때 머릿속에 떠올리는 것들이 있겠지요. 그가 가장 중요하게 염두에 두어야할 것은 무엇일까요.

💬 유권자의 의향이나, 국민에게 이익이 되는가 하는 점이요.

네, 맞습니다. 선거권자의 의향은 무척 중요합니다. 국민의 이익이라면 이를테면 세금이 오르지는 않는지, 국가의 부채가 늘지는 않는지 등의 문제입니다. 이런 경제 정세는 국민의 이익과 직결되기 때문에 정부의 결정을 구속하는 요인이 됩니다.

💬 기업은 어떤가요?

네, 기업도 중요합니다. 당시 일본제국의 정부는 만철, 재벌 기업, 은행, 수출 산업 등의 이해관계도 고려해야 했습니다. 또 있나요?

💬 헌법은요?

일본제국 헌법 제64조에 "국가의 세출세입은 매해 예산에 의거 제국의회의 협조를 거쳐야 한다"라는 조문이 있습니다. 육군성, 해군성의 예산은 제국의회의 심의와 의결을 거쳐야만 합니다. 만주사변 관련 예산도 의회의 검토를 거쳤습니다. 다만 의원들이 내각보다도 군부 편에 가까웠고 대담했지요. 1937년 중일전쟁 이후에는 '임시군사비 특별 회계'라는 제도가 악용되었습니다. 전쟁 개시부터 종결까지를 같은 회계연도로 간주해 전쟁 도중에는 의회의 검토를 거치지 않는 것입니다. 헌법이 정한 의회의 예산 심의 규정을 무력화시켰습니다.

또 어떤 것이 있을까요. 지금까지 나온 요건과는 전혀 다른 차원의 조건으로, 바로 운동입니다. 여기서 운동은 스포츠가 아니라 정치운동을 말합니다.

오늘날로 말하면 안보법제가 국회에서 심의될 때 수많은 시민들이 국회를 에워쌌고 이런 행동이 심의 결과에 영향을 주었습니다. 국민은 선거로 자신을 대표할 정치가를 뽑지만 그만큼이나 중요한 일이 각각의 법안에 관한 자신의 의사를 정치가들에게 전달하는 것입니다.

전쟁 초기에 정부의 주장을 제약했던 것 가운데 하나가 국가주의단체와 우익 등이 벌인 운동 혹은 테러리즘입니다. 만주사변이 일어난 1931년, 군부는 내각을 무너뜨리기 위해 3월사건과 10월사건을 계획하고 있었습니다. 이듬해에는 혈맹단사건이 일어납니다. 리튼 조사단 일행이 도쿄에 머물고 있을 때 단 다쿠마가 살해당했다는 얘기를 했었지요. 이는 '국가개조'를 내건 국가주의단체인 혈맹단이 일으킨 테러였습니다. 암살자는 모두 혈맹단원으로 젊은 청년들이었습니다. 이런 일이 일어나면 정부와 위정자의 합리적 판단과 활동이 경직되고 위축되게 마련입니다.

내부의 호응

이런 제약 속에서 일본의 위정자는 어떤 생각을 했는지 살펴봅시다. 당시에 정부와 천황 양쪽에 영향을 줄 수 있는 인물로 마키노 노부아키牧野伸顕 내대신이 있었습니다. 내대신은 정부, 천황, 궁내성(황실, 황족 관련 사무를 담당하던 부서-옮긴이) 간의 의사소통을 도모하는 정치적 조언자입니다. 늘 천황을 가장 가까이에서 모시고 있어서 '상시 보필자'라고도 불렀습니다.

마키노가 1932년 8월 21일에 쓴 일기를 읽어볼까요. 리튼

보고서가 나오기 두 달 전에 쓴 일기입니다.[67]

지금까지 만주의 경과를 내외인 모두 군부의 작[책]동으로 판
단했지만 (중략) 반드시 그렇지는 않다. 오히려 9월 18일 이후
독립운동에 참여한 선[통]제 및 측근은 이를 행운으로 여겼으
며 명의名義 등은 당분간 양보해 집정執政 형식으로 출동하기로
했던 듯하다.

조금 어렵지만 내용은 이렇습니다. 마키노는 '만주사변과 만
주국은 군부가 일으킨 모략이라고 생각해왔지만 꼭 그렇지만은
않은 듯하다. 여러 정보를 종합해보면 아무래도 독립운동에 편승
하려는 선통제(푸이)의 측근이 일본 측의 운동을 이용한 측면도
있다'고 본 것입니다.

마키노는 만주에서 귀국한 일본인 등 만주 사정에 밝은 사람
들에게 이야기를 들으면서 '군부가 자기들 마음대로 만주국을 만
든 것이 아니라 만주인 가운데에도 이에 호응하는 세력이 있지 않
았을까, 군부의 말에도 진실은 있지 않았을까'라고 생각을 바꾸게
됩니다.

만주 독립운동에 관한 정보가 일본 위정자의 생각에 영향을
주었던 셈이지요. 이렇게 정부의 최고 핵심부가 흔들리고 말았습
니다.

마키노를 보좌하던 내대신 비서관장인 기도 고이치木戸幸一
의 메모를 볼까요. 기도는 마키노의 뒤를 이어 태평양전쟁 시기에
내대신을 지냈습니다. 그가 1931년 말에 남긴 메모에는 "만주 위

임통치안—국제연맹의 위임에 따른 것"이라고 적혀 있습니다.

기도는 위임통치령이라는 명복으로 사실상 만수를 식민지화하는 형태를 생각하고 있었을까요. 아니면 누군가의 설명을 받아 적은 것일까요. 어쨌든 우리는 메모를 통해서 만주를 위임통치령으로, 일본이 사실상 통치한다는 논의가 이 시점에 있었다는 사실을 추측할 수 있습니다.

일본과 지나의 친선은 불가능한가

그렇다면 쇼와 천황은 어떤 견해를 갖고 있었을까요. 천황이 1932년 당시 어떤 생각을 했는지와 관련해서는 다음과 같은 기록이 남아 있습니다. 정치가, 관료, 군인이 각자의 전문 분야를 천황에게 강의하는 진강進講이라는 제도가 있습니다. 어전회의(근대 일본에서 천황이 참석해 국가의 중대사를 논의하던 최고 회의-옮긴이)와 추밀원(천황의 자문기관-옮긴이) 본회의에서 천황은 발언하지 않는 것이 원칙이지만, 진강에서는 비교적 자유롭게 발언할 수 있습니다.

1932년 1월 21일 주화駐華공사인 시게미쓰 마모루重光葵가 천황에게 중국 정세에 관한 강의를 했을 때 천황은 다음과 같이 묻습니다. "일본과 지나의 친선은 당분간 불가능한가"라고요. 시게미쓰는 "만주 문제가 해결되지 않는 한 친선의 열매를 맺기는 힘들 것으로 사료됩니다"라고 대답합니다.[68] 천황은 양국이 타협하는 쪽이 좋지 않느냐는 뜻을 보였지만 현지에서 교섭을 담당하던 관료는 일본과 중국의 관계 개선은 어렵다고 대답합니다.

1932년 2월 8일 마쓰오카 요스케와의 대화도 살펴보겠습니다. 마쓰오카가 일본 전권대사로 국제연맹총회에 참석하기 약 8개월 전의 일입니다. 마쓰오카는 이때 상하이사변의 처리를 위해 상하이에 특파되었습니다. 마쓰오카가 진강에서 일본과 만주의 관계를 설명하자 천황은 또, "일본과 지나의 친선은 불가능한가"라고 질문합니다. 마쓰오카 역시 불가능하다고 대답합니다.[69] 천황은 질문을 통해 실무자에게 자신의 의중을 전하며 정부와 위정자의 판단에 영향을 주려 했겠지요.

천황은 마쓰오카를 만나기 이틀 전인 2월 6일 아라키 사다오荒木貞夫 육군대신과 마자키 진자부로眞崎甚三郎 참모총장대리를 만납니다. 두 사람을 향해 "만주에서 장쉐량을 부활(신정권 수뇌로서)시키는 일에 육군은 끝까지 동의하지 않을 것인가"[70]라고 질문하며 군부의 의사를 확인합니다. 아직 리튼 조사단이 일본을 방문하지 않았던 시기인데 리튼 보고서의 잠정안보다 훨씬 앞서서 '장쉐량으로 해도 되지 않겠느냐'고 묻습니다. 꽤나 대담한 제안이었습니다.

사이하이의 손잡이를 쥐어라

이어서 쇼와 천황의 최대·최고의 조언자였던 원로 정치가 사이온지 긴모치西園寺公望의 의견을 들어볼까요. 사이온지 긴모치는 총리를 천황에게 주천奏薦(천황에게 추천하는 일)하거나 국가의 정책 결정에 관한 지침을 천황에게 전해주며 오랫동안 쇼와 천황을 보필한 인물입니다.

1932년 10월 2일 리튼 보고서가 발표된 당일 사이온지는 비서인 하라다에게 이런 말을 합니다.[71]

일본은 영국, 미국과 함께 사이하이采配(과거 싸움터에서 싸움을 시휘하던 대상이 쉬던 물건으로 짧은 손잡이 끝에 누꺼운 종이를 가늘게 잘라 만든 술이 달려 있다-옮긴이)의 손잡이를 잡아야 세계의 지지를 확보할 수 있다. 프랑스나 이탈리아처럼 사이하이 끝에 매달려 있어서야 일본이 세계적으로 진전할 여지가 있겠는가. 국가의 앞날을 어떻게 해야 할 것인가를 두고 이토 공[작]을 비롯해 우리는 '동양의 맹주인 일본'이라든지 '아시아의 먼로주의'라든지 이런 협소한 인식이 아니라 오히려 '세계의 일본'이라는 점에 착안해왔다. 동양의 문제 또한 영미와 협조할 때에야 비로소 자연스럽게 해결할 수 있다. (중략) 좀 더 세계의 대국大局에 착안해 국가가 나아갈 방향을 고찰해야 한다. 나 또한 여명이 얼마나 남았는지 모르지만 가능한 한 봉공할 생각이다.

'일본은 영미 등 진짜 강대국과 협조함으로써 세계로 뻗어나갈 수 있다. 아시아의 맹주라는 등의 말을 가볍게 던지는데 이는 협소한 생각이다'라고 말하며 그 당시 일본의 행방을 냉철하게 비판합니다.

사이하이는 스모 시합에서 어느 쪽이 이겼는지를 가리킬 때에도 쓰입니다. 사이하이의 손잡이처럼 결정을 내리는 중요한 위치에 있어야 한다는 말이지요. 즉 역사의 급소, 결정적 순간에 결정권을 행사할 수 있는 사람이 되라는 말입니다.

이때 사이온지는 여든세 살이었습니다. 지금이야 여든 살이 넘는 건강한 노인이 많지만 옛날에는 생활수준에 따라 수명이 좌우되었죠. 사이온지는 1871년부터 1880년까지 파리 소르본대학에서 공부를 했고 1차 세계대전 기간에 프랑스의 총리를 지낸 클

158

레망소 등과는 친구 사이입니다. 고셋케五攝家(일본 가마쿠라 시대에 성립된 후지와라 씨의 혈통을 이은 다섯 가문으로, 이 가문 출신만이 관백이라는 최고위직에 오를 수 있었다-옮긴이)를 잇는 구게公家(일본에서 조정에 봉사하는 귀족, 상급 관인의 총칭) 가문의 하나인 세이가케清華家의 도쿠다이지케德大寺家에서 태어났으며, 그의 동생은 스미모토 재벌의 회장입니다.

사이온지의 입장은 리튼 보고서나 영미 측과 길을 함께하라는 것이었지요.

마쓰오카가 확보해야 하는 최소 조건

이번에는 리튼 보고서를 받은 일본 전권위원단이 국제연맹과 어떻게 교섭해야 한다고 생각했는지 살펴보기로 하죠. 드디어 마쓰오카 요스케가 등장합니다. 그는 뛰어난 영어 실력을 갖추었던 것으로 유명한데, 사실 품격 있는 영어를 구사하지는 못했다는 소문도 있습니다. 마쓰오카 요스케는 1932년 11월부터 국제연맹 총회에서 퇴장하는 1933년 2월까지 국제연맹이사회, 총회, 그 이면의 교섭 등을 끈질기게 끌고 간 인물입니다.

마쓰오카의 이력을 잠깐 살펴볼까요. 마쓰오카는 1차 세계대전 이후인 1919년 파리에서 열린 강화회의에 외무성의 보도 담당 주임으로 참가합니다. 홍보, 선전 등을 책임지는 역할이었죠. 마쓰오카는 앞에서는 백인종이 여전히 주도권을 잡고 뒤흔드는 유럽 외교계를, 뒤에서는 대중국 21개조 요구를 둘러싸고 거세게 몰아치는 중화민국 전권위원단을 상대하며 세계 5대 강국의 일원으로서 일본의 역할을 수행해야 했습니다. 당시 전권대사인 마키노 노부아키는 과묵했고 수석 전권대사인 사이온지 긴모치는 회의에 느지막이 얼굴을 비추는 상황이었습니다. 윗분들은 직위만 높을 뿐 믿고 의지할 수가 없었지요.

그리고 1932년 말부터는 만주사변을 둘러싼 국제연맹총회에 일본 전권대사로 참석해 중국 측의 논리에 대응합니다. 외교관으로서의 협상 능력이 저절로 길러질 수밖에 없었겠지요. 누가 뭐라고 말만 하면 즉각 반론을 펴는 데 능수능란했다고 합니다.

하지만 정치가로서의 마쓰오카의 본질이 반드시 그랬다고는 말할 수 없습니다. 파리강화회의 이후 마키노 노부아키에게 보낸 편지[72]에서 마쓰오카는 자신의 솔직한 심정을 토로합니다. 회의 중에는 중국을 상대로 일본 외무성의 공식 견해를 가지고 반론에 임했지만, 그의 본심은 대중국 21개조 요구 문제에 관해 '당신네 나라도 강도짓을 하고 있으니 우리가 강도짓 하는 거 가지고 왈가불가하지 말라고 정색하고 나서는 것과 똑같다. 전혀 설득력이 없다'에 가까웠습니다.

그는 국제연맹 탈퇴를 바로 눈앞에 둔 1933년 1월 30일에 우치다 외무상에게 '국제연맹 사무국장 등이 애를 써준 타협안을 받아들이자. 탈퇴는 고려하지 말아달라'라고 설득하는 전보를 보냅니다. 전보문에 다음과 같은 구절[73]이 있습니다. 꽤 눈물겹습니다.

말할 나위도 없이 매사는 80 정도에서 참는 것이 좋습니다. 아무런 잡음도 남기지 않고 연맹으로 하여금 이 일에서 깨끗하게 손을 떼게 해야 한다고 말하지만 그런 바람이 이루어질 수 없다는 것은 우리 정부도 처음부터 주지하던 바입니다. 일본인의 특

징으로 결벽을 들 수 있습니다. (중략) 이런저런 사정에 이끌려
마침내 탈퇴하지 않을 수 없는 상황에 이르는 것만은 부디 피해
주시기를 바랍니다. 국가의 앞날을 생각하며 여기에 제 의견을
솔직하게 밝힙니다.

한마디로 마쓰오카는 우치다 외무상에게 타협하자고 간절히
요청하고 있습니다. 외무상에게 국제연맹에서 탈퇴하지 말자고
애원하는 마쓰오카의 모습이 눈에 선합니다.

그렇다면 마쓰오카는 이때 어떻게 대응했고 일본은 왜 결국
탈퇴를 선택했는지 들여다볼까요.

여러분은 미래에 어떤 일을 하고 싶으신가요. 다들 한번쯤 생
각해봤을 텐데요. 회사에 다니거나 직접 물건을 만들거나 외교관
이 되거나 국제기구에서 일하는 등 여러 가지 길이 있겠지요. 조
직에 소속되어 일을 하다 보면 언젠가 이해관계가 다른 사람과 협
상을 해야 하는 일이 생길 거예요. 혹은 거래처의 계약을 따오라
는 지시를 받기도 할 테고요. 협상을 할 때에는 반드시 확보해야
하는 최소 조건과 상대에게 양보해도 되는 조건이 있습니다. 당시
마쓰오카 전권대사는 어떤 카드를 품고 교섭에 임했을까요.

마쓰오카가 국제연맹을 상대로 교섭할 당시, 정부와 외무성
은 1932년 10월 21일 각의결정으로 나온 훈령을 마쓰오카에게
전해주었습니다. 물론 외부에는 비밀이었지요. 훈령을 보면 정부
가 무엇을 지키고자 했고 어떤 것은 타협해도 좋다고 생각했는지
알 수 있습니다. 이 훈령에는 세 가지가 적혀 있었습니다.[74]

우선 기본 방침으로 '일만의정서의 조문 및 정신과 9월 15일

161

제국 정부가 발표한 성명의 취지에 입각해 해결을 도모할 것'이라고 쓰여 있습니다. 만주국은 1932년 3월 만들어졌습니다. 일본의 승인은 같은 해 9월 15일에 이루어졌고 이때 일본과 만주국은 일만의정서를 체결합니다. 훈령은 일만의정서의 조문과 정신에 모순되는 타협을 해서는 안 된다는 내용입니다.

그렇다면 일만의정서는 어떤 내용을 담고 있을까요. 우선 만주국을 승인한다고 밝힌 뒤 '①만주국은 지금까지 체결된 '일·지나 간의 조약, 협정 그 밖의 약정 및 공적 사적 체결'을 바탕으로 일본이 가진 모든 권익을 확인하고 존중해야 한다. ②일·만 양국을 공동으로 방위하기 위해 일본군이 만주국 내에 주둔할 수 있다'라고 쓰여 있습니다. 기득권익에 관한 조약 관계의 계승과 일본군의 만주국 주둔, 이 두 가지가 기본 방침입니다.

훈령의 두 번째 내용을 요약하면 다음과 같습니다.

문제의 복잡한 성격을 잘 설명해서 설득에 힘쓴다. 하지만 국제연맹이 일본의 방침을 받아들이지 않을 때에는 억지로 일본의 방침을 국제연맹이 시인하게 만들려 하지 말고 국제연맹의 면목을 세우면서 사실상 본 건에서 국제연맹이 손을 떼도록 유인한다.

이런 말이 쓰여 있었다니 무척 흥미롭지요. 즉 일본의 주장인 자위권과 민족자결을 국제연맹이 반드시 인정하지 않아도 상관없으며, 국제연맹의 체면을 세워주면서 사실상 만주 문제에서 손을 떼게 유도하기만 하면 된다니 말이에요.

2장 선택을 할 때 무슨 일이 일어날까 - 리튼 보고서

훈령의 세 번째는 '다음과 같은 상황이라면 힘을 다해 국제연맹과 싸우고, 국제연맹이 마음을 바꿀 수 있게 모든 노력을 다하시오'라는 내용입니다. 어떤 상황인지 짐작이 가나요?

① 일본을 침략국, 규약 위반국으로 단정할 때 혹은 그렇다고 전제하고 결의를 행할 때
② 일만의정서의 효력을 좌우할 때 혹은 그 운용을 구속하는 결의를 행할 때

우선 국제연맹이 결의안에서 일본을 침략국, 혹은 국제연맹 규약 위반국이라고 단정할 때에는 모든 노력을 다하라고 말하고 있습니다. 하지만 여기서 리튼 보고서에 일본 측이 부전조약을 위반했다는 말이 단 한마디도 없었다는 사실을 상기해봤으면 합니다. 리튼은 그와 관련된 내용을 훌륭하게 바꿔서 써놓았지요.

이어서 일만의정서의 효력과 운용을 구속하는 결의를 피할 수 있는 조건을 마련하라는 것입니다.

게다가 자리를 박차고 돌아오라는 말은 쓰여 있지 않습니다. 모든 노력을 기울이라는 말을 했을 뿐입니다. 일본이 정말로 피하고 싶었던 것은 침략국, 규약 위반국이라 불리는 것, 일본 군대는 당장 나가라는 말을 듣는 일, 일본의 권익을 절대 인정할 수 없다는 말을 듣는 일 정도입니다. 정부가 마쓰오카에게 전해준 훈령은 신문 제목 등에서 예상되던 강경한 내용이 아니었습니다.

협상을 하면서는 훈령을 비밀로 해야 했겠지요. 하지만 국민들에게 이러한 방침하에 협상에 임하고 있다는 암시를 주었어도

괜찮지 않았을까요. 외무성이 신문에 온건한 기사를 쓰게 하는 일도 가능했을 것입니다.

마쓰오카의 대응 전술

마쓰오카는 어떻게 대응했을까요. 우선 1932년 12월 영국의 사이먼 외무상 등은 리튼 보고서에 덧붙이는 형태로 타협안을 제시했습니다. 일본, 중국 양국의 회합에 영국이 입회하며 미국, 소련을 포함한 5대국이 모여앉아 회담을 하지 않겠느냐는 제안이었습니다. 마쓰오카는 이 안을 받아들이자고 본국에 강하게 요구했습니다.

여기서 마쓰오카가 사이먼 외무상의 안이라면 괜찮다고 여긴 것은 정부 훈령의 어떤 부분을 따르고 있었기 때문일까요.

💬 '국제연맹의 면목을 세우면서 사실상 본 건에서 국제연맹이 손을 떼도록 유인한다'라는 부분이요.

그렇습니다. 마쓰오카는 국제연맹의 체면을 세워주면서 한편으로 국제연맹이사회와 국제연맹총회로부터 이 문제를 떼어놓을 기회를, 또 미국과 소련은 국제연맹 비가맹국이므로 연맹의 틀에서 살짝 벗어난 곳으로 문제를 옮겨갈 기회를 노렸습니다.

미국이 참여하면 중국에 편향된 태도를 취할지도 모르지만 사실상 일본을 다양한 측면에서 배려한 리튼 보고서라는 설계도가 있으니 그리 큰 영향을 주지는 못할 것입니다.

또한 미국은 1932년 11월 프랭클린 루스벨트Franklin Roosevelt

가 대통령에 당선되면서 국제연맹과 거리를 두는 고립주의 경향이 강해졌습니다. 1933년 2월 23일자, 3월 4일자 『뉴욕 타임스』는 일본의 태도에 유감을 표명하면서도 "중국은 국제연맹규약이 상정하는 '국가'의 정의에 맞지 않는다"[75]라고 보도했습니다.

월슨 대통령 시대의 육군장관으로, 1920년대 후반 헤이그상설재판소 판사를 역임한 미국의 정치가 뉴턴 베이커Newton Baker가 국제연맹협회의 제임스 쇼트웰James Shotwell에게 보낸 편지에는 "일본을 강대국 지위에서 내쫓을지 말지를 마치 동전 던지기로 결정하려는 것과 같다. 실로 유감스럽기 그지없다. 일본은 서구 세계의 국가들과 협력해 서로 도우며 살아가기 위해 자국의 문물을 개조하려는 넓은 마음을 지닌 유일한 동양 국가이다"[76]라는 말이 나옵니다.

소련은 어떨까요. 소련의 당시 상황에 관해서도 몇몇 의외의 사실을 확인할 수 있습니다. 소련은 이 시기에 중화학공업화를 위한 5개년 계획을 추진하고 있었는데, 그 반대 급부로 농촌 정책에서는 혼란이 일어났습니다. 농촌에서 기아로 숨진 사람이 수십만에 이른다는 연구도 있습니다. 사실 소련은 1931년 12월 31일 일본에 불가침조약을 제기했습니다. 일본이 소련의 극동 지역을 공격해 올지도 모른다는 위협을 느끼고 있었기 때문입니다.[77] 소련은 이후 소련 영역에 있는 만주국 공사관, 영사관 건설을 허가하는데 이는 사실상 만주국을 승인한 행위입니다.

하지만 사이먼 외무상과 마쓰오카의 타협은 우치다 야스야 외무상의 강력한 반대로 좌절됩니다. 마쓰오카는 '그렇다면 침략국, 규약 위반국이라고 불리지만 않으면 되는 것 아닙니까'라며,

국제연맹의 19인위원회가 작성한 보고서를 바탕으로 타협을 해보자고 본국 정부에 제안합니다.

　마쓰오카는 19인위원회가 작성한 결의안 문안을 한 문장씩 상대방과 절충하며 본국에 타협을 호소했습니다. 그러나 우치다는 무슨 이유에서인지 '절대로 안 된다'라는 말로 일축했습니다.

　오늘날 밝혀진 연구 결과를 보면 우치다는 국제연맹을 통해 타협을 이끌어내는 길이 아니더라도 중국 국민정부와 직접 교섭을 해서 문제를 매듭지을 수 있다고 낙관했던[78] 것으로 보입니다.

　하지만 우치다의 낙관은 천황과 마키노 내대신 등이 보기에도 근거가 매우 빈약했습니다. 마키노는 1933년 1월 19일자 일기에, 우치다가 천황을 알현했을 때의 모습을 '우치다는 국제연맹 쪽을 지나치게 낙관하며 이제 고비는 넘겼다느니, 탈퇴하는 일은 없을 거라느니 아뢰었다'라고 썼습니다. 뒤에는 꽤 불만스러웠는지 '천황폐하는 염려하시면서 전혀 이해하지 못하신 듯하셨다'[79]라고 적었습니다. 우치다 외무상은 끝까지 중국을 강하게 몰아붙이면 중국이 굴복할 거라고 생각했던 것 같습니다. 중국 국내의 대일 타협파에게 지나치게 큰 기대를 걸었던 것이지요.

　국제연맹규약 제15조를 다시 떠올려볼까요. 19인위원회가 작성한 일본에 불리한 결의문이 총회에서 채택되면, 결국 그렇게 됐습니다만, 제16조의 경제 제재가 내려질지도 모릅니다. 또 국제연맹에서 제명될 수도 있습니다. 사이토 마코토齋藤實 내각은 '일본은 국제연맹 창설 이후 5대 강국의 일원이었다. 제명이라는 불명예스러운 처분을 받느니 차라리 탈퇴하는 편이 낫다'라는 생각에 사로잡히게 됩니다. 경제 제재와 제명으로까지 나아가게 된다면 국제연맹도 피해를 입겠지요. 그래서 일본 측이 어떤 의미에서는 사태가 잠잠해지기를 기다리는 외교 전략, 이른바 협조를 위한 탈퇴를 선택했다는 연구[80]도 있습니다.

일본에게 세계의 길이 다시 한 번 제시됐을 때

오늘은 리튼 보고서와 당시 일본이 선택할 수 있었던 길을 자세히 들여다봤습니다. 이제 정리할 시간입니다. 왜 이 문제가 일본과 세계가 '기리무스부' 장면이라 말할 수 있는지, 조금 거리를 두고 살펴볼까요.

1932년에 리튼이 일본에게 했던 호소는, 이후 거의 똑같은 말로 일본에게 다시 주어지게 됩니다. '일본에게 만주가 중요하다는 것은 안다. 하지만 세계의 길로 돌아올 수는 없는가. 일본은 진심으로 돌아올 마음이 전혀 없는가?'라고요. 리튼 보고서와 똑같은 질문, 혹은 설득을 일본이 다시 들은 것은 언제일까요.

💬 극동국제군사재판 때?

그 시점이 되면 세계의 길로 돌아오라는 호소라기보다는 세계의 길을 선택하지 않은 일본에게 전쟁의 책임을 물어 형사처벌하는 단계가 되겠지요. 극동국제군사재판(2차 세계대전에서 일본이 항복한 후 연합국이 전쟁범죄자로 지정한 일본 지도자 등을 재판한 일심제 재판이다. 1946년 5월부터 1948년 11월까지 도쿄에서 열렸으며 도쿄재판이라고도 한다-옮긴이) 시점에서는 연합국이 연합국의 '정의'와 추축국樞軸國(2차 세계대전 중 일본, 독일, 이탈리아의 삼국동맹에 속했던 국가-옮긴이)의 '사악'의 차이를 명백히 밝히며 2차 세계대전을 연합국의 '성전聖戰'으로 그리려 했기 때문에 조금 나 릅니다. 다른 의견 없나요?

💬 …?

　미일교섭 시점입니다. 1941년 4월부터 11월까지 이루어진 미일교섭 당시 미국의 국무장관 코델 헐Cordell Hull이 리튼과 거 의 똑같은 말을 합니다. 만약 일본이 중국과의 선린우호, 주권 및 영토의 상호 존중에 관한 원칙을 인정한다면 미국은 중국에게 일 본과의 전투를 종결하고 평화 회복을 위한 교섭에 임하라고 촉구 하겠다고요. 그리고 태평양 지역의 경제활동에 관해서는 경제의 보전과 발전을 위해 필요한 천연자원의 무차별 균점(이익과 혜택 을 평등하게 받는 일)을 받을 수 있게 협력하겠다고도 말했습니다. 블록 경제가 아닌 통상의 무차별적 허용, 자원에 접근할 수 있는 자유로운 권한을 서로 인정하자는 제안입니다(1941년 6월 21일에 제시된 미국의 안입니다).

　이때 헐 국무장관이 제시했던 경제 전망은 2차 세계대전 이 후 '관세 및 무역에 관한 일반 협정GATT'의 형식으로 실현됐지요. 전후 일본은 1960년에 개정된 미일안보조약 제2조에 의거 미국 의 비호 아래 동남아시아에 진출했고 많은 국가를 상대로 경제적 이익을 거두며 성장했습니다. 태평양전쟁 당시 일본은 동남아시 아 지역을 무력으로 침략했습니다. 그러니 전후 동남아시아 국가 들은 일본에게 강한 반발심과 경계심을 가지고 있었습니다. 경제 진출은 꿈도 꿀 수 없는 상황이었지요. 하지만 미일안보조약과 일본 헌법 제9조를 통해 수출 무역과 경제성장을 이루게 되었습니다.

1932년 국제연맹의 조사단장인 영국인 리튼이 일본에게 '세계의 길'로 돌아오라고 말을 걸었습니다. 약 10년 후인 1941년 이번에는 미국의 헐 국무장관이 일본에게 태평양의 무역과 자원에 관한 자유경제 전망을 제시합니다. 중국과 만주를 경제적으로 침략하지 않더라도, 이 체제로도 괜찮지 않겠느냐고 제안한 거죠. 전후 미국이 아시아와 태평양을 이끌고 간 경제주의의 예고편 격인 경제질서를 제시했습니다.

일본은 10년 사이에 두 번이나 '이쪽으로 오라니까'라는 권유를 영국과 미국에게서 받았습니다. 일본은 군부가 주도하는 만주 침략의 위험과 실패를 알아챌 기회도, 시간도 있었던 셈이지요. 실제로 다양한 선택지가 있었습니다. 하지만 이후 진주만 공격으로 전쟁이 시작되기까지 10년간, 결정을 바꾸려 하지 않았습니다.

세계의 길로 나갈 것인가, 세계의 길을 부정하고 식민지를 제국 내의 블록으로 재편하면서 경제를 운용하는 길을 취할 것인가. 일본은 식민지를 블록으로 재편해 경제를 운용하는 방향을 선택했습니다.

미국은 '세계의 길'을 일본에게 제시했고 그 답으로 전쟁을 돌려받았습니다. 미국 식민지를 독립시키는 것이 국민에게 이익이 된다고 말했던 18세기의 애덤 스미스. 중국과 일본 사이의 국제분쟁을 처리할 방법을 필사적으로 쥐어짜내려 했던 20세기의 리튼과 코델 헐. 역사는 국민과 세계인에게 '선善'을 호소할 수 있

는 힘을 지닌 국가가 세계를 이끌어갔다는 사실을 21세기의 우리
에게 보여줍니다.

3장

군사동맹이란 무엇인가

20일 만에 맺어진 삼국군사동맹

2차 세계대전의 시작: 일본·독일·이탈리아 삼국군사동맹 1939~1940년

- 1894 청일전쟁

- 1902 제1차 영일동맹

- 1904 러일전쟁

- 1914 1차 세계대전 발발

- 1919 파리강화회의(베르사유조약 조인)

- 1923 관동대지진

- 1929 세계공황
- 1930 런던해군군축조약
- 1931 만주사변(9월 18일)

- 1933 일본, 국제연맹에 탈퇴 통고

- 1939 2차 세계대전 발발
- 1940 일·독·이 삼국군사동맹 조인
- 1941 미일교섭(4월~11월)
       진주만 공격(12월 8일)

1939년
- 8.23 독소 불가침조약 체결
- 9.1 독일, 폴란드 침공
- 9.3 영·프, 대독 선전포고
      →2차 세계대전 발발
- 9.17 소련, 폴란드 침공

1940년
- 5.10 독일, 벨기에·네덜란드 침공
- 6.14 독일, 파리 무혈입성
- 7.12 외무성 '일·독·이 제휴강화에 관한 육군·해군·외무 3성 실무회의' 개최
- 8. 중일 화평공작 본격화
- 9.7 독일, 영국 본토에 폭격 개시(배틀 오브 브리튼). 독일 특사 스타머, 도쿄 도착
- 9.19 어전회의에서 일·독·이 삼국군사동맹 승인
- 9.27 일·독·이 삼국군사동맹 조인
- 11.5 미국 루스벨트 대통령 3선 당선

군
사
동
맹
이
란

위기에 빠진 세계

안녕하세요. 인간의 몸을 이루는 세포는 3개월이면 모두 바뀐다고 하던데요, 그렇다면 처음 만났을 때의 여러분과 지금의 여러분은 다른 사람인 셈이네요. 왠지 여러분 얼굴에서 어른스러움과 성숙함이 느껴집니다.

오늘 기쁜 소식을 들었습니다. 이 강의를 듣던 유일한 고3 학생이 대학에 합격했다고 하네요. 축하합니다.

스스로 선택한 전공을 배운다는 점에서 대학교는 강의나 배움에 대한 기대가 자연히 높아질 수밖에 없겠지요. 다만 대학 수업이 나에게 무엇을 줄 것인가를 생각하기보다는 대학 수업에서 내가 무엇을 이끌어낼 것인가, 혹은 내가 만들어낼 수 있는 것은 무엇인가라는 태도로 임하면 좋겠습니다.

이 말을 어디선가 들어본 적 있다는 표정을 짓는 분이 있네요. 그렇습니다. 케네디John F. Kennedy가 1961년 1월 20일 대통령 취임연설 말미에 했던 "미국 시민 여러분, 국가가 당신을 위해

174

무엇을 해줄 것인가가 아니라 당신이 국가를 위해 무엇을 할 수 있는가를 생각해주십시오"[1]를 빗대어 말했습니다.

오늘 여러분과 나눌 이야기는 일본·독일·이탈리아 삼국의 군사동맹입니다. 강의에 앞서 우선 궁금한 점이나 질문이 있나요?

💬 2차 세계대전 때 실제로 어떤 길들이 놓여 있었는지 궁금합니다. 예를 들어 다른 길을 택했다면 전후는 어떻게 됐을지 알고 싶습니다.

만약이라는 가정은 SF 세계에서 자주 다뤄지지요. 이런 상상은 두뇌운동에도 좋아서 사실 저도 종종 생각해봅니다. 최근에는 역사학의 세계에서도 실제로 일어난 사건이 만약 일어나지 않았다면 그 이후의 역사는 어떻게 되었을까를 고려하는 경향이 생겨났습니다. 제가 학생이었을 때에는 "만약 일본이 미드웨이 해전을 벌이지 않았다면…"과 같은 질문을 하면 "뭐야, 미련이 남았어"라는 식의 비난이 쏟아지게 마련이었지요. 이런 현상은 『역사란 무엇인가』에서 유래한 측면이 있습니다. 영국 역사가 E. H. 카 Edward H. Carr가 쓴 『역사란 무엇인가』는 일본에서 굉장히 많이 읽혔는데, 카는 늘 상대를 비판하는 데 가차 없었습니다.[2]

사람들이 모든 선택의 여지가 여전히 남아 있던 시기를 기억하고 있다는 것, 그래서인지 기정사실을 다룸으로써 그 선택의 여지를 제거해버린 역사가의 태도를 잘 받아들이려 하지 않는다는 것, 이것이야말로 현대사의 골칫거리이다. 이는 순전히 감정적이고 비역사적인 반응이다.

저야 카와는 다르므로 지금 질문하신 분을 '감정적이며 비역사적인 반응'을 하는 사람이라고 생각하지는 않습니다. 반면 같은 영국인 역사학자 중에 '만들어진 전통'으로 잘 알려진 에릭 홉스봄Eric Hobsbawm은 『역사론』이라는 책에서 실제로 일어난 사실에 반하는 가설에 의거해 역사를 생각하는 활동을 긍정적으로 평가하기도 했습니다.[3]

2차 세계대전의 다른 길에 관해 물어보셨는데요. 영국 정부가 1940년 5월 하마터면 선택할 뻔했던 독일과의 화평교섭 신청을 대답으로 내놓고 싶습니다. 자세한 이야기는 삼국군사동맹이 체결될 무렵인 1940년 여름부터 가을에 걸친 역사적 배경을 설명할 때에 하기로 하죠.

시간은 독일 편이 아니었다

2차 세계대전은 독일이 폴란드를 침공하면서 시작되었습니다. 이 무렵 독일의 생각을 살펴보겠습니다. 독일은 조만간 영국, 프랑스와 전쟁을 벌이려 하고 있었습니다. 그에 앞서 전쟁이 일어나면 폴란드가 독일을 위협하는 존재가 될 것이라고 여겨 폴란드의 무력화를 도모합니다. 히틀러는 1938년 9월 뮌헨회담에서 체코슬로바키아의 주데텐란트를 독일에게 할양해 주면 더 이상 영토를 요구하지 않겠다고 했는데 이 확약을 파기하고 1939년 3월 15일 체코의 수도인 프라하를 침략합니다. 독일의 폴란드 침공은 시간 문제였지요. 한편 독일은 재빨리 소련에게 접근했고 1939년 8월 23일 사태가 급변하여 소련과 독일은 불가침조약을 체결합니다.⁴ 그때까지 독일은 소련의 공산주의를 배격해왔기 때문에 세계뿐 아니라 일본도 크게 놀랐지요.

이것을 보고 영국 수상 체임벌린Neville Chamberlain도 움직이기 시작합니다. 영국은 1939년 8월 25일 폴란드와 상호원조조약을 맺어 독일을 견제했습니다. 프랑스도 폴란드와 조약을 맺습니다.⁵ 독일이 폴란드를 침공하면 영국과 프랑스가 나설 것이라는 메시지를 던진 것입니다.

하지만 독일은 이런 위협에 눈 하나 깜빡하지 않고 9월 1일 육국과 공군을 폴란드에 진격시킵니다. 결국 9월 3일 영국과 프랑스가 독일에게 선전포고를 하면서 전쟁은 시작됩니다.

삼국군사동맹은 유럽에서 시작된 전쟁과 1937년 7월에 시작된 중일전쟁에 미국이 개입하지 못하도록 견제하기 위해 일본, 독일, 이탈리아가 체결한 조약입니다. 2차 세계대전이 시작된 지 1년이 지난 1940년 9월 27일 베를린에서 조인했습니다.

이번 강의에서 이 동맹조약을 다루는 이유는 두 가지입니다. 첫째는 이 조약이 미국을 견제하기 위한 것이었기 때문입니다. 삼국동맹 체결은 1931년(만주사변과 리튼 보고서)과 1941년(미일교섭과 태평양전쟁) 사이에 이루어진 일본의 결정 가운데 가장 중요한 결정이었습니다. 미일교섭이 이루어지는 동안 미국이 일본에게 줄기차게 요구했던 것이 바로 '삼국동맹 같은 건 그만두시오'라는 요구였습니다.

1940년 9월 삼국동맹을 체결한 일본의 선택은 전 세계에 매우 큰 영향을 미쳤습니다. 일본이라는 카드가 한 장 추가되면서 유럽의 전쟁이 태평양으로 확대되었기 때문입니다.

삼국동맹이 체결된 지 약 1년 2개월 후인 1941년 12월 8일 오전 2시(일본 시각) 일본군은 말레이반도에 상륙했고 같은 날 오전 3시 19분에 하와이 진주만을 기습합니다. 이어서 독일과 이탈리아가 12월 11일 미국에 선전포고를 합니다. 좀 복잡한 내용이라 머릿속이 뒤죽박죽 뒤엉키기 시작했을지도 모르겠네요. 이때 독일이 미국에 선전포고를 한 것은 삼국동맹 때문이 아닙니다. 나중에 삼국동맹의 조문을 자세히 살펴보겠습니다만 이 동맹은 2차세계대전에 이미 참전한 국가 이외의 국가(단적으로 말하면 미국입니다)가 독일, 이탈리아, 일본에 전쟁을 걸어왔을 때에야 비로소 세 나라에 무력행사를 포함한 원조의 의무가 발생한다는 조약입니다. 문자대로라면 미국이 선제공격하지 않는 이상 삼국의 원조 의무는 발생하지 않습니다.

왜 히틀러는 미국이 먼저 싸움을 걸지 않았는데도 선전포고를 했을까요. 이 질문은 오랫동안 서양사 연구자들이 골머리를 썩인 난제였다고 합니다. 독일사 연구자인 오키 다케시大木毅는『독일 군사사』에서 다음과 같이 설명합니다.[6] 1941년 9월 11일 미국이 대서양에서 독일과 이탈리아의 함선을 발견하는 대로 발포하겠다는 성명을 냈기 때문이라고요. 이를 계기로 독일 또한 미국과의 전쟁은 피할 수 없는 일이라고 마음먹게 됐지요. 진주만 공격이 있기 3개월 전쯤 독일도 대미 관계가 '포인트 오브 노 리턴 point of no-return(귀환 불능 지점)'에 와 있음을 자각했다는 설명입니다.

영국의 독일사 연구자 이언 커쇼Ian Kershaw의 설명[7]도 오키다케시와 비슷합니다.

[히틀러는] 시간이 독일 편이 아니라는, 이루 말할 수 없는 두려움을 안고 있었다. 1차 세계대전처럼 미국의 경제력이 세계를 제패하기 전에 미국을 굴복시키거나 적어도 그 힘을 제어해둘 필요가 있다고 생각했다. (중략) 히틀러의 결단은 지극히 합리적이었다고 말할 수 있다.

미국 워싱턴에 머물던 독일의 육군 무관 등은 1941년이 지나면 미국의 항공기 생산이 독일의 3배가 될 거라고 예상했습니다.[8] 미국이 군수 생산을 본격화하기 전에 독일이 먼저 치고 나가는 것이 합리적이라는 계산이지요.

여러분도 아시다시피 삼국동맹은 결과적으로 세계를 전쟁의 구렁텅이에 빠트리는 계기가 되었습니다.

그럼 지금부터 일본이 당시 왜 이러한 판단과 선택을 했는지 자세히 살펴보도록 하겠습니다.

군사동맹을 현실적으로 논의할 수 있는 국가로 바뀌다

삼국동맹을 다루는 두 번째 이유는 오늘날 일본 사회가 군사동맹을 신중하게 숙고해야 하기 때문입니다.[9]

1장에서 잠깐 언급했습니다만 2014년 7월 1일 아베 내각은 "일본의 존립이 위협받고 국민의 생명, 자유 및 행복추구권이 근본부터 뒤집히는 명백한 위험이 있을 때"에 한해 헌법상 집단적 자위권 행사를 허용한다는 각의결정을 내렸습니다.[10] 일본 정부는 지금까지 오랫동안 "일본은 국제법상 집단적 자위권을 보유하고 있지만 헌법 제9조의 제약으로 행사할 수 없다"고 해석해왔습니다.[11] 국제법이란 국가의 상호 관계를 규율하는 법인데 집단적 자위권과 관련한 국제법은 유엔을 창설한 유엔헌장에 규정되어 있습니다.

유엔헌장 제51조는 각국에 "개별적 또는 집단적 자위의 고유한 권리"를 인정합니다. 국제법상의 집단적 자위권이란 어떤 것일까요. 일본에서 이 분야의 최고 권위자인 모리 다다시森肇志는 "일국에 대한 무력공격이 있을 때, 직접 공격을 받지 않은 타국도 공동으로 반격에 가담하기 위한 법적 근거"[12]라고 설명합니다.

유엔은 한 국가가 평화를 위협받거나, 평화를 파괴당하는 행위 또는 침략 행위가 존재한다고 안전보장이사회가 인정할 때, 그 국가에 군사적·비군사적 조치를 취한다고 밝히고 있습니다(집단 안전보장 체제). 하지만 유엔이 집단 안전보장 조치를 취하기 전에 그 국가가 아무런 조치를 취하지 못해 멸망해버리면 곤란하겠지요. 이 때문에 유엔헌장 제51조는 공격받은 국가가 자국을 지키는 개별적 자위권과, 타국이 이를 돕는 집단적 자위권을 모두 인정합니다.

그런데 제51조는 과거 냉전기에 남용되곤 했습니다. 이를테면 1965년 미국은 베트남에 참전한 이유를 이렇게 설명합니다. 북베트남 세력이 남베트남 지역에 자행한 군사적 침투는 무력공격에 다름 아니라고요. 또한 미국은 남베트남 정권(미국의 괴뢰정권)의 지원 요청을 근거로 집단적 자위권 개념을 들이대며 개입을 정당화했습니다. 그 당시 미국은 지금 당장 남베트남에 개입하지 않으면 공산주의 세력의 확장을 허용하게 되어 동남아시아 전체가 공산화될 것이라고 주장했습니다. 결국은 위법적인 개입을 실행하기 위한 명목으로 집단적 자위권이라는 개념을 사용한 셈입니다.

일본은 전쟁 포기를 내세운 일본 헌법 제9조의 제약이 있기 때문에 유엔 가입국 모두에게 인정되는 집단적 자위권을 스스로 사용하지 않는다는 입장으로 일관해왔습니다.

일본은 1951년 9월 8일 미국 샌프란시스코에서 열린 회의에서 평화조약에 조인합니다(이듬해 4월 28일에 독립). 같은 날 전권대사 요시다 시게루는 미일안전보장조약(구 안보조약)에도 조인했는데요, 이 조약에 의거해 일본은 미국에게 기지를 빌려주는 대신 미군의 주둔을 인정하는, 기지 대여를 본질로 하는 조약을 맺습니다.

1960년에 개정된 미일안전보장조약의 새로운 동맹 관계하에서는 기존의 안보조약에 없었던 제2조[13]가 추가되었습니다. 2장 마지막 부분에서 언급했습니다만 이 조항은 경제조항이라 불리는, 동아시아 냉전 구조 속에서 일본이 자유주의 경제의 쇼윈도 역할을 맡기 위한 조항입니다. 즉 태평양전쟁 시기에 일본군이 저지른 일을 생생하게 기억하고 있는 동아시아 지역으로 경제 진출을 할 수 있게 해준 조항이지요. 이번에는 총칼을 차는 대신 미국의 지원을 등에 업었습니다.

1960년에 새로 맺은 안보조약 제5조에는 "일본국의 시정권 하에 있는 영역"에서 미일 어느 쪽이든 일방에 대한 무력공격이 있을 때에는 양국이 "공통의 위험에 대처하기 위해 행동한다"라고 명기되어 있습니다. 이 조문은 미국이 집단적 자위권을 행사해 일본을 방위할 의무를 갖는 근거가 되었지요. 하지만 일본은 미국의 핵우산 아래에 들어가 있으면서도 헌법 제9조가 있어 미국에게 어떠한 군사적 의무도 요구받지 않았습니다.

그런데 2014년 7월 각의결정으로 집단적 자위권 행사가 가능하게 됐습니다. 이 각의결정을 기반으로 2015년 9월 통과된 안전보장 관련 법안이 과연 어떠한 형태로 운용될지가 문제입니다.

미일안보조약의 조문과 각의결정의 해석을 종합해보면 일본은 일본을 직접 공격하지 않은 국가에 대해서도 미국과 공동으로 공격하는 것이 가능해집니다. 이는 앞으로 일본이 군사동맹의 세계에 발을 들이는 것을 의미합니다. 과거 일본이 맺었던 군사동맹을 되돌아볼 현실적 필요가 생긴 셈이지요.

일·독·이 삼국군사동맹을 되돌아보려는 두 번째 이유는 바로 여기에 있습니다. 삼국동맹은 일본이 과거에 맺은 군사동맹 가운데 가장 큰 의미를 지닌 동맹입니다(일본에게 큰 의미를 지닌 군사동맹이 하나 더 있는데 1902년 체결된 영일동맹입니다).

단 하루 만에 끝난 추밀원 심사

먼저 삼국동맹조약의 어서명御署名 원본[14]을 살펴볼까요. 조약이 공포되기까지의 흐름을 따라가면, 정부가 조인한 조약을 천황이 추밀원에 자순諮詢(천황이 고문에게 질문하는 일)합니다. 추밀원에서 가결되면 천황이 법률을 재가하고 공포하게 됩니다. 어서명 원본이란 천황의 재가를 거쳐 공포되는 헌법, 조서, 법률, 조약

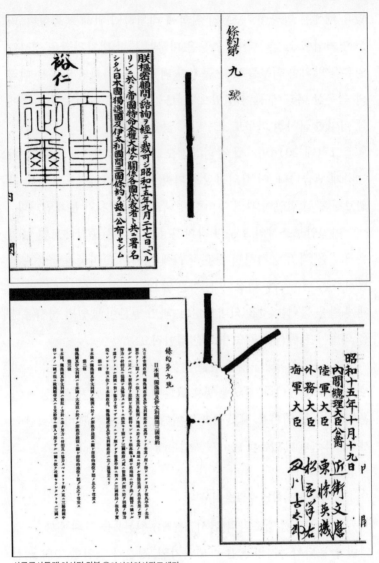

條約第九號

朕樞密顧問ノ諮詢ヲ經テ裁可シ昭和十五年九月二十七日「ベルリン」ニ於テ帝國特命全權大使カ關係各國代表者ト共ニ署名シタル日本國獨逸國及伊太利國間三國條約ヲ玆ニ公布セシム

裕仁 御璽

昭和十五年十月十九日
内閣總理大臣公爵　近衛文麿
陸軍大臣　東條英機
外務大臣　松岡洋右
海軍大臣　及川古志郎

條約第九號

日本國、獨逸國及伊太利國間三國條約

大日本帝國政府、獨逸國政府及伊太利國政府ハ……

등의 원본을 말합니다.

어서명 원본을 보면 쇼와 천황이 '히로히토裕仁'라고 서명하고 옥새를 찍었습니다. 다음 페이지에는 내각총리대신 고노에 후미마로, 육군대신 도조 히데키東条英機, 외무대신 마쓰오카 요스케, 해군대신 오이카와 고시로及川古志郎의 사인이 있습니다. 필체라는 게 참 재미있습니다. 도조 히데키의 필체가 의외로 수수하고 연약한 느낌이 듭니다. 마쓰오카의 필체도 섬세하네요. 그 뒤로 동맹조약 전문과 제1조부터 제6조까지가 이어집니다.

추밀원은 천황의 정치적 결정(국무상의 대권 행사)에 고문 역할을 하는 기관입니다. 천황의 질문에 대답을 해주는 관계이지요. 당시 내각에게는 눈엣가시 같은 존재였고 까탈스러운 검토 기관이었습니다. 1930년(쇼와 5년)에 하마구치 오사치浜口雄幸 내각이 런던해군군축조약(영·미·일·프·이 5개국의 순양함, 구축함, 잠수함 등 보조 함정 보유량을 제한하는 조약)을 체결할 때, 조약 조인은 4월 22일에 끝났지만 제국의회 심의에 4월 23일부터 5월 13일까지 20일 정도 걸렸고, 추밀원의 심의는 7월 24일부터 10월 1일까지 두 달 넘게 걸렸습니다. 의회 심의는 한 달도 안 돼 끝났는데 추밀원은 두 달 넘게 시간을 끌며 내각의 애간장을 태웠지요. 이때 추밀원은 하마구치 내각이 해군 군령부 등과 짜고 런던해군군축조약에 조인한 일을 두고 통수권 간범干犯(군대의 작전, 용병을 결정하는 최고지휘권인 통수권의 독립을 해하는 일)이라며 비난했습니다.[15]

하지만 삼국동맹 당시 추밀원 심사는 단 하루 만에 이루어졌습니다. 왜 이렇게 서둘렀을까요. 그 수수께끼를 염두에 둔 채 이야기를 이어가보겠습니다.

군사동맹의 필수 요소

여기서 질문입니다. 동서고금의 군사동맹에 반드시 들어가는 세 가지 필수 항목이 있습니다. 어떤 것일까요. 여러분이 외무성에 근무한다고 가정해보겠습니다. 동맹조약 문서를 작성하라는 지시를 받았을 때 꼭 집어넣어야 할 조항은 무엇일까요.

💬 동맹을 맺는 국가가 공격을 받았을 때 어떤 식의 도움을 줄지에 관한 조항이요.

네. 동맹국이 공격을 받았을 때 군사적 원조를 할 것인가, 참전을 할 것인가. 혹은 경제적 원조나 정치적 원조만으로도 괜찮은가. 어떠한 원조의무가 생기는지 적시할 필요가 있겠지요. 또 뭐가 있을까요?

💬 동맹이 언제부터 언제까지 효력을 지니는가 하는 점이요.

바로 동맹의 유효기간입니다. 삼국동맹은 10년이라고 적혀 있습니다. 1902년에 체결된 제1차 영일동맹협약(영일동맹)은 5년, 1960년에 체결된 미일안전보장조약은 10년입니다. 동맹을 안정적으로 유지하기 위해서는 10년 정도가 적당한 것일까요. 이밖에 또 뭐가 있을까요?

💬 공통의 적이요.

네. 이를 군사적·정치적 용어로는 뭐라고 부를까요.

💬 가상적국.

그렇습니다. 실제로 적대시하고 있는 국가라는 의미가 아니라 군사전략, 작전계획을 작성할 때 군사적 충돌이 발생할 것으로 상정되는 국가를 가리킵니다. 일본을 예로 들면 제국국방방침(가상적국, 필요병력, 전쟁계획을 중장기적으로 정한 문서)을 작성할 때 함대는 미국 해군력의 몇 퍼센트를 보유한다는 식으로 군사계획을 작성했습니다.

제국국방방침은 러일전쟁 이후인 1907년(메이지 40년)에 처음 작성됐는데요, 그때 제1의 가상적국은 러시아였습니다. 최초로 개정된 1918년(다이쇼 7년) 국방방침에는 가상적국이 미국, 러시아, 중국입니다. 1923년에는 육해군 공통의 가상적국으로 오직 미국만 적시됩니다.[16] 자, 또 뭐가 있을까요?

💬 어느 곳을 방위할 것인가.

그렇지요. 장소와 지역입니다. 삼국동맹을 들여다보면 제1조에는 "일본국은 독일국 및 이탈리아국의 유럽에서의 신질서 건설에 관한 지도적 위치를 인정하며 이를 존중한다"라고, 제2조에는 "독일국 및 이탈리아국은 일본국의 대동아에서의 신질서 건설에 관한 지도적 지위를 인정하며 이를 존중한다"라고 쓰여 있습니다.

미일안보조약에는 미국의 대일 방위의무를 정한 제5조[17]에서 그 대상 지역을 "일본국의 시정하에 있는 영역", 즉 일본 본토로 한정했고 미국의 주둔을 인정하고 시설·구역의 사용을 허용하는 근거가 적힌 제6조에는 "일본국의 안전에 기여하며 또한 극동지역에서 국제 평화 및 안전의 유지에 기여"하기 위해서라고 밝히며 지역을 한정했습니다. 제6조에서는 일본 본토보다 넓게 극동이라고 말했는데요, 외무성의 견해로는 "필리핀 이북 및 일본, 그 주변 지역으로 한국 및 중화민국(타이완)의 지배하에 있는 지역"이 여기에 해당됩니다.

지금 나온 대답, 어디까지를 방위의무의 대상 지역으로 할까에 더해 한 가지 더 생각해야 할 문제가 있습니다.

💬 지역 영유領有 말인가요?

그렇습니다. 영유권까지는 아니더라도 그 지역에서 자원개발이나 무역 등과 관련해 다른 국가보다 더 밀접한 관계를 수립하려고 할 때 대상이 되는 지역을 뭐라고 부를까요. 이를테면 청일전쟁에서 일본이 승리한 결과 청국의 각 지역을 영·프·독·러 등 제국주의 열강이 나눠가졌지요. 그때 열강이 점령한 지역을 무엇이라고 불렀나요?

💬 …?

의외로 잘 떠오르지 않는 단어지요. 세력권입니다. 정리하자면 군사동맹은 우선 가상적국을 설정합니다. 그리고 참전의무 등을 포함해 어떠한 의무를 지는지 효력을 정하고, 세력권으로 어디를 점령하고 통치할 것인지 조정합니다. 이 세 가지가 동맹조약의 필수 요소입니다.[18]

제1차 영일동맹협약의 가상적국은 러시아이며, 참전의무는 제3국이 참전했을 때로 정해졌고 세력권은 영국은 주로 청국, 일본은 조선(1897년에 조선은 국호를 대한제국으로 고칩니다)으로 상정했습니다.

미일안전보장조약과 일련의 안전보장 관련 법제를 볼 때에도 군사동맹의 세 요소, 즉 가상의 적과 의무, 세력권이라는 세 가지 관점에서 살펴보아야 합니다.

1960년에 체결된 미일안전보장조약은 이후 방위력 구상에 커다란 변화가 생겼을 때 개정하는 '미일방위협력을 위한 지침', 이른바 미일 가이드라인에 따라 운용되었습니다.

미일 가이드라인은 1978년에 처음 만들어졌고 1997년에 개정되었다가 집단적 자위권 해석의 변경으로 2015년 4월, 18년 만에 두 번째로 개정됐습니다. 미일 가이드라인이 크게 변경되기 전에 우선 일본이 작성하는 방위계획이 큰 폭으로 수정됩니다. 방위계획은 전전戰前의 제국국방방침에 해당하겠지요. 미일 가이드라인이 처음 만들어지기 2년 전인 1976년에는 국제 환경의 변화(미·소 긴장완화, 1971년 닉슨 쇼크—금과 미국 달러의 태환제도 폐지 선언—에 따른 대미 불신, 석유파동[19])를 염두에 두고 일본 본토에 한정된 자주방위 성격을 지닌 '방위계획 대강령大綱領'이 먼저 작성됐습니다.[20]

이에 따라 2년 후에 작성된 미일 가이드라인은 기본적으로 안보조약 제5조의 '본토방위'로 정리되었습니다. 다만 해상방위에 관해서는 더욱 심도 있는 내용이 담겼다는 점이 주목할 만합니다. 해상자위대와 미해군의 '해군협력'으로 소련의 백파이어 폭격기와 잠수함을 태평양 방면으로 들어오지 못하게 하고 소련을 봉쇄해 해상교통선을 보호하는 역할을 일본 측에 기대하게 됐습니다.[21]

그 뒤 1995년 '방위계획 대강령'(개정 내용은 효율화에 의한 규모 축소, 국제 공헌 임무 확대 등[22])이 나왔고, 1997년에 작성된 미일 가이드라인의 포인트는 다음과 같습니다. 이 시기는 한반도의 정세 불안과 타이완 해협의 위기가 고조되던 무렵으로, 여기에 대응하기 위해 미일안보조약 제6조 가운데 "일본국의 안전에 기여하며 또한 극동 지역에서 국제 평화 및 안전의 유지에 기여하기 위해"라는 부분에 '주변사태'라는 개념을 추가했습니다. 북한이 실험 발사한 미사일이 일본 상공을 처음으로 통과한 때가 1998년입니다. 여러분이 태어났을 무렵이겠네요. 이렇게 가이드라인을 개정할 때마다 일본 본토에서 주변으로 점점 대상 지역이 확장되었습니다.

그렇다면 2015년 4월, 18년 만에 개정된 가이드라인의 지리적 범위는 어디까지일까요. '아시아 태평양 지역 및 이를 넘어선 지역의 평화, 안전, 안정 및 경제 번영의 기반을 제공하기 위해'[23]라고 대상이 전 세계로 확대됐습니다. 오늘날은 국가 대 국가의 전쟁 위험보다 테러 위험이 더 커졌기 때문에 협력 대상 지역의 제한이 사라졌다고도 설명할 수 있습니다.

지금까지는 군사동맹의 필수 요소인 의무와 지리적 영역이라는 관점에서 미일방위협력의 변천을 살펴봤습니다. 그런데 동맹을 맺는다고 했을 때에는 가상적국에게 자신들의 힘을 어떻게 과시할 것인가 하는 점도 중요합니다.

2015년 8월 11일 참의원 평화안전법제특별위원회에서 공산당 고이케 아키라小池晃 정책위원장이 자위대의 통합막료감부統合幕僚監部가 작성한 내부 자료를 인용하며 질문을 던졌습니다. 통합막료감부는 육해공 자위대를 통합 운영하기 위해, 또 미군과의 협력[24]을 위해서 통합막료장을 둘 필요가 생겨나 2006년 통합막료회의를 변경해 만든 기관입니다.

통합막료감부는 안보법제가 통과되기 4개월 전인 2015년 5월 「'미일방위협력을 위한 지침'(가이드라인) 및 평화안전법제 관련 법안에 관해」라는 내부 문서를 작성했습니다. 이 문건이 어떤 경로를 거쳐서인지는 모르지만 외부로 유출되었습니다. 지금은 인터넷에서도 볼 수 있는데[25] 정부가 집단적 자위권의 해석을 변경하고 미일 가이드라인도 변경하면 어떤 일이 가능한지에 관한 통합막료감부 내부의 생각을 엿볼 수 있는 흥미진진한 자료입니다.

이 문서는 미일공동계획을 이렇게 정리했습니다. "지금까지 미일공동계획은 '검토' 정도의 수준이었기 때문에 그 존재를 대외적으로 명시할 수 없었다. 하지만 앞으로 공동계획을 '책정'이라는 수준으로 자리매김할 수 있게 되므로 존재를 대외적으로 명시할 수 있다. 이 점이 큰 변화이다"라고요. 유출된 문서의 표현을 그대로 옮기면 "○○ 차원에서 매우 중요한 의의를 지니게 된다"라고 쓰여 있습니다. 여기서 ○○에는 어떤 단어가 들어갈까요.

💬 …?

미일공동계획의 존재를 대외적으로 분명히 밝힐 수 있기 때문에 잠재적인 적대국에 대해 ○○효과를 기대할 수 있다는 의미겠지요. 어떤 국가에게 ○○효과를 지닌다는 것을 뭐라고 말할까요. 어떤 국가는 대개 중국을 가리키는 것 같습니다만.

💬 억제효과

아, 비슷한데요, 정확히는 억지抑止입니다. "억지 차원에서 매우 중요한 의의를 지니는" 것이라고 강조하지요. 안보법제로 무엇이 바뀌는가라고 했을 때 억지하고 싶은 가상적국을 향해 미·일은 '공동계획을 책정'한다고 분명히 명시할 수 있다는 것입니다. 상대국에 대한 억지라는 발상이 일본에서 현실화되고 있는 점이 저로서는 무척이나 안타깝습니다.

동맹의 첫 번째 본질은 여기에 있습니다. 군사동맹을 맺는 이유는 상대를 위협하고 그 행동을 제한하는 기능을 기대할 수 있기 때문입니다.

다만 여기서 문제는 상대가 겁을 먹지 않으면 동맹의 효과가 사라집니다. 앞에서 얘기했습니다만 1939년 8월 23일 독소불가침조약이 체결된 지 겨우 이틀 만인 8월 25일 영국과 프랑스는 서쪽으로 밀고 들어올 독일을 견제하기 위해 폴란드와 상호원조조약을 맺었습니다. 독일과 영국은 서로를 억지하려고 동맹조약의 존재를 상대에게 과시했지만 독일은 그러한 위협에 굴하지 않고 폴란드를 침공했으며 전쟁은 결국 유럽을 휩쓰는 대전으로 확대되었습니다.

즉 상대를 억지할 수 있다고 생각했는데 실제로는 자극하는 일이 벌어진 것입니다. 억지라는 것은 사실상 상상 속의 산물에 불과할 때가, 그래서 감정에 좌우될 때가 많습니다. 동맹은 겉보기에는 위기에 대처하는 현실적인 조치처럼 보이지만 사실상 상대국의 적의만을 증폭시키는 구조를 필연적으로 지닙니다. 동맹의 본질을 머릿속에 새겨두고, 이제 일·독·이 삼국군사동맹을 오늘날의 시각에서 살펴보겠습니다.

영국의 제2의 선택지

오늘 강의를 시작하면서 2차 세계대전 당시 선택할 수 있었던 다른 길에 관한 질문을 받았습니다. 삼국동맹의 체결 과정을 보기 위해서는 유럽에서 벌어진 영국과 독일의 대립을 반드시 언급해야 하므로 여기서 질문에 대답을 해두지요.

상대방을 억지하는 데에 실패한 독일과 영국·프랑스는 폴란드 문제를 계기로 전쟁을 시작했지만 1940년 봄까지 '기묘한 전쟁'이라 불리는 상태가 6개월간 지속됩니다. 독일은 서부전선에서 영국과 프랑스를 상대로 싸움을 시작하지 않습니다. 그리고 독일이 폴란드에 들어간 지 약 보름 뒤인 9월 17일 소련도 폴란드를 침공해 동부 지역을 점령합니다.

소련은 왜 이런 움직임을 보였을까요. 소련은 독일에 대한 반파시즘 전쟁을 준비하기 위해 폴란드 지역에 진출했다는 식으로 말합니다. 하지만 그렇지 않습니다. 소련은 단순히 8월 23일에 체결한 독소불가침조약 가운데 비공개 비밀의정서에 적시된 조문에 따라 폴란드의 동쪽 절반을 점령했습니다. 비밀의정서에는 발트제국(핀란드, 에스토니아, 라트비아, 리투아니아)을 소련의 세력권으로 승인한다는 내용도 적혀 있었습니다.[26]

1940년 4월, 눈이 녹으면서 전차부대의 이동이 쉬워지자 독일은 노르웨이, 덴마크를 침공해 순식간에 점령하고 5월 10일 벨기에, 네덜란드를 급습합니다. 13일 네덜란드 여왕과 정부는 영국으로 도망쳐 망명정부를 수립했고 네덜란드군은 항복합니다. 그 뒤를 이어 벨기에, 노르웨이가 항복합니다.

지도를 보면 알 수 있듯이 독일과 벨기에, 네덜란드, 프랑스는 매우 가까이에 위치해 있습니다. 게다가 독일군의 진격 속도가 예사롭지 않았습니다. 열흘간 150마일(약 241킬로미터)을 돌파했습니다.[27] 독일군은 5월 20일 프랑스로 진군합니다. 5월 말이 되자 독일과 전쟁을 벌이고 있는 국가는 영국과 프랑스만 남게 됩니다.

그럼 1940년 5월, 영국에서는 어떤 일이 일어나고 있었을까요? 내각이 교체되었습니다. 이때 영국은 벨기에와 북프랑스에 원정군을 파견했는데 독일군에게 무참히 패배하고 맙니다. 막강했던 프랑스 육군도 독일군에게 참패합니다.[28] 이런 참상을 목도한 영국 정부는 이탈리아에 중재를 부탁해 독일과 교섭을 시도합니다.

독일이 진격을 시작한 5월 10일 영국 수상 체임벌린이 사퇴합니다. 그 뒤를 이어 '이 사람'이 수상 자리에 오릅니다만 막 꾸려진 전시내각은 불안정했고 내각 안에서는 독일과의 중재를 이탈리아에 부탁하자는 쪽과 그래서는 안 된다는 쪽이 대립합니다. 이탈리아에 중재를 의뢰하자는 쪽이 좀 더 강했죠. 1940년 5월

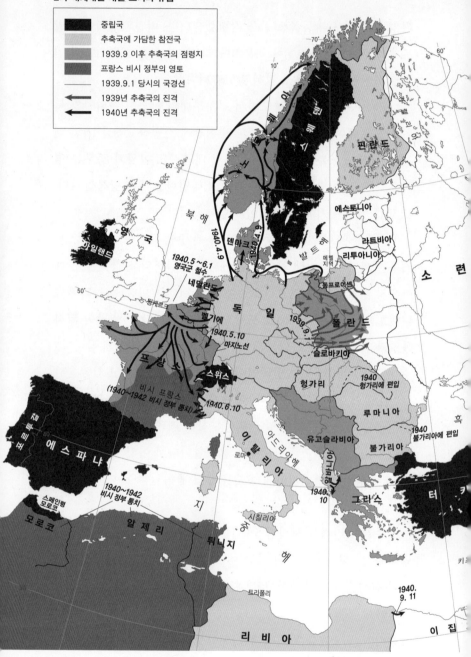

2차 세계대전 개전 초기의 유럽

- 중립국
- 추축국에 가담한 참전국
- 1939.9 이후 추축국의 점령지
- 프랑스 비시 정부의 영토
- 1939.9.1 당시의 국경선
- 1939년 추축국의 진격
- 1940년 추축국의 진격

북극해

노르웨이

스웨덴

핀 란 드

북해

발트해

덴마크

1940.4.9

1940.5~6.1
영국군 철수

네덜란드

벨기에

1940.5.10
마지노선

프 랑 스

스위스

1940.6.10

비시 프랑스
(1940~1942 비시 정부 통치)

에스토니아

라트비아

리투아니아

메멜지역

동프로이센

독 일

1939.9.1

폴 란 드

슬로바키아

헝가리

1940
헝가리에 편입

루 마 니 아

1940
불가리아에 편입

유고슬라비아

불가리아

소 련

흑

아일랜드

영 국

헝가리

에스파냐

지브롤터

스페인령
모로코

모로코

1940~1942
비시 정부 통치

알 제 리

튀니지

이 탈 리 아

로마

시칠리아

지 중 해

아드리아해

알바니아

1940
10

그리스

터 키

키

트리폴리

리 비 아

1940.
9.11

이 집

키

23일, 당시 영국과 프랑스가 안전하게 사용할 수 있는 항구는 덩케르크(프랑스 최북단에 위치한 항구, 벨기에 국경에서 10킬로미터 거리)뿐이었으며 거기에 집결한 25만 영국 원정군(프랑스군을 합하면 35만 명)의 본토 귀환을 장담할 수 없었습니다.

하지만 이탈리아와의 교섭을 단호하게 반대한 인물이 있습니다. 막 영국 수상이 된 그는 미국 대통령 루스벨트에게 보낸 편지에 자신을 '화가'라고 칭하는 등 엉뚱한 행동을 하기도 했죠.

💬 처칠이요.

그렇습니다. 바로 처칠입니다. 처칠은 프랑스 수상 레이노 Paul Reynaud가 제안하고 영국의 전시내각 외무상인 핼리팩스 등이 동의한, 이탈리아가 중재하는 대독일 교섭안에 반대하느라 불철주야 뛰어다녔고 결국 성공합니다. 영국은 굉장히 중요한 선택, 마지막까지 싸우는 길을 택합니다. 처칠의 호소를 한번 들어볼까요.[29]

지금 독일과 화평을 추구하는 일이 끝까지 맞서 싸우는 것보다 더 좋은 조건을 손에 넣을 것이라는 생각은 그야말로 잘못이다. 독일인은 우리의 함대를 내놓으라고 할 것이고—즉 '무장해제'를 말한다—해군기지 등을 넘기라고 할 것이다. 그렇게 되면 결국 우리는 노예국가가 된다.

처칠의 연설을 듣고 있으면 전쟁을 호소할 때 혹은 개전의 필요성을 호소할 때 동서고금의 정치가와 군인은 정말로 똑같은 말을 하는구나 싶어 새삼 놀라게 됩니다. 고대 그리스에서도 패배하면 노예가 된다고 주장했었지요.

1940년 5월 영국은 독일과 강화를 맺기 일보 직전까지 갔습니다. 외교를 담당하는 핼리팩스 외무상 등이 이탈리아의 중재를 찬성했다는 사실을 감안하더라도, 이를테면 덩케르크에서 귀환을 기다리는 25만 영국군을 무사히 철군시킬 수 있을 때까지 시간을 벌기 위해서라도 교섭을 선택하는 일이 합리적이었다고 말할 수 있겠지요.

독일과의 결전을 결정한 영국에게는 고난의 시간이 이어집니다. 1940년 6월 14일 독일군은 프랑스 파리에 무혈입성했고 프랑스는 항복하고 맙니다. 여기서 잠깐 에피소드 하나를 소개할게요.

채플린이라는 희극배우이자 영화감독을 아시나요. 그는 영국인으로 〈위대한 독재자〉(1940년, 미국 영화)라는 영화에서 직접 히틀러를 흉내 낸 연기를 펼칩니다. 이 영화의 촬영이 시작된 때가 1939년 9월, 2차 세계대전 발발 직후였습니다. 도중에 촬영이 중단되기도 했는데 그야말로 절묘하게도 독일군이 파리에 입성한 다음 날 채플린은 마지막까지 미뤄뒀던 연설 장면을 찍습니다. 극작가이기도 한 오노 히로유키의 『채플린과 히틀러의 세계대전』[30]이라는 책에 이 내용이 자세히 나옵니다.

개인이 국가에 대항하기 위한 수단은 다양합니다만 채플린은 유대인 박해와 나치즘에 대항하기 위해 아주 합법적인 수단을 동원합니다. 채플린은 〈위대한 독재자〉에서 히틀러로 분장해 그

이 연설을 과장되게 흉내 냅니다. 독재자를 패러디의 대상으로 삼은 셈이지요.

히틀러가 이 영화를 실제로 봤다는 확증은 없습니다만 〈위대한 독재자〉는 미국을 비롯해 세계 곳곳에서 개봉되었습니다. 〈위대한 독재자〉는 당시 독재자 하면 히틀러를 떠올리는 것이 당연했던 세계에서 독재자를 향한 비판적 시선을, 그것도 웃음을 통해 전 세계에 보여주었다는 점에서 큰 의미가 있지요.

국가가 사라졌을 때 일어난 일

독일군이 파리에 무혈입성하기 바로 직전인 1940년 6월 10일에 이탈리아가 독일에 합류해 참전합니다. 이탈리아는 『군주론』을 쓴 르네상스 시기의 사상가 마키아벨리(1469~1527)를 낳은 국가이자, 최소한의 노력과 희생으로 최대의 이득을 쓸어가는 국가였지요.

예를 하나 들어볼까요. 1914년 여름 1차 세계대전이 시작됐을 때 이탈리아는 당시 삼국동맹을 맺고 있던 독일제국, 오스트리아헝가리제국 측으로부터 참전해달라는 요구를 받았습니다. 하지만 이탈리아는 오스트리아가 세르비아를 공격한 것은 삼국동맹의 조건(오스트리아가 공격받는 상황)에 해당하지 않으므로 참전의 의무는 없다고 일축합니다. 그 뒤 곧바로 영국, 프랑스 측에 붙어 독일과 오스트리아에 선전포고를 합니다. 이탈리아가 영국, 프랑스 측에 선 것은 독일과 오스트리아가 제시한 조건보다 영국과 프랑스가 제시한 조건(오스트리아 영토 내의 이탈리아어 사용 지역의 할양)이 더 좋았기 때문입니다.[31]

이탈리아는 1940년 5월 영국과 프랑스 정부가 독일과의 교섭을 부탁했을 때 영국과 프랑스 정부의 군사적 패배 양상을 보고 독일 측에 합류해 참전하기로 결정합니다.

이때 또 소련이 움직이기 시작합니다. 앞에서 독소불가침조약의 비밀의정서 얘기를 했었지요. 거기에 적시된 지역인 에스토니아, 라트비아, 리투아니아에 소련군을 주둔시킵니다. '앞으로 당신들 국가를 독일로부터 지켜줄 수 있는 것은 소련뿐이다. 그러니 군대를 주둔시켜도 되겠지'라면서요. 이 일을 계기로 2차 세계대전이 끝난 뒤 동서냉전 시대까지 발트 삼국이 소련의 영향하에 놓이게 됩니다.

이상한 전쟁이지요. 이 시기에 적극적으로 다른 국가를 침공한 국가는 독일과 소련입니다. 하지만 2차 세계대전 이후 열린 뉘른베르크재판과 극동국제군사재판에서 소련의 행위는 전혀 문제되지 않았습니다. 연합국이 승리할 수 있었던 데에는 누가 뭐라 하더라도 소련군의 사투가 있었기 때문이니까요.

다만 까탈스런 영국인은 이러한 불공평한 상황을 그냥 넘기지 않았습니다. 모리스 행키Maurice Hankey 경이 참 흥미로운 말을 합니다. 극동국제군사재판에서 일본인이 재판을 받는 일은 당연하다. 그런데 소련의 1939년 가을 폴란드 침공, 핀란드 침공과 1940년 여름의 발트 삼국 병합에 대한 죄는 왜 묻지 않느냐고요. 그는 "전쟁은 정치로 시작해 정치로 끝난다. 재판도 물론 정치적이다"라며 1950년에 나온 자신의 저서 『정치, 재판, 오류』[32]에서 전후 처리의 모순을 날카롭게 비판합니다.

극동국제군사재판이 부당하다고 여기는 일본인도 있는 것

같습니다만, 우선 재판의 공정함에 관해 어떠한 논의가 있었는지 잘 확인한 뒤에 화를 내는 편이 좋겠지요. 모리스 행키는 뉘른베르크재판과 극동재판에 관해 재판소가 각하한 사료를 인용하며 재판의 진행을 비판했는데,[33] 2차 세계대전이 일어나기 전에 주영대사를 지냈던 시게미쓰 마모루를 법정으로 끌고 온 것은 잘못이라고 주장했습니다. 시게미쓰는 영국과 일본의 협력을 도모하는 입장에 서 있었고 마쓰오카의 추축樞軸외교에도 비판적이었기 때문입니다. 모리스 행키 경은 해군 정보부에서 근무한 적이 있으며 2차 세계대전이 발발했을 당시 체임벌린 내각에서 국무장관을 지내기도 했습니다.

그런데 당시 독일에 병합되었던 오스트리아, 독일과 소련에 의해 분할되어 국가가 소멸한 폴란드(영국 런던에 망명정권 수립), 소련이 병합한 발트 삼국 등, 국가가 소멸한 지역에서는 무슨 일이 일어났을까요. 유대인 학살과 관련해 충격적인 사실을 밝힌 책이 있습니다. 미국 예일대학의 티머시 스나이더Timothy D. Snyder 교수가 쓴 『블랙 어스』[34]입니다.

『블랙 어스』는 사료를 통해 우리 머릿속에 있는 홀로코스트(유대인 대학살)에 관한 고정관념을 깨트리는 매우 충격적인 책입니다. 그는 당시 유대인 희생자의 97퍼센트가 독일 이외의 지역에서 살해당했다는 사실[35]을 밝혀냅니다. 홀로코스트라고 하면 아우슈비츠 수용소를 떠올리는 분이 많으실 텐데요, 분명 이곳에서 100만 명이 넘는 유대인이 학살당했습니다. 하지만 이곳이 학살의 무대가 됐던 시기는 1943~1944년이었고 희생자의 약 절반은 수용소가 아닌 대중의 눈앞에서 죽임을 당했다고 합니다. 유대인 학살은 국가의 행정적 관리제도가 소멸된 곳에서 더욱 손쉽게 일어났습니다.

오늘날로 눈을 돌려보면 예를 들어 2016년 당시 내전 5년째였던 시리아에서 일반 시민을 대상으로 하는 대량 학살이 발생했습니다. 영국과 미국이 아사드 정권을 독재정권으로 규정하고 퇴진을 요구했지만, 유엔 안전보장이사회 상임이사국인 러시아가 아사드 정권의 정당성을 인정하면서 국제사회의 평가가 갈렸습니다. 당시의 보도에 따르면 시리아에서 희생된 시민이 이미 47만 명에 달했습니다.[36]

1940년 여름으로 이야기를 돌리면, 독일이 전쟁을 시작한 이후 유럽 대륙에는 더 이상 항전을 지속하는 국가가 남아 있지 않았습니다. 이탈리아는 자신들에게 떨어질 몫을 요구하며 참전했고 소련 또한 발트 삼국을 점령했습니다. 이 사실을 기억하며 삼국동맹 이야기로 들어가겠습니다.

20일 만에 맺은 조약

1940년 7월 22일 영국은 히틀러가 제안한 최후 화평안을 거부합니다. 7월 31일 히틀러는 독일국방군 수뇌부 앞에서 다음과 같은 말을 했다고 합니다.[37]

영국의 희망은 러시아와 미국이다. 만약 러시아라는 희망이 좌절된다면 미국이라는 희망도 사라질 것이다. 왜냐하면 러시아가 탈락하면 동아시아에서 일본의 가치가 비약적으로 높아지기 때문이다.

히틀러의 말은 이런 뜻입니다 우선 영국의 불굴의 항전 의식을 받쳐주고 있는 것은 러시아와 미국이라고 전제합니다. 그런데 만약 러시아가 의지할 만한 국가가 되지 못한다면 미국 또한 영국을 원조할 여력이 없을 것이다. 왜냐하면 러시아가 탈락하면 일본을 북쪽에서 군사적으로 견제할 국가가 없어진다. 그렇게 되면 일본은 영국의 동아시아 근거지인 홍콩, 싱가포르와 미국의 군사기지가 있는 필리핀을 손쉽게 장악할 수 있다. 미국은 동아시아에서 일본의 군사적 지위가 비약적으로 높아지면 곤란하기 때문에 영국에 대한 원조를 단념할 것임에 틀림없다는 말입니다.

어쨌거나 히틀러도 의외로 "하면", "라면" 같은 말을 자주 쓰는 사람임을 알 수 있습니다. 히틀러의 머릿속에서 소련을 공격하고 일본에 접근하는 일이 영국을 강하게 압박할 수 있는 하나의 술책으로 자리 잡습니다.

이번에는 영국을 살펴볼까요. 처칠은 편지를 참 잘 쓰는 인물인데요, 미국 대통령 루스벨트에게 보낸 6월 15일 편지에 이런 내용이 나옵니다. "지금 영국 정부 내각이 사퇴한다면 [처칠 내각을 말합니다] 어수선한 가운데 독일과 화평 교섭을 하자는 쪽이 나타날 것입니다. 그때 독일과의 거래 대상이 되는 것은 바로 영국 함대라는 사실을 직시해야만 합니다. 미합중국이 영국을 독일이 하는 대로 내버려둔다면 국민의 생존을 위해 최선을 다하는 [영국] 책임자의 행동을 누구도 비난할 수는 없겠지요[영국을 돕지 않으면 독일에 항복하겠다고 위협하고 있습니다]. (중략) 그러니 미국 구축함을 보내주십시오."[38] 협박과 부탁이 교묘하게 섞여 있습니다.

처칠은 영국 함대가 독일 손에 넘어가면 독일은 그 함대를 사용해 미국을 위협할 것이라는 예측을 들이밀었습니다. 화평 교섭의 조건에 함대 인도가 포함될 것은 불 보듯 뻔했습니다. 그 전에 독일에게 진 프랑스 함대는 무상으로 독일에 인도되어 알제리에 정박해 있었습니다. 프랑스 함대가 독일군 손에 들어가는 것을 두려워한 영국이 1940년 7월 프랑스 함대를 공격해 장병 1,297명이 수몰된 사건도 있었습니다.[39]

이 협박이 먹혀들었습니다. 루스벨트는 1940년 8월부터 9월에 걸쳐 여러 결정을 척척 진행시킵니다. 우선 8월 13일 미국군이 서반구의 영국군 기지(하바나, 자메이카, 영국령 기아나)를 사용하는 대가로 구축함 50척을 영국에 제공하기로 합니다. 9월 3일에는 영미방위협정을 체결합니다. 그동안 중립을 유지하던 미국은 영국과 방위협정을 맺으며 '영국, 응원할게'라고 말한 셈이지요.

이때 히틀러는 어떻게 했을까요. 전쟁사를 좋아하는 사람이라면 분명 침 튀기며 열변을 토할 선투가 시작됩니다. 바로 배틀 오브 브리튼Battle of Britain이라 불리는 영국 본토 항공전입니다. 독일은 9월 7일부터 영국 본토에 폭격을 퍼붓습니다.

독일을 출발한 독일 전투기는 6분 만에 영국 상공에 도달했습니다. 영국은 전투기 성능의 차이를 레이더를 이용해 상쇄합니다. 한편 독일 전투기의 항속거리(항공기가 연료를 최대 적재량까지 실었을 때 비행할 수 있는 최대 거리-옮긴이)를 철저하게 파악해 반격했습니다. 독일에서 비행기가 출격했다는 정보를 입수하면 모든 도시에 공습경보를 울렸습니다. 그리고 독일군 전투기와 폭격기가 어느 지역으로 향하는지 철저히 파악해 전투기를 출격시켰

삼국동맹 조인식. 왼쪽부터 일본 대표 구루소 사부로, 이탈리아 외무장관 갈레아초 치아노, 독일 총통 아돌프 히틀러.

고 어떻게든 요격했습니다. 65일간 지속된 항공전에서 영국 공군은 끝까지 대항했습니다.

2차 세계대전이 발발하고 1년간 일본은 중립을 지켰습니다. 하지만 독일군이 영국 본토에 폭격을 퍼붓기 시작했고 영국 본토 상륙작전을 준비하고 있다는 말을 들었을 때쯤이면 아마 독일 쪽으로 마음이 기울었을 듯합니다.

그때 독일은 일본을 동맹으로 끌어들이기 위한 특별사절을 파견합니다. 바로 하인리히 게오르그 스타머Heinrich Georg Stahmer입니다. 스타머는 1943년부터 1945년 5월 독일이 패배하는 시점까지 주일대사를 맡은 인물입니다.

스타머는 1940년 9월 7일 도쿄에 도착했고 9일부터 당시 외무대신이었던 마쓰오카 요스케의 저택에서 교섭을 시작합니다.

19일 어전회의 결정, 26일 추밀원 본회의를 거쳐 27일에는 베를 린에서 삼국 대표의 조인식이 열렸습니다. 20일 만에 조약이 체 결된 것입니다(1902년 제1차 영일동맹 체결 당시에는 영국과 일본이 각각 어느 지역을 세력 범위로 할 것인지로 옥신각신했기 때문에[40] 본격 적인 교섭이 개시되고 나서도 조인까지 3개월이 걸렸습니다). 삼국동 맹은 그야말로 바람처럼 빠르게 체결됐습니다.

언론 검열 기준

삼국동맹이 조인된 이튿날인 9월 28일 고노에 후미마로 총 리는 〈중대 시국에 직면하여〉라는 라디오 발표에서 동맹의 의의 를 이렇게 강조합니다.[41]

일·지나의 분쟁은 세계 구체제의 중압하에서 일어난 동아시아 의 변태적 내란이며 이것의 해결은 세계 구질서의 밑바닥에 가 로놓인 모순의 일대부월一大斧鉞을 통해서만 달성할 수 있다.

중일전쟁을 동아시아의 '변태적 내란'이라고 표현한 점이 놀랍습니다. 참 이상한 말이죠. 고노에는 '혁명'이란 단어를 사 용하고 싶었겠지만 당시에는 국체변혁을 연상시키는 말을 쓰기 만 해도 치안유지법에 걸리는 시대였으니 이 단어를 사용한 것 같습니다.

그렇다 하더라도 전쟁이 아니라 내란이라고 칭하는 방식은, 이를테면 오늘날 미군의 감각에 가깝습니다. 미국이 이라크와 아 프가니스탄을 침공할 때의 논리가 교전국으로서 상대를 인정하

는 것이 아니라 범죄자를 벌하러 간다는 식이었지요. 그것과 좀
닮은 듯합니다. '일대부월'이라는 어려운 말이 나왔네요. 단칼에
베어낸다는 의미입니다. 중일전쟁의 해결을 위해서도 삼국동맹
체결과 같은 대담한 수단이 필요하다고 고노에는 말합니다.

일·독·이 삼국군사동맹이 체결되었을 때 일본 국내에서는
어떤 반응이 나타났을까요. 또 정부는 국민의 어떤 반응을 두려워
했을까요. 이런 부분은 국내의 치안유지를 담당하는 내무성이 통
신사와 신문사에 전달한 기사 단속 요강[42]을 보면 쉽게 파악할 수
있습니다.

내무성이 삼국동맹과 관련된 보도를 할 때 절대 실어서는 안
된다고 언론에 전한 내용이 있습니다. ①조약 체결로 이익을 보는
쪽은 독일, 이탈리아뿐 ②이것으로는 중일전쟁이 해결되지 않는
다. ③조약 체결과 관련해 일본 정부 내에 의견 대립이 있었다. ④
일·소 국교 조정은 전향자의 책모이며 ⑤조약이 경제에 미치는
영향이 크다. 이렇게 다섯 가지입니다. 여기서 제가 중시하고 싶
은 것은 ③입니다.

정부 내에 의견 대립이 있었다고 써서는 안 된다고 했으니 실
제로는 정부 내에 첨예한 의견 대립이 있었다는 사실을 알 수 있
지요. 일본인은 토론이나 논의를 하지 않는다는 오해가 있는데 이
동맹에 관해서는 다양한 견해를 가진 사람이 각자의 의견을 개진
하며 치열하게 토론했습니다.

삼국동맹을 승인할 당시의 어전회의

지금부터는 일·독·이 삼국군사동맹을 승인할 당시인 1940

년 9월 19일 어전회의의 모습을 들여다보겠습니다. 9월 19일이면 동맹이 조인되기 8일 전입니다.

어전회의란 국가의 가장 중요한 문제를 최종 결정하는 회의입니다. 정부에서는 총리, 육·해군상, 외무상, 대장상(대장성의 책임자로 오늘날 재무대신에 해당한다. 대장성은 재무와 경제정책 전반을 총괄하던 관청-옮긴이) 등이, 대본영(전시에 설치된 천황 직속의 최고 전쟁지도기관)에서는 참모총장과 군령부총장 등이, 그리고 천황의 질문을 대변한다는 의미에서 추밀원 의장이 배석합니다. 이날의 주요 등장인물은 참모총장인 간인노미야 고토히토 친왕閑院宮載仁親王,[43] 외무대신인 마쓰오카 요스케, 군령부총장인 후시미노미야 히로야스 왕伏見宮博恭王,[44] 총리대신인 고노에 후미마로, 추밀원 의장인 하라 요시미치原嘉道 등입니다.

참모총장은 육군의 작전 입안 등을 담당하는 참모본부의 수장에 해당하며 군령부총장은 해군의 작전 입안 등을 맡은 군령부의 수장입니다. 참모총장과 군령부총장 모두 황족입니다. 황족이 수장이라고 하면 이름뿐인 자리인 것처럼 보일 수도 있겠지만, 이 두 사람은 모두 청일전쟁, 러일전쟁에서 실전 경험을 쌓은 군의 실력자였고 정부 내에서도 비중이 큰 황족이었습니다. 마쓰오카 외무상 등 정부의 관료들은 어전회의에서 군부에 끽소리도 못했는데요, 아마도 회의를 진행하기가 매우 어려웠을 것으로 짐작됩니다.

어전회의에서 어떤 논의가 이루어졌는지 살펴봅시다. 당시 참모차장이었던 사와다 시게루澤田茂가 남긴 사료[45]를 보면, 해군을 대표해 후시미노미야 군령부총장이 다음과 같은 질문을 합니다.

본 동맹의 결성으로 미영과의 무역은 더욱 변화하고 최악의 경우 의존물자의 취득이 점점 더 지난해질 것임을 인성하니, 또한 미일전쟁은 지구전이 될 공산이 크다. 지나사변에 의한 국력 소모 현상에 비추어볼 때 이것은 국력을 지속적으로 유지하는 대책이 될 수 없다.

'이 동맹을 맺으면 미영 측과는 적대관계가 된다. 그러면 미영은 무역을 제한할 터이고 석유 등 일본의 사활이 걸린 중요한 물자의 입수가 어려워질 것이다. 미일전쟁은 지구전이 될 것이므로, 중국과의 전쟁으로 국력을 소모하고 있는 현 상황에서 어떻게 국력을 지속시킬 것인가'라고 묻습니다. 이에 대해 고노에 후미마로 총리는 다음과 같이 대답합니다.

지금까지 이와 같은 때를 고려해 석유 생산을 확충하고 또한 저장에 힘써왔습니다. 군관민의 소비 통제를 더욱 강화하고 가장 긴요한 방면에 집중 사용한다면 상당히 오랜 기간에 걸쳐 군수에 지장이 없을 것입니다. 또한 미일전쟁에 임하더라도 비교적 오래도록 군수에 대응할 수 있으며 장기전도 감당할 수 있으리라 사료됩니다.

고노에 총리는 지금까지 이러한 사태에 대비해 석유 생산을 확대하고 비축량도 늘려왔기 때문에 소비를 통제하면 상당 기간 전쟁에 대응할 수 있을 것이라고 답변합니다. 그다지 설득력이 없는 답변이죠.

이어서 하라 추밀원 의장의 질문, 즉 천황의 질문을 볼까요.

(전략) 본 조약은 미국을 목표로 하는 동맹으로, 이를 공표함으로써 미국의 참전을 저지하려는 것이 독일과 이탈리아의 생각이다. 미국은 최근 영국을 대신해 동아시아의 파수꾼을 자처하고 있으며 일본을 압박하고 있지만 아직 일본이 독·이 측에 가담하지 않고 있기 때문에 조심하는 면이 있다. 그런데 이 조약의 발표로 일본의 태도가 명백해지면 일본에 대한 압박을 강화하고 장제스를 극력 원조하고 (중략) 경제 압박을 가해와 일본에 석유, 철 수출을 금지하고 (중략) 장기에 걸쳐 일본은 피폐, 전쟁을 감당할 수 없는 상태에 이르게 되니 논의해야만 한다.

천황은 독일의 의도를 잘 간파했다고 말할 수 있습니다. 독일과 이탈리아가 호들갑스럽게 조약을 공표해 미국의 참전을 저지하려 한다고요. 이어지는 부분의 주어는 모두 미국입니다.

'미국은 지금도 일본을 압박하고 있지만 아직 자중하는 이유는 일본이 독일과 이탈리아 편에 서지 않았기 때문이다. 일본은 중국과 전쟁하고 있지만 2차 세계대전에는 참전하지 않았으니 신중히 대하는 것이다. 그런데 지금 일본이 태도를 명백히 해버리면 경제 제재는 점점 거세질 것이다'라고요. 천황의 불안은 결국 현실이 됐습니다.

마쓰오카 요스케 외무상을 향한 하라 추밀원 의장의 날카로운 질문은 계속 이어집니다. 좀 더 읽어볼까요.

석유 없이는 전쟁을 수행할 수 없다. 난인蘭印의 석유자본은 미영의 것으로, 네덜란드 정부가 영국으로 쫓겨간 이상 평화적 수단으로 난인에서 석유를 획득하는 일은 불가능하다고 보는데 정부의 소견은 어떠한가?

외무상의 '독일의 중재로 소련과 국교를 조정해 석유를 받을 수 있다'는 등의 주장에 대해, 천황은 그러기에는 시간이 걸리며 양도 부족하다고 반박합니다. '전쟁 수행에는 석유가 절대적으로 필요하다. 난인(네덜란드령 동인도)의 석유는 미국과 영국의 회사가 경영하기 때문에 그곳의 석유가 독일의 중재로 일본 손에 들어올 리는 없다.' 이렇게 추궁하고 있습니다.

💬 태평양전쟁이 시작되고 나서 2~3년 후에 일본이 직면할 문제를 정확하게 파악하고 있었네요.

그렇지요. 그야말로 정확히 짚어냅니다. 이런 예리한 추궁에 마쓰오카 외무상은 어떤 대답을 내놓았을까요.

추밀원 의장의 의견은 지당하시지만 네덜란드 본국을 차지한 독일은 네덜란드령 동인도에서도 이점을 확보할 수 있으며, 또한 국제관계의 이면은 상당히 융통성이 있으므로 (중략) 몇 년 전 일본이 국제연맹을 탈퇴했을 때에도 일본에게 무기를 매매하겠다는 제안을 거절하기 힘들 정도였습니다.

외무상은 하라 의장의 걱정이 지당하다고, 우선 인정합니다. 이어서 독일은 1940년 5월 네덜란드를 차지했다, 그러므로 네덜란드령 동인도의 석유회사가 미국과 영국의 자본이라 하더라도 독일이 나선다면 가능하지 않겠는가, 이렇게 반격합니다. 또한 하라 의장이 법학자라는 점을 계산에 넣었는지 국제관계의 이면은 초록은 동색이라, 일본이 1933년에 국제연맹을 탈퇴할 때 경제적으로 고립될 것이라 여겨졌지만 오히려 무기를 팔려고 몰려오는 무리가 많았다는 사례를 들면서, 그렇게까지 걱정하지 않아도 된다고 되받아칩니다. 참 불성실한 답변이지요.

이를테면 사할린에서 몇 만 톤의 석유가 들어올 예정이므로 괜찮다든지, 동맹국의 선박량이 몇 만 톤이기 때문에 물자 수송은 괜찮다는 식의 구체적인 내용은 하나도 들어 있지 않습니다.

총리와 외무대신의 안이한 예측

💬 총리나 외무상 등 내각에 있는 사람일수록 허황된 계획을 내놓고 있다는 느낌이 들어요.

맞아요. 정말 예리하네요. 회의록을 보면 고노에 총리, 마쓰오카 외무상은 굉장히 안이한 전망을 내놓는 반면 후시미노미야 군령부총장과 간인노미야 참모총장 등 군부 쪽은 일본의 국력이 중일전쟁에 더해 미국과의 전쟁까지 버틸 수 있는지 집요하게 물고 늘어집니다. 왜 군부보다 총리와 외무상 등의 문관들이 더 안이한 예측을 했을까요?

💬 실제로 석유 등 자원을 사용하는 쪽은 군대이므로 얼마나 필요한지 잘 알고 있었을 것이고, 내각은 잘 알지 못하니까요.

그렇습니다. 덧붙이자면 알지 못한다기보다는 가르쳐주지 않았습니다. 이 시기에 일본에는 군사기밀과 국가기밀을 보호하기 위한 법률이 몇 가지 있었습니다. 군기보호법(1899년 공포, 1937년 8월 개정 공포), 군용자원비밀보호법(1939년 3월 공포), 국방보안법(1941년 3월 공포) 등입니다. 이 가운데 두 번째 군용자원비밀보호법을 위반하면 무척 무거운 형벌이 적용됐습니다. 도쿄대학 경제학부의 경제사 전문가인 오카자키 데쓰지岡崎哲二 교수는 이 법의 제정을 계기로 정부 통계 가운데 공개되는 항목이 확 줄었다고 말합니다.[46]

군용자원비밀보호법이 공포된 1939년부터 금속공업, 기계공업, 화학공업에 관한 통계가 '극비'로 취급되어 일반 국민은 물론 관료들도 생산량을 전혀 알 수 없었습니다. 금속, 기계, 화학 분야는 총력전 시대에 한 국가의 군수품 생산을 지탱하는 모든 생산 능력을 말해준다고 해도 과언이 아니지요. 이는 1940~1941년에 일본이 직면해야 할 전쟁의 전망을 세울 때 가장 중요한 판단 기준이 되는 요소였을 터입니다.

당시에는 군부와 경제관료의 극히 일부가 일본의 기간산업 생산능력의 실태를 측정할 자료를 독점하고 있었습니다. 군인이 아닌 총리와 외무상 등의 예측이 안이할 수밖에 없었던 구조적 이유는 여기에 있습니다.

어전회의에서는 조인을 코앞에 둔 조약을 두고 군부와 추밀원 의장이 날카롭게 대론을 폈습니다. 이런 논의가 천황 앞에서 벌어졌다는 것을 다시금 상기하고 싶은데요, 미국과의 전쟁을 불안하게 바라보는 마음이 정말로 솔직하게 드러납니다. 이런 논의

가 있었는데 바로 일주일 뒤에 동맹이 체결됐으니 통상적으로는 있을 수 없는 일이지요.

의연한 태도만이 전쟁을 피할 수 있다

마쓰오카가 어떤 반론을 폈는지 이어서 읽어볼까요.

아마 일본이 지나의 전부, 적어도 절반을 포기한다면 잠시 미국과 악수할 수 있을지 모릅니다. 하지만 결코 대일 압박이 줄어들지는 않을 것입니다. 특히 최근 임박한 미국의 대통령 선거는 매우 위험합니다. 루스벨트 대통령은 자신의 야심을 이루기 위해서는 어떠한 일도 멈추지 않을 것이며 대일 전쟁, 유럽전 참전 등을 결행하려 할지도 모릅니다. 두 대통령 후보자 모두 일본을 비난하면 인기를 얻을 것입니다.

일본이 중국 문제에서 크게 양보하지 않는 한 미일 관계는 완화되기 어렵다고 말하고 있네요. 또한 미국의 국내 정치, 특히 대통령 선거를 언급하며 의표를 찌릅니다. 1940년 가을 민주당의 루스벨트 대통령은 8년 중임이라는 대통령 임기의 관례를 깨고 3선에 도전합니다. 루스벨트에 맞선 후보는 리버럴한 실업가인 공화당의 웬델 윌키Wendell Lewis Willkie[47]입니다.

마쓰오카는 루스벨트가 선거에서 이기기 위해 일본과의 전쟁, 혹은 유럽과의 전쟁을 시작할지도 모른다고 말하며 어전회의에 모인 사람을 놀라게 합니다. 과거에도 종종 미국의 대통령 선거 후보자들은 대외적으로 강경한 태도를 취했습니다. 그렇게 하면 국내 문제로 집중되었던 국민의 관심을 분산시킬 수 있기 때문입니다. 2016년 초여름의 이야기를 해볼까요. 당시 공화당 트럼프 후보 등이 일본에 주둔 중인 미군의 주둔비 문제를 들고 나옵니다. 일본은 미군의 방위력에 안보를 의존하다시피 하고 있으니 미군의 주둔 비용은 전액 일본이 부담해야 한다는 연설을 해 지지자의 갈채를 받았지요.

미국의 국내 정세를 바라보는 마쓰오카의 관측이 과연 옳았을까요? 그것이 의문입니다. 당시 미국은 분명 중립을 유지하고 있었습니다만, 윌키와 루스벨트 모두 지금까지의 지원병제를 폐기하고 선택징병제로 바꾼다는 공약을 내걸었습니다. 그리고 두 사람 모두 미국이 영국을 어느 정도 원조해야 한다고 봤습니다.[48] 그렇다고 해서 대외 전쟁에 적극적으로 나서야 한다는 입장이었느냐 하면 결코 그렇지 않았습니다. 당시 미국의 부인단체, 노동조합 등은 가족이 전쟁터에 나갈 수도 있다는 일말의 여지만 보여도 강력하게 반대했기 때문에 정치가는 이런 동향을 무시할 수 없었습니다. 루스벨트는 보스턴에서 열린 선거연설회에서 "당신들의 아들을 어떠한 해외 전쟁에도 파견하지 않겠습니다"[49]라고 말합니다. 결국 이 말을 지키지는 못했지만요.

윌키는 선거전에서 이 점을 예리하게 지적합니다. 루스벨트가 계속 대통령을 하게 되면 "지금부터 6개월 뒤 미국의 청년들은 분명 유럽으로 보내질 것"[50]이라며 청중을 선동했습니다. 결과적으로 1940년 11월 5일 미국 역사상 처음으로 3선에 도전한 루스벨트의 승리가 확정됩니다.

마쓰오카의 설명은 당시의 객관적 상황과는 반대였지요. 현실과는 거리가 있었습니다. 마쓰오카의 연설을 더 들어볼까요.

> 지나에서 미일이 충돌하면 곧바로 전쟁으로 전화할 것입니다.
> 지금 미국의 대일 감정은 극도로 악화되었으며 어느 정도 비위
> 를 맞춘다고 회복될 수 있는 수준이 아닙니다. 그저 우리의 의
> 연한 태도만이 전쟁을 피할 수 있습니다. (중략) 히틀러의 생각
> 도 미국과의 전쟁을 가능한 피하는 것이고, 그뿐 아니라 대영
> 전쟁이 끝나면 미국과 친선을 도모할 의향이 있습니다.

마쓰오카가 중국 문제를 계속해서 언급하는 점이 참 흥미롭
지요. 중국에서 미일 간에 사소한 분쟁이라도 발생한다면 곧바로
전쟁으로 나아갈 것이라고 위협합니다. 미국의 일본에 대한 감정
은 하루아침에 개선될 수 있는 사항이 아니므로 미국과 전쟁을 피
하기 위해서는 일본이 강하게 나가는 수밖에 없다고 주장합니다.
　마쓰오카의 설명을 좀 더 비판적으로 읽어보면 미일 관계를
개선하는 길로, 중국에 대한 일본의 태도를 조정하는 방법도 있음
을 알 수 있습니다. 아마 마쓰오카도 알고 있었을 것입니다. 하지
만 어전회의에서는 미일 관계의 개선은 어려우니 삼국군사동맹
의 위력을 이용할 수밖에 없다는 말로 일관합니다.

💬 "의연한 태도만이 전쟁을 피할 수 있다"라고 했는데 무슨 뜻인
지 잘 모르겠는데요.

의연한 태도는 과연 무엇일까요. 마쓰오카의 관점에서 봤을

때 어떤 조약을 맺으면 미국이 전쟁을 걸어오지 않을 것이라 여겼을까요?

🗨 미국을 가상적국으로 하는 조약이요.

　그렇습니다. 사실 외무성, 육군성, 해군성(장관급 회의 전 단계에서 실질적으로 의사결정을 조율하는 사람들)의 대화가 오갔을 때에는 무력행사의 최대 한도는 영국에 대한 것이라는 선에서 정리를 했습니다. 이미 2차 세계대전을 시작한 독일과 이탈리아에 가세해 일본도 조건이 갖춰지면 영국에 대항하겠다는 차원의 동맹을 염두에 두었지요. 의외로 육해군은 온순하답니다. 미국에게 무력을 행사한다는 합의는 이루어지지 않았습니다.

　이에 대해 미국을 향한 무력행사까지를 염두에 둔 동맹으로 나아가지 않으면 독일은 받아들이지 않을 것이며 미국을 억지하는 효과도 없다고 본 인물이 마쓰오카입니다. 미국을 억지하기만 한다면 영국도 굴복할 거라고 여긴 것이지요.

　당시 미국의 대통령 후보인 윌키와 루스벨트는 징병제 법안에 찬성했습니다. 1940년 8월 미국의 상하원은 미국이 건국 이래 유지해온 지원병제가 아닌 평시의 징병제 채택을 가결합니다. 다만 이 법률은 징집병에게 단 12개월의 병역을 의무화한 것입니다.

　1년 후 징병제를 계속 유지할 것인가, 가부를 다시 묻는데 1941년 8월 12일 미국 하원의 투표 결과는 놀라웠습니다. 결과부터 말씀드리면 찬성 203표, 반대 202표[51]로 딱 한 표 차이였지요. 만약 여기서 징병제 법안이 부결되었다면 전쟁이 일어났을 때 참모총장 마셜도 말했듯이 "거의 모든 미국 사단의 전투능력이 파괴"[52]되는 파멸적 결과가 나왔겠지요.

1940년 여름 미국은 전쟁준비 측면에서는 불충분했습니다. 대신 자금, 노동력, 기술, 자원은 무궁무진했지요. 그렇다면 무엇이 없었을까요. 충분히 훈련받은 상비군입니다. 일본과 독일 등 전통적으로 징병제로 군대를 유지해온 국가가 보기에 미국 육군은 오합지졸에 불과했습니다.

앞에서 나온 마쓰오카의 주장이 합리적이라고 가정하고 생각해봅시다. 미국에게는 의연한 태도만이 효과가 있다는 말은, 미국이 준비 부족 상태이고 미국 국민이 유럽전쟁에 휘말리는 것을 무척 두려워하는 바로 지금, 일·독·이 삼국이 강하게 밀고 나가는 방식이 효과가 있을 것이라는 말인 듯싶습니다. 동맹국은 연합국의 준비가 부족할 때, 다시 말해 연합국이 지닌 풍부한 자원이 전쟁에 이용되기 전에 승부를 걸었던 것은 아닐까요.

조인 직전 해군대신이 바뀌다

어전회의는 3시간이나 계속됐습니다. 육해군 통수부와 추밀원 의장의 입에서 결국 원안에 동의한다는 발언이 나왔습니다만, 이례적이게도 추가의견이 첨부된 가결이었습니다. 우선은 육군을 대표해 간인노미야 참모총장이 소련과의 국교를 분명히 조정하라고 강하게 요청했습니다. 이어서 해군을 대표해 후시미노미야 군령부총장이 ①미일 개전을 피하기 위한 다양한 방책을 세울 것, ②남방의 발전은 평화적 수단으로 진행할 것, ③미·영 배척파의 무책임하고 강경한 언론 등을 철저히 단속할 것을 요구했습니다.[53]

육해군성의 상층부와 추밀원 의장뿐만 아니라 작전을 담당하는 통수부의 상층부가 삼국동맹에 강한 불안감을 갖고 있었나는 사실이 생생히 느껴집니다. 특히 해군은 동맹에 반대하는 분위기가 강했습니다. 이 점은 제2차 고노에 내각이 삼국동맹의 조인을 결정하는 과정에서 요시다 젠고吉田善吾 해군대신을 사임으로 몰아갔던 일에서도 충분히 짐작할 수 있습니다.

삼국동맹 체결 과정의 갈등을 드러내주는 대목입니다. 요시다 해군대신은 9월 4일 표면적으로는 건강상의 이유로 사임한다고 했지만, 사실은 해군 내부의 치열한 의견 대립에 치여 사임했습니다. 그는 자신의 신념으로는 영국과 미국을 가상의 적으로 하는 군사동맹에 절대로 찬성할 수 없다고 했습니다. 나중에 설명하겠지만, 중일전쟁 이후 막대한 군사예산을 요구해온 해군 조직 내부의 상황도 있었겠지요. 또한 해군의 중간 간부층 이하는 육군, 외무부 등과 함께 동맹안에 찬성해버렸고요.

요시다의 뒤를 이어 해상이 된 오이카와 고시로는 학문을 좋아하는 군인이었다고 전해집니다. 쇼와 천황이 황태자였을 때 동궁의 무관으로 재직하기도 했는데요, 『쇼와 천황 실록』에 나오는 에피소드를 하나 소개하겠습니다. 오이카와는 황태자와 함께 천체관측을 하며 당시 열다섯 살이던 황태자의 질문에 답해주고는 했답니다.[54] 북두칠성에 관한 질문이었다고 하는데 부친인 다이쇼 천황에게는 아마 배울 시간도 기회도 없었겠지요. 자신에게 북두칠성을 가르쳐준 인물이 24년 뒤 어전회의 석상에 나타납니다. 천황과 이 군인 사이에는 어린 시절부터 친밀함이 쌓였습니다. 이렇게 쌓인 친밀함은 다른 이들이 도저히 따라잡을 수 없는 부분이

기도 했지요.

조문을 읽다

일·독·이 삼국군사동맹이 어떤 것인지, 이제 동맹 조문[55]을 읽으면서 내용을 살펴보겠습니다. 우선 전문前文(형식적인 내용이 적혀 있는 두 문장을 제외한 첫 긴 문장)을 볼까요. 일본과 독일 간의 조문이 영어로 작성되었으니 영문도 함께 확인하겠습니다.

대일본제국 정부, 독일 정부 및 이탈리아 정부는, 만국으로 하여금 각각 그 위치를 얻게 하는 것이 항구평화의 선결 요건임을 인정하며, 대동아 및 유럽 지역에서 각각 그 지역의 당해 민족의 공존공영의 결실을 이루기 위한 신질서를 건설하고, 나아가 이를 유지하는 일을 근본으로 삼아 이와 같은 지역에서 이 취지에 따라 노력하며 상호 제휴하고 협력할 것을 결의한다.

The Government of Japan, Germany and Italy, considering it as the condition precedent of any lasting peace that all nations of the world be given each its own proper place, have decided to stand by and co-operate with one another in regard to their efforts in Greater East Asia and the regions of Europe respectively wherein it is their prime purpose to establish and maintain a new order of things calculated to promote mutual prosperity and welfare of the peoples concerned.[56]

읽으면서 뭔가 궁금한 부분이 있었나요?

💬 '항구평화'라는 단어는 일본국 헌법에도 나오는 것 같은데요.

우와, 날카로운 지적입니다. 일본국 헌법 전문의 두 번째 단락 첫머리에 "일본 국민은 항구평화를 염원하며"라고 나옵니다. 군사동맹 전문에 항구평화라는 말이 나오니 희한하죠. 평화를 위해서라든지 평화를 표방하면서 전쟁을 행해왔다니요. 그렇다면 이 전문은 일본 측과 독일 측 가운데 어느 쪽이 제안했을까요.

💬 …?

일본이 제안했습니다. 동맹의 문장을 준비한 것은 외무상인 마쓰오카와 외무관료들입니다.[57] 그런데 문장이 이상하죠. 게다가 일본어로 읽었을 때와 영어로 읽었을 때의 느낌이 다릅니다.

"만국으로 하여금 각각 그 위치를 얻게 하는 것"이라는 부분은 영어로는 'all nations of the world be given each its own proper place(세계의 모든 국가는 각자 적절한 위치를 부여받는다)'라고 되어 있어 그다지 이질감이 없습니다. 하지만 일본어 조문에서는 왠지 이 시기에 급작스럽게 유행했던 고색창연한 국체론이 엿보입니다. 팔굉일우八紘一宇라는 말을 들어본 적 있나요.

사전을 찾아보면 세계를 하나의 집으로 만든다는 표어로 태평양전쟁 당시 일본의 아시아 정책을 정당화하기 위해 사용되었다는 설명이 나옵니다. 이 말은 정부의 각의결정에도 등장합니다. 1940년 7월 26일 제2차 고노에 내각의 각의결정 '기본국책요강'[58]에는 "황국의 국시는 팔굉을 일우로 하는 건국의 대정신에 바탕

을 두고 세계 평화의 확립을 초래하는 것으로서 근본"을 삼는다
는 문장이 있습니다. 이런 국책요강이 나왔다고 했을 때 과연 내
용을 제대로 이해할 사람이 몇이나 될지 참 의문입니다. 도대체
무슨 말을 하고 싶어 하는지 알 수가 없지요.

팔굉일우는 본래 다나카 지가쿠田中智學라는 종교가가 만든
조어입니다.『일본서기』에 진무神武 천황이 야마토 가시하라에 천
황궁을 두었던 때의 칙어(물론 신화입니다)에서 만들어진 단어로,
1940년에 정부가 주관한 '기원 2600년 식전式典'(진무 천황이 즉
위한 해를 기점으로 삼은 이른바 황기皇紀 2600년을 기념하는 행사-옮
긴이)이 열리면서 팔굉일우가 일종의 유행어처럼 번졌습니다. 왜
영어와 일본어의 어감이 다르게 느껴지는 것일까요?

💬 주어가 분명하지 않은 거 같아요.

네, 잘 찾으셨네요. 일본어의 경우 "만국으로 하여금 각각
그 위치를 얻게 하는 것"의 주어는 일·독·이 삼국의 정부라는 사
실은 쉽게 알 수 있습니다. 영어에서도 "The Government of
Japan, Germany and Italy"가 주어라는 것은 자명합니다. 다만
영어와 비교해봤을 때 "만국으로 하여금 각각 그 위치를 얻게 한
다"라고 쓰면 모든 국가가 적절한 장소에 자리 잡게 하고 세계를
하나의 집으로 묶는 것은 도대체 누구인가라는 의문이 자연스럽
게 머리에 떠오릅니다. 그 답은 바로 일본 천황이지요. '일본 천황
이 만국으로 하여금 자리 잡게 한다'는 암묵적인 논리가 일본어
전문에 은근슬쩍 들어 있습니다. 은연중에 드러나는 셈이지요.

미국을 가상적국으로 삼은 제3조

이어서 제1조부터 제5조까지를 읽어볼게요.

제1조 일본은 독일 및 이탈리아의 유럽 신질서 건설에 관한 지도적 지위를 인정하고 나아가 이를 존중한다.

제2조 독일 및 이탈리아는 일본의 대동아 신질서 건설에 관한 지도적 지위를 인정하고 나아가 이를 존중한다.

제3조 일본, 독일 및 이탈리아는 앞 조항의 방침에 기반한 노력에 힘쓰며 상호 협력할 것을 약속한다. 나아가 조약국 중 어느 한 국가가 현 유럽전쟁 또는 일·지나전쟁에 참여하고 있지 않은 국가로부터 공격을 받을 시 삼국은 모든 정치적, 경제적, 군사적 방법을 다해 상호 원조해야 함을 약속한다.

제4조 (전략) 삼국은 혼합전문위원회를 조기에 만든다.

제5조 (전략) 제3조를 소련에는 적용하지 않는다.

제1조와 제2조는 군사동맹의 필수 요소 가운데 하나인 상호 세력권의 승인을 밝히고 있습니다.

제3조를 보면 미국을 명시하지는 않았습니다. 그런데 "현 유럽전쟁 또는 일·지나전쟁에 참여하고 있지 않은 국가"라고 에둘러 표현했지만 제5조에서 소련은 제외한다고 명시했으니 남은 국가는 미국밖에 없는 셈입니다.

앞에서 미국을 가상적국으로 삼는다고 결정한 것은 마쓰오카와 외무성이었다고 말했지요. 하지만 사료에서 확인한 사실은 마쓰오카가 처음에 생각했던 동맹이 삼국이 조인한 동맹의 최종 형태와 달랐다는 점입니다.

동맹의 제3조는 미국이 일·독·이 삼국 가운데 한 국가를 공격해왔을 때에 삼국이 "모든 정치적, 경제적, 군사적 방법을 다해 상호 원조해야 함을 약속한다"고 했습니다. 미국이 참전하면 일·독·이도 참전한다, 때리면 곧바로 맞받아치겠다는 말 그대로 억지를 목적으로 한 것입니다.

하지만 본래 마쓰오카가 스타머 특사와 회견하기 전에 외무성 간부와 협의하고 준비한 계획은 일·독·이 삼국이 세계 신질서 건설과 각자의 생존권 확립에 관해 상호 승인을 한다는 점, 영미 대책에 관해 삼국이 협력한다는 점, 단 두 가지만 들어 있는 간단한 공동성명을 '짠' 하고 발표하는 것이었습니다. 미국에 대한 무력행사 같은 구체적인 조건은 나중에 전문위원회 논의에 맡긴다는 것이 마쓰오카의 구상이었습니다. 표면상으로는 으리으리해 보이지만 내실은 아무것도 정해진 것이 없는 겉만 번지르르한 동맹 플랜이었습니다.

그러나 실제 동맹조약에는 독일이 요구한 대미 억지가 명확하게 적시된 제3조가 들어가고 맙니다.

대동아는 어디를 말하나

💬 전문에는 "대동아 및 유럽 지역에서 각각 그 지역"이라는 말이 나오고, 제1조, 제2조에서도 유럽, 대동아가 등장하는데 각각의 지역은 어디를 말하는 건가요?

매우 중요한 질문을 해주셨네요. '대동아'는 과연 어디라고 생각하십니까?

💬 동남아시아?

영문에는 'Greater East Asia'라고 되어 있지만 범위가 명시되어 있지는 않지요. "대동아 및 유럽"이라고 했을 때 유럽의 지리적 범위는 역사적으로 일정 정도의 합의가 있습니다. 유라시아 대륙 가운데에 솟은 우랄산맥 서쪽, 대체로 고대 로마제국의 영토였던 곳 등이라고 말할 수 있습니다. 그렇지만 대동아는 불명확합니다.

당연히 독일에서 온 스타머도 교섭 과정에서 이 점을 지적하며 확인합니다. 이때 마쓰오카 외무상의 대답이 참으로 놀랍습니다. 그는 남북의 범위를 "오스트레일리아, 뉴칼레도니아 이북의 동아시아 전 지역"[59]이라고 말합니다. 그리고 동서로는 버마에서 네덜란드령 동인도까지[60]라고 말하는데요, 이 또한 눈이 휘둥그레질 소리지요.

외무성은 조약이 조인된 9월 27일 오후 9시에 열릴 외신 기자회견에서 나올 질문의 예상 답안도 만들었습니다만 이것도 어이가 없습니다. 대동아의 범위는 어디까지인가, 신질서는 무엇인가라는 질문에는 "자구의 해석에 관해서는 언명할 게 없다"고 대답하라는 무뚝뚝한 대응 방식을 취하고 있습니다.[61]

하지만 아무리 봐도 알고 있는 것을 숨기는 것이 아니라 일본 정부도 대동아가 어디를 가리키는지 정말 몰랐고, 명확하게 규정해놓지 않았던 것 같습니다.

224

일본제국이 고안한 대동아공영권. 지도상에 진하게 표시된 부분이 그 세력권이다.

1942년 2월 26일 개최된 대본영정부연락회의에서 스기야
마 겐杉山元 참모총장이 대동아 건설 문제를 설명하는 내각 측에게
"대동아공영권이라는데, 그 범위는 어딘가"라고 질문합니다. 도
대체 대동아공영권이 어디냐고 단도직입적으로 물었지요. 이때
도조 히데키 총리는 "지금 점령하고 있고 작전을 실행하는 지역
으로 버마(미얀마), 말레이, 네덜란드령 및 동쪽 제도"[62]라고 말합
니다. 동서의 범위는 마쓰오카가 스타머에게 한 대답과 일치하지
만 "작전을 실행하고 있는 곳이 대동아"라는 답변은 그야말로 입
이 다물어지지 않네요. 마치 2004년 11월 10일 당수회담에서 민
주당 오카다 가쓰야岡田克也 대표가 이라크 부흥지원특치법이 정
하는 비전투지역의 정의를 묻자 고이즈미 준이치로小泉純一郎 총
리가 "자위대가 활동하는 지역은 비전투지역입니다"[63]라고 답했

던 일이 떠오르네요.

독일은 전문의 취지를 이해했을까

조문을 읽고 나니 어떤 생각이 드나요?

💬 '신질서 건설'이라고 했는데 삼국이 제멋대로 갖다 붙인 말 같고 아무런 대의도 없는 것처럼 보입니다.

오, 굉장히 냉철하네요. 말은 번지르르하지만 자세히 뜯어보면 일본이 '대동아'에서 이루고자하는 신질서 이념과 독일과 이탈리아가 '유럽'에서 이루고자 하는 이념이 똑같을 리가 없습니다. 동상이몽의 동맹이라는 사실을 숨기기 어렵지요. 이를테면 팔굉일우라는 말을 연상시키는 듯한 전문을 독일이 정말로 인정했을까요. 신국神國 일본이라는 발상은 나치 독일의 세계관과는 모순되는 것이었으므로 독일이 전문을 성실하게 봤다면 도저히 조인까지 이르지 못했을 것 같습니다.

이런 상황을 알아챘던 인물이 있습니다. 추밀고문관이었던 후카이 에이고深井英五가 추밀원 본회의에서 동맹조약을 심사할 때 문제를 예리하게 파고들었습니다(후카이는 1931년 12월 이누카이 쓰요시 내각의 대장상으로 임명된 다카하시 고레키요高橋是清가 금 수출 재금지를 단행했을 때 실무를 맡아 처리한 사람입니다).[64]

조약 전문에 만국으로 하여금 각각 그 위치를 얻게 한다고 되어 있는데 '히틀러'는 항상 약육강식은 자연의 법칙이라는 말을

한다. 독일 측은 정말로 이 전문의 취지를 올바르게 이해하고
있는가.

아리아 민족을 상위에 두고 유대인 차별을 공공연하게 자행
하는 등 약육강식을 바탕으로 하는 독일이 일본의 팔굉일우 정신
을 바탕으로 쓰인 전문을 정말로 이해하고 있는가라는 질문입니
다. 여기에 마쓰오카는 어떤 대답을 내놨을까요. 일본 외교의 사
명은 "황도皇道의 선포에 있으며 이해득실만으로 움직이는 것은
아니다. 약육강식과 같은 사상은 단호히 배격해야 한다"라는 식
으로 대답합니다. 전혀 엉뚱한 대답이지요.

이처럼 독일도 전문의 내용이나 대동아의 실체 등을 명확하
게 논의하지 않고 넘어가려 했습니다. 마침 독일은 런던에 맹렬한
폭격을 시작했고 영국은 흔들리고 있었지요. 그런 때에 일본과 동
맹을 맺으면 미국을 견제해 찍소리 못하게 할 수 있다고 여겼기에
억지 효과를 발휘할 동맹을 한시라도 빨리 맺고 싶어 했습니다.
20일간의 속전속결 결과가 조문에 고스란히 드러납니다. 신질서
에 관한 삼국의 일치점도 없으며 대동아의 범위도 분명하지 않습
니다. 삼국동맹은 그런 조약이었지요.

버스를 놓치게 될까 봐 동맹을 맺은 게 아니다

어째서 일본은 거절하지 않았을까

💬 보도기관 검열에 독일과 이탈리아에게 유리한 동맹이라고 적어서는 안 된다는 내용이 있었는데요. 국제연맹의 제안도 걷어찼던 일본이 왜 이번에는 불리한 동맹인데도 받아들인 것인가요.

독일과 이탈리아는 일본이 동맹에 참여하면 미국이 동요할 것이라고 생각했습니다. 독일이 아무리 강하더라도 대서양 너머에 있는 미국은 독일을 두려워하지 않았으니까요. 미국이 영국을 원조하지 못하게 하려면 태평양 쪽에서 일본이 미국을 견제해야 한다고 생각했습니다. 독일은 미국이 대서양과 태평양 양쪽에 신경을 곤두세우는 상황을 만들고 싶었는데, 당시 태평양에서 미국을 압박할 수 있는 해군력을 보유한 국가는 일본뿐이었습니다. 이것이 독일과 이탈리아에게 유리한 동맹이라 말하는 이유입니다.

그렇다면 일본은 어째서 이 동맹을 거부하지 않았을까요. 일본이야말로 불리함을 감수하면서라도 독일과 동맹을 맺고 싶었기 때문입니다.

사실은 일본이 독일에게 먼저 교섭을 제안했다는 말이 있습니다. 독일 특사인 스타머가 1940년 9월 7일 일본에 왔다고 했지요. 일본은 독일이 특사를 보내기 전인 1940년 7월 무렵부터 움직이기 시작했고 8월 1일에는 마쓰오카 외무상이 오트Eugen Ott 주일 독일대사에게 이야기를 꺼냈습니다.

일본은 왜 동맹을 맺고 싶어 했을까요. 마쓰오카 외무상과 외무성은 왜 동맹에 연연했을까요. 미국의 경제봉쇄가 두렵기는 하지만 일본으로서는 어떻게 해서든 독일에게 확약을 받아두고 싶었던 것이 있지 않았을까요. 이런 관점에서 접근해보면 또 다른 역사가 펼쳐집니다.

언론이나 국민이 볼 수 없는 무대 뒤편에서 일본, 독일, 이탈리아가 어떤 교섭을 진행했는지 들여다보면 역사는 다른 이야기를 들려줍니다. 동맹조약 전문과 제1조부터 제6조[65]의 조문은 신문에도 실렸습니다. 한편 신문에 실리지 않은 부분에 뭔가 비밀스런 양해와 합의가 있었고 그 부분에 일본이 요구하던 내용이 적시되었을 가능성도 있지요.

사실 마쓰오카는 많은 양해사항(대부분 비밀양해사항)을 독일과 이탈리아에 밀어붙이려 했습니다. 무력행사의 의무를 가능한 배제하면서 경제적 이권을 확보하려 했습니다.[66] 일본의 조약안에는 비밀양해사항이 엄청 많이 나열되어 있었고 이를 읽어본 스타머는 "일본 측 요구만 별도로 기입할 것"[67]이라고 말하며 한숨을 내쉬었다고 합니다.

일본이 준비했던 비밀양해사항의 내용[68]은 크게 두 가지였습니다. 첫 번째는 일본의 '생존권 범위'인데요, 그 욕심이 대단합니다. 앞에서 언급한 대동아 지역(프랑스령 인도차이나, 프랑스령 태평양제도, 타이, 영국령 말레이, 영국령 보르네오, 네덜란드령 동인도, 버마) 이외에 일본의 괴뢰국가였던 만주국, 마찬가지로 왕자오밍汪兆銘이 이끄는 괴뢰정부인 난징국민정부(충칭 국민정부의 이인자였던 왕자오밍은 장제스에게서 떨어져 나와 일본 측에 협력했고 1940년 3월 일본의 괴뢰정부인 난징정부를 수립합니다)가 들어가 있습니다.

여기에 덧붙여 일본은 구 독일령 남양군도도 일본의 생존권으로 삼으려 했습니다. 1차 세계대전에서 패배한 독일은 파리강화회의에서 맺은 베르사유조약으로 이전까지 보유했던 모든 식민지를 토해냈습니다. 그중 하나가 남양군도[69]입니다. 1919년부터 적도 이북의 섬은 일본이, 적도 이남의 섬은 오스트레일리아와 뉴질랜드가 위임통치하게 되었습니다. 일본은 적도 이남의 남양군도 모두를 얼마간의 대가를 지불하고 손에 넣으려 했습니다.

비밀양해사항의 두 번째는 영국과 미국을 향한 무력행사를 일본이 자주적으로 결정할 수 있다[70]는 것입니다. 일본은 겉으로 명확히 드러내지는 않았지만 이런저런 세세한 조건[71]을 갖다 붙였습니다. "중일전쟁이 끝나기 전까지는 영국과 미국에게 무력행사를 하지 않을 것이며 무력행사는 국내외 제반 정세(중일전쟁과 일소관계, 미국의 태도, 일본의 전쟁준비 상황)가 특히 유리한 때와 국제정세의 추이가 이미 일각의 유예도 허용치 않는 상황이 됐을 때에 한한다"고 했습니다.

스타머는 일본이 요구하는 비밀양해사항은 반드시 외부에

알려질 것이고, 그렇게 되면 미국에 대한 억지 효과가 떨어진다며 거절했습니다. 하지만 일본의 끈질긴 설득에 지고 말았고 결국 두 가지의 비밀양해사항을 받아들인 교환공문(국가 간에 교환하는 외교서간. 명시적인 합의가 형성되었음을 시사)을 마쓰오카 외무상과 오트 주일 독일대사가 작성하는 공식 문서에 포함하는[72] 것으로 타협했습니다.

다만 일본의 자주적인 참전의 길, 즉 미국이 독일전에 참전하더라도 일본은 일본이 설정한 조건에 맞지 않으면 참전할 의무가 없다는 식의 빠져나갈 구멍을 교환공문이라는 형태로 주고받은 사실을 독일 본국이 정말로 용인했는가 하는 문제가 남아 있습니다. 어디까지나 도쿄를 무대로 한 마쓰오카 외무상과 오트 주일대사의 합의를 스타머가 연출했을 뿐이지 독일 본국에는 알리지 않았을지도 모른다는 의혹을 제기하는 책[73]도 나왔습니다.

전후 극동국제군사재판 때 작성된 스타머와 오트의 국제검찰국 심문조서를 보면 스타머와 오트가 교환공문의 내용 네 가지를 독일 본국의 요아힘 폰 리벤트로프Joachim v. Ribbentrop 외무상에게 알리지 않았다고 대답한 기록이 남아 있습니다.

일본이 독일과 가까워지려 한 이유

역사 관련 텔레비전 프로그램 등에서는 일본이 독일에 접근해 삼국동맹을 맺은 이유를 흔히 "버스를 놓치지 않기 위해"라는 식으로, 일본이 독일의 전승 기세에 현혹되어 승승장구하는 버스에 올라타려 했다고 설명합니다. 이 설명이 틀렸다고 딱 잘라 말할 수는 없지만 당시 정책을 결정한 사람들의 생각이 과연 어떠했는지에 관한 고찰을 등한시했다고 비판할 수는 있습니다.

지금부터 여러분과 함께 실세로 정책을 결정했던 사람들의 생각을 분명하게 보여주는 사료를 살펴보려 합니다. 과거에도 그 랬고 지금도 그렇습니만 일본에서는 대부분의 정책이 정치 수장 의 머리에서 나오지 않습니다. 대체로 각 담당 부처의 실무자가 모여 합의를 하고 문안을 작성한 뒤 각 부처의 수장에게 올려 결 재를 받는 방식을 취합니다. 여기서 중요한 것은 장·차관급이 아 니라 중간관리자급에서 정책을 결정한다는 사실입니다. 중간관 리자들이 작성하고 결정한 내용이 그대로 어전회의에 올라가는 일도 비일비재했습니다. 그래서 장·차관과 중간관리자 사이에 인 식 차이가 생기는 일도 많습니다.

지금 읽을 사료는 동맹이 조인되기 약 2개월 전인 1940년 7 월 12일과 16일, 외무성에서 2회에 걸쳐 열린 '일·독·이 제휴강 화에 관한 육군·해군·외무 3부처 실무자 회의'[74] 회의록입니다. 각 부처의 대표는 삼국동맹안의 골자를 정리하는 준비회의에서 도대체 어떤 논의를 펼쳤을까요.

"사건은 회의실에서 일어나지 않는다. 현장에서 일어난다." 이 말은 20여 년 전에 방영됐던 일본 드라마 〈춤추는 대수사선〉 에 등장하는 주인공 형사의 전매특허 대사입니다. 이 말을 "정책 은 각의에서 결정되지 않는다. 각 부처 간 실무회의에서 결정된 다"라고 바꿔 말할 수도 있겠네요. 그런 회의를 하기 위해 육군성, 해군성, 외무성의 과장급, 좌관佐官(대위, 중위, 소위의 총칭인 위관 보다는 위이고 대장, 중장, 소장 등 장성급의 총칭인 장관보다는 아래의 지위입니다)급 40세 전후 실무자들이 모였습니다.

등장인물을 발언 순으로 소개하겠습니다. 첫 번째로 발언을
한 사람은 오노 다케지大野竹二입니다. 군령부 제1부원으로 계급
은 대좌, 직무는 해군의 작전·통제를 맡고 있었습니다. 오노는 3
년 정도 영국에서 유학한 경험이 있는 영국통으로 알려졌습니다.

이어서 발언한 시바 가쓰오柴勝雄는 해군성 군무국 제1과원
으로 계급은 중좌입니다. 군무국은 해군성 업무의 대부분을 관장
하는 부서입니다.[75] 시바는 친독일파로 간주되었습니다. 패전 당
시에는 미주리함에서 이루어진 항복문서 조인식에 해군 측 수행
원으로 입회하기도 했습니다.

다카야마 히코이치高山彦一는 육군성 군무국 군무과 외교반
장으로 계급은 중좌입니다. 육군 군정을 담당하는 군무국에는 군
사과(일반군정과 예산 관리)와 군무과(국방정책 입안, 제국의회와의
교섭)가 있었는데 다카야마는 군무과 소속입니다. 소련·폴란드통
으로 알려졌습니다.

안도 요시로安東義良는 외무성 유라시아국 제1과장[76]입니다.
유라시아국은 주로 유럽을 담당하는 부서입니다. 안도는 도쿄대
학 법학부를 나와 외무성에 들어간 뒤 파리법과대학원을 졸업한
프랑스통입니다. 패전 당시에는 외무성 정무국장이었습니다.

마지막 발언자는 다네무라 스에타카種村佐孝입니다. 참모본
부 전쟁지도반에 있었으며 계급은 소좌입니다. 참모본부는 육군
의 작전·통제를 관장하는 기관인데요, 전쟁지도반은 대본영 정부
연락회의에 올리는 문서의 작성 등을 맡았기 때문에 군령부, 육군
성, 해군성, 외무성 등 다른 관련기관과의 절충 업무를 주로 담당
했습니다. 실제로 육군에서 가장 달변가들이 모인 곳이지요. 다네

무라는 회의에 모인 사람들 가운데에서 가장 젊었으며(당시 36세) 발어도 강경해 싸움을 잘할 것 같다는 인상을 줍니다. 태평양전쟁 말기에는 참모본부에서 소비에트를 통한 화평안을 기안했습니다.

그럼 회의 상황을 들여다볼까요. 먼저 해군의 작전을 담당하는 군령부의 오노 대좌가 다음과 같은 의견을 피력합니다.

때에 따라서 독일은 전후에 네덜란드령, 프랑스령 및 지나에서 활발한 경제활동을 펼칠 수 있습니다. (중략) 프랑스령, 네덜란드령을 자신의 영토로 삼지는 않더라도, 활동적인 '나치'당원을 파견하고 이곳을 자신들의 정치적 지도 아래 두는 것도 생각할 수 있으므로 일본의 프랑스령, 네덜란드령 공작은 이를 예방하기 위해 급속함을 요합니다. 일본으로서는 프랑스령, 네덜란드령을 유럽에서 분리하는 일에 힘써야 합니다.

'독일은 전후 네덜란드령(동인도), 프랑스령(인도차이나), 중국에서 활발한 경제활동을 펼칠 것이다. 나치당원을 파견해 독일의 영향 아래 두는 일도 생길 수 있다. 그러므로 일본의 프랑스령, 네덜란드령 정책은 독일의 공작을 예방하기 위해 서두를 필요가 있다. 종주국인 프랑스와 네덜란드는 독일에 패배했는데, 유럽전쟁의 승패 여부가 동남아시아 지역에 영향을 미치는 일은 피하고 싶다.' 오노는 이렇게 주장합니다.

여기서 '전후'라는 말에 주목해주셨으면 합니다. 놀랄 만한 일이지요. 1940년 7월에 벌써 '전후'를 생각하고 있었습니다.

다음으로 해군성 시바 중좌의 발언이 이어집니다.

최근 일본을 방문한 헬프리치가 말하기를 일본에서는 전후 독일은 피폐해질 거라는 예상이 많지만 이는 그야말로 오해이며 전전 및 전쟁 중에 확대된 공업력은 전후 그 판로를 구하기 위해 대규모 경제활동을 펼칠 것이라고 했습니다. 전후에 독일은 남양군도, 지나 등을 노리고 대대적인 경제 진출을 꾀할 것입니다.

시바는 전후라는 단어를 세 번이나 썼네요. 일본을 방문한 독일의 경제인 등은 독일 경제가 전쟁으로 피폐해지는 일은 없다고 말했다. 전쟁이 종결되면 전시체제에 대응하기 위해 활성화된 경제에서 잉여생산이 나올 것이 틀림없으므로 독일은 아시아로 눈을 돌릴 것이라며 위기감을 토로했습니다.

그렇다면 육군 측은 뭐라고 얘기했을까요. 육군성 다카야마 중좌의 발언을 들어봅시다.

독일이 앞으로 네덜란드령, 프랑스령에 관해 일본에게 어떠한 태도를 취할지는 독일이 전후 소련에 대해 어떠한 태도를 취하려 할지에 달려 있다고 생각합니다. (중략) 프랑스령, 네덜란드령은 의외로 용이하게 일본에 맡길지도 모릅니다. 하지만 유럽의 신질서 건설을 최우선 과제로 삼는다면 프랑스령, 네덜란드령 문제는 상당히 번거로워집니다.

육군은 소련을 오랫동안 가상적국으로 삼아왔기 때문에 독일과 소련의 관계에 관심이 쏠려 있지요. 다카야마 또한 전후라는 단어를 두 번 사용했습니다. 여기서 눈이 가는 부분은 독일이 어떤 대소련 정책을 취하는가에 따라 프랑스령, 네덜란드령에 관한 정책도 달라질 거라고 생각했다는 점입니다. 독일이 프랑스령과 네덜란드령은 일본에게 맡긴다고 말해준다면 정말 좋겠지만 독일이 유럽에서 신질서 건설에 매진하게 되면 해당 지역을 적극적으로 손에 넣으려 할 것이기 때문에 번거롭다는, 역시 어두운 예상입니다.

이런 육해군 측의 의견을 듣고 외무성의 안도는 "동감합니다. 독일이 네덜란드령 등에서 정치적 지도력을 확보하려 한다면 강력하게 반대해야 할 것입니다"라고 대답합니다.

그럼 마지막으로 참모본부 다네무라의 발언을 들어봅시다.

프랑스령, 네덜란드령 문제는 결국 해군력이 말해주리라 생각합니다. 해군을 가지지 못한 독일은 아무리 노력한들 일본 해군의 세력권 내에서는 일본에 대항할 수 없습니다. 결국 문제는 일본의 담력으로 결정됩니다.

해군력이 불충분한 독일이 프랑스령과 네덜란드령에 대해 이러쿵저러쿵 말하더라도 일본은 신경 쓸 필요가 없다. 일본 해군이 분명한 태도를 유지하면 독일은 '대동아' 지역에 대해 아무 말도 못할 것이라는 취지입니다. 왠지 일본 해군에게 '독일과 싸울 각오로 교섭하시오'라고 말하는 듯하지요.

이 회의의 회의록[77]을 읽어보면 참 의외입니다. 미국이 전혀 등장하지 않습니다. 영국도 나오지 않고요. 삼국동맹의 목적은 미국을 견제하는 것 아니었나요. 이들 실무자에게 동맹은 무엇을 위한 것이었을까요. 동맹을 맺어서 무엇을 어떻게 하고 싶었던 것일까요.

💬 독일을 견제하고 싶었던 건가요.

네, 답이 금방 나왔네요. 이들이 화제로 삼은 것은 독일입니다. 발언을 되돌아보면 모두가 '전후'라고 몇 번이고 말했습니다. 이 전후라는 말이 의미하는 것은 무엇일까요. 말하자면 이 사람들의 머릿속에는 2차 세계대전이 독일과 이탈리아의 승리로 끝나리라는 예상이 들어 있었습니다. 1940년 7월 노르웨이, 덴마크, 벨기에, 네덜란드, 프랑스 등이 모두 패배했습니다. 미국은 그때서야 본격적으로 군인을 훈련시키기 시작했기 때문에 영국에게 물자, 무기, 함선 이상의 원조는 할 수 없었습니다. 독일과 일본은 이런 상황을 목도하고 있었습니다.

일본의 육군, 해군, 외무성이 했던 논의는 어쩌면 철저하게 실리에 입각한 내용입니다. 이들이 가장 촉각을 곤두세웠던 부분은 독일에 진 국가가 소유했던 식민지의 행방이있습니다.

삼국동맹이라고 하면 당시 일본이 미국을 어떻게 봤는지, 그런 관점에서 교섭 과정을 살펴보려 하겠지요. 하지만 사실 일본에게는 네덜란드령, 프랑스령 아시아 식민지의 행방이 가장 중요했습니다. 1932~1933년에는 국제연맹의 제안을 걷어찼던 일본이 왜 일본을 철저하게 불리한 입장으로 몰고 갈지도 모르는 독일, 이탈리아와의 교섭을 거절하지 않았을까요. 일본이 가지고 싶은 것이 바로 눈앞에 있었기 때문입니다.

독일을 견제하기 위한 동맹

당시 동남아시아로 눈을 돌러보면 프랑스, 네덜란드, 영국의 식민지가 많았습니다. 네덜란드는 석유 산출이 풍부한 자바섬을 비롯해 인도네시아의 절반을, 프랑스는 베트남과 캄보디아를 가지고 있었고 인도차이나와 태평양의 섬들도 보유하고 있었습니다. 그리고 영국은 홍콩, 싱가포르, 말레이시아, 피지 등을 가지고 있었지요. 만약 영국이 1940년 9월 '전쟁을 포기하겠습니다' 하고 손을 들었다면 지금 거론한 아시아 지역은 모두 독일의 수중으로 넘어갔겠지요.

앞서 제2장에서 말했듯이 연합국은 1차 세계대전에서 패배한 독일과 베르사유조약을 맺었고 무배상·비병합 등 겉으로는 신사적인 말을 늘어놓았지만 실제로는 위임통치령이라 칭하며 독일의 식민지를 전부 나눠서 차지했습니다. 영국제국이 보유한 실질적인 식민지 면적은 1차 세계대전 이후에 최대가 됐지요.

독일 식민지의 위임통치 조치에 영국과 프랑스 그리고 일본도 참여했습니다. 일본은 독일이 이번 기회에 영국과 프랑스가 보유한 식민지에 분명 손을 댈 것이라고 예측했습니다. 이는 단순한 예감이 아니었습니다. 나치 독일은 베르사유체제(파리강화회의로 창설된 국제연맹을 중심으로 한 국제협조)가 위선이며 기만이라고 여겼습니다. 이 분야의 전문가인 도마쓰 하루오[78]도 '위임통치제도는 전승국이 독일의 식민지를 박탈하고 분할하는 것을 정당화하기 위해 만들어낸 위선적인 제도이며 구 식민지는 최종적으로 전면 회복해야 할 대상'이었다고 말합니다.

1차 세계대전이 끝난 뒤 적도 이북의 구 독일령 남양군도를 빼앗은 국가가 일본입니다. 일본은 위임통치라면서 독일에게서 받은 사이판, 티니언, 야프, 팔라우, 트럭 등 매우 중요한 섬들에 일본인을 이주시켰고 사탕수수 사업 등을 벌였습니다.[79] 한편 이 섬들은 만약 태평양에서 미국과 일본이 싸우게 되면 해군·공군 기지로 탈바꿈할 곳이었습니다. 일본제국에게는 전략적 요충지임에 틀림없었습니다. 미국도 이 섬을 거쳐서 일본으로 밀고 들어오는 행로를 작전계획으로 고안했고요.

사이판 남쪽 인근에 위치한 티니언섬은 1945년 8월 원자폭탄을 탑재하고 히로시마와 나가사키를 향해 날아간 B29폭격기(에놀라 게이)가 출격한 곳으로 유명합니다. 티니언은 사이판에서 소형 비행기로 1시간 정도 걸리는데 나중에 꼭 가보시기 바랍니다. 에놀라 게이가 이륙한 활주로가 남아 있습니다. 여담이지만 미군에게 빼앗기기 전에 티니언섬에 비행장을 건설한 것은 일본이었고 그 건설에 종사했던 사람은 홋카이도 아바시리 형무소의 죄수들이었습니다.[80] 또한 오키나와전을 위한 비행장 건설에 동원됐던 사람은 조선에서 데려온 노동자였습니다.

일본은 다가올 강화회의에서 독일에게 프랑스령 인도차이나, 네덜란드령 동인도의 처우, 또한 '남양군도도 그대로 가지고 있어도 괜찮지요'라는 의견의 확답을 받아내야 한다고 생각했습니다. 외무성은 1940년 7월 강화회의에 대비하기 위해 그 이름도 거창한 '전시대책 및 평화대책 위원회'라는 회의도 만들었습니다. 마음은 벌써 강화講和에 가 있었지요.

육군, 해군, 외무성의 관료들은 왜 동맹을 맺으려 했을까요. 독일과 좋은 사이를 유지하면서 승승장구하는 버스에 올라타 함

께 전쟁을 치르려고요? 그렇지 않습니다. 그들은 독일과 동맹을 맺음으로써 독일을 견제하려 했습니다.[01]

대동아공영권은 무엇을 위한 슬로건일까

이어서 일본이 '대동아공영권'이라는 말을 사용한 이유를 생각해볼까요. 'East Asia'로는 부족해서 'Greater East Asia'라고 이름을 붙인 이유는 무엇일까요. 대동아공영권은 대체 어떤 의도를 담은 슬로건이었을까요. 앞에서 여러분이 "독일을 견제하기 위해서"라고 했던 대답이 핵심입니다.

💬 전후 대동아 일대의 권역을 일본이 독점하기 위한 말이 필요해서요.

네, 그렇습니다. 고노에와 마쓰오카는 미국은 전쟁을 걸어오지 않을 것이라고 상정했지요. 그렇다면 일본은 2차 세계대전이라는 유럽에서 일어난 위험한 전쟁에 참전하지 않고 중립국으로 있으면서 '대동아' 지역을 독점할 수 있습니다. 가장 원하는 것은 삼국동맹을 맺는 순간 삼국이 세계대전의 승전국이 된다는 그림이었겠죠. 싸우지도 않고 아무런 노력도 하지 않은 채 대동아 지역에 있는 연합국의 식민지를 차지하는 것이지요. 단적으로 말하면 '식민지 종주국을 제압한 독일의 동남아시아 식민지 재편 가능성을 참전도 하지 않은 일본이 봉쇄하기 위한 슬로건'입니다.

물론 국민 앞에 내건 미사여구는 다릅니다. 네덜란드의 식민 지배를 받아온 자바에 독립을 안겨주는 것이라는 식으로 포장했지요.

삼국군사동맹조약의 제1조와 제2조를 떠올려볼까요. 유럽과 대동아에서 일·독·이는 각각의 세력권을 승인한다는 문구가 있었는데 기억나시나요. 이 문구가 앞으로의 강화회의에서 일본이 대동아 지역을 차지할 근거가 되겠지요. 그야말로 손쉽게 차지할 수 있습니다. 대동아공영권이라는 슬로건은 이런 실리적 효과를 노렸습니다.

일찍이 도호쿠가쿠인대학의 교수인 가와니시 고스케河西晃祐가 이런 견해를 펼쳤습니다.[82] 지금은 2012년에 외무성이 간행한 『일본외교문서』에 앞에서 읽은 육군·해군·외무성의 실무자 회의록 등이 수록되어 있지만 가와니시 교수는 회의록이 나오기 훨씬 전부터 이 문제를 제기했습니다.

동맹이라는 것의 목적은 무엇일까요. 교섭이 시작되는 입구와 교섭이 끝난 출구의 모습이 사뭇 다릅니다. 출구는 문자 그대로 미국을 억지하기 위한 동맹이었지요. 그리고 입구 뒤쪽에 '자동 참전 조항과 대동아의 정의' 등 비밀양해조항이 붙어 있고 일본에게 이득이 되는 점이 적혀 있습니다. 하지만 이런 내용이 겉으로는 전혀 드러나지 않았습니다.

펜타곤 요다의 분석 대상

💬 전후 독일이 세계를 좌지우지할 것이라 생각했다니, 깜짝 놀랐습니다.

일본의 정치와 외교를 움직여온 실무 담당자가 독일의 전격전에 마음을 빼앗긴 모습을 생생히 보여주는 회의록이죠. 당시 사람들이 독일군의 혁혁한 승리에 현혹되었던 것도 이해가 갑니다. 그런 예를 한 가지 들어볼게요.

2015년 미국에서 『마지막 전사』라는 책[83]이 간행됐습니다. 이 책의 주인공은 앤드류 마셜이라는 인물인데요. 마셜이라고 하면 2차 세계대전 당시 미 육군 참모총장을 지내고 전후에는 국무장관이 된 조지 마셜도 있습니다. 유럽 부흥을 위한 마셜 플랜으로 유명하지요. 하지만 조지 마셜은 아닙니다. 앤드류 마셜은 1969년부터 2015년 은퇴할 때까지 모든 국방장관을 보좌하며 냉전기 미국의 소련 전략을 창안한 인물입니다.

원서로 읽고 있었는데 일본어 번역본도 나왔더라고요(일본에선 『제국의 참모』[84]라는 제목으로 출간). 정말 재미있는 책이니 꼭 읽어보시기 바랍니다.

일본어판의 띠지에는 "비용 강요 전략으로 구소련을 붕괴로 몰고 간 '펜타곤의 요다'"라는 문구가 적혀 있습니다. 요다는 영화 〈스타워즈〉에 나오는 지도자의 이름입니다. 미군의 총본산인 국방부 본부(펜타곤)를 지도해온 마스터 요다는 국방장관의 스승인 셈이지요.

전후 미군이 모든 지식을 총동원해 분석하고자 염원했던 것은 소련 군부의 머릿속이었습니다. 전략 분석의 애로 사항은 상대방도 자신과 똑같은 생각을 할 것이라고 전제하기 쉽다는 점입니다. 그런 함정에 빠지지 않기 위해 마스터 요다가 줄곧 생각해온 문제가 두 가지 있습니다. 하나는 1940년 5~6월, 독일이 벨기에

를 넘어 프랑스를 침공했을 때 승리할 수 있었던 결정적인 이유가
좀처럼 명확하지 않다는 점입니다. 당시 영·프 연합군이 군인, 사
단, 전차 수에서 독일을 앞질렀는데 말이지요.

냉전기 미국에서는 서유럽의 동맹군인 나토군과 동유럽의
동맹군인 바르샤바조약기구군의 전력을 비교하기 위해 데이터베
이스를 아주 꼼꼼하게 작성했습니다. 동원 가능한 총인원, 대공병
기, 지대지 미사일, 전술항공기 수 등을 입력하고 무기 체계의 질
적 차이에도 대응할 수 있는 전력평가지표를 만들었습니다.[85]

펜타곤의 요다는 참 비범했습니다. 이 전력평가 시스템이 유
용한가를 판단하기 위해 독일의 전격전 당시 독일군과 영·프 연
합군의 수치 데이터를 입력해봅니다. 결과(승패)가 실제 전쟁사
의 결과와 똑같다면 펜타곤이 작성한 전력평가 시스템은 쓸 만
한 지표라는 말이 됩니다. 그렇지만 전력평가 시스템에서는 독일
군의 압도적 승리라는 결과가 나오지 않습니다. 그 말은 곧 전력
평가 시스템에 다른 요소가 더 들어가야 한다는 사실을 알려주었
죠.[86] 그래서 기만欺瞞과 기습, 전술, 제공권, 지휘통제, 지세, 장갑
시스템과 대장갑 시스템 등에도 착목합니다. 독일군이 왜 압도적
승리를 했는가, 이를 예측할 수 있는 전력평가 시스템을 만드는
일에 미국은 고집스럽게 매달렸습니다.

요다에게 또 하나의 수수께끼는 1941년 12월 일본의 진주
만 기습공격입니다. 이는 다음 장의 주제인 미일교섭에서 다루는
데, 이왕 얘기가 나왔으니 간단하게 말씀드릴게요. 미국은 일본
의 암호를 해독해 가까운 시일 안에 진주만 공격이 있을 것이라는
사실을 분명하게 시사하는 총 15개의 문서를 얻었습니다. 그럼에

도 불구하고 미국에게 진주만 공격이 전략적으로도, 전술적으로도 충격적이었던 이유는 무엇일까요(자세한 내용은 4장에서 다룹니다).[87]

2차 세계대전을 승리로 이끈 미국, 그런 미군의 전략분석가가 전후에도 계속 붙잡고 있었던 두 가지 수수께끼를 제공한 국가가 바로 독일과 일본입니다.

독일의 전격전에 세계가 얼마나 혼이 빠졌는지는 펜타곤이 끊임없이 독일의 전격전을 분석했다는 사실에서도 알 수 있습니다.

덧붙이자면 『제국의 참모』의 해설은 다니구치 도모히코谷口知彦가 썼습니다. 2015년 4월 아베 총리가 미국 상하원 합동 연설을 할 당시의 연설문도 다니구치가 작성했습니다. 〈전후 70년의 역사인식〉 담화문에도 마지막으로 손을 댔다고 전해지는 인물입니다.

펜타곤의 요다는 군사력 면에서도 초강대국을 향해가는 중국에 어떻게 대항할지를 자신의 마지막 과업으로 삼았습니다. 아마도 일본 총리관저 주변에서도 요다의 분석을 진지하게 읽고 있을 듯합니다. 물론 고등학생인 여러분도 요다의 분석을 정확하게 알아두면 많은 도움이 될 것입니다.

중일 화평공작

이어서 일본과 전쟁 중이던 중국은 삼국동맹을 어떻게 보고 있었는지 살펴보겠습니다. 일본이 독일, 이탈리아와 동맹을 맺는다고 했을 때 수도 난징을 포기한 뒤 충칭에서 항전을 이어가던 충칭국민정부(국민정부의 명칭은 당시 수도가 있던 장소의 지명을 사용하는 일이 많습니다)의 장제스는 '아, 그렇다면 영국, 미국과 더 사이좋게 지내야겠구나'라는 생각을 했을 것 같지요. 하지만 그렇지 않습니다. 1940년 8월 4일 장제스의 일기[88]를 읽어볼까요.

적[일본]이 남하할 야심에 사로잡혀 있는 틈을 타 우리에게 유리한 조건으로 강화를 도모하는 것도 나쁘지 않다.

참 의외의 발상이지요. 적이 일본이라는 것은 장제스에게는 불변의 진리입니다. 그렇지만 일본이 남하하고 싶어 하는, 석유를 얻고 싶어 하는 틈을 타서 일본이 만약 중국에게 유리한 조건을 내놓는다면 그걸로 강화를 하는 것도 나쁘지는 않다고 말하고 있습니다.

실제로도 그랬습니다. 이때 일본이 고려했던 정전 조건은 ① 국교 조정의 기본원칙으로 선린우호·협동방공·경제제휴, ②만주국 승인, ③용공항일 정책(공산당과 손을 잡고 일본에 저항하는 정책)의 포기, ④방공을 위한 군대 주둔(공산당 세력에 대항하기 위한 일본군 주둔), 이렇게 네 가지였습니다. 전혀 받아들여질 것 같지 않은 조건이지요. 그래서 일본은 중국이 반대하는 ②만주국 승인과 ④방공을 위한 군대 주둔에 관해, 우선 정전협정을 맺고 난 뒤에 협의하자는 이면교섭을 하타 로쿠畑俊六 육군대장과 사와다 시게루 참모차장의 허가 아래 진행했습니다.[89] 중국과 타협한다니 무슨 소리냐고 아우성치는 사람이 있었기 때문에 겉으로는 강경한 조건을 내걸고 뒤에서 교섭 가능한 내용을 논의했죠. 일본의 외교는 늘 이런 풍경을 보여주네요.

이는 당시에 '오농나부 공삭'이라 불리던 화병공삭의 하나입니다. 강화안의 내용이 장제스에게 전해졌고 쇼와 천황도 이 강화의 성립 여부에 촉각을 곤두세우고 있었습니다. 1940년 8월 5일과 21일 천황은 시종무관장(천황 옆에서 군사에 관한 일을 보좌하는 직책-옮긴이)을 참모본부로 보내 화평의 진척 상황을 보고 받았습니다. 삼국동맹의 본격적인 교섭이 이루어지기 한 달 전인 1940년 8월 중·일 간의 화평 교섭도 본격화됐지요.

장제스가 일본과의 화평을 고려하기 시작한 배경 가운데 하나는 영국과 프랑스가 일본의 요구를 받아들여 중국에 전략물자를 운반하던 원장援蔣루트(장제스를 지원하는 통로라는 의미로 미국, 영국, 프랑스 등이 충칭으로 물자를 수송하던 보급선-옮긴이)를 폐쇄했기 때문입니다. 영국은 버마로 이어지는 루트를 3개월간 봉쇄한다고 7월 7일 발표했습니다. 독일에 패배한 프랑스는 프랑스령 인도차이나 총독 개인의 판단으로 그보다 빠른 6월 20일부터 폐쇄하고 있었지요.

장제스가 일본과의 화평을 고려한 또 하나의 요인은 무엇일까요. 당시 중국 국내에서 우려스러운 일이 생겼습니다. 중국은 1937년 7월부터 3년째 일본의 침공을 받고 있었습니다. 이 당시 중국의 정세는 어땠을까요.

💬 중국 공산당 세력이 성장했습니다.

맞습니다. 장제스 밑에서 작전을 지휘하던 군령부장인 쉬융

창徐永昌이 9월 29일 장제스에게 이런 제언을 합니다. "전쟁이 앞으로 2년 더 연장되면 틀림없이 신장, 간쑤, 산시, 쑤이위안, 차하얼, 허베이, 산둥, 허난, 안후이, 장쑤의 전부 혹은 일부가 중국 공산당 손에 들어갈 것이다."[90] 일본군과 중국 국민당군이 사력을 다해 싸우는 동안 공산당이 어부지리로 이득을 차지할 것이라며 장제스에게 정전을 권했습니다.

일본도 똑같은 딜레마에 빠져 있었습니다. 만주국의 소련 국경 부근, 소련의 위성국이라 해도 좋을 외몽고와 허베이의 국경 부근에 중국 공산당군이 주둔하고 있었는데 이 세력과 소련이 손을 잡기라도 한다면 큰일이겠죠. 중국 공산당 세력의 확장 저지는 중국과 일본이 합의할 수 있는 공통분모였습니다.

선택 주체로서의 중국

그렇다면 장제스는 삼국동맹을 어떻게 바라봤을까요. 1940년 11월 15일 장제스의 일기를 살펴볼까요.[91]

오늘날 외교정책에는 영미 노선, 독일과 일본 노선, 소련 노선이라는 세 길이 있다.

그는 중국이 취할 수 있는 길은 세 개라고 봤습니다. 우선 영미 노선은 지금까지 취해온 노선입니다. 미국의 차관으로 자금과 무기를 원조받고 세계의 여론을 유리하게 이끌어 항전을 계속하는 길이죠. 미국도 장제스의 선택지를 간파하기라도 한 듯 삼국동맹이 조인되기 이틀 전인 9월 25일 충칭국민정부에 2,500만 달러의 차관을 공여한다고 발표하고 11월 30일에는 5,000만 달러를 추가 공여합니다.[92] 미국은 장제스의 고민에 도의적 지원뿐만 아니라 자금 원조로도 답합니다.

세 번째는 소련과의 제휴 노선입니다. 중국과 소련은 맞붙어 있는 국가이므로 중일전쟁으로 중국이 곤경에 처했을 때 소련은 조종사와 비행기를 꽤 많이 지원했습니다. 소련이 보기에 유럽이 긴장 국면인 상황에서 일본군을 대륙에 묶어두는 중국의 존재는 무척이나 다행스러웠습니다. 특히 소련이 중국 공산당이 아닌 중국 국민당을 항일 주체로서 응원하는 한 이 노선은 매력적이었습니다.

그렇다면 두 번째 노선, 장제스는 왜 독일·일본과 손을 잡는 것도 중국이 선택할 수 있는 길이라 생각했을까요. 그는 일본이 남하할 야심에 사로잡혀 있기 때문에 강화조건을 완화할 것이라고 판단했습니다. 그 밖에 또 하나의 이유가 있습니다.

제가 고등학교를 다닐 때에는 세계사 수업에서 중국은 일본의 침략을 받아 엄청난 피해를 당한 국가라고 배웠습니다. 이는 사실입니다. 다만 불합리한 전쟁에 대한 죄책감과 책임감이 앞서다 보면 중국이 주체적으로 의사결정을 내렸을 가능성에 관해서는 매우 둔감해지고 맙니다. 윤리와 선의에서 초래되는 둔감함은 죄악입니다. 선택의 주체로서 중국을 제대로 봐야 합니다.

장제스의 선택 과정을 보면 흥미롭습니다. 그는 항상 자신이 선택할 수 있는 길을 적어도 두 개, 많을 때에는 다섯 개 정도 나열하고 상황을 판단합니다. 그렇다면 장제스는 어째서 독일, 일본과 손을 잡는 길을 고려했을까요.

💬 독일이 중국에 군사 지도자를 보냈다는 말을 들은 적 있어요.

잘 알고 계시네요. 중국에 군사 고문을 가장 많이 보낸 국가가 독일입니다(독일 국방군의 아버지라 불리는 폰 젝트가 그의 제자인 팔켄하우젠을 고문단장으로 보냅니다). 장제스는 1934년 무렵부터 일본과의 전면전을 준비했는데 그때 독일이 조언자 노릇을 했지요.

1936년 11월 일독방공협정이 체결된[93] 뒤 일본은 독일에게 일본 편에 서야 하는 것 아니냐고 몇 번이고 불만을 제기했지만 독일은 중국 원조를 그만두지 않았습니다.

그도 그럴 것이 독일과 중국은 1936년 4월 중독조약이라는, 경제와 군사 면에서 독일에게 굉장히 유리한 조약을 체결했기 때문입니다. 이 조약으로 중국은 독일의 차관을 제공받아 대량의 독일제 무기 구입비를 충당했습니다. 1935~1936년 독일의 무기 수출 총액의 57.5퍼센트를 중국이 차지했는데, 금액으로는 2,000만 라이히스마르크(1924년부터 1948년 6월 10일까지 사용된 독일 통화-옮긴이)나 됐습니다. 이에 비해 일본으로 수출된 독일제 무기는 중국의 1퍼센트에도 미치지 않은 17만 7,000라이히스마르크였습니다.[94] 중국은 독일 군인들과도 사이가 좋았습니다. 만약 독일이 중재해준다면 일본과의 종전 협상도 안심하고 진행할 수 있다고 여길 정도였지요. 이런 생각은 현실적이고 합리적인 판단이었습니다.

게다가 독일사, 중국사 연구자들이 찾아낸 사료를 보면 '대륙국가 통솔 구상'이 있었다는 사실을 알 수 있습니다. 중국, 독일,

소련, 이탈리아, 일본 이렇게 5개국이 동맹을 맺는 것인데요, 실현 된다면 유라시아 대륙 블록이 되겠지요.

1차 세계대전에서 패배한 독일과 혁명이 일어나 1차 세계대 전 연합국에서 이탈한 소련은 어떤 의미에서 베르사유·워싱턴 체 제의 아웃사이더라는 공통점이 있습니다. 한편 중국은 1차 세계 대전 전승국에 속할 터였지만 일본의 주장을 전면 인정한 산둥조 항(산둥반도의 구 독일 권익을 일본이 차지한다) 때문에 베르사유조 약에 조인하지 않았습니다. 사실상 일본을 제외하면 베르사유·워 싱턴 체제에 불만이 있는 국가들이 '반反베르사유·워싱턴 체제' 를 축으로 한 관계를 은밀하게 형성하고 있었습니다. 이는 세이조 대학의 독일 근대사 전문가인 다지마 노부오田嶋信雄 교수가 주장 해온 학설[95]로 매우 설득력이 있습니다.

💬 독일이 중국과 손잡으려 한 이유는 자원입니까?

그렇지요. 독일은 중국을 동맹에 넣고 싶어 했습니다. 일· 독·이 삼국동맹은 경제적인 면에서 볼 때 상호보완적 동맹이 아 니었습니다. 삼국 모두 총력전에 꼭 필요한 전략물자가 빈약했습 니다. 실제로 독일 외무상 리벤트로프는 주독 중국대사인 천제陳 介를 불러 '삼국동맹에 가담하면 어떻겠습니까. 일본과의 강화에 응하시지요'라고 설득했습니다.

이런 구상이 있었다는 사실을 안다면 세상을 보는 관점이 바 뀌지 않을까요. 제가 고등학생이었을 때에는 영·미·소·중 등의 연합국은 나치 독일을 타도하기 위해 싸웠다는 틀에 박힌 설명만들었습니다. 그러니 독일과 중국이 진지하게 제휴를 모색했다는 사실을 알아내기는 어려웠지요.

실제로 1940년 11월 21일 장제스는 천제 대사에게 "일본이 정말로 화평을 원한다면 우선 중국 영토를 침략한 육해공군을 철군해야 한다"[96]며 강화의 전제조건으로 첫째, 군대를 철수할 것, 둘째, 일본의 괴뢰정권인 왕자오밍 정권에 대한 승인을 무기한 연기할 것을 내걸었습니다. 그러면서 독일 당국이 직접 일본에 전달해 줄 것을 요청했습니다. 이에 대한 일본의 반응이 흥미롭습니다. 이틀 후인 23일 일본의 5상회의(총리, 육군, 해군, 외무, 대장성을 포함한 회의)는 이 두 가지 조건을 받아들인다고 중국에 전달했습니다.

장제스는 일본이 약속을 지킬지 불안했습니다. 11월 27일 일기를 보면 일본이 과거 워싱턴회의 이후 정말로 산둥성을 중국에 반환한 사례(1922년 해군 군축과 극동 문제를 논의한 워싱턴회의에서 성립된 9개국조약으로 일본은 산둥성에서의 권익을 반환했습니다) 등을 떠올리며 어떻게든 안심하려 애쓰는 모습을 엿볼 수 있습니다.[97]

결과적으로는 일본이 잘못했습니다. 일본은 왕자오밍 정권을 승인해버립니다. 독일이 중재한 강화의 전제조건을 일본 스스로 깨고 말았지요.

육해군 군사 예산 비율은

마지막으로 일본의 육군과 해군이 삼국동맹을 맺기까지 어떠한 사항을 고려했는지 살펴보기로 하지요. 해군 수뇌부가 동맹에 회의적이었다는 사실은 어전회의를 통해 확인했지요. 왜냐하면 일본의 해군은 영·미 두 국가의 해군력에 맞설 수 있도록 설계되지 않았기 때문입니다.

당시 육군과 해군의 군사예산 비율은 어땠을까요?

1940년 무렵 군사비의 총합은 70억 엔 정도였습니다. 그렇다면 육군과 해군이 얼마씩 사용하고 있었을까요. 여러분의 군사적 감각을 확인해보고 싶습니다. 그냥 감으로라도 좋으니까 손을 들어주십시오.

35억 대 35억, 딱 절반씩이었을 거라고 생각하는 분 있습니까? 아, 한 명 있군요. 그렇다면 육군 60억 대 해군 10억이라고 생각하는 분은요? … 아무도 없으시네요. 그럼, 육군 50억 대 해군 20억. 여기에 손을 든 분이 가장 많은 것 같습니다. 그렇다면 육군은 목소리는 크지만 실제로는 군사예산이 적었다고 생각하는 분? 없으시네요.

정답은 육군 50억 대 해군 20억[98]입니다. 여러분 모두 군사적 감각이 매우 뛰어나네요.

육군은 해군의 2.5배나 되는 군사비를 썼습니다. 미국과 영국 등 전통적으로 해군이 강한 국가의 육해군 군사비 비율은 일본과는 엄청난 차이를 보입니다. 물론 육군 예산이 막대했던 이유는 중국과 전쟁을 벌이는 동안 육군이 전쟁의 주력을 담당했기 때문입니다. 일본은행 홈페이지의 〈알려줘! 일본은행〉이라는 배너[99]를 보면 당시 육군 예산 50억 엔이 오늘날의 얼마에 해당하는지 환산하는 방법이 나와 있습니다. 약 2조 2,400억 엔 정도 됩니다.

해군은 정말 괴로웠겠죠. 어떻게 해서든 예산을 따고 싶었을 것입니다. 삼국동맹을 맺으면 영·미와의 대립은 불가피해집니다.

삼국동맹을 맺지 않으면 일본의 전쟁 상대국은 중국뿐이므로 앞으로도 중일전쟁을 직접 수행하는 육군이 주장하는 비율대로 예산 분배가 이루어질게 뻔합니다. 일본군이 실제로 싸우는 장소가 중국뿐인 상황에서는 해군이 목소리를 내기가 어려웠지요. 하지만 만약에 영국이나 미국과의 대립이 격해지면 홍콩, 영국령 말레이, 미국령 필리핀까지 날아갈 수 있는 비행기를 만들고 항공기지를 정비할 필요성이 대두되겠지요. 그러려면 알루미늄을 구입해야 하고요.

육군과 해군의 군사비 비율을 바꾸려면 어떻게 해서든 중일전쟁을 축소하고 소련과 우호적 관계를 유지해야 합니다. 그것이 해군의 바람이었습니다. 일·독·이 삼국군사동맹을 맺게 되면 영·미와의 전쟁을 각오해야 한다고 말하면서도, 이 위험한 동맹을 맺으려 한 이유가 여기에 있었습니다. 해군은 육군이 소련, 중국과 화평을 해준다면 남쪽을 향한 군비 확장으로 눈을 돌릴 수 있을 거라고 보았지요. 해군이 독일이 중재하는 소련과의 관계 개선을 바라며 삼국동맹 찬성 쪽으로 기울어간 배경에는 군사 예산을 둘러싼 육군과 해군의 오랜 대립이 있었습니다.

앞에서 어전회의 모습을 살펴봤습니다. 후시미노미야 군령부총장은 외국에 의존하는 물자 취득이 곤란해지면서 미일전쟁은 지구전이 될 거라고 예상했었지요. 그 전에도 후시미노미야는 어전회의에서 삼국동맹의 성립이 일·소 국교 조정에는 얼마나 기여하는가라고 물었습니다. 이는 곧 일본과 소련의 관계 조정이 이루어진다면 삼국동맹도 괜찮다고 여겼다는 뜻입니다.

이 시기에 다카기 소기치高木惣吉라고, 해군성 조사과에서 내

1937년 8월 13일 베이징으로 진주하는 일본군.

각과 육군의 갖가지 정보를 수집해 해군상과 군령부차장 등에게
보고하던 정치군인이 있었습니다. 다카기는 삼국동맹이 맺어진
지 약 반년 정도 지난 1941년 봄, 미일교섭이 시작되기 직전에 육
군 내부의 상황을 관찰하고 육군에서 중일전쟁의 장기화에 책임
이 있는 인물들이 어떠한 말을 하는지 조사해서 해군 수뇌부에 전
달했습니다.[100]

　"사변의 해결(장제스를 상대로 하는 속결 방침)은 추호도 국력
부담을 경감시키지 않으며, 장차 경비와 그 밖의 것을 상세히 계
산해보면 예산 면에서 겨우 10억 엔밖에 줄지 않는다. 이 정도를
가지고 지금까지의 대방침을 변경하면 국내외적으로 갖가지 혼
란이 야기될 터, 가장 삼가야 할 것이다." 무슨 말인지 이해가 되
나요. 장제스를 상대로 정전에 합의하더라도 전쟁 비용은 10억

엔 정도 줄어들 뿐이다. 군대가 철군한 뒤의 경비 등을 고려하면 지금까지 육군이 써왔던 비용에서 조금밖에 줄지 않는다. 그러므로 무리해서 장제스와의 화평을 고려할 필요는 없다. 이렇게 호언 장담하는 인물이 있다고 다카기는 해군에 전했습니다. 육군 가운데 계전파繼戰派(전쟁을 계속하고 싶다고 생각하는 사람들)는 화평 논의를 군사비 10억 엔의 문제로 축소합니다. 문제는 전쟁을 멈추고 화평을 취할 것인가, 계속 전쟁을 이어갈 것인가인데 말입니다. 중일전쟁을 끝내야 한다는 의견을 견제하기 위한 논리였던 셈이죠.

미국과의 전쟁 전망─육군과 해군의 서로 다른 계산법

해군은 미국과의 전쟁을 어떻게 전망했을까요. 지금부터는 해군이 어떤 식으로 애원했는지 보겠습니다.

1940년 7월 24일 후시미노미야 군령부총장은 육군의 간인노미야 참모총장과 나란히 쇼와 천황에게 상주上奏하는 자리에서, 속전속결이라면 승산이 있지만 지구전이 되면 곤란하다고 말합니다.[101] "국내의 준비, 특히 군수물자가 준비되지 않으면 비록 좋은 기회가 온다 하더라도 경솔하게 전쟁에 나서서는 안 됩니다"라고요. 해군의 작전을 총괄하는 수장이, 그것도 황족 최고위급이 육군이 듣고 있는데 해군은 준비가 부족하니 전쟁은 불가하다고 천황에게 보고한 것입니다. 이 말을 듣고 육군은 노발대발했습니다.

왜냐하면 이틀 전 사실상의 군부 수장인 사와다 시게루 참모차장이 육해군이 동석한 자리에서 일부러 확인까지 했었기 때문입니다. "만일 해군이 미국과의 해전에 자신이 없다면 남방정책

강행은 재고해야 할 일이다. 이 점을 숨김없이 진상"[102]해달라고요. 그때 해군은 괜찮다고 대답했습니다. 그래 놓고 이틀 뒤 후시미노미야 군령부총장이 천황 앞에서 '준비가 되어 있지 않다'라고 말한 것입니다.

미국과 일본이 전쟁에 이르는 과정에 관한 해군 측 1차 사료를 가장 많이, 가장 정확하게 연구한 모리야마 아쓰시森山優는 1940년 여름, 해군 내에서 정말로 절박한 말들이 오갔던 사실을 밝혀냈습니다.

1940년 8월 2일에 열린 전쟁비용 설명회에서 실로 충격적인 사실이 드러났지요. 항공연료는 1년 치밖에 없고 2년째부터는 원유 400만 톤을 어디서든 구해와야만 하는 상황이며, 물자 수입이 차단된 상태에서 전쟁을 1년 이상 수행하기 힘들다는 사실이 보고되었습니다. 영국과 미국에서 물자가 들어오지 않으면 옴짝달싹 못하는 상황임이 판명된 것입니다. 이 보고회가 열린 뒤 요시다 해군대장은 국책 운용에 관해 "해군은 굳건한 결의"로 "끌려다니지 않을 것"이며 "육군에게 분명하고 확실하게 해군의 방침, 견해를 밝힐 것, 못박을 것"[103]을 지시했습니다. 요시다 해군대장의 바람처럼 누군가가 육군에게 똑 부러지게 말했다면 좋았을 것입니다.

마지막으로 육군의 문제도 짚어보겠습니다. 'No'라고 말해야 할 때에는 확실하게 말해야 한다는 교훈을 주는 사례가 있습니다. 해군에게 문제가 있다면 분명하게 이의를 제기하고, 육해군 협동작전을 펼칠 때 육군을 배려하라고 정확하게 요구를 했다면 좋았을 사례입니다.

256

1930년의 일이니 지금 다루고 있는 시기보다 10년쯤 전입니다. 당시 일본은 런던해군군축조약을 체결했습니다. 대형 순양함 등 보조함의 보유까지 제한하는 조약에 일·영·미·프·이 5개국이 합의를 합니다. 영국과 미국이 5척을 가질 때 일본은 3척만 갖는다고요. 이래서는 영국과 미국이 일본을 위협할 때 도저히 손을 쓸 수 없습니다. 지구상에 영국과 미국, 두 국가와 동시에 맞서 싸울 해군은 없어졌습니다. 협상을 할 때 이 점을 고려해야 했었지요.

육군은 1930년 3월 31일 런던에서 조인이 이루어지기 직전 해군에게 급박하게 질의를 합니다. 가와베 도라시로河邊虎四郎라는 참모본부 작전과의 관료가 다음과 같은 문서를 작성해서 해군에게 확인해달라고 전했습니다. 이 문서가 굉장히 충격적입니다.[104]

앞에 '요지'라고 적혀 있는데요, 육군은 이런 문서를 쓸 때 반드시 결론부터 적습니다. 육군은 해군에게 승산이 없어 보이는 군축조약을 체결할 생각이라면 육해군이 함께 하는 남방작전에 육군은 참가하지 않겠다는 협박과 질문을 하고 있습니다. 조인을 할 거면 자신 있는 조약을 맺으라고요. 그리고 이유를 이렇게 적습니다.

10대 7의 해전도 일반인이 보면 불안하기 그지없다. 하지만 이 또한 신뢰해서 비교적 많은 육군을 대남작전에 지향指向하는 바는 (중략) 해군이 믿는 구석이 있다고 말하는 까닭이다. 허나 만약 해군이 충분한 병력을 보유하지 못한다면 그런 지난한 작전을 결행하며 미개하고 풍토병이 만연한 지역에 많은 육군을 보내 질병, 기아, 적의 칼날에 폐사 사멸시키는 일은 결단코 멈춰야 하다. 육군이 이렇게까지 희생을 하더라도 해군이 지면 개죽음이다.

무서운 예언이지요. 1942년 말에 벌어진 과달카날 전투 무렵부터 뉴기니, 임팔 전투에서 일본군이 연달아 패배하는 미래를 마치 미리 보기라도 한 듯 적나라하게 적어놓았습니다.

주력함(군함)을 제한하는 군축을 논의한 워싱턴회의에서 일본은 영국과 미국이 도합 10척을 보유할 때 일본은 3척만을 보유하는 조건에 동의했습니다. 대형 순양함 등의 보조함 건조에 힘쓰면 이를 보충할 수 있었기 때문입니다. 그런데 런던해군군축조약에서는 보조함에도 제한을 두면서, 이를 5대 5대 3으로 결정했습니다.

'육군이 해군과 협동작전을 펼치는 것은 해군을 신뢰하기 때문이다. 그런데 해군이 승리를 자신할 수 없는 수준으로 전력을 축소하는 조약에 승인한다면 육군은 열병이 만연한 남방으로 부대를 보내지 않을 것이다. 해군이 힘을 못 쓴다면 제해권, 제공권을 지킬 수 없다. 이런 상태로는 육군은 아무리 노력해도 개죽음을 당하고 만다'고 육군은 말합니다.

하지만 이때 해군은 육군의 일개 관료가 토로한 불만을 들어줄 만한 상황이 아니었습니다. 해군 내에서도 이런 식의 비율로는 국방을 지킬 수 없다는 군령부와 군축조약은 문제없다고 여기는 해군성이 첨예하게 대립했기 때문입니다(당시 군사관료기구를 보면 해군성은 인사, 예산 등 군사행정을 관장하며 해군성의 수장은 해군대신으로 내각에 들어가 해군의 조직적 이해를 대변했다. 한편 군령부

258

는 해군의 국방계획, 작전계획, 실제 병력사용을 총괄했으며 군령부의
수장인 군령부총장은 최고사령관으로 해군을 이끌었다-옮긴이). 가와
베의 우려와 질문은 공허한 메아리가 되고 말았습니다.

전쟁은 상대가 싫어하는 일을 상대에게 강요하는 행위입니
다. 미국은 일본이 제공권을 장악한 섬을 적절하게 우회하면서 서
태평양으로 전진하는 징검다리 작전을 펼치며 자신들에게 가장
유리한 전쟁터를 골랐습니다. 미군이 건너뛴 섬에 남겨진 일본군
은 보급이 끊긴 채로 갇혀 대부분 굶어 죽었습니다. 일본군의 보
급선이 끊긴 상황에서 태평양전쟁은 함대 결전이 아닌 항공기 결
전으로 승부가 났습니다. 사실 5대 3이라는 수치를 수용한 시점
에서 일본은 미국에 대항하는 길을 포기한 국가였지요.

당시 전투가 펼쳐졌던 지역에서는 지도가 없어도 일본군이
거쳐간 곳을 알 수 있었다고 합니다. 백골이 수습되지 않은 채 길
가에 방치되었기 때문이지요. 육군이 1930년 3월에 종이 위에서
본 지옥이 그대로 현실이 되었습니다.

육해군 협동작전을 세우는 부서에서는 '그림'이 보이기 마련
입니다. 그런 전문가의 눈에 보이는 그림을 국민들 또한 확인하고
따지고 물어야 합니다. 우리는 그런 소양을 길러야 합니다.

태평양전쟁에 복무한 육군과 해군을 비교해보면 육군의 이
미지가 압도적으로 나쁩니다. A급 전범 가운데 사형을 선고받은
해군장군은 없습니다. 하지만 자세히 들여다보면 1930년 3월과
1940년 8월의 해군의 부정직한 행동 또한 처벌을 받아 마땅하다
고 생각합니다.

인과응보라 했나요. 가와베 도라시로는 패전 직후인 1945년

9월 항복문서를 받아오라는 명령을 받고 필리핀 마닐라에 있는 연합국 태평양육군사령부로 파견됩니다. 1930년부터 15년이 흐른 뒤 스스로 전쟁의 뒤치다꺼리를 하게 되었지요.

선택을 위한 시간

오늘은 일·독·이 삼국군사동맹을 살펴봤습니다. 미국을 견제하는 동맹이었지만 일본이 정말로 원했던 것은 프랑스령, 네덜란드령 등 종주국이 사라진 아시아의 식민지였습니다. 이를 위한 슬로건이 대동아공영권이었습니다. 식민지 해방이라는 슬로건은 나중에 붙여진 것입니다. 육군·해군·외무 부처 실무자의 회의록에는 일본의 적나라한 모습이 드러납니다. 거기에는 이념이 없습니다. 사람의 마음을 끄는 이념이 없습니다.

형식뿐인 조약을 추구한 점에서는 독일도 일본과 마찬가지입니다. 동맹을 실체화하기 위해서는 일·독·이 삼국이 참여하는 '혼합전문위원회'(제4조 규정에 의한)가 활동을 시작해야 합니다. 하지만 1941년 4월에야 경제·일반·군사 분야로 이루어진 혼합전문위원회[105]가 설치되었고 태평양전쟁이 발발한 이후인 1942년 1월 18일이 되어서야 혼합전문위원회 가운데 군사위원회가 삼국의 작전지역을 결정했습니다.[106] 이것만 보더라도 이 군사동맹의 실상을 알 수 있지요.

오늘 강의의 앞부분에 2차 세계대전 당시 실제로 어떤 선택지가 있었는지, 다른 선택지를 택했다면 전후는 어떻게 달라졌을지라는 질문이 있었습니다. 여기에 대해 충분히 일어날 수 있었던 역사의 가능성이라는 측면에서 대답을 드렸습니다. 나치 독일이 2차 세계대전의 승리자가 되는 세계는 악몽이지만 1940년 5월 영국이 이탈리아가 중재하는 독일과의 강화를 선택했을 가능성이 얼마나 되는지, 같은 해 가을 장제스가 독일이 중재하는 일본과의 강화를 선택했을 가능성이 얼마나 되는지 등을 살펴봤습니다.

강의를 하면서 줄곧 2016년 4월 14일 밤과 16일 새벽, 진도 7의 대지진이 구마모토·오이타 지역을 연달아 강타한 일이 머릿속을 맴돌았습니다. 진도 6의 지진이 있은 직후 진도 7의 지진이 일어날 확률을 계산한 연구가 있습니다. 미국이 축적한 1976년부터 2015년까지 일어난 진도 6 이상의 지진 4,176회의 데이터를 분석한 결과, 구마모토대지진이 일어날 확률은 겨우 0.3퍼센트밖에 안 됐습니다. 0.3퍼센트의 확률밖에 안 되는 정말로 희박한 일이 실제로 일어난 것입니다.

어떤 사건을 두고, 일어날 가능성이 높았기 때문에 일어났다고 함부로 말할 수 없다는 엄숙한 진리에 마음이 숙연해집니다.

전략자원의 유무, 국토의 면적, 인구와 자산의 많고 적음, 기술력의 높고 낮음 등을 기준으로 보면 지구상에 존재하는 국가와 그 국가의 위정자, 그리고 그 국민이 지닌 기회는 처음부터 공평하지 않습니다. 하지만 위정자와 국민이 눈앞의 사태를 판단하고 선택하기 위한 시간은 모두에게 공평하게 주어져 있습니다. 영국의 처칠은 국론을 모으기 위해 국민의 대표자인 국회의원을 설득했습니다. 중국의 장제스는 군부가 일본과 타협하라고 부추겼음에도 불구하고 중국이 선택할 수 있는 길을 셋, 혹은 다섯으로 정리해놓고 고심합니다.

한편 일본은 과장급 실무자들이 눈앞의 이익을 좇으며 만든 논리 속에서 국가의 슬로건이 결정되었습니다. 10년 전에 이미 일어날 사태를 정확하게 예측했으면서도 가장 긴밀하게 소통해야 할 각 군의 기관들은 허심탄회하게 협의하지 않았습니다. 역사에서 배운다고 말하곤 하는데, 바로 이런 반성에서 배워야 하겠지요.

오늘날로 눈을 돌려볼까요. 지금까지의 미일안보조약은, 간단히 말하면 기지를 일본에 두는 대신에 미국이 일본을 지킨다는 '기지교환협정'이었습니다. 이 내용이 앞으로 바뀔 것입니다. 여러분은 이를 주시해야 하는 세계에 살고 있습니다.

다음 수업에는 일본이 마지막으로 역사를 수정할 기회였던 미일교섭을 살펴보기로 하겠습니다.

숙제를 하나 내겠습니다. 여러분에게 친근한 매체를 이용해 미일교섭에 관해 조사해보시기 바랍니다. 인터넷이나 책 등 다양한 자료를 이용해서 여러가지 사실을 찾아낼 수 있을 것입니다. 자유롭게 조사해보고 어떤 점이 흥미로웠는지 얘기해주시기 바랍니다.

4장

일본이
전쟁에 진
이유는
무엇일까
미일교섭의 함의

미일교섭에서 태평양전쟁으로 1941년

- **1894** 청일전쟁

- **1904** 러일전쟁

- **1914** 1차 세계대전 발발

- **1919** 파리강화회의

- **1923** 관동대지진

- **1929** 세계공황
- **1931** 만주사변(9월 18일)
- **1933** 일본, 국제연맹에 탈퇴 통고

- **1936** 2·26사건
- **1937** 중일전쟁 발발

- **1939** 2차 세계대전 발발
- **1940** 일·독·이 삼국군사동맹 조인
- **1941** 미일교섭(4~11월), 진주만 공격(12월 8일)
- **1945** 포츠담선언 수락

1941년

3.8	노무라 주미대사, 코델 헐 국무장관 회담
3.11	미국, 무기대여법
4.13	일소중립조약 조인
4.16	미일, '미일양해안'을 바탕으로 교섭 개시
6.22	독소전쟁 발발
7.2	어전회의에서 '정세 추이를 반영한 제국국책요강' 결정
7.16	제2차 고노에 내각 총사직 (마쓰오카 외무상 경질)
7.18	제3차 고노에 내각 수립
7.28	일본, 남부 프랑스령 인도차이나로 진주 (6.25에 결정)
8.1	미국, 일본에 석유 전면 금수 조치 실시
8.9	대서양회담
9.6	어전회의에서 '제국국책수행요령' 결정
10.16	제3차 고노에 내각 총사직
10.18	도조 히데키 내각 수립
11.26	미국, '헐 노트' 제시

전쟁
전
야,

적국이
마주
앉다

미일교섭을 맡은 두 사람, 노무라와 헐

안녕하세요. 오늘은 세 교섭의 마지막 주제, 1941년 4월에 시작되어 태평양전쟁이 일어나기 직전까지 진행된 미일교섭을 다루려 합니다.

1939년 9월, 2차 세계대전이 발발했을 때 일본은 무대 뒤편에 있었습니다. 하지만 1941년 12월 일본의 진주만 기습으로 시작된 태평양전쟁은 유럽, 중동, 북아프리카에서 벌어지던 전쟁을 아시아·태평양 지역까지 확대하는 연결고리 역할을 했고 그러면서 일본이 세계대전의 주인공으로 등장하게 됩니다.

2장에서 1932년 10월에 나온 리튼 보고서가 약 10년 후 진행된 미일교섭의 예고편이었다는 얘기를 했었지요. 3장에서 다룬 1940년 9월의 삼국동맹은 미국을 가상적국으로 삼고 참전을 저지하기 위해 맺은 조약이었습니다.

하지만 조약을 맺은 지 약 반년 후인 1941년 4월, 일본은 미국과 교섭을 시작합니다. 미일교섭이 양국의 충돌을 피하기 위해 이루어졌다는 설명은 들어본 적 있으시죠. 하버드대학에서 오랫동안 역사를 가르쳐온 이리에 아키라入江昭 교수는 미일교섭이 진행된 이유를 "일본은 워싱턴을 이용해 중일전쟁의 타개를 도모했고 미국은 대독일 작전의 전개를 위한 시간을 벌기 위해 일본과의 교섭에 응했다"[1]고 간결하게 설명합니다.

　다만 이것만으로는 독일과 동맹을 맺은 일본이 왜 겨우 반년만에 미국과 교섭을 시작하려 했는지, 또 미국은 왜 이 교섭을 받아들였는지 이해가 잘 안 됩니다. 유럽에서 뭔가 특별한 변화가 일어났을까요. 혹은 삼국동맹을 맺은 일본에 뭔가 문제가 생겼을까요. 지금부터 일본과 미국이 교섭에 참여한 배경을 자세히 들여다보려 합니다.

　1941년 4월 16일 미국의 국무장관인 코델 헐이 주미 일본대사인 노무라 기치사부로野村吉三郎에게 교섭의 기초안을 건넸고, 이튿날 노무라가 도쿄 외무성에 그 안을 보내면서 교섭은 시작됩니다. 이때 나온 교섭안이 바로 '미일양해안美日諒解案'입니다.

　7개월 후인 11월 26일(워싱턴 시간), 미국이 일본의 최종 제안에 대한 회답, 이른바 '헐 노트'를 노무라에게 전했습니다. 그 안을 본 일본이 '이런 가혹한 제안은 받아들일 수 없다'며 전쟁을 결의하면서 미일교섭은 막을 내립니다.

　미일교섭의 일본 측 창구인 노무라 기치사부로는 이 교섭을 위해 특별히 주미대사에 임명된 인물입니다. 노무라는 해군 출신으로 대장까지 오른 인물인데, 전역 후에는 가쿠슈인조學習院長(가쿠슈인은 메이지 시대에 황족을 위해 설치된 교육기관이었으나 전후에는 일반인에게도 개방되었다. 현재는 가쿠슈인대학을 중심으로 하는 종합교육기관이다-옮긴이)를 지내다 1939년 8월 구성된 아베 노부유키阿部信行 내각에서 외무상을 맡았습니다. 외무성 경험도 있는 해군의 거물이 주미대사에 임명된 점이 주목을 받았지요. 1940년 11월에 대사로 임명됐으니 일·독·이 삼국동맹이 맺어지고 2개월 뒤에 노무라의 인사가 이루어진 셈입니다.

　　노무라는 미국통으로, 1914년부터 18년 동안 미국에서 대사관부 무관(대사관에 주재하는 군인으로 정보수집 등을 담당)으로 주재[2]하면서 1차 세계대전 당시인 1917년 4월 미국이 급작스럽게 총동원 태세를 취하며 유럽에 400만이 넘는 병력과 물자를 단기간에 보낸 실적[3]을 직접 눈으로 확인하기도 했습니다. 무관 시절의 노무라는 당시 해군차관이었던 젊은 날의 루스벨트와 알고 지내던 사이[4]였으며, 또한 미국 해군의 중진 윌리엄 V. 프랫William V. Pratt 대장(함대사령장관 등을 역임)과는 30년 지기 친구[5]였습니다. 루스벨트는 대사가 되어 인사를 하러 찾아온 노무라를 '오랜 친구Old friend'라고 부르기도 했지요.

　　한편 미국 측 창구는 코델 헐 국무장관이었습니다. 뉴욕주 동부의 하이드파크 태생인 루스벨트[6]와 달리 헐은 남부 테네시주 출신의 노련한 정치인입니다. 그는 1933년부터 일본의 외무상에 해당하는 국무장관 지위에 있었습니다. 1차 세계대전 당시에는 미국 대통령 윌슨의 민족자결주의를 지지했던 것으로 알려졌고 루스벨트와도 생각이 비슷했으며 의회의 자유, 보수 양쪽 진영으로부터 깊은 신뢰를 받았습니다.

　　국무장관으로서 헐이 추진한 경제구상과 그것이 전후 세계에 미친 영향을 좀 살펴보고 넘어갈게요. 헐은 장관에 취임하자마자 1929년 대공황 이후 침체된 미국의 무역 구조를 자유주의적으로 바꾸려 노력했습니다.[7] 공황 이후 미국의 수입은, 공황 직전의 수치를 100이라고 한다면 1932년에는 30.1까지 격감한 상태였습니다.

공황 이후 영국과 프랑스 등의 열강은 블록 경제로 위기를 타개하려 했는데, 미국은 국내 노동자의 고용을 지키기 위해서 외국 제품에 마천루와 같은 무시무시한 관세를 매기는 난폭한 조치를 취했지요. 미국의 높은 관세로 타격을 받은 일본의 대미 수출품으로는 참치통조림, 면포, 지퍼fastener 등이 있습니다.

고관세 정책이 미국 경제에 이익이 되지 않는다고 판단한 헐은 이를 저관세 자유무역주의로 바꿔서 1934년부터 중남미 국가, 벨기에·네덜란드·프랑스·영국 등 유럽 국가 및 캐나다와 호혜통상협정을 맺고[8] 많은 품목의 관세를 인하합니다. 협정의 성과는 다른 국가에도 균점(평등하게 적용)되었기 때문에 일본에도 좋은 결과를 가져다주었습니다.

헐이 저관세 자유무역주의자라는 이야기를 하는 이유는 노무라와 헐이 처음으로 극비리에 만나 회담을 한 1941년 3월 8일, 헐이 맨 처음 내뱉은 말이 그가 이상으로 삼은 경제구상[9]이었기 때문입니다. 그만큼 헐에게는 중요한 문제였습니다. 헐이 구상한 저관세 정책은 미일교섭에서는 실현되지 않지만 2차 세계대전 이후인 1947년에 합의된 GATT로 이어집니다. 2장에서도 나왔었는데 GATT와 같은 발상은 리튼 보고서에도 이미 들어 있었습니다. 전쟁 이전부터 추구했던 몇몇 이상이 많은 희생을 치른 전쟁 이후에야 비로소 실현된 것입니다.

전쟁 전야, 적국이 교섭 테이블에 마주 앉는다는 의미는

먼저 전쟁을 벌이기 전에 가상적국끼리 교섭을 하는 데에는 어떤 의미가 있는지를 보겠습니다. 첫째, 서로 무엇을 위해 싸울 것인가, 즉 전쟁의 목적을 국내적으로 명시하고 대외적으로 보여 준다는 의미가 있습니다.

💬 전쟁의 목적을 알린다는 말은 대의명분을 내건다는 뜻입니까?

그렇습니다. 이를테면 청일전쟁과 러일전쟁 때는 일본이 막부 말기, 메이지 초기의 불평등 조약체제에서 완전히 벗어나지 못한 시기였습니다. 일본은 1911년에 관세 자주권을 회복했지요. 그렇기 때문에 일본은 열강을 의식하며 전쟁의 정당성을 증명해야만 했습니다. 도중에 다른 국가가 전쟁에 개입하면 곤란했고, 전쟁비용도 빌려야 했기 때문입니다. 메이지 시대에 일본은 의외로 전쟁 전의 교섭과 전쟁을 정당화하는 논리를 구축하는 데 뛰어났습니다. 청일전쟁 때에는 청에게 "조선의 개혁을 거절하는 것은 비문명"이라는 명분을 내세웠고, 러일전쟁 때에는 러시아를 "문호개방을 하지 않는 것은 문명의 적"이라는 말로 쏘아붙였습니다.[10] 이런 말을 창안해낸 사람은 후쿠자와 유키치福澤諭吉와 요시노 사쿠조라는 당대 최고의 지식인이었습니다.

청일전쟁이 발발하기 전 두 달 동안 일본은 청국과 조선을 향해 내정 개혁의 필요성을 주장했습니다. 러일전쟁 때에는 전쟁이 일어나기 반년 전부터 교섭을 진행했습니다. 이처럼 전쟁을 시작하기 전에 상대국과 교섭을 하는 이유는 세계가 주시하는 가운데 양국 간의 불일치점은 무엇인지, 상대방이 얼마나 부당한지, 우리 측의 대의명분은 무엇인지 등을 보여주기 위해서입니다. 전쟁을 시작하기 전의 교섭은 일종의 쇼윈도를 장식하고 슬로건을 내보이는 장이 됩니다. 그렇다면 일본과 미국은 각각 무엇을 내걸었는지 살펴볼까요.

미일교섭, 무엇을 알아야 할까

지난 시간에 미일교섭에 관해서 책이나 인터넷 등 주변의 매체를 이용해 조사해 오라는 숙제를 냈는데요. 여러분은 어떤 것부터 조사를 하셨나요.

💬 미일교섭에 관해 별로 아는 게 없어서 우선 어떤 교섭이었는지 조사해봤습니다. 아시아역사자료센터라는 사이트가 단연 뛰어났습니다. 인물에 대한 해설도 자세하게 되어 있고요.

오, 좋은 웹사이트를 찾아내셨네요. 아시아역사자료센터는 인터넷의 1차 사료 저장고입니다. 이곳은 1장에서 나왔던 무라야마 담화와 더불어 일본 정부가 전후 50년을 맞아 힘을 쏟은 사업의 성과 중 하나입니다. 국립공문서관이 운영하는데, 주로 전전에 작성된 1차 사료의 원본을 누구나, 어디서든, 몇 번이고 볼 수 있는 획기적인 저장고입니다. '인터넷 특별전'이라는 섹션에 '공문서로 보는 미일교섭'이라는 항목도 있습니다.[11] 지금 말씀하신 것처럼 주요인물의 소개, 연표, 용어해설도 자세히 나와 있습니다. 다른 분은 어떤가요?

💬 저도 이 시대를 잘 몰라서 우선 대강의 흐름을 알아보려고 책을 찾아봤습니다. 미일교섭을 신행일 때 미국은 일본의 암호를 해독했고, 일본이 우왕좌왕하는 상황을 지켜보면서 교섭을 했다는 사실이 충격이었습니다.

전체를 조망하기 위해 책을 선택하다니 훌륭한데요. 암호해독이 인상 깊었군요. 외교와 안보 분야에서는 국가의 방침이 상대국에 알려지면 곤란하기 때문에 고도의 암호를 사용합니다. 그런데 인간의 생각이 다 똑같지요. 그리스, 로마 시대부터 서로 상대국의 암호를 해독하는 데 온 힘을 쏟았습니다. 근대 이후에는 무선통신을 제3자가 고의적으로 수신하거나 암호서를 훔치거나 수학의 힘으로 해독을 시도하기도 했습니다.

미국이 일본의 외교 전보電報와 육해군의 작전용 암호의 일부를 해독했던 것은 사실입니다. 1940년 9월 미국의 암호해독 팀은 일본의 외교암호 '퍼플PURPLE'을 해독했고 미일교섭 당시의 전보문도 읽었습니다. 해독문을 통칭해 '매직MAGIC'[12]이라고 불렀지요. 최근 영국과 미국에서 세계대전 전후의 인텔리전스(첩보활동) 사료가 대량으로 공개되면서 다양한 사실이 밝혀졌습니다.[13] 그런데 암호를 해독했던 것은 미국뿐만이 아닙니다. 이 분야의 전문가인 모리야마 아쓰시는 일본 또한 해독 가능한 미국의 외교전보를 거의 모두 읽었다는 충격적인 사실을[14] 밝혀냈습니다.

미국 국무성이 사용했던 최고 기밀의 암호도 일본의 육군·해군·외무 부처의 담당자가 1939년부터 해독에 성공했다고 합니다.[15] 모리야마는 헐 국무장관이 도쿄에 있는 미국대사관에 보낸 외교전보의 87.1퍼센트, 또 도쿄의 미국대사관에서 헐에게 보낸 외교전보의 91.2퍼센트가 해독되었다[16]고 분석했습니다. 참으로 놀랄 만한 수치입니다. 영국, 미국에는 못 미치지만 일본도 꽤 높은 암호해독 능력을 보유했던 셈이지요.

이 정도면 일본도 미국의 외교전보를 읽고 있었다고 크게 떠벌릴 만했을 텐데요. 이런 사실이 잘 알려지지 않은 이유가 있습니다.

그중 하나는 미국 정부가 일본이 기습공격을 해올 것이라는 사실을 미리 알고 있었으면서도 진주만 기습을 '기만적인 공격'이라 몰아붙여 미국 국민의 항전의식을 고취시키는 데 이용했다는 의혹이 일본 사회에 뿌리 깊이 자리 잡고 있었기 때문입니다. 미국은 일본의 속셈을 모두 읽고 있었지만 일부러 일본이 먼저 공격해 오기를 기다렸다는 편향된 주장이 쉽게 받아들여질 수 있는 분위기가 형성되어 있었지요. 사실 미국은 일본이 진주만이 아닌 필리핀 등에 있는 미군기지를 공격할 것이라고 예상했습니다.

미국은 매직을 읽고 진주만 기습을 예측하고 있었으면서도 유럽전쟁에 참전하기 위해 현지 하와이사령부에 경고를 보내지 않았다는 설까지 있습니다. 하지만 만약 이것이 사실이라면 3장에서 언급한 앤드류 마셜이 진주만 공격을 상대국이 불합리한 결정을 내렸던 최고의 사례로 긴 세월에 걸쳐 연구했을 리가 없습니다(미국이 전후 진주만 공격의 트라우마를 안고 있었다는 점은 강의 후반부에서 다루겠습니다).

미국의 암호를 해독한 일본은 교섭에 관여한 민간인과 정부 관계자의 자택, 호텔 등에 FBI(미국 연방수사국)가 서성거리는 일을 우려했을 것[17]입니다. 사실 워싱턴에서 교섭을 하기로 결정했을 때 첩보전을 어느 정도는 각오했겠지요. 정보 유출을 걱정했다면 일본 외무상이 주일 미국대사 그루Joseph Grew와 도쿄에서 교섭을 했을 수도 있습니다. 참고로 일·독·이 삼국군사동맹 때에는 마쓰오카 요스케 외무상과 스타머 특사가 도쿄에서 교섭을 진행했습니다.

왜 일본은 암호가 노출되리라는 것을 알면서도 일부러 워싱턴에서 교섭을 진행했을까요. 암호가 해독되는 일보다 더 피하고 싶은 일이 있었기 때문입니다. 2장에서 언급한 부분입니다만 위정자를 제약하는 것이 무엇이었는지 기억나십니까. 정부는 무엇을 두려워했을까요.

💬 폭동이나, 운동?

네, 그렇습니다. 당시 일본 민간에서 벌어진 반정부운동의 위력은 그야말로 엄청났습니다. 당연히 미일교섭에 반대하는 운동도 있었습니다. 일본에서 교섭을 진행했다가는 국가주의단체 등이 눈에 불을 켜고 달려들었겠지요.

주전파의 움직임을 무시할 수 없었다는 사실은 삼국동맹 관련 어전회의 때 해군을 대표하는 군령부총장 후시미노미야가 주전파의 무책임하고 강경한 언론을 철저히 단속하라고 요구한 데에서도 짐작할 수 있습니다.

미국에서 교섭하기로 결정한 것을 보면 일본이 얼마나 진지하게 교섭에 임하려 했는지 알 수 있습니다. 일본으로서는 반드시 실현시키고 싶은 교섭이었지요.

헐 노트로 덫에 걸렸다?

💬 저는 미일교섭에 관해 자세하게 적어놓은 개인 블로그 몇 개와 일본 공산당의 기관지 '아카하타赤旗' 사이트를 비교했습니다.

오, 재밌네요. 왜 아카하타 사이트와 비교했나요?

💬 최근에 우연히 들어간 블로그에서 일본은 헐 노트로 미국의 덫에 걸려 진주만을 공격해야만 하는 상황에 휩싸이고 말았다는 글을 읽었습니다. 미국은 표면적으로는 침략전쟁을 벌일 수 없었고 뭔가 대의명분이 있어야 공격할 수 있었다고 하더라고요. 그런 미국의 관점은 일본사 교과서에는 나오지 않는 내용이었고, 다른 사이트에도 똑같은 내용이 서술되어 있었어요.

헐 노트는 1941년 11월 26일에 나온 미국의 제안(중국 및 프랑스령 인도차이나에서 일본군의 전면 철군, 장제스 정권 이외의 정권 승낙 거부 등을 내용으로 합니다)으로, 일본이 받아들일 수 없는 가혹한 조건이 적혀 있었습니다. 최후통고와 같은 것이었고 결국 미일교섭은 좌절되었다고 일본사 교과서에도 쓰여 있습니다. 학생이 본 블로그에는 미국이 일본으로 하여금 먼저 공격하도록 만들었다고 쓰여 있었다고요. 모략 사관에 빠진 듯한 블로그를 찾아냈네요. 이런 주장에는 조심스럽게 접근해야 하겠지요.

💬 아카하타에는 헐 노트의 내용이 이 단계에서 갑자기 제시된 것
이 아니라, 미국이 처음부터 기본조건으로 분명하게 밝혔다고
쓰여 있었어요. 미국의 태도가 처음부터 분명했다면 '덫에 걸렸
다'는 표현과는 거리가 있어서, 실제로는 어땠는지 궁금해졌습
니다.
그리고 가토 선생님은 야마카와출판사의 일본사 교과서 집필에
도 참여하고 계신데, 미국의 관점이 교과서에 등장하지 않는 점
을 어떻게 생각하시는지 여쭤보고 싶습니다.

역사를 좋아하는 일반인의 블로그와 역사는 과학이라고 말
하는 공산당 사이트, 양쪽을 비교하고 모순점을 도출했네요. 당시
교섭에 임했던 미국은 처음부터 일관된 태도를 취했을까요. 아니
면 교섭을 진행하면서 점점 더 일본을 옥죄는 방향으로 나아갔을
까요. 궁금하지요.
그리고 교과서에 관한 매우 냉철한 질문 감사합니다. 교과서
는 많은 분들과 함께 집필하기 때문에, 또 문부과학성의 검정제도
에 따른 규제도 있어서 자유롭지 못한 부분이 많습니다. 오늘은
제가 1차 사료에서 분석한 내용을 자세하게 설명드릴게요.

💬 제가 궁금했던 점은 주변 국가들의 생각입니다. 중국은 미국과
일본이 가까워지는 것을 바라지 않았고 영국도 미국이 빨리 독
일전에 참전하기를 바랐기 때문에 미일교섭이 잘 되지 않기를
원했다는 글을 읽었습니다.

역시 중요한 부분이네요. 다른 국가가 미일교섭에 어떤 반응

을 보였고 어떤 영향을 주었는지를 알면 교섭의 성질이 어떤 것이 었는지 선명하게 볼 수 있을 것입니다.

일본은 11월 26일 헐 노트를 받았습니다. 코델 헐은 헐 노트가 일본에 전해지기 직전에 오스트레일리아, 네덜란드, 영국, 중국 대사를 불러 자신이 생각하는 대일본 최종 제안(잠정협정안)을 내밀히 알려줬습니다. 그 내용이 실제 헐 노트와는 무척 다르다는 점이 놀랍습니다. 잠정안은 '일본은 남부 프랑스령 인도차이나에서 북부 프랑스령 인도차이나로 군대를 철군하고 북부 프랑스령에 2만 5,000명을 주둔시킬 수 있다. 이것이 실행되면 영국, 미국, 네덜란드의 대일본 금수 조치를 일부 해제한다'는 내용이었습니다.

헐은 필리핀 방위를 위한 전쟁준비를 충실히 하기 위해서는 시간이 필요하다며, 이 잠정협정안에 찬성해달라고 각국의 대사들에게 부탁했습니다. 중국을 제외한 나머지 나라는 일본군이 남부 프랑스령 인도차이나에서 정말로 철군한다면 이 안에 찬성하겠다고 답했습니다. 11월 25일, 헐 노트가 전달되기 바로 전날에 중국 정부는 절대 수용 불가라는 장제스 명의의 전보를 미국 측에 여러 통 보냈고, 영국 수상 처칠도 반대했기 때문에 헐은 잠정협정안을 포기하고 원칙론을 반복한 헐 노트만을 일본 측에 건네게 됩니다.[18]

그런데 미국이 이때 오스트레일리아, 영국, 네덜란드, 중국에게 미일교섭의 내용을 전부 보고했는가 하면 전혀 그렇지 않습니다. 미국은 외부에 알리지 않고 독자적으로 일본과 교섭하고 있었습니다.

예를 들어, 코델 헐은 1941년 5월 25일 주미 영국대사인 헬

리팩스 경을 불러 미일교섭에 참견하지 말라고 경고했습니다. 핼리팩스가 본국에 보낸 전보에 "그(헐)가 그렇게 노발대발하는 모습을 본 것은 처음입니다"라고 썼을 정도로 불같이 화를 냈습니다.[19] 헐은 이 교섭은 일본의 추축지지파(일·독·이 삼국군사동맹을 지지하는 사람들을 말합니다)를 제압할 수 있는 좋은 기회이니 잠자코 있으라고 말했다고 합니다. 미국이 미일교섭에 얼마나 진심을 다해 임했는지를 가늠해볼 수 있는 중요한 증거입니다.

미국의 의도-왜 미일교섭을 했나

미국은 왜 일본과 교섭을 추진했을까요. 주미 일본대사였던 노무라는 미일전쟁이 시작되자 교환선을 타고 일본으로 돌아옵니다. 귀국 직후 한 강연회에서 그는 이렇게 말합니다. 미국은 "(1941년) 8~9월 무렵까지 미일교섭을 마무리 지으려고 온 힘을 다했다"[20]라고요. 미국에는 일본과 정말로 교섭하고 싶다고 생각한 세력도 있었습니다. 헐 국무장관이 대표적이고 대통령인 루스벨트도 그랬습니다.

미국이 1941년 4월, 미일교섭을 해야만 했던 이유는 무엇이었을까요. 시간을 벌기 위해서였다는 대답이 제일 먼저 떠오릅니다. 그렇다면 시간을 벌어야만 했던 이유는 무엇일까요.

1939년 9월부터 이어진 2차 세계대전에서 미국이 영국 편에, 영국에 망명정부를 둔 폴란드와 네덜란드, 벨기에 편에 서 있었음은 명백합니다. 다만 미국 국민은 연합국 국민을 동정하기는 하지만 전쟁은 정말 싫다는 생각이 매우 강했습니다. 이 시기의 갤럽 여론조사를 보면 미국인의 절반 이상이 영국에 군수물자를

278

원조하는 것에는 찬성하지만, 동시에 88퍼센트는 직접 참전에는 반대했습니다.[21]

무기 원조도 공짜로는 곤란하다고 했고요. 영국은 미국이 지원하는 무기와 물자에 대가를 지불했는데[22] 그 금액은 1940년 말 무렵 50억 달러였습니다. 영국의 전황이 악화되자 미국은 대서양의 영국 해군기지와 교환하는 대가로 낡은 구축함을 제공합니다.

그런데 미일교섭이 시작되기 한 달 전인 1941년 3월, 대통령이 발안한 무기대여법이 통과되면서 사태가 급변합니다. 무기대여법은 미국이 영국에게 무기와 물자를 무상으로 보내주고 전쟁이 끝난 뒤에 달러가 아닌 현물로 돌려받는다는 구상입니다.[23]

당시 루스벨트 대통령은 〈노변담화〉라는 라디오 방송을 통해 국민에게 직접 지지를 호소했는데, 이 프로그램이 시작되면 영화관이 텅 빌 정도였다고 합니다. 모두 라디오를 듣기 위해 집에 들어갔기 때문이죠. 루스벨트는 방송에서 무기대여법에 서명했다고 국민에게 보고하면서 이런 말을 합니다.

"이웃집에 불이 났다고 합시다. 만약 이웃집에서 당신 집 수도관에서 물을 빼 와 불을 끄고 싶으니 호스를 빌려달라고 요청한다면 누구든 빌려줄 겁니다. 그때 '네, 2달러입니다'라고 돈을 내라고 할까요. 그런 말은 하지 않습니다. 이웃집 불이 꺼지면 당신 집이 불에 탈 위험도 없어집니다. 불 끄는 데 성공한 뒤에 호스를 돌려받으면 그만이지 않을까요."

그런데 미국 대통령도 그렇고 일본 총리도 그렇고 정치인들은 불이 났다는 비유를 굉장히 좋아하네요. 2015년 7월 20일, 21일, 아베 총리도 민영방송에 출연해 불이 난 상황을 예로 들면서

일본의 집단적 자위권을 설명했습니다(아베 총리는 후지TV의 〈모두의 뉴스みんなのニュース〉에 화제가 난 집 모형을 들고 출연해 미국에 불이 났을 때 일본의 소방관이 미국의 소방관과 협력해 불을 끄는 것이 집단적 자위권이라고 설명했다-옮긴이). 어쩌면 아베 총리의 연설비서관이 〈노변담화〉를 참고했을지도 모르겠네요.

무기대여법이 제정되고 얼마 뒤 미국 연방대법관인 잭슨 Robert H. Jackson은 다음과 같은 연설을 합니다. "현재 벌어지는 침략전쟁은 국제공동체에 대한 내란이다. 현재 진행 중인 명백한 침략에 대해서는 (중략) 국제법 체계의 전쟁과 중립의 지위가 이전과 동일하지 않다."[24] 잭슨은 2차 세계대전이 끝난 뒤 전후 추축국의 위정자를 벌하기 위한 뉘른베르크재판의 규정 등 전범재판의 기본 규정을 작성한 인물입니다. 여기서 질문입니다. 여러분은 '국제공동체에 대한 내란'이라는 말을 어디서 들어봤나요?

💬 고노에 총리가 라디오 연설에서 '변태적 내란'이라는 말을 했었어요.

네, 맞습니다. 일·독·이 삼국동맹을 체결했을 때 중일전쟁을 가리켜 한 말이었지요. 잭슨 대법관도 고노에 총리도 '전쟁'이라고 말해야 할 사태를 '내란'이라고 표현했습니다.

잭슨의 연설은 꽤 난해하지만 다음과 같은 의미입니다. '독일이 유럽에서 벌이는 침략전쟁은 국제공동체, 즉 세계에 대한 독일의 반역에 다름 아니다. 그러므로 미국은 중립의 지위를 지키며 영국을 원조해도 된다'는 것입니다.

당시에는 전쟁에서 중립국으로 인정받기 위해서는 일정한 의무를 져야 했습니다. 전쟁이 일어나는 영역 밖에 있어야 하며, 만약 그대로 무역을 하면서 이익을 본다면 그에 따르는 위험 또한 감수해야 한다고 봤습니다. 예를 들어 중립국은 교전국 가운데 어느 한쪽 국가에게만 무기를 원조해서는 안 되며 항만 등을 빌려줘서도 안 됩니다. 일본이 1931년 9월 만주사변 이후 중국에 행했던 일은 틀림없는 침략이었지만, 1937년 선전포고도 없이 중일전쟁이 시작된 이후 일본이 영국, 미국, 프랑스, 소련 등에게 강한 불만을 품었던 이유는 이들 중립국이 다양한 형태로 중국만 원조했기 때문입니다.

일본도 중국도 중일전쟁을 시작하면서 선전포고를 하지 않았기 때문에 일본의 불만은 논리적으로 맞지 않습니다. 하지만 분명 중립국의 의무라는 과거 국제법의 관점에서 보면 문제가 될 수 있는 아슬아슬한 회색지대가 존재합니다. 잭슨이 한 주장의 핵심은 독일이 벌이는 전쟁은 전쟁이 아닌 내란이기 때문에 미국이 무기대여법으로 영국을 원조하더라도 미국은 중립 위반에 해당하지 않는다는 것입니다.

1941년 3월 무기대여법이 통과되면서 사태가 급변합니다. 영국은 상선을 군함이 호위하는 호송선단 방식으로 미국에서 무기와 물자를 운반해 왔는데요, 그 배들이 독일 잠수함 유보트에 무수히 희생됐습니다. 영국에 비해 해군력에서 열등했던 독일은 잠수함을 효과적으로 이용하는 전술을 취했습니다. 나중에 영국이 유보트의 암호를 해독한 후에야 피해가 줄었습니다. 미국의 입장에서는 애써서 무기를 대여했는데 대서양을 건너지도 못하고 바다에 처박혀서는 곤란하겠죠. 그래서 경비와 순찰을 담당하는 미국의 해군초계부대를 대서양에 배치하자는 이야기가 나옵니다.

신중했던 루스벨트도 드디어 4월 15일 대서양 해군초계부대의 경계 수역을 그린란드와 아조레스제도를 포함한 아프리카와 브라질의 중간선 서측까지 확대하는 데에 동의합니다.[25] 미국 해군초계부대는 영국 배를 독일의 잠수함 공격으로부터 지키는 선단 호위는 할 수 없지만 독일 잠수함의 위치를 미국 해군과 영국에 알려줄 수 있었습니다.

대서양에서 초계활동을 하려면 태평양에 두었던 미국 함대 가운데 일부를 대서양으로 옮겨야 했습니다. 그래서 태평양 방면에서는 당분간 미일 대립이 일어나지 않기를 바랐지요. 미국이 미일교섭을 고려한 이유 가운데 하나가 여기에 있습니다.

1941년 봄은 영국에게 정말로 암흑의 시기였습니다. 1940년 가을 이후 독일은 유럽 동남부의 헝가리, 루마니아, 불가리아, 유고슬라비아, 그리스에 진출했고 이 가운데 헝가리, 루마니아, 유고 등을 삼국동맹에 가입시키기도 했습니다. 발칸반도의 국가를 소련 혹은 영국과 분리시키기 위해 독일이 펼친 작전을 발칸작전이라고 하는데, 맹렬한 기세로 전진하는 독일에게 영국은 연패하고 있었지요.

미국은 미일교섭을 원활하게 진행하기 위해 교섭에 참여할 수 있는 사람을 루스벨트, 헐, 윌리엄 녹스William F. Knox 해군장관, 루스벨트의 선거참모이기도 했던 프랭크 워커Frank C. Walker 우정장관, 이렇게 네 사람으로 한정합니다.[26] 도쿄에 있는 그루 주일 미국대사에게도 알리지 않았을 정도로 철저했습니다. 삼국동맹을 다룰 때 일본 정부 내의 격렬한 의견 대립을 살펴봤습니다만, 미일 교섭 당시 미국 정부 내에서도 의견 대립이 치열했습니다.

대서양에서 영국을 지원하기 위해 태평양에서는 일본과 잠시 평온한 관계를 구축해야 한다고 생각하는 헐과 녹스 등이 한편입니다. 다른 한편으로 일본은 자원이나 자금이 빈약한 약소국이므로 미국이 일본의 태도를 고려할 필요는 없으며 강경한 태도만이 일본을 얌전히 있게 할 것이라고 여기는 대일 강경파가 있었습니다. 육군장관 헨리 스팀슨Henry Lewis Stimson과 재무장관 모겐소Henry Morgenthau가 대표적입니다.

일본은 왜 미일교섭을 했나

이제 1941년 4월 교섭 개시의 배경을 살펴볼까요. 첫째, 일본은 이대로 있다가는 삼국동맹이 발동되는 사태가 일어날지도 모른다는 위기의식을 느꼈습니다.

삼국동맹의 제3조는 미국이 독일, 이탈리아, 일본 가운데 어느 한 국가를 '공격'했을 때 '삼국은 모든 정치적, 경제적, 군사적 방법을 다해 상호 원조'한다고 했지요. 일본이 미국을 기습하는 것이 아니라 미국이 '공격'을 해 오는 것이 삼국동맹의 발동 요건이었습니다. 그렇다면 여기서 중대한 의문이 발생합니다. 어떤 조건을 충족한다면 '공격'으로 간주할 것인가라는 점입니다.

삼국동맹 제4조를 보면 조약문의 해석을 확정하고 구체적으로 무엇을 협력할지를 협의하기 위해 '혼합전문위원회'를 신속히 만든다고 적혀 있습니다. 1941년 4월 혼합전문위원회를 발족했지만[27] 구체적인 내용은 하나도 정해지지 않았습니다.

따라서 미국이 어떤 행동을 취했을 때 독일, 이탈리아, 일본을 '공격'한 것이 되는지 일본은 무척이나 불안했습니다. 일본 해군의 전쟁준비 실태를 알고 있던 해군 상충부는 정말이지 속이 까맣게 탔겠지요.

일본은 무력 지원의 시점에 관해 '자주적으로 판단할 수 있다'[28]고 오트 주일 독일대사가 마쓰오카 외무상에게 보낸 편지 형식으로 확약을 받았습니다. 물론 앞에서도 말했듯이 스타머 특사는 이를 독일 본국에 전하지 않았지만요.

미국이 본격적으로 영국을 원조하기 시작한 가운데, 이를테면 미국의 구축함이 독일 잠수함을 공격하면서 교전이 시작될 가능성도 있었습니다. 미국의 영국 원조가 일본을 미국과의 교섭 테이블에 앉도록 재촉했다고 볼 수 있겠지요.

그리고 3장에서 봤듯이 독일의 허가를 얻어 네덜란드령 동인도의 석유 등을 손에 넣고 대동아를 일본의 세력권으로 확보하기 위한 시간을 벌고 싶었다는 설명도 가능합니다. 궁내성, 외무성, 대장성 일부 등의 친영미파뿐만 아니라 뜻밖에도 육군과 해군 모두가 한목소리로 미일교섭에 찬성했던 이유가 여기에 있습니다. 사실 4월 22일 노무라가 보낸 양해안을 받은 해군은 워싱턴의 일본대사관부 해군무관에게 '육해군 모두 이 기회를 포착해 4월 17일 노무라 대사가 보낸 귀지안貴地案(미일양해안을 말함)을 기초로 미일 관계를 조정하는 데에 의견이 일치'[29]했다는 전보를 보냈습니다.

처칠이 마쓰오카에게 보낸 편지

앞에서 다른 국가는 어떻게 봤는지 궁금하다는 질문이 있었지요. 그렇다면 미국의 움직임에 촉각을 곤두세우던 두 국가, 즉 영국과 독일의 반응을 살펴보겠습니다.

우선 영국입니다. 재밌는 일이 있었는데요, 세상에, 처칠이 당시 외무상인 마쓰오카 요스케에게 편지를 보냅니다. 이때 마쓰오카가 편지를 받은 장소는 일본이 아니었습니다. 1941년 3월 12일 도쿄를 출발한 마쓰오카는 베를린, 런던을 방문하고 돌아오는 길에 모스크바에 들렀고 4월 13일 일소중립조약 조인에 성공합니다. 마쓰오카의 유럽 방문은 일·독·이 삼국동맹을 유럽에 과시한다는 의미 외에도 어전회의에서 조약을 통과시킬 때 육군의 간인노미야 참모총장이 내걸었던 조건, 즉 소련과의 긴장 완화를 어떻게든 실현시키는 데에 목적이 있었습니다.

소련과의 중립조약이 조인되기 전날인 4월 12일, 모스크바 주재 영국대사가 마쓰오카를 찾아와 영국 총리 겸 외무장관 대리인 처칠의 편지를 건네줍니다. 무척 심각한 내용이 간결한 문장으로 표현되어 있습니다. 마쓰오카가 격노할 게 뻔한 편지인데 읽어보면 왠지 착잡한 느낌이 듭니다.[30]

"일본제국 정부 및 국민의 관심을 끌 만한 두세 가지 문제를 제안하고 싶습니다"라고 서두를 뗀 뒤 곧바로 조목조목 질문을 던집니다.

(1) 독일이 1941년 봄, 여름, 혹은 가을에 제해권 또는 영국의 백주의 제공권을 제압하고 영국을 공격해서 정복할 수 있을까

요. (중략) 이 문제가 판명되기까지 기다리는 것이 일본에게 유리하지 않겠습니까.

처칠은 솔직하게 마쓰오카 및 이 문서를 읽을 일본의 위정자에게 물었습니다. '일본은 앞으로 반년 안에 독일이 영국을 굴복시킬 수 있을 거라고 생각하는가. 결과를 보고 난 뒤에 일본이 어부지리를 차지하는 편이 좋지 않겠는가'라고요.

이런 제안이 나온 배경이 있습니다. 마쓰오카가 베를린을 방문한 전후 독일은 마쓰오카에게 극동의 영국 근거지인 싱가포르 공격을 요청했습니다.[31] 마쓰오카는 그 요청을 거절했지만[32] 그래도 영국은 일본이 혹시 싱가포르를 공격하지는 않을지 걱정되었습니다. 이어지는 처칠의 질문은 더욱 날카롭게 핵심을 콕콕 찌릅니다.

(2) 영국 및 미국이 모든 공업력을 전시체제로 전환한 후에도, 미국의 수송선이 영국 해안에 도달하기 어려울 정도로 독일의 공격이 강력할까요.

(3) 일본의 삼국동맹 가입이 현 전쟁에 대한 미국의 참전을 용이하게 했을까요, 아니면 곤란하게 했을까요.

우선 독일의 가장 큰 약점을 지적하고 있네요. 독일은 유보트로 통상파괴전(영국 상선을 격침함으로써 항전 능력을 저하시킴)을 펼치고 있지만 세계 3위의 해군력을 보유한 일본(1, 2위는 미국과 영국입니다)이 신뢰할 수 있을 만큼 독일 해군이 강력한지 묻고 있습니다.

(3)에서도 매서운 질문이 이어집니다. 일본이 삼국동맹을 체결한 결과 어떻게 되었습니까. 미국은 영국을 원조하기 위해 전쟁에 한 발 더 다가가 무기대여법을 통과시켰다고 말하는 듯합니다. 마지막으로 처칠은 데이터를 보여주며 일침을 가합니다.

(8) 1941년 미국의 철강 생산고는 7,500만 톤, 영국은 약 1,250만 톤으로 합계 약 9,000만 톤입니다. 만일 독일이 이전처럼 패배한다면 일본의 철강 생산고인 700만 톤은 일본 단독으로 전쟁을 수행하기에는 불충분하지 않습니까. 이 문제에 관한 해답을 생각해보면, 일본은 엄청난 재난을 피하기 위해서 서방의 위대한 해양국가 영국과 제휴할 필요성을 더욱 크게 느끼겠지요.

녹일이 '이전처럼 패배한다면'이라는 구절에 가슴이 철렁하네요. 맨 처음 이 문서를 읽었을 때에는 소름이 끼쳤습니다. '이전처럼'은 두말할 필요도 없이 1차 세계대전을 가리킵니다. 1차 세계대전 때 일본은 영국과 손을 잡았고 연합국의 일원으로 전쟁에 참여해 독일을 패배시켰습니다.

처칠은 마쓰오카 외무상이 화를 낼 것을 각오하고 미일교섭 전에 이렇게 써서 보냈습니다. 마쓰오카가 처칠의 편지를 읽고 격노했다는 소문이 일본 정부에 퍼진다면 거꾸로 처칠의 편지 내용에 이목이 집중될 것입니다. 처칠의 편지는 일본이 들었을 때 가장 싫어할 질문을 던지며 일본이 선택해야 할 길을 가르쳐주었습니다.

영국의 궁극적인 바람은 미국이 한시라도 빨리 2차 세계대전에 참전하는 것이었지요. 그런데 미국의 본격적인 영국 원조가 시작되고 무기와 물자가 들어오는 가장 중요한 시기에 싱가포르 등으로 일본이 군대를 이끌고 남하한다면 영국은 무척 곤란해집니다. 그러므로 영국이 일본에게 바랐던 솔직한 요구는 조용히 잠자코 있어달라는 것입니다.

마쓰오카 외무상에게 편지를 보낸 처칠은 '미일교섭에 진지하게 임해주기 바랍니다. 미국의 얘기에 귀를 기울여주기 바랍니다'라는 마음이지 않았을까요.

독일대사 오트가 마쓰오카에게 보낸 편지

이어서 미일교섭을 견제하고 싶어 하는, 훼방 놓고 싶어 하는 쪽인 독일이 마쓰오카에게 건넨 항의문[33]을 살펴보겠습니다. 1941년 5월 17일 오트 주일 독일대사가 마쓰오카를 찾아옵니다.

4월 17일 미국의 제안이라며 노무라 대사가 미일양해안을 도쿄에 전달했고 5월 12일 일본이 회신안을 작성한 뒤입니다. 일본이 미국에게 어떤 대답을 내놨을지, 독일로서는 신경이 쓰여 가만히 있을 수 없었겠지요. 서면에는 이렇게 적혀 있습니다.

독일 정부는 미국의 참전을 억제할 최선의 방법은 일본이 미국이 제안하는 교섭을 단호히 거부하는 것이라고 본다. 독일 정부는 일본 정부가 미국 정부에 회답하기 이전에 독일 정부의 의견을 기다리지 않은 것을 유감스럽게 생각한다.

이 항의문을 보면 많은 것을 알 수 있습니다. 독일은 미국의 참전을 억지하고 싶다면 일본이 미일교섭을 단호히 거절하는 것이 가장 좋다고 강경하게 나옵니다. 마쓰오카 외무상이 미국에 회답을 보내기 전에 독일과 상의를 하지 않은 점은 의외입니다. 미일교섭을 다룬 책 가운데 몇몇에는 일소중립조약 조인을 이뤄내고 의기양양했던 마쓰오카가 노무라·헐의 미일교섭에 소극적이었다, 혹은 미일교섭을 방해했다고 쓰여 있기도 합니다. 하지만 독일 측이 이렇게 항의한 것을 보면, 미국에게 제안할 내용을 모으는 일에서만큼은 일본 정부가 한목소리를 냈다는 사실을 알 수 있습니다. 독일의 항의를 계속 읽어볼까요.

[삼국동맹을] 일탈하는 일, 혹은 약화시키는 일은 사태를 더욱 어려운 쪽으로 이끌 것이며 그 결과 (중략) 마침내 삼국조약을 허상으로 만들 것이다.

동맹을 약화하는 듯한 언질을 미국에 한다면 최악의 사태가 벌어져 동맹은 허깨비가 될 것이라고 협박합니다. 독일의 위기감은 기우가 아니었습니다. 딱 그 무렵인 1941년 5월 9일 사와모토 요리오澤本頼雄 해군차관과 곤도 노부다케近藤信竹 군령부차장 두 사람의 연명으로 워싱턴에 있는 노무라에게 보낸 극비 친전 전보[34]에서도 그 사실을 확인할 수 있습니다. 전보에는 다음과 같이 쓰여 있습니다. '미국과 독일이 개전했을 때 일본이 취해야 할 독일

원조 방법과 시기는 일본이 독자로 결정할 수 있는 문제이다. 따라서 미국과 독일이 전쟁을 시작한다고 해서 곧바로 미국과 일본의 전쟁이 시작된다고 생각하는 것은 잘못이다. 삼국동맹을 폐기할 것인가 말 것인가는, 미국과 일본이 전쟁을 하느냐 마느냐에 있어서 근본 요건은 아니며 오히려 일본이 걱정해야 할 것은 미국이 일본에 전면 수출 금지 조치를 취해 올 경우이다'라고요.

독일이 기대한 대미 억지력이었던 일본 해군, 그 해군차관과 군령부차장이 삼국동맹의 의무보다 미국의 대일 금수 조치를 염려하는 전보를 보냈다는 사실을 알았다면 오트 대사는 아마 분에 못 이겨 죽지 않았을까요.

미일양해안

　미일교섭은 교섭의 귀결로서 1941년 12월 진주만 공격이 일어났기 때문에 정확히 밝혀지지 않은 부분이 많습니다. 오해와 곡해의 전형적인 예로 '노무라 기치사부로 대사의 사관史觀'이 자주 거론됩니다. 전문 외교관도 아닌 노무라가 미일교섭 최초의 양해안, 즉 4월 16일에 헐이 노무라에게 제시한 안을 미국 정부의 제안인 것처럼 일본 측에 전달했다는 것이지요. 미국과 일본의 민간인끼리 준비한 안을 미국 정부의 안이라고 오해해 과도한 기대를 걸게 됐고 이로 인해 첫 단추를 잘못 끼우고 말았다[35]는 설입니다. 대학에서 사용하는 역사책에도 이런 설이 종종 등장합니다.

　하지만 역사적 사실을 확인해보면 이런 설이 명백히 틀렸다는 것을 금방 알 수 있습니다. 노무라는 미일양해안을 도쿄에 전달한 최초의 전보에서 이 안이 이전부터 '내면공작을 하면서 미국 정부의 찬성의 뜻을 사운드'[36]하던 안이라고 전했습니다. '사운드'란 어떻게 생각하고 있는지를 물어본다는 의미로, 미일 관계자가 상의하고 그 결과로 만들어진 안을 미국 정부에게 물어보고 정리한 결과라고 명확하게 전했습니다.

민간인 선에서 대충 만든 양해안이 아니라는 말입니다. 민간 측에서 주도면밀하게 작성한 항목을 헐과 노무라, 국무성의 일본 담당자, 워싱턴의 일본대사관원 등이 충분히 검토한 뒤 국가와 국가 간의 교섭안으로 정리했던 것이지요. 루스벨트 대통령의 비공식 승낙[37]도 얻었습니다. 헐이 국무성에서 이 안을 노무라에게 건네주었기 때문에 미국 정부의 제안임에는 틀림이 없습니다.

그렇지 않다면 5월이 되어서도 일본 정부의 회신안이 나오지 않자 헐이 워싱턴의 일본대사관에 밀사를 파견해 다음과 같은 말을 전한 이유를 설명할 수 없습니다.[38] 밀사는 "일본 측의 회답이 늦어지는 이유가 미국이 '콘보이(선단 호위)'를 하는 것은 아닌가라는 우려 때문이라면 이는 불필요한 걱정이다. 미국은 일본이 교섭을 진행하는 데 있어 곤란한 일은 결코 하지 않을 것이므로 아무쪼록 걱정하지 말고 신속히 회답해주기 바란다"는 말을 전합니다.

헐이 한 말은 거짓이 아니었습니다. 분명 루스벨트 정권은 5월 8일 스팀슨 육군장관 등의 강경론자를 누르고 선단 호위 방침을 결정했었습니다.[39] 하지만 아직 80퍼센트의 국민이 참전을 반대하는[40] 상황을 잘 알던 루스벨트 대통령은 5월 28일 대통령 연설에서 "국력과 국가의 권한이 허락하는 한 국방체제의 강화가 필요하다"고 대담하게 발언하면서도 이튿날 기자회견에서는 "선단 호위를 해군에게 명령할 생각"이 없다고 밝혔습니다.[41] 헐이 전한 말은 지켜졌습니다.

그럼 이제 1941년 4월 16일 헐이 노무라에게 건네준 미일양해안[42]을, 각각의 항목이 미국과 일본 중 어느 쪽에서 나왔는지 살펴보면서 읽어보겠습니다. 항목은 7개인데 꽤 공식적이고 딱딱한 영어로 쓰여 있습니다. 이를 워싱턴의 일본대사관과 외무성이 번역을 했는데 일본어도 딱딱하고 격식 있는 문체로 되어 있네요.

1. 미일 양국이 포회抱懷한 국제관념 및 국가관념
양국 정부는 항구적인 평화를 확립하고 양국 간의 상호 존경에 기반한 신뢰와 협력의 신시대 개척을 희망한다는 사실에 양국의 국책이 일치함을 천명한다. (중략) 양국 정부는 상호 양국 고유의 전통에 기반한 국가관념 및 사회적 질서 등 국가생활의 기초인 도의적 원칙을 유지할 것이며 이에 반하는 외래 사상의 도량跳梁을 허용하지 않을 것을 강고히 결의한다.

우선 미일 양국이 항구 평화를 확립하자고 적혀 있습니다. 세 번째 줄에 "천명한다"는 표현은 이 자리에서 분명하게 선언한다는 의미입니다. 또한 미일의 전통적 국가관념을 존중하자고도 말합니다. 각국에게 중요한, 사회를 떠받치고 있는 기본질서를 존중하자는 것이지요.

💬 마지막 문장에 나온 '외래 사상'은 뭔가요?

이상한 문구지요. 이 부분은 미국이 내놓은 것으로, 암묵적으로 나치 독일이 내거는 전체주의사상에, 미일은 반대한다고 말하고 싶었던 것 같습니다. 한편 일본은 "고유의 전통에 기반한"이라는 부분에 미국이 먼로주의(남북아메리카 대륙과 유럽 대륙과의 상호 불간섭을 강조하는 방침)를 수장한다면 일본도 극동아시아 먼로주의를 주장해도 되지 않겠느냐는 함의를 담았다고 말합니다.[43]

두 번째는 삼국동맹의 적용 문제에 관한 항목입니다.

2. 유럽전쟁에 대한 양국 정부의 태도
일본국 정부는 추축동맹의 목적은 방어적인 것으로 현재 유럽전쟁에 참여하지 않은 국가의 군사적 연횡 확대를 방지하는 데 있음을 천명한다. (중략) 다만 추축동맹에 기반한 군사상의 의무는 해당 동맹 체약국인 독일이 현재 유럽전쟁에 참여하지 않은 국가로부터 적극적으로 공격받았을 때에만 발동하는 것임을 성명한다.
미국 정부의 유럽전쟁에 대한 태도는 현재 및 미래에 한 국가를 원조하고 다른 국가를 공격하는 것과 같은 공격적 동맹에 의해 지배받지 않아야 함을 천명한다.

일본이 맺은 삼국동맹의 목적은 방어적인 것으로 현재 유럽전쟁에 참여하지 않은 국가(미국을 말하겠지요)가 전쟁에 관여하지 않도록 하기 위함이라고 쓰여 있습니다. 하지만 '다만'이라는 조건절 접속사가 들어갔을 때에는 그 뒤에 중요한 말이 나오기 마련입니다. 일본이 져야 할 의무가 발생하는 것은 독일이 유럽전쟁에 참전하지 않은 국가(미국을 말합니다)로부터 적극적으로 공격받았을 때뿐이라고 확인하고 있습니다. 이 '적극적으로'라는 서술은 일본이 미국에 보낸 타협의 뉘앙스, 삼국동맹은 신경 쓰지 않아도 된다는 신호로 볼 수 있습니다.

이어서 어떤 의미에서는 미국의 과도한 영국 원조를 견제하려는 표현이 등장합니다. 미국은 한 국가만을 원조하고 다른 한 국가를 공격하거나 하지는 않는다고요. 다만 실제로는 영국을 원조하고 독일을 비난하고 있었으니 이 부분은 일본의 미국 견제, 미국 입장에서는 일본에 보내는 타협의 신호라고 말할 수 있을 것 같습니다. 두 번째 항목은 쌍방이 각각 제안한 것으로 서로 한 발씩 양보하는 모습이 보입니다.

세 번째 항목은 중일 관계 개선책과 미국의 관여에 관해 쓰여 있습니다(당시 일본어 번역에 따라 여기서는 지나사변, 지나라는 호칭을 그대로 쓰겠습니다).

3. 지나사변에 대한 양국 정부의 관계
미국 대통령이 다음 조건을 용인하고 나아가 일본국 정부가 이를 보장할 때, 미국 대통령은 장제스 정권에 화평을 권고할 것이다.
A. 중국의 독립
B. 일·지나 간에 체결할 협정에 근거해 지나 영토 내에서 일본국 군대의 철군
C. 지나 영토의 비非병합
D. 비非배상
E. 문호개방 방침의 부활(후략)
F. 장제스 정권과 왕자오밍 정부의 합류
G. 지나 영토에 일본의 대량 혹은 집단적 이민 자제
H. 만주국 승인
(중략)

일본국 정부는 위 조건의 범위 내에서 또한 선린우호, 방공防共 공동방위 및 경제제휴의 원칙에 입각해 十제석인 화평 조건을 직접 지나 측에 제시한다.

재미있는 표현 방식이죠. A부터 H까지의 조건을 루스벨트가 인정한다면, 그리고 이 조건을 일본 정부가 실행한다고 보증해준 다면 루스벨트는 장제스에게 화평을 권고한다는 것입니다. 이 부분의 초안은 일본이 내놓았습니다. 조금 놀랍지만 H항에 '만주국 승인'이 들어가 있지요. 미국은 리튼 보고서에 찬성했고 만주국을 인정하지 않았습니다. 루스벨트가 H항에 관해서 최종적으로 어떤 결단을 내릴지는 미일양해안이 작성된 시점에서는 불투명 했던 것 같습니다. 하지만 이렇게 쓴다면 일본이 더욱 긍정적으로 교섭에 임하겠지요.

한편 미국이 안심할 만한 조건도 들어 있습니다. B에는 협정을 맺으면 중국에서 일본군을 철군시킨다고 되어 있습니다. 또한 G항(일본의 중국 이민 자제)도 중일전쟁이 끝났다고 해서 지금보다 일본인이 더 많이 중국에 건너와서는 곤란하다는 뜻에서 들어간 항목입니다.

세 번째 항목까지 살펴봤습니다만 여기까지 읽으면서 뭔가 궁금한 점이 있나요.

💬 중일전쟁에 관해서 무척 많은 조건이 쓰여 있다는 것밖에 모르겠습니다.

네, 그것을 아는 것만으로도 충분합니다. 어째서 미일교섭에서 가장 자세히 작성된 항목이 중일전쟁의 해결책일까요. 물론 삼국동맹의 적용 등이 두 번째 항목에 자세히 나와 있기는 하지만요.

여기서 일본이 미일교섭을 시작하고 싶어 한 또 하나의 이유가 나옵니다. 중국과의 화평입니다. 3장의 말미에서 언급했습니다만 장제스가 모처럼 마음을 열었을 때 일본은 자신들의 괴뢰정권인 왕자오밍 정권과의 조약 체결 기한을 우려해 장제스의 답장을 기다리지 않고 왕자오밍 정권을 정식 승인해버렸습니다. 이를 계기로 독일이 중재했던 중일화평은 실패로 끝났죠. 해군은 이쯤에서 육군이 주로 담당하던 중국과의 전쟁을 끝내고 군사비를 좀 더 확보하고 싶었지요. 그래서 중일전쟁 개전 이후 중국에 도의적 관심을 기울여왔던 미국의 루스벨트 대통령에게 화평을 권고하게 하면 어떨까 하는 생각을 했던 것이지요.

미일양해안을 읽으며 또 어떤 생각이 드셨나요?

💬 세 번째 중일전쟁 부분에 '선린우호, 방공 공동방위 및 경제제휴의 원칙'이라는 말이 나오는데 이 부분은 제3차 고노에 성명과 똑같은 문구여서 눈에 띄었습니다. 미국과 일본의 협상 내용에 일본의 생각이 그대로 적혀 있어서요.

네. 이 강의를 듣는 학생들 가운데 가장 꼼꼼하게 사료를 읽고, 사료에 바탕을 두고 반론을 펴는 고등학교 3학년 여학생이 대답을 해주셨습니다. 정확히 보셨습니다. 제3차 고노에 성명은 1938년 12월 고노에 후미마로 총리가 세계를 향해 내놓은 중일

국교 조정의 방침으로 선린우호, 공동방공, 경제제휴의 3원칙을 주장했습니다. 이때는 국민정부의 이인자였던 왕자오밍이 일본 측에 접근했던 시기로 고노에로서는 장제스 정권을 무너뜨리기 위해서라도 일본의 대중국 방침을 미사여구로 표현할 필요가 있었습니다.

전쟁을 벌이고 있는 상대국을 향해 '선린우호'라는 말을 쓴 게 이상하지 않나요. 일본은 이미 1937년 12월 난징사건을 일으켰을 뿐 아니라 충칭 등 중국 각지를 공습해서 수많은 민간인을 학살했습니다. 공동방공이라는 말은 공산당을 배격하고 싶어 하는 중국 국민정부 세력을 포섭하기 위해, 또 일본군을 계속 주둔시키기 위한 설득의 논리로 쓰였던 개념입니다. 그런 말이 미일양해안에도 들어가 있었습니다. 이 말을 집어넣으면 일본 군부가 교섭에 응해줄 것이기 때문이었죠.

항목을 하나하나 들여다보면 미일양해안은 양국이 주도면밀하게 작성한 문서라는 것을 알 수 있습니다. 어느 쪽의 생각이 어떤 말로 반영되었는지 이제 보이지요.

일본과 미국의 진심

미일양해안을 계속 읽어볼까요. 네 번째 항목은 태평양에서 미일 양국의 해군, 공군 병력의 적대적 배치를 중단하자는 내용입니다.

4. 태평양에서 해군 병력 및 항공 병력 등 해운 관계
A. 미일 양국은 (중략) 상호 상대국을 위협하는 해군 병력 및 항

공 병력의 배비配備를 허용하지 않는다.

(중략)

C. 지나사변 해결에 착수할 때 일본국 정부는 미국 정부의 요청에 응해, 미국과의 계약에 따라 현재 취역 중인 자국 선박이 퇴역하면 신속히 주로 태평양에서 재취역하도록 알선할 것을 승인한다. 다만 톤수 등은 미일회담에서 결정하기로 한다.

이 항목은 미국이 내놓은 안입니다만 A 등은 분명 일본의 해군이 강력히 반대할 듯한 안이네요. 미일 양국은 태평양의 평화 유지를 위해 상대국에 위협이 될 만한 해군 병력·항공 병력을 배치하지 않는다고 되어 있지요. 일본 해군에게 태평양은 바로 코앞의 전쟁터였기 때문에 준비를 꽤 잘 해뒀습니다. 하지만 이 당시 미국은 대서양과 태평양 두 곳을 상대해야 하는 상태였습니다. 준비가 불충분한 태평양에 군사력을 배치하지 않는다는 미국의 참 뻔뻔스런 제안입니다(이후의 미일교섭에서는 이 제안이 두 번 다시 나오지 않습니다).

C도 흥미롭습니다. 중일전쟁이 끝나면 일본 측에 여유가 생긴 선박(퇴역은 임무가 끝난 함선을 말합니다)을 미국이 빌려서 태평양에서 취역시킨다는 대담한 안입니다. 이 항목을 보자마자 과거에 맺어진 조약이 떠올랐습니다. 바로 1차 세계대전 중인 1918년 미일이 조인한 선철船鐵교환조약입니다. 1차 세계대전 중 미국이 전략물자인 철강재 금수 조치를 취한 결과 일본은 철 기근에 허덕입니다. 그 대책으로 미국이 일본에 철강재를 제공하고 일본이 건조한 배를 미국이 사는 교환협정이 맺어집니다. 미일교섭안을 작

성한 사람의 머리에 이 선철교환조약이 떠올랐나 봅니다."
　다섯 번째, 여섯 번째 항목은 경제와 금융에 관한 것입니다.
일본이 남방에 진출해 자원을 획득하는 상황을 막기 위해 미국이
일본에 경제적 이득을 주려고 한 항목이죠. 한편으로는 전후를 내
다본, 헐 국무장관의 경제구상이 전개된 부분이라는 해석도 가능
합니다.

5. 양국 간의 통상 및 금융제휴
(전략) 신통상조약의 체결을 원할 때에는 미일회담으로 이를 고
구考究하고 통상의 관례에 따라 이를 체결하기로 한다.
양국 간의 경제제휴 촉진을 위해 미국은 일본에게 동아시아에
서의 경제 상태 개선을 목적으로 하는 상공업의 발달 및 미일
경제제휴를 실현하는 데 필요한 금 '크레디트credit'를 공급하
기로 한다.

　'미국과 신통상조약을 맺는 것이 어떠신지요'라고 권하고
있습니다. 또한 일본과 동아시아의 경제를 개선하기 위해 미국
이 금 크레디트(물자 구입을 위한 외화 등)를 제공하겠다고 말합
니다.
　이어지는 항목을 정리하면 여섯 번째는 남서태평양 방면에
서 이뤄지는 양국의 경제활동과 관련한 항목으로 동남아시아, 대
동아 지역에서 일본이 평화적 수단을 취할 것을 보증한다면 미국
은 일본이 원하는 석유 자원 등의 획득에 협력하겠다는 내용입니
다. 이는 미일 양국의 바람이 들어간 항목으로 보입니다.

일곱 번째는 태평양의 정치적 안정에 관한 항목인데요, 어떤 의미에서는 이 시기 미국의 우려가 솔직하게 드러나 있습니다. '필리핀에 관해서, 미일 양국 정부는 독립을 공동으로 보장한다. 즉 일본은 필리핀에 있는 미군기지를 습격하지 않는다'는 것입니다. 하지만 일본 해군 입장에서는 이를 확약하기 어렵지 않았을까요.

미일양해안을 통해 미국과 일본이 무엇을 하려 했는지 보이나요? 명확하게 적시하지는 않았지만 뭔가 하려고 했던 것이 있습니다.

💬 종전?

오, 재밌군요. 어떤 종전일까요?

💬 우선은 중일전쟁을 끝내고 이어 유럽전쟁을 끝내려는 것이 아닐까라는 생각을 했습니다.

음. 너무 앞서갔다고 해야 할까요. 4월 16일 미일양해안에는 없었지만 5월 12일 일본이 보낸 회신안 가운데 삼국동맹에 관한 부분에 '미일 정부는 서로 협력해 유럽전쟁의 확대를 방지하고 신속한 평화 회복에 힘쓴다'라는 내용이 나옵니다. 일본과 미국이야말로 유럽전쟁을 끝낼 수 있다는 발상이지요. 하지만 이는 미국 측이 무척이나 싫어한 부분입니다. 참고로 마쓰오카 외무상의 생각을 기초로 한 것입니다. 미국은 지금 당장 영국을 원조하지 않으면 전 세계가 독일의 손아귀에 들어갈 수 있다며 본격적으로 영국 원조에 뛰어들었습니다.

　다른 분은 어떠세요? 미일양해안에 난어로도 직시되이 있습니다.

💬　경제제휴라든가 전쟁이 끝난 뒤의 질서를 만들자와 같은 이야기를 하고 있어요.

　하늘에 있는 헐 국무장관이 듣는다면 무척 기뻐할 것 같네요. 교섭에 임한 노무라 대사도 미국이 전후 세계의 구상에 뜻을 두고 있다는 점을 자각했습니다.[45] 다섯 번째 항목에서 미일 경제제휴, 아시아의 경제 개선이라는 말이 나왔습니다. 2차 세계대전이 끝나고 1951년에 일본이 샌프란시스코 강화조약으로 독립을 인정받은 이후 동아시아에서 전개된 경제 관계를 그대로 예견하는 듯한 내용입니다. 제가 드린 질문의 답은 조금 다릅니다. 만약 실현된다면 효과가 분명하고 세계에 뭔가를 보여줄 수 있는 이벤트입니다.

💬　…?

　미일 정상회담입니다. 지금까지 읽은 양해안에 '미일회담'이라는 단어가 있었지요(항목4, 5). 고노에 후미마로 총리와 루스벨트 대통령이 하와이 호놀룰루에서 만나는 계획이 세워졌습니다. 미국 쪽이 서두르고 있었지요. 정상회담은 미일 간의 양해 성립 후 가능한 빠른 시일 안에 개최할 것, 그해 5월이라는 단서도 달려 있었습니다.

정상회담 계획, 미국과 고노에의 관계

설마, 그랬을까 싶죠. 미일 정상회담은 1941년 8월 무렵에 실현될 가능성이 가장 높았지만, 여러분도 아시다시피 실제로 회담이 개최됐다는 역사 기록은 없습니다. 열리지 않았지요. 그렇지만 미일 정상회담이라는 구상이 허황된 이야기가 아니었다는 것은 다음과 같은 사건에서 유추 가능합니다. 좀 더 뒤에 일어난 일입니다만 처칠과 루스벨트의 정상회담이 이 시기에 열렸습니다.

1941년 8월 9일 처칠과 루스벨트는 대서양에서 만났고 12일 미영공동선언(대서양헌장)을 발표합니다. 대서양헌장에 관해 들어본 적 있나요? 루스벨트와 처칠은 미일교섭이 진행되는 와중에 '나치 독재체제' 타도라는 목표와 전후의 국제협조 전망을 공유했습니다(항목으로는 영토의 확대 및 변경 금지, 민족자결, 자유무역, 국제경제협력, 공해公海의 자유 등이 거론됐습니다).

미국은 중립국 지위에 있으면서 무기대여법을 근거로 영국을 원조해 국내의 반대파와 일본 등 추축국의 비난을 샀습니다. 그래서 '영국과 미국이 바라는 세계는 이것이다. 전후 세계의 구상은 이렇다'라고 보여주며 비판에 대항하려 했지요.

물론 당시에 미영 정상회담이 개최될 가능성과 미일 정상회담이 개최될 가능성을 비교해보면 하늘과 땅 차이였습니다. 미영 정상회담이야 수월했지만 미일 정상회담 개최에는 많은 어려움이 따랐지요. 하지만 문제를 껴안은 국가가 함께 회담을 개최하고 척척 중립조약을 체결한 사례도 있습니다. 마쓰오카 외무상이 유럼 방문 중에 맺은 1941년 4월 일소중립조약이 그 예이지요. 소련은 소련의 서남쪽에 위치한 발칸반도에서 독일과의 긴장이 고조되자 일본과의 긴장을 완화하고 싶었습니다. 또 일본은 네덜란드령 동인도 등에서 석유를 획득하고 싶었기 때문에 아래로 남하하고 싶어 했고요. 이를 위해서 두 국가가 손을 잡습니다. 오랫동안 대립해온 국가라도 당면한 이익이 일치하면 교섭 타결이 가능한 법입니다.

고노에 후미마로는 1934년 5월부터 7월까지 3개월 동안 미국을 방문한 적이 있습니다.[46] 당시 장남이 미국에서 유학 중이었는데 아들의 고등학교 졸업식 참석을 구실로, 한편으로는 귀족원 의장(귀족원은 근대 일본제국의 의회로 1890년부터 일본국 신헌법이 발효되는 1947년까지 존재했다-옮긴이)으로서 국제연맹 탈퇴 이후의 미일 관계를 타개하기 위한 비공식 친선 사절의 형태로 미국을 방문했습니다. 그때 고노에는 하우스Edward M. House 대령의 소개로 미국 동부의 재계 인사와 월스트리트 거물, 전 대통령인 후버Hebert C. Hoover, 현 대통령인 루스벨트와 회견을 합니다. 하우스는 윌슨 대통령의 브레인 역할을 하던 인물입니다. 고노에는 1919년 파리강화회의에 전권대사 사이온지 긴모치의 수행원 자격으로 참석했을 때 하우스와 호의적인 관계를 쌓아두었지요. 일본인 정치가 가운데 고노에만큼 미국의 위정자를 많이 만난 사람은 없을 것입니다.

따라서 미일교섭도 고노에와 루스벨트가 직접 회담을 하면 난관을 돌파할 수 있다고 봤습니다. 이 두 사람이 호놀룰루에서 만나면 어떤 일이 가능할까요. 어떤 장점이 있을까요.

304

💬 국내의 반대파를 누를 수 있다?

네, 그렇습니다. 국내 정치에서는 과장급·좌관급 실무담당자들의 반발이 강했습니다. 또한 각의, 대본영정부연락회의 등도 거쳐야 했지요. 우선 정상회담을 하고 천황의 재가를 얻는다면 그 과정을 전부 생략할 수 있지 않을까라는 기대가 있었지요. 미국 또한 국내의 대일 강경파 등에게 일본에도 신뢰할 만한 인물이 있다고 보여줄 수 있고요.

그리고 호놀룰루라면 정부 내 반대파가 자주 쓰는 수법, 즉 일부러 교섭 내용을 신문에 누설하는 일도 어렵겠지요. 실제로 노무라는 교섭 내용이 사전에 누설되는 일을 두고 마쓰오카 외무상에게 쓴소리를 하기도 했습니다.[47]

미일교섭 무대 뒤의 숨은 주역

앞에서 미일양해안은 미일의 민간과 정치권이 치밀하게 준비했다는 얘기를 했었지요. 미국과 일본의 창구였던 헐과 노무라 이외에 미일교섭이 펼쳐지던 무대 뒤편에는 어떤 인물이 있었는지 살펴보겠습니다.

우선 워싱턴의 일본대사관 관계자부터 볼까요. 대사관 참사관인 이구치 사다오井口貞夫가 있습니다. 참사관은 대사 다음 지위에 해당하는 대사관의 이인자로 전문 외교관입니다. 이구치 사다오는 워싱턴의 일본대사관이 암호해독에 시간을 많이 쓰는 바람에 헐에게 보내는 최후통첩이 늦어져 진주만을 기습공격하게 되었다는 '신화'의 중심인물로 오랫동안 비판받아온 사람 가운데

한 명입니다. 이게 신화였다는 것은 나중에 소개할 테니 이구치라는 이름을 기억해두시기 바랍니다.

그리고 민간인으로는 이카와 다다오井川忠雄가 가장 일찍부터 미국과 교섭안을 가다듬었습니다. 이카와는 대장성의 주미 재무관 대행, 외환관리부 심사과장 등의 경력을 지녔습니다. 이 교섭을 위해 미국에 파견될 당시에는 산업조합중앙금고 이사를 맡고 있었습니다. 특히 주목할 점은 고노에 내각의 브레인 조직이었던 쇼와연구회라는 지식인 그룹의 일원이었다는 것입니다. 월스트리트 관계자, 전 미국 대통령 후버 등과도 안면이 있었습니다. 이카와는 미일교섭 특사로서 1941년 2월 16일 히카와마루氷川丸를 타고 미국으로 향합니다.

그리고 육군성 군사과장이었던 이와쿠로 히데오岩畔豪雄가 육군성의 의사를 반영하기 위해 미국까지 파견됩니다. 이와쿠로 히데오는 중일전쟁의 해결조건을 매듭짓고 오라는 육군성 군무국장 무토 아키라武藤章의 명령을 받고 미국으로 향합니다. 이카와가 미국 측 교섭 담당자 가운데 한 사람인 가톨릭 메리놀회 신부 드라우트James M. Drought에게 이와쿠로를 소개한 편지를 보면 "이와쿠로는 무토 군무국장의 오른팔일 뿐 아니라 육군을 대표하는 실력자입니다. 이 중요한 임무에 이와쿠로가 뽑혔다는 것이야 말로 의미가 있습니다"라고 쓰여 있습니다.[48]

육군이라고 하면 폭력적이고 강압적인 이미지, 혹은 정신주의精神主義적 집단이라는 이미지가 있습니다만, 무토와 이와쿠로는 좀 다른 인상을 주는 군인입니다. 정치가에 가깝다고 여겨졌지요. 무토는 제2차 고노에 내각 당시 메이지 헌법을 개정하고 기성 정당을 해체해 고노에를 추대하는 신당을 만들려 한 인물로, 이 시점에는 전쟁보다 국내 개혁에 관심이 많았습니다. 미일교섭에 온 힘을 쏟은 것은 사실이지만 전후 극동국제군사재판에서는 제14방면군(필리핀) 참모장 때의 책임을 물어 교수형에 처해졌습니다.

이카와와 이와쿠로 등은 외교관은 아니지만 고노에 총리 주변과 육군성 등 공적 기관의 이해를 대변했다고 볼 수 있지요.

이번엔 미국으로 눈을 돌려볼까요. 앞에서 국무장관인 코델 헐과 대통령 루스벨트가 미일교섭을 거의 전적으로 도맡아 진행했고 여기에 워커 우정장관이 참여한 정도였다고 말했는데요. 민간 측의 발의자로는 미국 가톨릭교의 한 종파인 메리놀회의 드라우트, 월슈James E. Walsh 신부가 있었습니다. 가톨릭의 총본산은 로마교황청, 즉 바티칸이지요.

1941년 4월에 공식적으로 개시된 미일교섭은 사실 1940년 11월 드라우트와 월슈가 일본을 찾아왔을 때 시작되었습니다. 미일교섭의 민간 측 주역을 처음으로 본격적으로 연구한 시오자키 히로아키塩崎弘明의 분석을 보면 이때 두 신부가 만난 일본 측 인사가 대단합니다. 우선 도착한 당일 해군 군인으로 가톨릭 신자이며 궁내성 어용계御用係(궁내성의 명령을 받아 용무를 담당하는 직-옮긴이)로도 근무했던 야마모토 신지로山本信次郎와 만납니다. 야마모토는 1921년 쇼와 천황이 황태자였던 시절 반년에 걸쳐 영국, 프랑스, 벨기에 등을 방문했을 때, 동궁 무관 겸 영어와 불어 통역을 담당했던 인물입니다. 로마 교황과 황태자 히로히토의 만남을 주선하기도 했지요.

두 신부는 외무성 미국 국장인 데라사키 다로寺崎太郎도 만나고, 사와다 세쓰조澤田節藏도 만납니다. 사와다도 가톨릭 신자로 황태자의 유럽순방 당시 수행원이었고 국제연맹 사무국 등에서 근무했습니다. 공직자로는 1940년 12월에 마쓰오카 외무상, 고노에 총리, 무토 군무국장 등을 만납니다. 무토에게 두 신부를 소개한 사람이 이카와[49]입니다.

그러므로 1940년 12월 당시에 이미 일본의 가톨릭 세력, 궁내성 관계자, 총리, 육해군 등 광범위한 사람들이 미일교섭에 관여하고 있었음을 알 수 있습니다. 하지만 이렇게 광범위한 사람들이 빈틈없이 준비했다는 사실은 미일교섭이 실패한 뒤, 또 전후의 극동국제군사재판 과정에서 제대로 밝혀지지 않았습니다.

미일교섭 이면의 함의

이 교섭에 관여한 민간인들은 도대체 무엇을 하고 싶어 했을까요. 드라우트 신부의 발상은 ①기본적으로 극동에서 먼로주의를 인정하고, ②동아시아에서 유럽 열강의 결정적 후퇴의 빈틈을 메우고, 동아시아를 유럽의 전란으로부터 격리하며 ③미국의 자금 공여로 동아시아의 개발을 도모한다[50]는 것이었습니다. 미국과 일본의 가톨릭 관계자가 작성한 초안에는 어떤 내용이 쓰여 있었을까요. 종교계가 쓰고 싶었던 말은 무엇이었을까요.

💬 …?

그럼 반대로 기독교인이 싫어하는 세계를 생각해볼까요. 기독교 교회를 부수고 인민의 운동장으로 만든 국가가 있었지요. 미국과 일본 기독교인의 공통의 적은 누구일까요. 당시 인민이라는 말을 하면 떠올릴 수 있는 국가는 딱 두 곳밖에 없었습니다.

💬 중국과 소련.

그렇습니다. 스탈린은 1931년 12월 모스크바에 있는 구세주 그리스도대성당을 폭파해 파괴하고 그 장소에 야외 수영장을 건설했습니다(소련 붕괴 이후에 재건 논의가 시작되어 2000년에 재건되었습니다). 양해안 전면에 드러나지는 않지만 미국과 일본이 반드시 피해야 할 것은 공산주의라는 분위기, 미일 양국이 양해안을 추진한 이면에는 소비에트적인 힘, 공산주의가 세계를 석권하는 것에 대한 공포감이 있었습니다.

💬 그렇다면 미일양해안 첫 번째 항목에 있는 '외래 사상의 도량을 허용하지 않을 것'에 나오는 외래 사상에 공산주의도 들어가나요?

그러네요. 듣고 보니 분명 그렇습니다. 국가생활의 기초가 되는 원칙을 유지하기 위해 이에 반하는 외래 사상이 판치는 것을 허용해서는 안 된다고 했는데, 이때 '외래 사상'은 공산주의를 함의하고 있었을 것이라는 아주 뛰어난 통찰인데요. 놀랍습니다.

외교문서와 사료의 배경을 세밀하게 생각하면서 읽다보면 작성한 사람의 생각의 흔적을 발견할 수 있습니다. 일본 측 가톨릭, 미국 측 가톨릭, 그리고 천황의 측근이 적으로 삼은 체제는 역시 파시즘보다 공산주의가 더 유력하겠지요.

드라우트 신부가 쓴 메모를 잠깐 들여다볼까요.[51]

준비된 '초안'에서는 간접적이기는 하지만 매우 강력한 형태로 러시아와 공산주의에 대항하는 미·일의 제휴를 주장하고 있다. 결국 중국에 공산주의가 퍼져나가는 것을 허용한다면 소련과 중국이 공동으로 일본에 전선을 치게 될 것이다. (중략) 일본을 군사적으로 공격할 수 있는 세력은 둘을 꼽을 수 있다. 러시아와 미국이다. 여기서 만약 미국을 제외시킬 수 있다면 극동지역에 일본의 정치적·경제적 지배권을 확립할 수 있다. 미국과 함께 간접적으로 대소 공동전선을 친다면 두 적 가운데 하나를 완전히 처치한 셈이 된다.

미일양해안의 중일전쟁에 관한 중재 조건에는 고노에 성명에 등장했던 말들이 그대로 들어가 있었지요. 고노에 성명의 내용 가운데에 중요한 키워드는 '방공'으로, 일본이 만주와 화베이에 군대를 보낸 것은 중국에서 영향력을 확대하고 있는 공산주의를 방어하기 위해서라는 슬로건을 내걸었습니다. 그러나 실제로는 중국에서 공산주의와 유일하게 싸우고 있던 장제스를 계속 공격했습니다. 일본이 중국과 전쟁을 계속하면 할수록 공산당 세력은 확대되었습니다. 이는 일본의 딜레마입니다. 이 딜레마를 잘 이해한 미국과 일본의 가톨릭계가 움직입니다. 드라우트의 안은 우정장관인 워커를 통해 곧바로 헐과 루스벨트에게 전해졌습니다.

미일교섭안은 단지 삼국동맹을 어떻게 할 것인지, 중일전쟁을 어떻게 할 것인지, 전후 경제구상은 무엇인지가 적혀 있는 안이 아닙니다. 2차 세계대전이 끝난 뒤 또 한 번의 싸움, 전 세계를 휩쓸 냉전을 슬며시 보여준 예고편이기도 합니다.

　미국은 의회민주주의와 자유주의 경제라는 헌법원리를 지키기 위해 우선은 독일의 나치즘을 타도해야 한다고 봤습니다. 하지만 독일을 타도하기 위해서는 공산국가인 소련의 힘을 빌려야만 했습니다. 여기서 제1단계로 의회민주주의를 지키고 전체주의를 타도하기 위해 공산주의와 손을 잡습니다. 하지만 전체주의를 타도한 뒤 미국과 영국은 소련의 헌법원리(소비에트연방 공산당 일당 독재, 사유재산제 부인, 무신론)를 허용할 수 있었을까요.

　'외래 사상'이라는 단어 뒤에 숨겨진 미국의 반공 의식, 이는 2차 세계대전 이후 곧바로 드러나는 미소 대립의 기저를 이룹니다. 미일교섭의 이면에는 이런 깊은 의미가 숨어 있습니다.

일본은 왜 미국의
제재를 예상하지
못했나

중일전쟁 해결책의 변화

지금부터는 교섭 과정에서 교섭안이 바뀌어가는 양상을 좇아가보겠습니다. 변화를 추적하는 손쉬운 방법 가운데 하나는 외무상이 누구였는가로 구분하는 것입니다. 1941년 4월부터 7월 중순까지 마쓰오카 외무상이 미일교섭을 맡았을 때를 하나의 시기로 구분할 수 있겠지요.

마쓰오카 외무상 시기의 미일교섭은 삼국동맹, 중일전쟁 해결, 태평양 경제협력의 3대 주제 가운데 중국 문제에 뜻을 두었다고 평가할 수 있습니다. 좀 전에 미일양해안에 중일전쟁 해결 조건이 자세히 적혀 있는 점이 인상적이라고 말한 분도 있었지요. 말 그대로 미일교섭에 부정적이었던 마쓰오카 외무상도 중국 문제에 관해서만큼은 미국의 존재가 불가결하다고 인정했습니다.

마쓰오카 외무상은 노무라 대사가 양해안에 빨리 답해달라고 재촉해도 무시하면서 질질 끌었습니다. 마쓰오카와 노무라는, 노무라가 외무상 경험이 있는 거물급 대사이기도 해서 관계가 좋았다고 보기는 어렵습니다. 하지만 마쓰오카는 교섭이 시작되기 3개월 전인 1941년 1월, 중국에서 중국에 부임한 일본의 총영사들을 소집해 회의를 개최하면서 미국과의 국교 조정에 들어간다는 뜻을 전합니다. 또 데라사키 다로 외무성 미국 국장에게 중국을 돌아보고 오라고 지시합니다.[52] 미국과 교섭하기 위해서는 중일 관계를 먼저 매듭지어야 한다는 사실을 마쓰오카도 자각했던 셈이지요.

중국 문제가 미국과의 교섭을 위한 열쇠라는 점에서는 노무라 또한 마쓰오카와 같은 생각이었고, 현실을 냉정하게 직시하고 있었습니다. 마찬가지로 1941년 1월, 노무라는 '대미시안對美試案'이라는 각서[53]에서 미일 분쟁의 중심에는 중일 문제가 있으며 일본을 향한 미국의 불만을 잠재워야 한다고 설파했습니다.

미국은 중국에서의 권익 문제와 관련해 일본에 불만이 많았습니다. 일본군은 미국이 중국에 지어놓은 병원, 학교, 은행을 폭격했습니다. 미국은 자신들의 권익이 일본과 중국 사이의 전쟁행위로 얼마나 손해를 입었는지를 300가지 항목이 넘는 청구서로 만들어 정리했습니다. 특히 1937년 12월, 일본군 비행기가 미 해군 함정 파나이호를 오폭한 사건 이후 일본에 대한 불만이 더욱 커졌습니다.

마쓰오카는 미국이 장제스를 중일교섭 테이블에 앉히는 역할을 맡아주기를 기대했습니다. 노무라는 미국이 중일전쟁에 관해 가지고 있던 불만을 하나하나 해소함으로써 미국의 원리주의적 입장을 바꾸려 했습니다. 독일 일변도였던 마쓰오카와 친미적이었던 노무라는 중일전쟁의 정전 교섭 테이블에 중국을 앉히려면 미국을 이용해야 한다는 데에는 생각이 일치했습니다.

　그렇다면 4월, 미일양해안이 나온 이후 미국과 일본은 중일 전쟁 해결안을 둘러싸고 어떻게 응수했는지 보겠습니다. 5월 12일 일본안[54]에서 바뀐 점은 미국이 장제스 정부에 권고할 때 사전에 합의해야 할 조건으로 일본이 중국에게 행해온 기정사실(고노에 3원칙, 일본과 난징의 왕자오밍 정권이 체결한 조약, 일·만·지나 공동선언에 명시된 원칙)을 미국이 모두 승인하라는 것입니다. 또한 장제스를 교섭 테이블에 불러들이기 위해 다음과 같은 조건을 제시했습니다. 장제스가 화평권고를 수락하지 않을 시에 미국은 장제스를 지원하는 행보를 중지한다는 약속을 비밀문서로 작성해달라는 것입니다.

　이에 대해 6월 21일 미국이 제출한 회답안[55]에는 고노에 성명에 관해서는 인정하지만 그 밖에 일본 정부의 기정사실을 문장화하는 것은 거부하며, 또한 장제스에게 화평을 권고하는 것이 아니라 전투행위의 종결과 평화 회복을 위한 교섭에 임하라고 '종용한다'(권한다는 의미입니다)는 미온적인 표현이 담겼습니다. 또한 4월의 미일양해안에 들어 있던 '만주국 승인'이라는 말이 6월 안에서는 '만주국에 관한 우의友誼적 교섭'으로 바뀌었습니다.

　이어서 7월 15일 일본이 미국에 보낸 회답에는 5월 12일의 일본안을 철회하고 6월 21일 미국안을 인정한다, 다만 장제스가 교섭에 응하지 않는다면 미국은 원조를 중단한다는 취지의 약속을 확정하라는 타협책이 들어갔습니다. 하지만 일본 측 회답이 마쓰오카 외무상이 교체되기 직전에 나왔기 때문에 노무라는 제3차 고노에 내각이 회답을 다시 작성해야 한다는 의견을 내놓습니다.

마쓰오카는 1941년 7월에 경질되는데 이 부분은 나중에 설명하 겠습니다.

무력행사의 조건

이제 미일 양쪽이 교섭에 걸었던 열정이 어떻게 변화했는지 살펴보겠습니다. 가장 큰 영향을 미친 사건은 1941년 7월 일본이 남부 프랑스령 인도차이나를 침략한 일입니다. 이 침략이 어떤 파장을 일으켰는지 보기 전에 먼저 해군은 남진정책을 어떻게 생각 했는지 보겠습니다.

미국은 일본의 남진을 줄곧 경계했습니다. 일본은 어떤 조건 일 때 남진한다고 정했을까요. 해군은 '무력을 동반한 남진의 경 우 이곳까지만 가겠다. 여기까지라면 영국과 미국이 용인해줄 것 이다'라고 여겼던 곳이 있습니다. 바로 네덜란드령 동인도(오늘날 인도네시아)입니다. 삼국동맹을 맺을 당시 육군·해군·외무의 실 무자들이 나눴던 얘기를 떠올려보기 바랍니다. 독일이 승리하고 난 뒤에야 '그럼 이제 석유 배당을 주십시오. 여기는 일본의 생존 권이니까요'라고 주장하면 너무 뻔뻔스러우니 일본은 서둘러 독 일과 동맹을 맺었습니다. 그만큼 석유가 풍부한 네덜란드령 동인 도는 일본에게 중요한 곳이었지요.

1940년 8월 말[56] 해군 군령부는 육군 참모본부의 관계자와 상의해 무력을 행사해서라도 남진해야 할 장소를 정합니다. 참모 본부 또한 군령부와 마찬가지로 작전을 관장하는 기관으로 육군 성과는 독립된 조직입니다. 군령부와 참모본부의 관계자가 이 시 기에 협의를 진행한 이유는 한 달 전인 7월에 결정된 국책, '세계

정세 추이에 따른 시국처리 요강'을 구체화할 필요가 있었기 때문입니다.

일본군이 1940년 6월부터 북부 프랑스령, 즉 중국과 국경을 이루는 프랑스령 인도차이나 최북단[57]으로 진격한 것은 장제스를 원조하는 원장루트를 폐쇄하기 위해서였습니다. 중일전쟁의 해결책 중 하나로 육군의 담당 범위였지요. 하지만 앞으로 살펴볼 해군의 남진은 네덜란드의 식민지, 혹은 영국의 극동 근거지를 탈취하는 작전도 포함합니다.

해군은 무력행사의 조건을 정리한 문서를 작성했습니다. 지금부터는 여러분이 해군의 작전계획을 관장하는 기관인 군령부의 좌관급 담당자가 되었다고 생각해보십시오. 중일전쟁이 한창인 때이므로, 사실은 정말 싫지만, 제국의 존립을 걸고 반드시 무력행사를 해야만 하는 때가 있습니다. 그 경우는 다음의 두 가지라고 적었습니다.

A. 중일전쟁 중 제국의 존립을 위해 반드시 무력을 행사해야 할 때.
　a. 미국이 전면 금수 조치를 단행하고 제3국도 이에 응해 그 결과 일본의 필수물자 취득상 어쩔 수 없을 때.
　b. 미국과 영국이 협동으로 혹은 단독으로 일본에 압박을 가하려는 시도가 명백하고 일본의 국방 안위와 관련한 태평양상의 현상변경이 있을 때.

또 하나의 가능성은 중일전쟁이 해결·종결될 전망이 보일

316

때입니다. 이는 일본이 세력을 확장하기에 좋은 기회이므로, 두 가지 조건이 충족된다면 무력행사를 시도할 수 있다고 적혀 있습니다.

> B. 중일전쟁이 대체로 해결될 호기가 도래해 무력을 행사해야 할 때.
> a. 미국이 유럽전쟁에 참여해 동양의 사태에 대응할 여력이 적을 때.
> b. 영국의 패세가 명확해 동양에서 교전할 여력이 적고 영국이 지닌 극동 영토에 진출하더라도 미국이 영국을 원조할 가능성이 적을 때.

호기가 도래한다는 것은 구체적으로는 독일의 전력이 압도적이어서 영국 본토에 독일군이 상륙하는 때를 말합니다. 일본의 해군이 네덜란드령 동인도를 침공하는 것은 이런 조건이 갖춰졌을 때뿐입니다.

그렇다면 이 가운데 전쟁이 일어날 가능성이 가장 높은 것은 어떤 조건일까요?

💬 A의 a.

맞습니다. A의 a. 미국이 전면 금수 조치를 단행하고 제3국도 이를 따를 때 가장 전쟁이 일어나기 쉽습니다. 일본이 무력을 행사하는 계기가 일본의 의사와는 상관없는 때로 설정되어 있습니다. 일본이 움직이지 않더라도 미국이 전면 금수 조치 등의 경제 제재를 취하면 무력을 행사하게 됩니다.

그렇다면 가장 일어나기 힘든 상황, 무력행사를 하지 않아도 되는 때는 언제일까요?

💬 B의 b는 조건이 많아서 일어나기 힘들 것 같아요.

네, 그렇습니다. B의 b는 조건이 많이 붙어 있지요. 아마 현실에서는 일어나지 않을 것 같습니다. 해군이 무력행사를 하지 않고 싶었다면 B의 b를 적을 것 같습니다. 영국의 패배는 명백한가, 일본이 극동의 영국령 식민지를 침공하더라도 영국을 원조하기 위해 미국이 나설 가능성은 없는가를 하나하나 따집니다. 전제조건을 많이 붙여두면, 해군은 육군과 국민의 양해를 구하고 참전을 피할 수 있습니다.

해군은 사실 전쟁을 하고 싶지 않지만, 약한 모습을 보이면 육군과 외무성이 발끈하겠지요. 왜냐하면 해군은 미국과의 전쟁을 준비한다는 이유로 육군에 비하면 적기는 하지만 계속해서 예산을 늘려왔기 때문입니다. 이런 상황에서 영국과 미국이 공격해 왔을 때 전쟁을 할 수 없다라고 말할 수는 없겠지요. 그래서 이런저런 조건을 붙여서 실제로는 무력행사를 하지 않아도 되게 조치했습니다.

이 이야기를 대학 강의에서도 했는데요, 한 학생이 이런 질문을 했습니다. '오히려 해군 내부의 개전 추진파가 A의 a 조건을 만든 것은 아닌가'라고요. 그렇게 바라볼 수도 있는 조건입니다.

318

하지만 저는 해군의 개전 추진파가 A의 a 조건을 넣지는 않았을 거라고 생각합니다. 분명 육해군 가운데에는 영국을 상대로 한 전쟁이라면 해볼 만하지 않을까, 하고 생각한 사람도 많았습니다. 일본의 석유 비축량이 최대일 때, 또 영국이 가장 약해졌을 때, 미국이 극동을 방어할 수 없을 때, 그 기회를 노려서 치고 들어가야 한다는 주장을 한 사람도 있었습니다. 그렇지만 그런 세력이 개전하기 위해서 A의 a라는 조건을 집어넣었다고 주장하기 위해서는 그 전제로 어떤 인과관계가 성립해야만 할까요?

💬 일본이 미국을 화나게 만들지 않는 한 미국은 전면적인 금수 조치를 취하지는 않을 것이라든지…?

60퍼센트 정도 맞았습니다. 힌트를 더 드리면, 이것은 일본이 현실 문제에서 잘못된 추측을 한 역사적 사례로 자주 거론되는 사건입니다.

💬 남부 프랑스령 인도차이나를 침략하면 미국이 결정적으로 화가 날 것이고 전면 금수 조치에 나설 것이라는 전망인가요.

네, 바로 그겁니다. 좀 어려운 질문이라 이번에는 고등학교 선생님이 대답을 해주셨네요. 일본이 남부 프랑스령 인도차이나를 침략하고 싶어 하는 이유는 네덜란드령 동인도 등으로 뻗어나가는 남방 진출에 유리한 비행기지와 항만을 원해서였습니다. 베트남 중부의 다낭과 남부의 사이공 등에 있던 비행장, 캄란항 등을 장악하고 싶었습니다.

　2장에서 점령지를 반환하지 않아 실패한 사례도도 등장했습니다만, 일본은 우선 중국으로 물자가 반입되는 유통로를 폐쇄하기 위해 1940년 북부 프랑스령 인도차이나 침략을 도모했습니다. 1940년 6월부터 프랑스 식민지 총독과 교섭에 들어갔지만 난항을 겪었지요. 결국 일본군이 국경을 넘은 뒤인 같은 해 9월 22일 프랑스와 일본 사이에 기지권리협정이 체결되었고[58] 북부 프랑스령 인도차이나 지역에 주둔할 수 있는 일본군 병력의 상한을 2만 5,000명[59]으로 정했습니다.

　똑같은 프랑스령이라 하더라도 1941년의 남부 프랑스령 인도차이나 진주는 그 대상과 목적, 규모가 달랐습니다. 비행장과 항만을 일본의 세력권 아래에 두기 위한 남진이었지요. 다낭, 캄란, 사이공 등은 앞으로 벌어질 필리핀의 미군기지, 영국의 극동 근거지인 영국령 말레이 침공을 '확실히' 유리하게 해주는 장소였습니다. 여기로 가고 싶었던 것이지요.

　금수 조치에도 다양한 수준이 있습니다. 해군이 만든 조건에 들어 있는 '전면 금수 조치'는 재미在美 일본 물산의 동결은 물론이거니와 석유류를 전부 수출 금지하는 매우 단호한 조치입니다. 해군은 남부 프랑스령 인도차이나로 진출하면 미국이 전면적인 금수 조치를 해올 것이라고 예측했을까요. 이 인과관계를 어떻게 생각했는지는 역사를 뒤바꿀 정도로 중요합니다.

　사료를 보면 정책 입안에 임했던 육해군 중견 관료층이 이 점을 만만하게 봤다는 사실을 알 수 있습니다. 그들은 미국이 전면적인 금수 조치와 미국 내 일본 자산의 동결이라는 조치를 취하리라고는 전혀 예측하지 못했습니다.

다만 사와모토 요리오 해군차관과 곤도 노부다케 군령부차장 등은 다른 판단을 했습니다. 미국이 전면 금수 조치를 취할 위험성을 우려했지요. 그래서 미일교섭을 똑바로 진행해달라는 전보를 노무라 대사에게 보내기도 했습니다.

그렇다면 왜 중견 관료층은 남부 프랑스령 인도차이나 진주가 위험하다는 생각을 하지 못했을까요. 어디까지나 그들의 머릿속에 자리 잡았을 만한 변명으로, 일본이 프랑스와 외교 교섭을 했다는 형식에서 오는 안도감이 있었을 것입니다. 1940년 6월 독일에 항복한 프랑스는 독일과 이탈리아 군대가 점령하는 지역과 독일과 휴전협정을 체결한 주체인 비시 정권이 지배하는 지역으로 나뉘었고, 두 지역 모두 독일에 협력하라는 요구를 받습니다. 어찌됐든 프랑스는 독일의 지배하에서 전쟁을 치르게 되었습니다. 독일 점령 시기의 역사는 전후에 전승국의 일원이 된 프랑스로서는 인정하기 어려운 치부이겠지요.[60] 비시 정권, 추축국, 연합국이 프랑스의 식민지를 어떻게 처분했는지 그 교섭 경위는 프랑스에게는 지우고 싶은 역사였기 때문에 일본이 프랑스령 인도차이나 당국이나 비시 정권과 어떤 교섭을 했는지는 최근에 와서야 겨우 밝혀졌습니다.

이제 일본의 남부 프랑스령 인도차이나 진주를 볼까요. 1941년 7월 23일 일본은 남부 프랑스령 인도차이나로 군대를 보내기 위해 프랑스와 협정에 조인합니다. 인도차이나에 주둔한 프랑스 군과의 교전 없이 주둔할 수 있었다는 의미에서는 '평화'적이었지만, 5만이라는 병력 규모[61]는 싱가포르와 홍콩을 소유한 영국을 강하게 압박합니다. 하지만 일본은 협정 체결로 이룬 '평화'적 진주라는 형식에 사로잡혀 그 점에 생각이 미치지 못했던 것 같습니다.

당시 참모본부에 전쟁지도반이라는 부서가 있었습니다. 대본영정부연락회의에 올리는 국책문서의 작성을 맡았던 곳으로 3장에서 언급한 다네무라 스에타카가 있는 부서지요. 간단히 말하면 해군 등과 문서를 조율하는 곳입니다. 전쟁지도반의 1941년 7월 25일자 공식 일기를 보면 '전쟁지도반, 프랑스령 인도차이나 진주로 멈추는 한 금수 조치는 없다고 확신한다'라고 적혀 있고 이튿날에는 '전쟁지도반, 전면 금수로는 보지 않음. 미국은 하지 않을 것이라 판단한다. (중략) 해군 오노다 스테지로小野田捨次郎 중좌도 같은 의견'[62]이라고 쓰여 있습니다. 군령부에 소속된 오노다 중좌는 육군 전쟁지도반을 상대하는 해군 측 창구였습니다.[63]

남부 프랑스령 인도차이나에 진주하면 미국이 전면 금수 조치를 취할 것이라고 생각했더라면 A의 a는 개전에 이르기 쉬운 조항이 됩니다. 그렇지만 육해군의 중간 관료급은 전혀 그렇게 생각하지 않았습니다. A의 a가 얼마나 위험한 선택인지를 자각하지 못했던 셈입니다.

피동자

일본이라는 국가는 전쟁과 무력행사가 필요할 때, 하고 싶지는 않지만 어쩔 수 없이 하는 것처럼 보이는 행위를 반복해온 국가가 아닐까요. 요즘 들어 이런 생각이 문득문득 듭니다. 여기서 잠시 시대를 거슬러 올라가 청일전쟁 개전 직전의 외무대신인 무쓰 무네미쓰가 어떤 생각을 했는지 소개할게요. 무쓰가 전후에

『건건록蹇蹇錄』이라는 외교 수기에 쓴 내용인데, 비판적으로 읽을 필요는 있습니다. 전쟁에서 승리한 이후의 수기이기 때문에 처음부터 단호하게 일본을 개전으로 이끌었다는 등의 말을 쓰고 싶었을 테니까요.

무쓰는 청일전쟁을 승리로 이끈 외무상이라는 점에서 러일전쟁 당시 외무상이었던 고무라 주타로小村壽太郞와 견주어 거론되는 일이 많습니다. 덧붙이자면 가스미가세키(일본 도쿄도 지요다구에 위치한 관청가를 일컫는 지명-옮긴이)에 위치한 외무성에 세워진 유일한 동상의 주인공이 바로 무쓰 무네미쓰입니다.

무쓰는 막부 말기(일반적으로 1853년부터 1868년 메이지 정부군이 에도성에 무혈입성해 막부가 붕괴될 때까지의 15년간을 가리킨다-옮긴이)에 일찌감치 선진문명에 눈 떠 군제 개혁 등에 착수한 것으로 유명한 기슈번 출신입니다. 이후에는 이토 히로부미 쪽에 속한 외무 관료로서 '면도날 무쓰'라 불릴 정도로 날카로운 통찰력으로 두각을 나타냅니다. 그런데 1877년(메이지 10년) 세이난전쟁(현재의 가고시마 일대에서 사이고 다카모리西鄕隆盛가 중심이 되어 일으킨 반란으로 무사계급의 반란 중 최대 규모였다. 정부군에 의해 진압됐고 사이고는 자결했다. 세이난전쟁을 끝으로 지방과 사족의 무력 저항은 종식됐고 메이지 정부의 권력은 더욱 공고해졌다-옮긴이) 당시 사이고군에 공모했다는 혐의를 받고 투옥됩니다. 이런 경험이 삿초한바쓰薩長藩閥(삿초는 사쓰마번과 조슈번의 줄임말이며, 한바쓰는 이곳 출신이 메이지 시대 일본의 정부와 육해군의 요직을 독점하다시피 했던 과두제적 상황-옮긴이)에 비판적인 시각을 갖게 됐고, 막부 말기의 조적朝敵(천황 및 조정에 적대적인 세력)이었던 모리오카번 출신의 하라 다카시原敬를 발굴해내 총애하기도 했습니다. 무쓰가 중태에 빠지기 직전에 하라가 마지막 면회라는 생각으로 무쓰를 만나고 와서 쓴 일기[64]를 읽어보면 눈물이 납니다.

무쓰가 외무상이었을 때 외무차관을 맡았던 하라는 무쓰가 외무상을 그만두고 병에 걸리자 자신도 외무성을 떠나 오사카마이니치신문사에 들어가기로 결심합니다. 마지막 인사를 마치고 방을 나가 막 계단을 내려가려는 하라를 무쓰가 불러세웁니다. 무쓰는 하라에게 "오사카에서 일이 잘 안 풀리거든 다시 찾아오게"라고 말합니다. 죽음을 향해 걸어가면서도 관직을 떠나 오사카로 내려가는 하라를 끝까지 지켜주려 했지요.

그럼 청일전쟁이 일어나기 전으로 돌아가보죠. 조선에서 농민반란이 일어나자 조선 정부는 청에 출병을 요청합니다. 청은 조선에 군대를 보내면서 일본에 출병 사실을 알렸고, 여기에 응해 일본도 출병합니다. 하지만 농민반란 자체는 금방 진정이 됐지요.

청국은 이제 농민전쟁은 정리가 됐으니 조선에서 군대를 철군하자고 말합니다. 일본은 조선의 수도에 약 4,000명의 군사를 이미 상륙시킨 상태였죠. 그래서 '일본과 청국이 조선의 내정 개혁을 단행합시다'라고 제안하면서 개전의 명분을 찾아 나섭니다. 일본이 '그냥 물러날 수는 없다, 어떻게 하면 좋을까'를 궁리할 때 무쓰가 이렇게 말합니다.[65]

되도록 평화를 깨트리지 않도록 국가의 영예를 보전하고 청일 양국의 권력 균형을 유지해야 하며 또한 일본은 가급적 피동자 위치를 취하고 항상 청국이 주동자가 되게 해야 한다.

대조선 정책의 목표는 조선에서 일본과 청국의 힘이 균등해지는 것이며, 이를 위해 일본은 '피동자'의 지위를 취할 필요가 있다고 말합니다. '피동자'란 스스로 움직이는 능동이 아닌 '누군가가 시켜서 하게 됐다'는 수동태, 수동형으로 행동하는 사람을 가리키는 조어로 보입니다. 청국이 스스로 움직이게 만드는 일이 중요하다고 무쓰는 말합니다.

이런 표현, 참 기발하지 않나요. 일본은 한반도에 군대를 파병했다. 하지만 청국도 조선도 일본과 내정 개혁을 상담할 필요는 없다고 말한다. 곤란하군. 이대로 물러날 수는 없다. 상대가 먼저 교섭을 중단하겠다는 말을 하도록 만들어야 한다. 또한 상대가 먼저 첫 발을 쏘게 해야 한다. '피동자 위치'는 이런 것입니다.

앞에서 읽은 육군의 문서에도 전쟁이 일어날 것으로는 생각하지 않지만 미국이 전면 금수 조치를 취해올 때에는 어떤 상황에서든 무력행사를 하겠다는 조건이 달려 있었습니다. 전쟁이 가장 일어나기 쉬운 상황을 상대의 책임으로 묘사하는 감각에 할 말을 잃게 되네요. 저는 이 문서를 봤을 때 '아, 육해군 관료들에게 무쓰의 망령이 씌었구나'라고 생각했습니다.

피동자 위치를 취하면서 상황이 호전되기를 기다린다. 이런 일본의 결정과 선택의 특징에 연구자들은 '비결정의 구도'[66] 또는 '양론병기兩論倂記'[67] 등의 이름을 붙여서 연구를 진행해왔습니다. 최후의 최후까지 양쪽 논리를 모두 취하는 듯한 문장을 준비해두고 상황을 주시하는 방식은 국제 환경과 국내 정치의 변화에 유연하게 대처할 수 있다는 장점이 있습니다. 반면 장기적인 관점에서 상황을 통찰하는 국가를 상대로 할 때에는 일관된 태도를 취하지 못하고 지리멸렬하게 되고 마는 치명적 결함도 안고 있습니다.

전쟁을 불사한다는 문구는 왜 들어갔나

'양론병기'가 행해진 국책 결정의 대표적인 장면을 볼까요. 1941년 7월 2일 어전회의[68]에서 '정세의 추이에 따른 제국국책요강'이 결정됩니다.

교과서나 연표에서는 이날의 결정을 이렇게 설명합니다. '소련전을 준비하는 한편 대영미전도 불사한다'라고요. 대부분 북진과 남진 양쪽을 모두 노렸다고 설명합니다. 분명 제국국책요강의 '방침' 부분을 읽으면 '정세의 추이에 따라 북방 문제를 해결'한다고 나옵니다. 또 하나의 방침으로 '대동아공영권을 건설하고 나아가 세계 평화의 확립에 기여'한다고 내걸고 있습니다. 유명한 '대영미전도 불사한다'라는 문구는 '방침'에 뒤따르는 '요령'에 등장합니다.

그러므로 7월 2일의 결정을 보면 '아, 일본은 영미와의 전쟁을 각오했구나. 이 결정이 있기 얼마 전에 시작된 독소전을 틈타 소련 공격도 의도하고 있었구나. 이때가 일본에게 포인트 오브 노리턴이구나'라고 생각하겠지요. 그렇지만 해군 내부의 사료를 보면 해군이 대영미전을 결의한 흔적을 전혀 찾을 수 없습니다. 왜 그럴까요.

그 경위를 설명하기 위해 우선 당시 세계의 상황을 알아야 합니다. 방금 독소전에 달려든다고 했습니다. 독소전은 1941년 6월 22일 독일군이 소련 국경에 150개 사단, 항공기 2,700기, 전차 3,300량, 총 300만 명의 군인을 집결시키고 소련을 침략하면서 시작된 전쟁입니다.

1941년 봄 이후 독일이 소련을 공격할 것이라는 정보와 첩보가 스탈린에게 끊임없이 들어왔습니다. 하지만 소련 지도부는 이를 영미 측의 모략이라고 의심했습니다. 리하르트 조르게Richard Sorge는 소련 붉은군대 제4부 소속으로 1933년부터 일본에서 첩보활동을 벌이던 거물급 스파이였습니다. 조르게는 6월 1일 독일이 머지않아 소련을 공격할 것이며 개전 확률은 95퍼센트라고 모스크바에 보고합니다.[69] 겉으로는 나치당 기관지 기자라는 직업을 내걸었던 조르게는 주일 독일대사 오트의 신뢰를 얻었고, 그에게 입수한 고급 정보를 모스크바로 보냈지요. 하지만 조르게의 전보를 분석한 소련 측 정보기관이 남긴 메모에는 '의문점 있음. 도발 유도 정보로 처리'라고 적혀 있습니다. 목숨 걸며 얻어낸 정보는 결국 휴지조각이 되고 말았지요.

공격을 예상하지 못한 소련이 동부전선에서 와르르 무너진 것도 무리는 아닙니다. 이때 마쓰오카 외무상과 참모본부가 '지금이야말로 독일에 협력해 소련을 칠 때다. 소련은 급속하게 붕괴될 것이다'라고 주장합니다. 즉 1941년 6월 말 북진론이 급속히 고개를 쳐들었지요. 참 대단하지 않습니까. 마쓰오카 외무상은 일·독·이 삼국동맹 체결을 가장 열심히 추진한 인물입니다. 그리고 소련과의 관계 개선, 중국과의 전쟁 종결 전망을 세우라는 어전회의의 주문을 받고 동맹을 맺었습니다. 그런데 이번에는 소련을 치러 가자고 합니다. 히틀러도 혀를 내두를 정도의 변절이지요.

7월 2일 어전회의에서 제국국책요강이 결정된 배경에는 북진론을 주장하는 마쓰오카와 참모본부, 이에 맞서고픈 군령부, 해군성, 육군성의 대립이 있었습니다. 간단히 말하면 마쓰오카와 참모본부에 대항하기 위해 군령부 등이 '대영미전도 불사한다'라는 문구를 집어넣어 육군이 소련을 공격하지 못하게 했다는 것이 진실입니다.[70] 전쟁지도반의 6월 30일 일지[71]에는 다음과 같은 말이 쓰여 있습니다.

"작문은 작문, 육해군의 특성 어쩔 수 없다." 전쟁지도반은 북진을 주장했습니다. 이 말이 뜻하는 바는 일본은 육군과 해군이 겉으로는 대등하게 건군되었다는 의식이 있으므로 해군 측의 요구도 어쩔 수 없이 들어줘야 한다. '대영미전도 불사한다'는 문구는 북진론을 억누르기 위한 해군 측의 작문이라는 자조 섞인 기록입니다.

당시 북진론이 세력을 얻고 있었다는 사실은 육군의 편제 변화에서도 확인할 수 있습니다. 육군은 관동군 특종 연습이라는 형식을 취하면서 소련군 붕괴에 대비해 소련 국경과 가까운 만주국 북부에 군대를 진격시킵니다. 일본 국내의 2개 사단에 더해 만주·조선에 있던 14개 사단을 전시 편제로 증원한 16개 사단을 배치해 경계[72]에 돌입합니다. 이에 따라 관동군의 병력은 70만을 훌쩍 넘어섰습니다.

그러나 1941년 7월 일본이 남부 프랑스령 인도차이나 진주를 추진하자 미국은 예상 밖의 태도, 즉 전면 금수와 자산 동결이라는 조치를 취했고 남방에서의 긴장감이 고조되자 육군은 결국 8월에 소련 공격을 단념합니다.

남부 프랑스령 인도차이나 진주를 둘러싼 일본의 예측은 왜 빗나갔나

일본이 남부 프랑스령 인도차이나로 진주하자 미국은 7월 25일 미국에 있던 일본의 자산을 동결하고 8월 1일 발동기용 연료 전부와 항공기용 윤활유의 수출 금지를 결정합니다. 결과적으로 무척 단호한 전면 금수 조치였습니다. 일본은 미국이 이렇게까지 강하게 제재를 하리라고는 예측하지 못했습니다. 일본의 예측은 왜 빗나갔을까요.

우선 첫 번째로 남부 프랑스령 인도차이나에 진주하기 전 일본은 형식적이기는 하지만 프일협정을 체결했기 때문에 진주를 '평화'적으로 진행했다는 인식이 있었습니다. 이 생각이 미국의 시각과는 많이 달랐지만요.

두 번째로 지적할 수 있는 것은 '진주'라는 행위에 대한 일본의 견해입니다. 일본이 보기에는 미국도 똑같은 일을 하고 있는 것처럼 보였습니다.

미국은 1941년 7월 7일 아이슬란드에 진주했습니다. 아이슬란드는 대서양 최북단에 위치한 섬으로 덴마크 국왕이 통치하던 독립국이었습니다. 1940년 4월 덴마크가 독일에 항복하면서 영국이 아이슬란드에 군대를 주둔시켰습니다. 영국은 1941년 봄에 시리아와 아프리카에서 벌어지던 전쟁에서 패배하자 아이슬란드에 주둔해 있던 군대를 그곳으로 파병해야 했습니다. 그 공백을 메우기 위해 미국이 나섰습니다. 참전을 하지 않은 미국이 아이슬란드에 해군기지를 운용하는 것을 허용해도 되는지 논쟁이 생겼지요.

사실 헐은 일본이 남부 프랑스령 인도차이나에 해군기지와 항공기지를 설치한다는 소문을 듣고 7월 15일 밤 진상을 확인해

오라며 국무성의 해밀턴을 노무라에게 보냅니다. 이 자리에서 노무라 대사는 다음과 같이 반론합니다.[73]

> 최근 이와 같은 소문이 있다 하더라도 본 대사는 전혀 놀랍지 않다. 현재 미국은 아이슬란드를 점거하고 또 다카르, 아조레스 제도에 손을 뻗었다는 등의 소문이 있는 것에 비한다면, 일본이 소문대로 실행하는 것도 이상한 일이 아니다.

'일본이 프랑스령 인도차이나에 진주한다는 소문은 하나도 놀랍지 않다. 미국이야말로 아이슬란드에 진주하고, 대서양에 면한 아프리카 대륙 서단의 요충지 다카르, 아프리카의 포르투갈령 아조레스제도에 손을 뻗었다는 소문이 있지 않은가'라고 미국에게 되물은 것입니다.

일본은 프랑스령 인도차이나 진주를 협정 이후에 이루어진 진주라고 당당하게 말했지만, 타국의 영토를 침범했다는 사실에는 변명의 여지가 없습니다. 그렇지만 미일교섭 자리에서는 미국이 한 일과 일본이 한 일을 오히려 단순하게 비교해 보이면서 교섭 자체를 진전시키는 수단으로 삼으려 했지요. 이처럼 미국 또한 '진주'를 했다는 점을 일본이 잘못된 예측을 하게 된 두 번째 요인으로 꼽을 수 있습니다.

이 밖에 또 다른 요인으로는 어떤 것이 있을까요? 역사가 E. H. 카는 어떤 사건을 역사적으로 고찰하기 위해서는 그 사건이 당시에 특별한 일이었는지를 확인하는 것이 중요하다고 지적합니다. 남부 프랑스령 인도차이나 진주가 특별한 일인지 아닌지 확인하려면 무엇을 봐야 할까요. 일본이 1940년 6월부터 9월 북부 프랑스령 인도차이나에 진주했을 때 미국이 어떤 태도를 보였는가입니다. '비슷한 사례를 살펴보자. 그때 미국이 어떻게 대응했는지를 보면 남부 프랑스령 인도차이나 진주 이후의 상황을 예측할 수 있을 것이다.' 일본은 이런 생각을 하지 않았을까요.

북부 프랑스령 인도차이나 진주 당시 미국의 반응

1940년 7월 북부 프랑스령 인도차이나에 일본군이 진주했을 때 미국이 보인 반응을 확인해봅시다. 미국은 7월 26일 석유와 제1급 고철(철강재를 제조하는 원료)을 수출허가 품목에 포함한다고 발표했습니다. 즉 지금까지는 자유롭게 수입할 수 있었던 물품을 허가제로 바꾼 것입니다. 이 두 가지는 일본이 미국에서 수입하는 물품 가운데 가장 중요한 전략물자이자 군수 자재입니다. 다만 미국은 어디까지나 수출허가제로 변경한다고 포고했을 뿐입니다. 제1급 고철의 경우, 일본은 이 품목에 관한 전면 금수 조치가 결정된 9월 26일 전까지 56만 3,000톤[74]의 수출 허가를 손쉽게 얻었고 충분한 대응을 할 시간적 여유를 가졌습니다.

그리고 석유를 허가제로 바꾼 지 5일 후인 7월 31일에 미국은 금수 대상을 옥탄가 87 이상의 항공기용 가솔린과 윤활유로 제한한다고 추가 발표했습니다.

가솔린의 옥탄가 수치가 높을수록 고성능의 비행기 연료에 적합하다고 합니다. 옥탄가 87 이상의 가솔린만을 금수하는 조치는 사실상 일본 측을 도발하지 않으려 조심스럽게 고려한 것입니다. 왜냐하면 당시 일본의 항공기 형태와 엔진의 마력수에 비춰보면 일본은 옥탄가 86 이하의 가솔린으로도 충분했기 때문입니다. 일본은 옥탄가 86 이하의 가솔린과 국내에서 품질을 개선힐 수 있는 고순도의 원유 수입으로 버티었지요.

그러므로 수출허가제와 금수 조치 자체가 준 충격은 컸겠지만, 미국의 행동은 사실상 일본에 끼칠 피해를 냉정하게 계산한 것이었습니다. 일본은 실제로 항공기용 가솔린을 계속 수입했고, 금수 조치 발표 이후 6개월 동안 미국에서 수입한 가솔린은 340만 배럴[75]에 이르렀습니다.

미국이 표면상으로는 강경한 태도를 취해야 했던 이유가 있습니다. 첫 번째 이유는 루스벨트 정권의 각료 가운데 재무장관인 모겐소와 육군장관인 스팀슨 등 대일 강경론자의 의견을 고려해야 했기 때문입니다. 또한 미국 국민의 도의적·윤리적 동정심은 중국과 프랑스를 향하고 있어서 침략자인 일본에게 전략물자를 계속 수출하는 일에 불만이 높았습니다.

유대계 출신인 모겐소가 보기에 독일의 맹우인 일본은 미국의 적이었습니다. 모겐소는 일본에 경제적 압박을 가해야만 일본의 남진을 저지할 수 있다고 봤습니다. 일본은 '점토로 만든 발을 한 거인'이라는 시각이 모겐소뿐 아니라 구미 경제평론가들의 논의에 나타납니다.

💬 점토로 만든 발이라는 것은 허물어지기 쉽다는 뜻인가요?

네, 그런 이미지입니다. 거인은 거인일지 모르지만 바닥을 지지하는 힘이 없는 국가, 자원도 없고 철강 생산량도 미국의 12분의 1 정도밖에 안 되는 국가라는 것이지요. 1920년대에 일본이 미국에 수출한 품목은 생사生絲가 대부분이었습니다. 일본은 생사를 미국에 수출하고 공작기계(기계제품을 조작하기 위한 기계)를 수입하는 후발 자본주의국가라는 이미지가 강했습니다. 1935년 일본의 면공업은 영국을 따라잡았습니다. 그게 가능했던 이유는 일본이 생산비를 밑도는 가격을 설정해 덤핑 수출을 했기 때문이라는 편견에 가득 찬 설명이 버젓이 통하던 시대였습니다. 그런 경제 약소국 일본에게 경제적 압박을 가하면 미국에게 전쟁을 걸어올 리 없다고 여겼습니다. 모겐소는 일본은 '점토로 만든 발을 한 거인'이므로 경제 제재를 하면 굴복할 거라고 봤지요.

헐이 관할하는 국무성에도 이런 견해를 가진 사람이 있었습니다. 혼벡Stanley Kuhl Hornbeck은 국무성 고문이자 중국통으로 국제법에도 밝은 외교관입니다. 혼벡이 이런 말을 합니다. "역사상 절망에서 전쟁을 시작한 나라는 하나도 없다"라고요. 진주만 공격이 일어난 뒤 분명 비판을 받았을 것 같습니다. 결과적으로 미국 또한 일본의 행동을 예측하지 못했던 셈이지요. 절망에서 전쟁을 결의했는지 어쨌는지는 모르겠지만 그리스·로마의 전쟁사를 보면 공포와 명예 때문에 전쟁을 시작하기도 했습니다. 그들이 역사 공부를 좀 했었다면 좋았겠죠.

코델 헐을 비롯한 국무성의 주류는 다른 생각을 가졌습니다(혼벡은 국무성에서도 특이한 부류에 속했습니다). 앞에서 일본 해군이 무력을 행사하는 조건을 달아놓은 문서를 봤지요. 국무성은 일본이 이런 문서를 준비한 사실을 이미 알고 있었습니다. 광범위한 금수 조치는 일본이 극동에서 벌이는 행동을 정당화하는 절호의 구실을 제공하리라는 것을요. 미국이 전면 금수 조치를 취하면 일본이 무력행사라는 방아쇠를 당기게 된다는 것을 국무성은 사사했습니다. 미국은 태평양에 배치할 함대가 다 정비될 때까지, 대서양에서의 초계와 호위가 제대로 될 때까지는 잘못된 곳에서 잘못된 전쟁을 일으켜서는 안 된다고 생각했습니다.

일본은 도쿄의 미국대사관과 국무성 간의 외교전보를 꽤 정확하게 해독했기 때문에 미국이 금수에 관해서는 신중한 대응을 해온 경위를 잘 알고 있었습니다. 이런 까닭에 지나치게 낙관적인 예측을 하고 말았지요.

남부 프랑스령 인도차이나 진주 당시 미국의 대응

이렇게 해서 일본은 1941년 남부 프랑스령 인도차이나로의 진주를 단행합니다. 그렇다면 일본이 남부 프랑스령 인도차이나에 진주했을 때 미국은 왜 전면 금수 조치를 시행했을까요.

미국은 일본이 북부 프랑스령 인도차이나에 진주했을 때에는 억제된 경고를 보냈습니다. 옥탄가 87 이상의 수출 금지라는 전문가다운 정책을 취했습니다. 그런데 1년 후인 남부 프랑스령 인도차이나 진주 때에는 전면 금수 조치를 취하며 강경하게 대응했습니다. 왜 그랬을까요. 일본이 남부 프랑스령 인도차이나까지 차지하게 되면 미군기지가 있는 필리핀 등에도 긴장이 고조됩니다. 네덜란드령 동인도의 석유도 노릴 수 있는 곳에 온 셈이지요. 영국, 미국에게 무척 곤란한 상황이라는 것은 쉽게 상상할 수 있습니다.

이 밖에 다른 요인으로는 어떤 것이 있을까요?

💬 …?

1941년 7월은 어떤 일이 일어난 다음 달입니다. 앞에서 말한 전쟁 상황과 관련이 있는데요.

💬 독일이 소련을 침공한 일이요.

그렇습니다. 그때 미국은 일본이 북부 프랑스령 인도차이나에 진주했을 때와는 다른 상황을 마주하고 있었습니다. 이전까지는 독일의 공격을 받는 국가가 영국 한 곳이었는데 이제는 소련도 독일과 싸우는 상황이 됐습니다.

1941년 7월 미국 입장에서는 소련이 붕괴되면 곤란했습니다. 영국이 의지할 곳은 미국과 소련이고 이 두 국가를 견제할 수 있는 것이 일본이었기 때문에 히틀러는 인종에 대한 편견에도 불구하고 일본과 동맹을 맺었습니다. 미국이 일본의 남부 프랑스령 인도차이나 진주에 강경한 반응을 보인 이유도 사실은 북쪽에 있는 소련에게 힘을 실어주기 위해서였지 않을까요. 미국의 연구자 왈도 하인리치Waldo H. Heinrichs[76]가 이런 가설을 폈습니다. 왈도는 미국이 석유 전면 금수 조치를 취한 이유 가운데 하나가 소련의 사기를 고무시키기 위한 긴급성에 있다고 봤습니다.

또 하나, 정말 의외의 요소를 소개할게요. 앞에서 재무장관인 모겐소와 국무장관인 헐은 대일정책 면에서는 대립했다고 말했습니다. 루스벨트는 1941년 여름 당시 헐의 국무성 쪽을 지지했습니다. 모겐소의 지나치게 한쪽으로 치우친 대일 강경책에는 반대했지요. 그렇다면 강경파를 잘 억누르고 있던 헐과 루스벨트에게 뭔가 좋지 않은 상황이 일어난 것은 아닐까라는 상상도 가능할 것 같습니다.

어떤 의미에서는 매우 흥미로운 얘기인데요, 미국 국내에도 일본 관료제 내의 파벌 대립과 비슷한 갈등이 있었습니다. 경직된 상하관계가 각 부처 간에 있었던 셈입니다. 일본 참모본부 전쟁지도반의 '미국이 전면 금수 조치를 취하지는 않을 것이다'라는 예측은 통상적인 상황이었다면 올바른 판단이었습니다.

이 시기는 여름입니다. 루스벨트는 어머니의 장례식을 치르기 위해, 헐은 지병 치료를 위해 모두 워싱턴을 떠나 있었습니다. 또 루스벨트는 1941년 8월 처칠과의 회담이 예정되어서 정신없이 바빴지요.

워싱턴의 여름은 저도 겪어본 적이 있습니다. 대학원을 졸업하고 막 야마나시대학에 취직했을 때입니다. 그해 여름 워싱턴의 대사관 거리를 걸어가는데 계속 걷다가는 금방이라도 쓰러질 정도로 뜨거웠습니다. 거리에는 사람이 한 명도 없었지요. 다들 피서지인 케이프 코드 등으로 떠나서 오히려 피서지가 외교의 장이 되었던 그런 여름이었습니다.

헐은 전화 연락은 철저히 받고 있었지만 국무성의 시선이 감시할 수 있는 범위에는 한계가 있었습니다. 금수 조치에 관한 직무는 외국자산관리위원회라는 곳이 관할했습니다. 그러므로 헐은 이 위원회가 하는 일을 눈을 번뜩이며 주시했지요. 하지만 헐과 루스벨트가 자리를 비운 틈을 타 대일 강경파가 주도권을 쥐고 있던 외국자산관리위원회가 전면적인 금수 조치와 자산 동결을 실시해버립니다. 이런 강경책을 국무성이 저지하지 못한 또 하나의 이유로 1941년 1월에 국무차관보에 취임한 딘 애치슨Dean Acheson의 존재를 들 수 있습니다. 애치슨은 모겐소와 똑같은 견해를 지닌 외교관으로[77] 외국자산관리위원회의 실세였습니다.[78]

전면 금수 조치라는 것은 자산과 관련되어 있으므로 재무부의 관할 사항이 많았습니다. 정확히 1년 전 이루어진 북부 프랑스령 인도차이나 진주 당시에는 루스벨트와 헐이 모겐소를 통제했지만 이번에는 그러지 못했습니다. 모겐소가 말 그대로 전면적인 금수 지령을 내린 사실을 8월 말이 될 때까지 루스벨트도 헐도 알지 못했고 결국 시간을 허비하고 맙니다.

💬 대통령이 모르다니, 그게 가능한가요.

조직 간의 소통 부재는 일본 특유의 것이라고 여겨지지만, 미국에서도 이런 일이 있었습니다. 8월 말 미일교섭에서 오가는 대화를 보면 헐은 노무라의 말을 듣고서야 비로소 미국이 일본에 전면적인 금수 조치를 취하고 있다는 사실을 알게 됩니다.[79] 8월 1일을 기점으로 일본에는 석유 한 방울도 팔지 않았고, 미국의 항구에서 물품을 실어 보내는 일까지 전부 금지했다는 사실을 루스벨트와 헐은 모르고 있었지요.

하지만 당시 일본인이, 일본 대장성과 요코하마쇼긴은행 등이 아주 정직한 방식으로 일을 하지는 않았나 봅니다. 일본이 미국의 자산 동결을 전혀 예상치 못해 눈앞에서 자산을 전부 압류당했다고 보기는 어렵습니다. 막부 말기 이후 불평등조약으로 고통

받있던 일본이 경제 감각은 만만치 않았습니다. 구체적인 연구 결과를 보면 일본 측이 요코하마쇼긴은행 뉴욕지점 계좌에 은닉한 자산은 1940년 초 정점을 찍을 당시 1억 6,000만 달러에 이르렀습니다. 하지만 1941년 12월 진주만 공격 시점에 계좌에 남아 있던 금액은 2,900만 달러 정도였습니다.[80] 미국의 눈을 속여 일찌감치 자산을 안전한 곳으로 옮겼다고 볼 수밖에 없지요.

국민은 이길만
가도록 배워왔다

외무장관 인사와 고노에 메시지

이후의 대응을 보면 일본은 아직 교섭을 포기하지 않았습니다. 1941년 4월에는 5월까지 고노에와 루스벨트가 정상회담을 하자는 말이 나왔었지요. 하지만 양해안 교섭에 소극적이었던 마쓰오카가 '난 들은 적 없다'라고 주장하며 저항해서 조인이 늦춰지다가, 또 독소전으로 늦춰지다가 미일 정상회담은 현실적으로 논의되기도 전에 좌절되고 맙니다.

7월 16일 제2차 고노에 내각이 총사직합니다. 마쓰오카가 외무대신에서 물러난 이유는 내각이 총사직했기 때문이지만 고노에는 곧바로 7월 18일 외무대신을 도요다 데이지로豊田貞次郎로 바꾸고는 제3차 고노에 내각을 출범시켜 미일교섭에 임합니다.

즉 외무대신 단 한 사람을 경질하기 위해 내각을 교체했습니다. 이 당시 총리는 내각을 경질할 권한이 없었습니다. 그렇기 때문에 외무대신을 갈아치우기 위해 내각 전체가 퇴진하는 수순을 밟았던 것이지요. 마쓰오카를 경질한 이유는 그가 6월 21일 미국이 보내온 회답안에 대한 일본 측 회신을 작성하려 하지도 않았고, 게다가 6월 22일 독소전이 개시되자 즉시 소련을 공격해야 한다면서 미일교섭에 등을 돌린 데에 있습니다. 고노에는 내각 전체를 교체해 마쓰오카 외무상을 배제하는 데 성공합니다.

이때 발탁된 도요다 데이지로는 제2차 고노에 내각 시절, 오이카와 해군대신 밑에서 해군차관을 지냈습니다. '어? 마쓰오카 후임으로 군인이 외무대신이 됐네'라고 생각할지도 모르지만 도요다는 해군학교에 들어가기 전 현재의 도쿄외국어대학에 해당하는 학교에서 영어를 배운 매우 뛰어난 영어 실력의 소유자입니다. 1911년에는 영국 옥스퍼드대학에서 유학하라는 해군의 명령을 받을 정도로 영재였습니다. 1932년부터 주일 미국대사를 맡았던 그루가 자신의 일기에 "도요다는 동정심이 많고 따스한 인간미를 지녔다. 지금까지 교섭을 진행했던 외무대신 가운데 도요다를 가장 좋아한다"라고 칭찬할 정도였지요. 또한 주저하는 노무라에게 주미대사가 되어 미일교섭을 맡아달라는 해군 상층부의 의향을 전달했던 사람도 바로 도요다였습니다.

도요다에게 다음과 같은 낭보가 전해집니다. 7월 24일 노무라 주미대사는 미국 해군 쪽 연줄을 통해 루스벨트 대통령과 극비 회담을 합니다. 대통령과 직접 만날 수 있는 대사는 거의 없습니다만 노무라는 워싱턴에서의 임기 중 대통령과 10번 가까이 만났다고 합니다. 이 자리에서 루스벨트는 미국의 결정을 다음과 같이 설명합니다. 대일 석유 전면 금수에 관해서는 이전부터 여론이 강하게 요구했지만 태평양의 평화 유지라는 명목으로 억제해왔다.

하지만 일본이 프랑스령 인도차이나로 진주하면서 내 주장의 논거가 사라져 정말 유감스럽다. 그 뒤 다음과 같은 주목할 만한 제안을 노무라에게 제시합니다. 아직 국무성과 논의하지는 않았지만 만약 일본이 남부 프랑스령 인도차이나에서 철군하고 프랑스령의 물자를 각국이 공평하게 분배할 수 있는 방법이 있다면, 그런 방법을 찾기 위한 노력을 아끼지 않을 것이라고요.[81]

미국 측은 그루 대사의 인맥을 이용해[82] 대통령이 한 제안의 중요성을 일본이 오해하거나 경시하지 않게끔 정확하게 설명했습니다. 이런 움직임을 보면서 고노에와 그의 측근들은 미국 대통령과 만날 방법을 찾으려 합니다. 도요다 외무상은 8월 7일과 9일 일본의 정상회담 제안을 노무라 대사에게 훈령으로 보냅니다.

이 제안에 헐은 처음에는 냉담한 반응을 보입니다. 당연한 일이겠지요. 부처 내의 대일 강경파는 일본이 표면적으로는 교섭을 진행하는 척하면서 뒤로는 남부 프랑스령 인도차이나에 진주했다면서, 헐은 일본의 모략에 속아 넘어간 것이라고 격렬하게 비난했으니까요. 일본이 헐의 체면을 무참히 깎아내린 셈이지요.

하지만 8월 17일 루스벨트와 만난 노무라는 뜻밖에도 루스벨트가 정상회담을 할 마음이 있다고 알려옵니다.[83] 그래서 이번에는 고노에가 쐐기를 박는 메시지를 내놓습니다. 다음은 8월 26일에 고노에가 미국에 보낸 메시지[84]입니다.

귀 대통령과 본 대신의 회견에 관한 제안에 8월 17일 노무라 대사에게 수교한 문서에서 귀 대통령이 동감의 뜻을 표해준 데에 깊이 감사드리는 바입니다.

우선 대통령이 정상회담을 하자는 제안에 동의해준 데에 감사함을 표하고 있습니다. 루스벨트는 이때 대서양에서 처칠과 만나고 막 귀국한 참이었습니다. 8월 12일, 영미가 독일과 싸워야만하는 이유를 세계에 알리는 대서양헌장을 발표한 뒤였지요. 기분이 좋았던 루스벨트는 자신의 힘으로 태평양의 평화도 이루면 좋겠다는 생각을 했던 것 같습니다.

현 동란에 국제 평화의 열쇠를 쥔 최종 두 국가, 즉 미일 양국이 지금처럼 최악의 관계로 나가는 것은 그 자체로 매우 불행한 일이 아닐 수 없으며 이는 세계 문명의 몰락을 의미합니다. 우리가 태평양의 평화 유지를 생각하는 일은 단순히 미일 국교의 개선을 위해서만이 아니며 이를 계기로 세계 평화의 도래를 불러오기 위함입니다.
미일 양국의 관계가 악화된 주 원인은 양국 정부의 의사소통이 원활치 못하여 의혹과 오해가 쌓였고, 한편으로는 제3국의 모략과 책동 때문이라 생각합니다.

고노에는 이렇게 말합니다. 국제 평화의 열쇠를 쥔 최종 국가인 일본과 미국이 이대로 최악의 관계로 치닫는다면 세계 문명의 몰락으로 이어진다고요. 미일 관계의 개선이 세계 평화를 불러올 것이라고요. 누구도 부정할 수 없는 훌륭한 말이 쓰여 있습니다.

이어서 관계 악화의 원인을 고찰했는데요, 참으로 아전인수격인 설명입니다. 제3국의 책동이 미국과 일본 사이를 이간질하고 있다고 말합니다. 아니 세상에, 두 나라의 관계가 악화된 가장 근본적인 원인은 일본이 중국을 침략하고 중국에서 미국의 권익을 배려하지 않았기 때문인데, 이런 말은 단 한 마디도 쓰지 않았습니다. 또한 가장 직접적인 원인은 일본군의 프랑스령 인도차이나 진주이지만 그 일도 전혀 언급하지 않았습니다. 그리고 이렇게 이어집니다.

> 우선 양국 정상이 직접 회견을 하면서 결코 지금까지의 사무적 협의에 구애받지 않고 넓은 안목으로 미일 양국 간에 존재하는 태평양 전반에 걸친 중요 문제를 토의하고 시국을 구제할 가능성이 있는지 없는지 검토하는 일이 긴박한 필요 사항입니다. 세세한 부분은 정상회담 이후 필요에 따라 사무당국에 교섭하게 하면 됩니다. (중략) 회견이 하루라도 빨리 이루어지기를 희망하며 회견 장소로는 (중략) 하와이 부근이 적당하다고 보는 바입니다.

두 정상이 만나서 세세한 부분에 얽매이지 말고 거시적 관점에서 태평양 전반에 걸친 주요 문제를 논의하고 현 사태를 타개할 수 있는지 없는지 검토하는 일이 필요하다며 하루라도 빨리 만나고 싶다고 말합니다.

자산 동결은 7월 25일에 시작됐고, 석유 수출도 8월 1일부터 전면 중단됐습니다. 고노에는 8월 26일에 이런 메시지를 보냈습니다. 이 메시지를 읽으면 미일의 관계가 나빠진 원인에 관한 통찰은 매우 불충분하지만 어쨌든 현 상황을 타개하기 위해서는 이 방법밖에 없다고 믿는 고노에 총리의 진심이 느껴집니다.

교섭의 제약 요소

고노에 메시지는 어떤 결말을 맞이했을까요. 출발은 좋았습니다. 메시지를 가지고 온 노무라에게 루스벨트는 '고노에와 3일 정도 회담을 할까'라고 말했습니다.[85] 하지만 그 뒤로 무척이나 충격적인 사태가 전개되고 맙니다.

우선 노무라 대신이 미국 신문에 정보를 흘리고 말았습니다.[86] 미국의 신문기자도 특종을 물기 위해 밤새 진을 치고 기다렸겠지요. 노무라는 사람이 좋아서 기자들이 '노무라 씨' 하고 말을 걸면 주절주절 말을 해버리곤 했지요.

전후 외무성이 노무라를 결코 높이 평가하지 않는 데에 저는 동의하지 않습니다. 노무라는 전문 외교관은 아니었지만 미국 대통령이나 해군 수장과 친밀한 대화를 나눌 수 있는 인물이었습니다. 또한 외교 전보나 회담 요지를 읽어보면 미국 측 약점을 매우 정확히 파악했던 인물이었음을 알 수 있습니다. 하지만 고노에 메시지에 관한 일만은 노무라가 실수했다고 봅니다.

노무라가 미국 기자에게 정상회담에 관한 정보를 흘렸고 그것이 미국 신문에 보도되면서 일본에도 알려집니다. 그러자 일본의 국가주의단체는 총리가 미국과 타협하려 한다며 강하게 반발했고 대미 교섭파를 비판하는 전단지를 뿌립니다. 고노에가 지나치게 굴욕적으로 미국에 간원하고 있다[87]면서 국가주의자들은 고노에 메시지의 내용을 발표하라고 정부를 협박합니다. 이 당시 국가주의단체가 실제로 뿌렸던 전단지를 읽어보겠습니다. 여러분이 모르는 이름이 줄줄이 이어질 텐데 우선 읽어보기로 하죠(원래 전단에는 성姓만 적은 것도 있고 직책이 없는 것도 있어서 그 점을 보완해 적었습니다).

1. 히라누마 기이치로平沼騏一郎는 총리로 재임할 당시 일·독·
이 삼국동맹을 체결하지 않았다. 즉 그는 친영미파의 괴수이다.
히라누마는 미쓰이의 이케다 시게아키池田成彬 재벌 괴수와 연
계됐으며 또한 아라키 사다오 육군대신과 손잡으면서 간사이
재벌과도 연계됐다. 동시에 재벌, 관벌, 구당과 연결해 대막부
세력을 형성했다.

이 전단에서 국가주의자들은 일·독·이 삼국동맹에서 일본
을 이탈시키려고 도모하는 친영미파가 누구인지 한 명 한 명 폭로
합니다. 히라누마 기이치로는 제2차 고노에 내각 이전의 총리대
신으로 '구주의 정세는 복잡기괴하다'고 말하며 내각을 사직한
것으로 유명합니다. 히라누마 내각 당시에도 삼국동맹과 똑같은
공수攻守동맹 교섭이 독일, 이탈리아, 일본 사이에 있었지만 일본
이 태도를 정하지 못하는 사이에 1939년 8월 독일온 일본에 알리
지 않은 채 소련과 독소불가침조약을 체결합니다. 총리에게는 굴
욕적인 일이었죠.
전단을 뿌렸던 국가주의자들의 관점에서 보자면 내무대신으
로 고노에 내각을 이끌어가는 히라누마, 미쓰이 재벌의 이케다,
기존 정당과 관벌 등은 부정되어야 할 대막부 세력입니다. 이어서
다음과 같은 말이 이어집니다.

1. 히라누마는 (중략) 사실상 총리이다. 그리고 이케다 재벌, (중

략) 궁중의 유아사 구라헤이湯淺倉平 내대신, 마쓰다이라 쓰네오 松平恒雄 궁내대신, (중략) 외교계의 아리타 하치로有田八朗, 도요 다 데이지로, 요시자와 겐키치芳澤謙吉 등과 함께 반국체적 친영 미 세력, 유대인과 같은 금권 막부를 구성해 황국을 사유화하려 한다. 쇼와유신 근왕도막勤王倒幕의 때가 왔다!

히라누마는 재벌, 궁중, 친영미파 외교관과 함께 일본에 해독 을 끼치고 있다고 말하는군요. 대막부 세력이라든지 유대인과 같 은 금권 막부라는 말이 나오는데 막부는 가마쿠라 막부, 아시카 가 막부, 에도 막부를 부를 때의 그 막부입니다. 어째서 이 시대에 는 막부가 상대를 매도하는 말로 쓰였을까요. 막부적이라는 말은 당시에는 목숨까지 위태로울 정도로 상대방에게 타격을 주는 말 이었습니다. 이런 현상은 천황의 이상 정치를 힘으로 빼앗는 것이 막부라는 이해에서 나왔습니다. 메이지유신이 단행되고 난 뒤 그 전까지의 무가武家정치를 전면 부정하는 역사관의 결과로 만들어 진 막부의 이미지입니다. 유대인이라는 말은 유대민족이 열등하 다는 나치의 사상과는 다른 의미로, 이 시기의 일본에서는 영국, 미국의 자본주의 세력을 비판하는 말로 쓰였습니다.

당시 반영미파와 국가주의자에게 기존의 정당, 재계, 재벌, 궁중, 친영미파 외교관은 모두 자신들의 이익을 위해 황국 일본을 망치는 나쁜 사람들이었습니다.

국가주의자들은 8월에 고노에가 미국에 보낸 메시지의 내용 을 공개하라고 시위를 벌입니다. 전단지에 이름이 거론됐던 히라 누마는 국가주의단체 가운데 하나인 '긴노마코토무스비勤皇まこ

346

とむすび' 회원에게 저격당해 중상을 입습니다.

이런 사태가 과거에 있었던 일과 어딘가 닮은 구석이 있지 않나요? 그게 언제일까요?

💬 막부 말기?

막부 말기의 어떤 일이 존왕양이운동에 불을 붙였나요?

💬 이이 나오스케井伊直弼가 통상조약을 맺은 일?

그렇습니다. 1858년 도쿠가와 막부의 다이로大老(에도 막부 시대에 장군을 보좌하던 최고위직-옮긴이) 이이 나오스케가 미일수호통상조약을 칙허 없이 맺은 일이 있었습니다. 일본은 1854년 미일화친조약을 체결하고 문호를 개방합니다. 당시 고메이孝明 천황은 메이지 천황의 아버지였습니다. 고메이 천황과 도쿠가와 막부는 관계가 좋았지만 천황은 교토에서 가까운 고베를 개항하는 데에는 반대했습니다. 막부는 고메이 천황의 칙허를 받지 않고 미국과의 통상조약에 조인하고 개국을 단행합니다.

이때 존왕양이파가 막부를 비판했고 결국에는 막부를 타도하자는 운동으로 번져갑니다. 막부를 비판하는 국론을 동원하는 데 이용한 정치적 수법이 칙허를 받았는가 아닌가였습니다. 막부는 천황에게서 정치를 위임받은 존재였기 때문에 반드시 천황의 동의를 얻을 필요는 없었습니다. 또한 당시 열강과의 관계를 보면 일본이 조약을 계속 거절할 수 있었는지도 의문입니다. 하지만 이

런 이성적 판단은 통하지 않았지요. 무척허 조인이라는 비판이 막부를 압박했고 1860년 '사쿠라다몬 밖의 변櫻田門外の變'이리 블리는 이이 나오스케 암살에까지 이릅니다.

　역사를 보면 힘을 지니게 된 운동이 과거의 역사인식이 지닌 에너지를 포섭해 극단적으로 치닫는 일이 있습니다. '유신'이라는 단어는 심상소학교의 수신修身 시간에만 역사를 배운 대부분의 일본인에게는 긍정적 이미지로 받아들여졌을 것입니다. '유신'으로 메이지 시대가 왔고 몇몇 전쟁에서 승리했고 일본은 5대 강국의 하나가 될 수 있었다. 대륙에 식민지를 가진 국가가 됐다. 이런 역사인식을 지닌 사람들은 '쇼와유신 근왕도막의 때가 왔다'라고 선동하면 미국에 아첨하는 고노에 내각은 당장 퇴진해야 한다고 생각하겠지요.

　결국 내각은 고노에 메시지를 신문에 발표합니다. 막상 뚜껑을 열어봤더니 미국에게 아첨하는 내용이랄 게 없습니다. 하지만 미국과의 교섭을 준비하는 세력을 향한 일본 정부 내의 비판은 여론을 등에 업고 더욱 강경해집니다.

　이번에는 1941년 6월 말 가장 강경하게 북진론을 주장했던 참모본부 전쟁지도반이 미일교섭을 추진하고자 했던 사람들을 어떻게 평가했는지 보겠습니다.[88]

　도요다가 반추축의 핵심이고 그다음은 해군이다. (중략) 말하자면 해군성 수뇌이다. '위'에 원인이 있을지도 모른다. 국가의 전도 암담.

도요다 외무상이 가장 친영미적이라고 말합니다. 그리고 해군 수뇌가 뒤를 잇습니다. '위'라는 기술에서 위는 놀랍게도 천황을 가리킵니다. 천황이야말로 친영미파 아니냐는 의구심을 품은 듯한 발언이지요. 군부라고는 하지만 국가기관의 한 부서의 공적 기록에 국가주의단체의 불온 전단지와 똑같은 인식이 나타나 있습니다.

고노에 메시지에 대한 미국 국무성의 회답은 냉담했습니다. 만약 정상회담을 하는데 또다시 일본군의 남부 프랑스령 인도차이나 진주와 같은 일이 일어나면 루스벨트와 헐의 위신이 손상될 것을 두려워한 국무성이 정상회담에 긍정적이었던 대통령을 억제했다는 것이 정설입니다.

전후에 쇼와 천황은 개전 이전의 국내 정치 상황에 관해 자기변호처럼 보이는 발언을 남겼습니다. 만약 자신이 주전론을 억누르고 미국에 굴복한다고 했다면 '국내 여론은 반드시 들끓어 올랐을 것이며 쿠데타'[89]가 일어났을 것이라고요. 이 발언은 극동국제군사재판이 열리기 전인 1946년 3~4월에 궁내성 측근이 천황에게 상황을 보고하는 자리에서 나온 것입니다. 연합국은 천황이 종전을 명령했고 그 명령에 군부가 따랐으므로 개전 또한 천황의 명령이 좌우하지 않았겠느냐는 강한 의심을 품고 있었습니다. 일본 점령에 나선 연합국 최고사령관 총사령부 GHQ의 맥아더는 이 시점에 이미 천황을 재판에 소추하지 않기로 결정했지만요.

이런 정치적 배경이 있기는 하지만 천황의 발언은 시대의 긴박감을 고스란히 전해줍니다.[90]

내가 만약 개전 결정을 '비토'[거부권 행사]했다고 치자. 국내에선 내란이 크게 일어났을 것이며 내가 신뢰하는 주위 사람은 살해되고 내 생명도 보증할 수 없었을 것이다.(후략)

내란이 일어나고 측근뿐 아니라 자신 또한 살해되는 사태가 일어났을지도 모른다고 천황은 회상합니다. 이런 상황이 1941년 8월, 9월에 조성되었던 것이지요. 천황은 1936년 2·26사건을 눈앞에서 목격했고 청년 장교와 이에 호응한 군부 고위층을 실제로 경험했습니다. 2·26사건은 당시 궐기한 장교 등이 내대신 사이토 마코토, 대장대신 다카하시 고레키오高橋是清, 육군의 교육총감 와타나베 조타로渡邊錠太郎 등을 살해한 사건입니다. 천황이 '신뢰하던 측근'이 살해당하는 사태가 불과 5년 전에 있었습니다.

그런데 이 무렵 국가주의운동단체의 규모는 어느 정도였을까요? 당시 경찰에 해당하는 내무성 경보국의 기록을 보면 1940년 12월 말 시점에 조직 수가 약 2,000, 총인원이 약 63만 명이라고 나와 있습니다.[91] 히라누마를 습격한 조직인 '긴노마코토무스비'의 회원은 약 3,000명이었습니다. 또한 내무성의 다른 사료를 보면 63만 명의 조직원 가운데 일·독·이 삼국추축만세파가 차지하는 비율이 늘어나고 있다는 지적이 있습니다.

쇼와 천황 곁에서 국무에 관한 조언을 맡아 했던 내대신 기도 고이치의 1941년 8월 일기[92]를 보면 경시총감, 내무성 경보국장, 헌병사령부 본부장이 계속 치안을 보고하러 왔습니다. 미일교섭 타결에 관한 국가주의단체의 동향 등 불온한 정세를 전하는 데이터가 궁내성에 전해졌지요.

350

주미대사로서 미일교섭에 관여했던 노무라는 미일 개전 이후 일본에 귀국한 뒤 개최한 강연회에서 8월까지는 미국도 교섭을 마무리 지으려고 성실히 임했다고 회상합니다. 하지만 일본 국내의 반대운동이 거세지면서 교섭파가 지향했던 기운은 점점 사그라지고 맙니다.

9월 18일에는 고노에 암살 계획이, 10월 2일에는 도쿄의 미국대사관원 습격 계획이 발각됩니다.[93] 10월 2일 고노에 메시지에 대한 최종 답변으로 헐 국무장관이 노무라에게 회답을 보냅니다. 사전에 미일의 사무국 수준에서 의견이 조율되지 않으면 정상회담 개최는 위험하다는 내용이었지요.[94] 당연한 결과였다고 봅니다.

오자키 호쓰미와 천황의 국민관

그렇다면 평범한 일상을 보내던 국민은 어땠을까요. 이를 살펴보고 싶을 때에는 보통 사람들이 남긴 일기 등을 통해 당시의 생각을 알아보는 방법이 있습니다. 그런데 이 방법은 꽤 오랜 기간에 걸쳐 조사를 해야 하고 변화와 배경을 주시할 필요가 있어서 말처럼 쉽지 않습니다. 그래서 역사학에서는 국민과 정반대 쪽에 위치한 사람이 국민을 어떻게 봤는가를 연구합니다. 어떤 의미에서는 국민의 모습을 선명하게 비춰주는 거울을 들여다보는 방식이라고 말할 수 있지요. 이렇게 해서 간접적으로 국민상을 파악할 수 있습니다.

그런 방법의 하나로 오자키 호쓰미尾崎秀實의 국민관을 살펴보겠습니다. 오자키는 소련의 스파이였던 리하르트 조르게와 함께 활동했던 인물입니다. 오자키라는 이름을 들어본 적 있나요?

💬 처음 듣습니다. 조르게와 친했나요?

네, 조르게의 스파이 그룹에서 활동한 언론인입니다. 1936년 12월 중국에서 시안사건이 일어납니다. 항일을 위해 공산당과 국민당이 합작해야 한다고 생각한 장쉐량이 장제스를 감금한 채 설득해 국공합작이 이루어지는 계기가 된 사건입니다. 사건 직후 국내외 언론 대부분이 장제스가 살해되었다고 보도합니다. 그런 가운데 오자키는 사건의 배경과 전개 과정을 정확히 논평해 명성을 날렸습니다. 고노에 내각의 브레인이었던 쇼와연구회의 주요 구성원이기도 합니다.

오자키는 제3차 고노에 내각이 총사직하기 하루 전인 1941년 10월 15일에 검거됩니다. 고노에 내각에서 도조 히데키 내각으로 교체될 때를 노려 검거한 것이지요.

지금부터 여러분과 함께 읽을 내용은 체포되기 2개월 전에 오자키가 남만주철도본사에 도쿄의 정치 상황을 알리기 위해 쓴 사보 기사[95]입니다. 일본 정계 상층부의 동향과 국민 여론을 무척 적나라하게 묘사했습니다.

일본 국내의 서민적 의향은 지배층의 고뇌와는 거의 무관하게 반영미적이다. (중략) 만주사변 이후 10년간 지도자 계급이 민중에게 이 방향만 보고 걸어가라고 가르쳐왔으니[이상한 일은 아니다], 굴복은 패전 이후에야 비로소 가능할 것이다. 비록 지

배층이 경제적으로 궁지에 몰려 서둘러 굴복의 합리성을 찾아
내 보여준다 해도, 대중은 지금껏 그것에 대해 생각도 해본 적
이 없다. (후략)

이 글에서 오자키의 국민관을 엿볼 수 있습니다. 민중은 '타
도 영미'라는 분위기에 사로잡혀 있는데 그 이유는 바로 지배계급
이 그렇게 만들었기 때문이라고 말합니다. 2장에서 리튼이 말한
것처럼 국민에게는 만주사변의 진상이 알려지지 않았습니다. 일
본인은 만주사변은 중국이 일으킨 사건이라고 철석같이 믿었습
니다. 만약 반영미 정서가 뿌리 깊은 국민에게 갑자기 영국, 미국
과 사이좋게 지내려 한다고 말하면 그들은 이해하지 못할 거라고
오자키는 분석했습니다.

이 글에서는 민중의 반영미 정서와 그렇게 흐르게 된 이유를
설명하는 한편 위정자가 떠안은 고민도 함께 거론하는 부분이 흥
미롭습니다. 오자키가 뛰어난 언론인이었음을 짐작케 하는 부분
이 나옵니다. '비록 지배층이 경제석으로 궁지에 몰려 서둘러 굴
복의 합리성을 찾아내 보여준다 해도'라는 부분입니다. 시원시원
하고 군더더기 없는 묘사입니다. 지배층이 이제 와서 일본의 경제
적 약세를 자각하고 영미에 굴복하는 것이 합리적인 선택임을 시
인한다 하더라도 대중은 이를 들어줄 귀를 가지지 않았고 전쟁에
패배한 이후가 아니라면 국민은 굴복이 올바른 선택이었음을 결
코 인정하지 않을 것임에 틀림없다고, 굉장히 암울한 전망을 내놓
습니다.

오자키는 1944년 11월 7일 국방보안법, 군기보호법, 치안유

지법 위반으로 조르게와 함께 스가모구치소에서 교수형에 처해 졌습니다. 처형된 날은 1917년 11월 7일(러시아력으로는 10월 25 일) 러시아의 10월혁명을 기념하는 혁명기념일이지요. 일반적으로 다른 국가에서도 이렇게 하는데요, 극동국제군사재판에서 A 급 전범 판결을 받은 7명이 교수형에 처해진 날은 1948년 12월 23일로 당시 아키히토 황태자, 지금 현 천황의 생일입니다. 오자키는 소련 국제첩보단의 일원으로 사형을 언도받았습니다.

이번에는 오자키와 정반대 위치에 있는 쇼와 천황의 국민관을 살펴보겠습니다. 1941년 10월 13일 천황은 내대신인 기도 고이치에게 이런 말[96]을 합니다. 이날은 오자키가 체포되기 이틀 전으로 미일교섭이 악화일로로 치닫던 때입니다.

작금의 정황으로는 미일교섭이 점차 요원해지는 것처럼 여겨지는 바, 만일 전쟁이 일어날 경우 이번에는 선전宣戰의 칙서를 내리게 될 것이다. 그 경우 지금까지의 조서를 보니 국제연맹 탈퇴 때에도 특히 문무각순文武恪循과 세계 평화를 말했지만 국민은 아무래도 이 점을 등한시하고 있는 것처럼 보였다. 또한 일·독·이 삼국동맹 때의 조서에서도 평화를 위해라는 말은 잊히고 아무리 봐도 국민은 영미에 대항하는 것만을 생각하는 점이 참으로 안타깝다.

천황이 말하는 바는 이렇습니다. 미일교섭에 실패해 혹시라도 미국과 전쟁을 하게 되면 선전의 조서를 내려야만 한다. 조서를 내릴 때, 이를테면 국제연맹을 탈퇴할 때 내린 조서에서는 군부와 내각이 확실하게 협조한다는 점과 세계의 평화를 위한 탈퇴라는 점을 강조하기 위해 마음을 썼다. 하지만 국민은 이 점을 전혀 알아채지 못한 것 같아 유감스럽다. 또한 1940년 9월 일·독·이 삼국군사동맹이 조인됐을 때의 조서에도 평화를 위해서라고 의의를 밝혔는데 아무리 봐도 국민은 영미에 대항하기 위한 것이라고 생각하는 것 같아 안타깝다고, 천황이 국민의 태도에 불만을 나타낸 특별한 사료입니다.

스파이와 천황이라는 극과 극에 위치한 두 사람이 매우 비슷한 국민관을 갖고 있다는 점이 무척 흥미롭습니다. 다만 두 사람 모두 국민을 비판하는 것이 아니라 국민이 그렇게 믿게 된 이유, 그 점을 우려하고 있다는 사실을 주의 깊게 봐주시기 바랍니다.

절망때문에 전쟁을시작한것은 아니다

일·지나 신약정이란

미일교섭 자체는 제3차 고노에 내각의 도요다 외무상 시기, 또 도조 히데키 내각의 도고 시게노리東鄕茂德 외무상 시기를 거쳐 1941년 11월 27일 헐 노트까지 이어집니다. 일본은 1941년 9월 6일 어전회의에서 나온 '제국국책수행요령'에서 외교 교섭의 기한을 못박아두었는데, 기한을 설정해놓은 일이 결국 교섭의 향방에 결정적인 영향을 미칩니다. 그동안은 교섭도 벌이고 전쟁준비도 하는, 두 카드를 모두 손에 쥐고 있었는데 이제 교섭은 언제까지라고 기한을 설정하면서 둘 중의 하나만을 골라야 하는 상황이 된 것이지요.

지금부터는 육군 측이 작성한 별지 '대미(영) 교섭에서 제국이 달성해야 할 최소한도의 요구 사항'[97]을 살펴보기로 합시다. 다음과 같은 문구가 쓰여 있습니다.

미영은 제국의 지나사변 처리에 용훼하거나 또는 이를 방해하

356

지 않을 것.

주. (전략) 특히 일·지나 신약정에 따른 제국군의 주둔에 관해서는 이를 고수하기로 한다.

미일교섭양해안의 항목 가운데 루스벨트가 중일전쟁을 중재한다는 항목이 있었는데 기억나시나요? 그 부분에 관해 육군이 추가 요구를 내놓고 있습니다. '영미 측은 장제스를 교섭의 자리로 데리고 나오기만 해라. 일본의 중일전쟁 해결방침에 간섭하지 마라'라고요. 그리고 특별히 주를 달면서 가장 중요한 말을 했습니다. 즉 '일·지나 신약정'으로 정해진 일본군 주둔은 반드시 고수한다고 밝혔습니다.

여러분 머릿속에 아마도 '일·지나 신약정이 뭐지?'라는 의문이 떠올랐을 텐데요. 이 별지와 '주'를 쓴 사람은 육군성 군무과의 이시이 아키호石井秋穗입니다. 이시이가 염두에 둔 '신약정'은 1940년 11월 말 일본이 왕자오밍 정권과 체결한 일화日華기본조약을 말합니다. 즉 '주'에 육군 측이 집어넣은 신약정은 일본이 1년 전에 괴뢰정권인 왕자오밍 정권과 맺은 협정입니다. 공식적인 중국 정부의 주석인 장제스로서는 도저히 인정할 수 없는 사항이 쓰여 있는 셈이지요.

하지만 정말로 어이없게도, 어전회의 때 도요다 외무상은 이 '일·지나 신약정'을 앞으로 루스벨트의 중재로 일본과 중국이 교섭 테이블에 앉았을 때 체결될 '새로운 조약'이라는 의미라고 설명합니다.[98] 영어로 바꿔놓으면 중일 간의 새로운 조약이라는 단순한 보통 명사인지 육군의 머릿속에 든 일화기본조약인지, 언뜻

봐서는 알 수 없었지요.

육군은 도요다 외무상이 해군 출신인 데다 삼국동맹의 무용화를 도모하고 있다고 여겨 눈을 부릅뜨고 경계하고 있었습니다. 그러니 외무상의 발언을 듣고 가만히 있을 리 없습니다. 전쟁지도반 등은 '일·지나 신약정의 해석에 의문이 있는 채로 타전하는 것은 불가한다'[99]면서 분개했습니다. '신약정'을 어떻게 해석하느냐는 그만큼 중요한 문제였습니다. 미일교섭을 깨고 싶어 하는 쪽에게는 물고 늘어지기 딱 좋은 트집거리였고, 타결시키고 싶어 하는 쪽에게는 앞으로 중일교섭에서 다룰 주둔의 규칙이라고 둘러댈 수 있는 부분이었지요.

9월 6일 어전회의에서 중국에 있는 일본군을 철병할 것인가 말 것인가를 두고 논의가 벌어집니다. 육군은 끝까지 철군에 반대했고 결국 미일교섭은 좌절됩니다.

국내 여론 지도 방침

하지만 일본도 최후의 최후까지 미일교섭이 타결될지 모른다는 기대를 품었다는 것을 알려주는 사료가 있습니다. 교섭이라는 것은 상대방이 있기 때문에 상대방의 변화, 즉 미국이 어쩌면 얼마간 타협해올지도 모른다는 희망적 관측도 나오기 마련이지요. 강경한 태도를 취하면 타협할지도 모른다, 이런 생각은 미국의 대일 강경파의 논리이기도 했지요.

외무성이 작성한 문서 중에 '회담 성공 이후 여론 지도 요강'[100]이라는 것이 있습니다. 국가기밀이라는 도장이 찍혀 있는 생생한 사료입니다. 여론은 곧 국민의 생각을 말하는데 이 요강에는 국민을 지도하는 방침이 적혀 있습니다. 11월 27일 헐 노트가 제시된 바로 그 무렵에 작성되었습니다.

> 이번 회담의 성공은 국민의 각오와 단결로 이루어진 것으로, 싸우지 않고도 미국과 영국의 전의를 상실케 한 매우 큰 성공이라고 말할 수 있다.

회담 성공을 이룬 뒤 국민에게 발표하는 골자인데, 왠지 강경한 어투가 눈길을 끕니다. 다른 사료와 조합해서 생각해보면 삼국군사동맹을 좋게 보던 국민이 압도적으로 많았기 때문에 지금까지 영국과 미국에 반감을 가져왔던 국민을 자극하지 않으려는 의도가 엿보입니다. 외무성이 이 시점에도 전쟁을 피할 수 있을지 모른다는 가능성을 진지하게 고려했음을 알 수 있습니다.

마지막으로 미국 측의 실패도 짚어보겠습니다. 미국이 일본을 억지하는 데 실패한 이유는 무엇일까요. 방금 전에 말한 것처럼 혼벡, 모겐소 류의 사고방식에 있는 것 같습니다. 절망에서 개전을 선택하는 국가는 없다는, 즉 일본에 대한 판단 착오입니다. 일본은 절망했기 때문에 개전한 것은 아닙니다. 앞으로 2년 정도 쓸 석유를 확보한 후에 전쟁을 시작하자는 발상이 나왔을 법도 합니다.

미국은 헐 노트를 보내 일본을 억누르면 '네, 그만두겠습니다'라고 말할 것이라 생각했습니다. 혼벡 등은 일본이 굴복할 확률이 80퍼센트라고 봤습니다. 전쟁이 일어날 거라고는 생각지 못하고 강경한 최종안이 준비되었습니다. 하지만 일본은 '그렇다면 모 아니면 도이다'라는 식으로 나왔지요.

주미 일본대사관원의 근무태만으로 대미 통고가 늦어졌다는 신화

이제 1941년 12월 7일 일본이 미국에 미일교섭 결렬을 전하던 그때, 어떤 일이 일어났는지 보러 가겠습니다.

미일교섭과 관련된 신화 가운데 하나인데요, 주미 일본대사관 직원의 근무태만으로 미국에 대한 선전포고 통고가 늦어졌다는 말을 들어본 분이 많을 것입니다. 워싱턴의 일본대사관에서 그 전날 송별회가 열렸습니다. 대사관 직원들은 아침 일찍 출근을 했어야 하는데 전날의 회식 때문에 그날 출근이 늦었다. 그래서 미일교섭 결렬을 통고하는 긴급하고 중대한 전보를 해독하는 데 시간이 걸렸고 국무성에 제시간에 전달을 못했다는 설입니다.

이와 관련해서 이구치 다케오井口武夫라는 분이 『개전신화』라는 책[101]을 썼습니다. 이 문제에 관한 필독서이니 꼭 읽어보시기 바랍니다. 그런데 이구치 다케오라는 이름에서 이구치라는 성이 어디서 나왔는지 기억나십니까? 미일교섭 당사자의 한 사람인 주미 일본대사관의 참사관 이구치 사다오의 아들입니다. 이구치 다케오는 미국에서 태어났고 태평양전쟁 개전 후에는 외교관 등을 송환하는 배를 타고 일본에 돌아옵니다. 그러므로 개전 직전의 일본대사관의 분위기를 잘 알고 있었습니다. 다케오 또한 아버지와 마찬가지로 외교관이 되었습니다. 이분이 참 대단합니다. 본인이 외교관이면서도 외무성이 지금까지 써내려온 정사正史를 재검토하는 데 정력을 쏟았습니다. 참 용기 있는 분이지요.

극동국제군사재판에서 외무성은 개전 당시 외무대신이었던

도고 시게노리를 변호하는 데 총력을 기울였습니다. 사실 당시 외무성은 육해군의 압력에 굴복해 수신처인 주미 일본대사관이 아무리 애를 써도 불가능한 시간에 전보를 보냈습니다.

미일 개전은 12월 8일, 현지시간으로는 12월 7일에 시작됩니다. 육해군의 기습작전, 즉 진주만 공격을 알고 있던 사람은 군령부와 참모본부 같은 통수부, 그리고 어전회의의 구성원 정도였습니다. 그 이외의 사람들은 12월 1일까지 모르고 있었습니다. 해군 출신이었던 노무라는 눈치챘는지도 모르겠습니다. 하지만 노무라에게도 작전을 알리지 않았습니다. 도고 외무상이 진주만 기습 계획을 안 것도 12월 1일이지요.

최후통고 전보는 모두 14통이었습니다. 그중 13통은 12월 6일 오후 워싱턴에 도착했습니다. 그러나 육해군 통수부는 '이것으로 회담은 끝낸다. 이제 어딘가에서 일본의 공격이 시작될 것이다'라는 마지막 전보를 공격 30분 전까지 보내지 말라고 외무성에 요구했습니다. 이 요구를 외무성이 받아들이고 맙니다.

게다가 본래 마지막 전보에 들어 있던 '일체의 사태'라는 문구가 삭제되고 맙니다. 이 문구가 어떤 의미인가 하면, 여러분이 대사관 직원이라면 이 문구가 나타났다면 암호서와 중요 서류를 곧바로 전부 불태워야 합니다. 이 말이 곧 시작 신호입니다. 그러니까 선전포고를 대신하는 외교 용어입니다. '앞으로 발생하는 일체의 사태는 당신네 국가가 책임을 지셔야 합니다'라는 표현이 사실상 최후통고, 선전포고를 대신합니다.

'일체의 사태'라는 문구는 외무성이 만들어놓은 14번째 전보에 12월 4일까지는 들어 있었습니다. 하지만 육해군 통수부는 매직(미국의 암호해독팀이 해독한 일본의 암호문) 등을 염려해 이를 삭제합니다. 그리고 이 전보는 노쿄에서 발신이 15시간이나 보류됐습니다. 이래서는 기적이 일어나지 않는 이상 워싱턴에서 대응할 수가 없습니다. 이런 외무성의 실태는 전후 오랫동안 터부시됐습니다. 이를 이구치가 끈질기게 조사했고 진실을 파헤쳐 책으로 냈습니다.

　기습을 성공시키기 위해서 군부가 했던 횡포를 하나 더 들어보겠습니다. 루스벨트가 마지막으로 천황에게 보낸 친전親電이 있습니다. 이와 관련해서는 일본의 최후통고 암호문을 미리 손에 넣었던 미국이 우리는 쇼와 천황에게 마지막 타협을 제안했다고 발뺌하기 위해 개전 이후에 보낸 것이라는 모략설도 있습니다. 하지만 루스벨트가 매직의 해독 정보를 받은 시간은 12월 6일 오후 9시 30분이었고, 천황에게 보내는 친서를 발신한 시간은 오후 9시입니다. 즉 선전포고를 받기 30분 전에 미국 대통령이 마지막으로 쇼와 천황을 믿어보고자 메시지를 보냈던 셈이지요.

　루스벨트는 가능성이 있다면 뭐든 시도해보는 인물이라는 평가를 받습니다. 워싱턴 시간으로 12월 6일 오후 9시, 천황에게 전보를 보냄과 동시에 루스벨트는 지금 다시 한 번 일본과 교섭을 해볼 테니 어떤 행동도 취하지 말고 기다려달라고 중국, 영국, 오스트레일리아 대사관에 연락합니다.

　육군은 도쿄의 중앙우편국에 루스벨트의 친전 발송을 15시간 유보하라고 지시해 도쿄의 미국대사관에 도착하는 시간을 지연시켰습니다. 당시 육군이 미국의 수장인 대통령이 일본의 대원수(육해군 통수권자인)인 천황에게 보낸 전보를 제멋대로 취급해도 된다

362

고 여겼던 것 자체가 통수권(군대의 작전, 용병을 결정하는 최고지휘권)의 붕괴를 여실히 보여주는 증거라고 말할 수 있겠지요.

미국의 실패

'미국의 루스벨트 대통령과 헐 국무장관 등 몇몇은 일본의 진주만 공격을 미리 알고 있었다. 하지만 현지에 알리지 않고 일본이 기습공격을 하게끔 유도했다'라는 설이 있습니다. 이 통설이 그야말로 거짓이라는 사실은 미 국방부가 연구해온 결과를 보면 알 수 있습니다. 3장에서 소개한 펜타곤의 마스터 요다, 앤드류 마셜이 끊임없이 연구해온 사례 가운데 하나가 일본의 진주만 공격이었습니다.

일본 정부와 군부는 진주만을 공격하기 전, 일본이 미국과 장기전을 치를 산업기반과 군사력을 갖지 못했다는 사실을 잘 알고 있었습니다. 미국은 일본이 이런 현실을 자각하면서도 개전에 임했다는 것을 전후에 알았습니다.

미국은 당시 막대한 양의 암호를 해독했습니다. 이후 자세히 조사해보니 일본의 진주만 공격을 예측할 수 있었던 15개의 명확한 힌트가 있었다고 합니다. 그럼에도 불구하고 왜 미국은 이 힌트를 제대로 활용하지 못했을까요. 이를 분석한 뛰어난 연구가 바로 로베르타 월스테터의『진주만: 경고와 결정』[102]입니다. 이 책은 미국에서 역사 관련 학술서에 수여되는 권위 있는 상인 밴크로프트상을 받았습니다. 로베르타에게 이 책을 써보라고 권한[103] 사람이 바로 마스터 요다입니다.

미국은 노이즈를 포함한 수많은 정보 가운데서 정말 중요한 정보를 선별해내는 데에 실패했습니다. 예를 들어 미 육군성은 하와이 방면의 육군사령관이었던 월터 쇼트Walter C. Short 중장에게 일본이 하와이에 적대행위를 가할 가능성이 있다고 경고했습니다. 하지만 쇼트 중장은 군사시설 수리공장에서 일하는 노동자의 능률을 떨어뜨리기 위해 공작을 하는 거 아니냐는 식으로 경고를 무시합니다.

일본은 과연 어떤 식으로 전쟁을 시작할까. 당시 일반적인 상식으로는 극동의 영국 근거지인 영국령 말레이를 공격하는 시나리오가 가장 일반적이었습니다. 영국과 미국은 영국령인 싱가포르나 미국령 필리핀의 군사기지를 공격해올 거라고 예상했지요. 설마 11월에 이투루프섬의 히토카푸만에서 항공모함 여섯 척을 출격시켜 무선통신을 완전히 끈 채, 봉지封止한 채로 하와이를 향해 가고 있으리라고는 생각지도 못했습니다(해상에서 선박은 무선통신을 사용하는데, 이를 차단해 정보와 위치가 새어나가는 것을 막는 상태를 '봉지'라 합니다).

왜 미국은 일본을 억지할 수 없었을까요? 왜 석유 생산량이 700배나 차이 나고, GDP에서도 12배나 차이가 난다는 것을 알면서도 쳐들어오는 국가가 있을 수 있다는 사실을 간과했을까요. 이는 미국의 전략분석 분야에서 전후 냉전기에 소련의 불합리한 행동을 예측하는 프로그램을 개발할 때 매우 중요한 역사적 교훈으로 이어졌다고 합니다.

💬 몇 년 전이지만 인터넷 게시판에서 미일교섭에 관한 글을 본 적이 있습니다. 역시 근거 없는 내용이었는데 그런 글을 볼 때마다 도

대체 왜 그런 글을 쓰지, 어떻게 해야 하지, 라는 생각이 들어요.

저도 오래도록 그런 생각을 해왔습니다. 왜 역사적 사실과 다른 내용을 믿고 싶어 하는 것일까. 그 이유가 궁금했습니다. 우리는 물리와 수학에 관해서는 모르면 모른다고 솔직하게 인정합니다. 하지만 역사를 대할 때에는 그렇지 않습니다. 그 점이 반복 가능하고 검증 가능한 자연과학과 인문과학의 차이라고 생각합니다.

미 국방부 등이 냉전 시기를 지나오는 동안 내내 연구에 몰두했던 두 가지 주제는 1940년 봄 군사혁명을 이뤄낸 독일의 전격전의 의미와 1941년 12월 불확실한 전쟁을 시작한 진주만 공격의 의미였습니다. 이 두 주제를 진지하게 고뇌해왔다는 사실 자체를 널리 알리는 일도 중요하다고 생각합니다. 최고의 전문가들조차 아직 진주만의 수수께끼를 풀지 못했다고 인정한다는 사실을 알려야 합니다. 우선은 이 문제가 얼마나 중요하고 의의가 있는지를 인정하는 데에서부터 시작하는 것도 좋을 것 같습니다.

미일교섭을 바라보는 시각

개전, 그리고 패전 이후 미일교섭은 어떤 식으로 평가되었을까요. 앞에서 전쟁을 시작하기 전에 교섭을 하는 이유가 '전쟁을 벌이기 전에 우리는 전쟁을 하지 않으려고 열심히 노력했습니다'라고 정당화하기 위해서라고 말했었지요. 미일교섭을 보더라도 역시나 미일 개전 이후 양쪽 모두 똑같은 말을 합니다.

1941년 12월 7일(일본 시간), 일본은 이렇게 말합니다. 일본이 미국 대사관에 14통으로 나눠서 보낸 교섭 결렬 통고의 시작

부분[104]입니다.

당해 4월 이후 합중국 정부와 양국 국교 조정 증진 및 태평양 지역의 안정에 관해 성의를 다해 지속적으로 교섭을 진행해왔다.

한편 루스벨트도 미국 의회에서 진주만이 공격당했음을 알리면서 똑같은 주장을 합니다.

미국은 일본과 평화 관계를 유지하며 일본의 희망으로 미일교섭을 계속 진행하는 중이었다.

루스벨트는 일본의 희망으로 미일교섭을 계속 진행하는 중이었다고 말합니다. 교섭을 계속 진행하는 중이었던 것은 사실이지만 지금까지 살펴봤듯이 미일교섭은 일본과 미국 양쪽 모두가 원해서 시작됐습니다. 루스벨트가 이렇게 말한 이유는 어떤 의미에서 국내의 항전의식을 고취하기 위한 것이었지요.

양쪽 모두 미일교섭을 알리바이로 삼으면서 성실하게 전쟁을 회피하기 위해 노력했다고 했는데, 진주만 공격 이후 미일교섭은 어떤 취급을 받게 됐을까요. 그리고 전쟁이 끝난 뒤 극동국제군사재판을 주재한 연합국은 미일교섭을 어떻게 평가했을까요.

미국은 일본이 정말로 평화를 희구해서 교섭에 임했다고는 생각지 않았던 척하고 싶었습니다. 그 결과 일본은 시간을 벌기위해 교섭을 하는 척했으며, 미국도 진지하게 대응하지 않았다는 스토리가 극동국제군사재판에서 만들어집니다. 일본은 교섭에 불성실하게 임하며 시간을 벌려 했다. 미국은 일본이 어떻게 나올지 모르니 가능한 한 이야기를 들어주었을 뿐, 진지하게 교섭을 타결시킬 생각은 없었다. 이런 이야기가 나옵니다.

미일교섭 이야기를 하면서 계속 외무성이 편찬한『일본외교문서 미일교섭』이라는 사료집을 참조했는데요, 이 책의 영역본 제목은 'US-Japan negotiation(교섭)'이 아닌 'US-Japan talks' 입니다. '일본과 미국이 얘기를 나누고 있었습니다'라는 말이지요. 이는 극동국제군사재판 때 미일교섭을 어떻게 바라봤는지를 단적으로 보여줍니다.

미국은 이에 대응하는 미국의 외교사료집에 '전쟁과 평화'라는 식의 제목을 붙였습니다. 일본의 영역본에도 하다못해 이런 제목을 붙일 수는 없었을까요.

일본이 전쟁을 선택한 결정적 이유

매우 긴 이야기였는데, 이것으로 마지막 주제인 미일교섭 이야기를 마쳐야겠네요. 이번 수업은 여러분의 의견을 들으면서 저 자신이 어디까지 알고 있는지를 가늠해볼 수 있었던 시간이었습니다. 참 독특한 경험을 했습니다. 여러분과 함께 사료를 검토하고 정보를 짜 맞추면서 앎의 재미를 공유할 수 있어서 무척 좋았습니다.

💬 저도 다른 사람의 의견을 듣고 제가 미처 깨닫지 못했던 것을 많이 생각했습니다.

사료를 같이 읽어야 하는 이유입니다. 똑같은 사료에서 다른 생각을 할 수 있고 다른 견해가 나올 수 있다는 사실을 알게 되지요. 배운다는 것은 그런 것입니다.

💬 미국조차도 예상하지 못했던 전쟁을 일본이 최종적으로 선택한 이유는 역시 민중의 목소리가 큰 영향을 주었을까요?

자신의 반경 3미터 안의 행복, 곁에 있는 사람의 행복을 지켜줄 수 있는 일을 추구하면 됐을 민중이 왜 가장 강경한 곳으로, 천황도 두려워했던 세력의 의견에 이끌려가고 말았을까요. 그 애절함에 누구나 충격을 받습니다. 이를 피하기 위한 하나의 지혜는 교육이라고 생각합니다. 이런 이야기가 나오면 저도 화가 납니다만, 2차 세계대전 이전까지 인구의 절반을 차지하는 여성은 남성과 똑같은 교육을 받지 못했습니다. 또한 심상소학교부터 고등소학교高等小學校(메이지유신부터 2차 세계대전 발발 전 시기에 있었던 후기초등교육의 명칭으로, 심상소학교를 졸업한 사람이 진학했던 2년제 교육기관이며 의무제는 아니다-옮긴이)까지의 교육과 중등학교 이상의 교육에서 배우는 내용이 매우 달랐습니다.

일반적으로 아이들에게 천황은 수신수업 시간에 배우는 천손강림天孫降臨(하늘에서 내려온 존재나 그의 자손이 나라를 세운다는 뜻으로 천황이 가진 권리의 신성성을 강조-옮긴이) 신화 속의 등장인물입니다. 진짜 고대 역사상의 천황에 관해 사료를 통해 배우는 것은 구제 고교(일본에서 고등학교령에 의해 세워져 1950년까지 존재했던 교육기관이다. 이후 신제新制의 6-3-3-4 교육제도가 시행되면서,

368

구제 고등학교는 각 대학으로 흡수되어 폐지되었다-옮긴이)에 들어가
고 난 뒤입니다. 이때서야 비로소 중국 사료 등도 이용하면서 비
판적으로 고대사를 배울 수 있게 됩니다. 하지만 이런 교육을 받
은 사람의 비율은 100명에 한 명 정도밖에 안 됩니다. 정직한 교
육이 정말 중요합니다.

최적해最適解라는 표현을 쓰는데요(수많은 선택지를 비교해 가
장 적절한 답을 찾는 것을 말합니다), 국민은 그것을 고를 수 없었습
니다. 교섭을 타결하는 편이 훨씬 좋았지요. 하지만 이 선택지를
고를 수 있는 민중이 없었습니다.

1941년 미일교섭은 1931년 만주사변으로부터 10년이 흐
른 뒤에 일어났습니다. 청일전쟁에서 러일전쟁 사이도 10년이
었습니다. 후자의 10년 사이에는 우치무라 간조內村鑑三 등 청
일전쟁을 일본의 성전이라고 믿었던 사람들이 전쟁 이후 일본
의 정책을 보며 러일전쟁에 반대하게 되기도 했습니다. 만주
사변이 일어났을 때 중국이 벌인 일이라고 믿었던 사람들은
1941년까지 10년간 왜 눈앞에서 진행되는 사태에 의문을 품
지 않았을까요.

미일교섭 과정에서 고노에 메시지가 신문에 게재되었을 때
아, 이건 '세계의 길'이며 고노에는 당연한 말을 하고 있다고 생각
할 수 있을 정도로 일반 사람들이 교육을 받고 정보가 공개되었다
면 달랐겠지요. 오자키 호쓰미와 쇼와 천황이 했던 말은 지금 다
시 읽어보면 정말로 당연한 이야기였습니다. 한편으로 고노에를
위협하는 사람들이 전단지에서 적어놓았던 말은 믿기 힘들 정도
로 과격하고 비논리적입니다. 이 차이를 피부로 느끼는 것이 중요

합니다.

어쩌면 지금 우리가 후세에게 똑같은 비판을 받을지도 모릅니다. 후세에는 바로 지금, 현재가 거울鏡이 될 것입니다. 거울鑑이라고도 쓰지요(일본어로 거울은 가가미라고 읽는데 쓸 때에는 거울 경鏡자를 쓰기도 하고 거울 감鑑자를 쓰기도 한다. 감을 쓸 때에는 모범, 귀감이라는 의미로 쓰인다-옮긴이). 역사가 거울이라는 의미는 여기에 있습니다. 과거의 역사를 정확하게 기술하고 배우는 일은 자연스럽게 미래를 만드는 일로 이어집니다. 그래서 우리는 역사를 배우는 것이지요.

5장

패전과 헌법

국민을 존망의 위기에 빠트린 전쟁

　지금까지 전전 일본이 직면한 세 번의 중대한 선택과 선택에 이르기까지의 교섭 과정을 여러분과 함께 사료를 읽으면서 살펴 봤습니다. 이제 강의를 마무리 지으며 그 결과 일본은 어떠한 전쟁을 했는지, 또한 패전 이후 헌법은 어떻게 바뀌었고 전후가 어떻게 시작되었는지를 짚어보겠습니다.

　우선 전쟁 막바지 일본의 모습을 볼까요. 전전 일본제국은 타이완과 조선 등을 식민지로 삼았고 만주국과 난징정부(왕자오밍 정권)를 괴뢰국가로 삼아 이들 지역과 국가를 일본의 주변부에 배치하고 있었습니다.

　1장에서 우리는 패전 50년을 맞아 정부가 각의결정으로 발표한 1995년 무라야마 담화를 함께 읽었습니다. 이 담화를 떠받치는 인식을 한마디로 정리하면 가까운 과거의 한 시기에 일본은 국민을 존망의 위기에 빠트리는 전쟁을 했다는 것입니다. 전쟁의 참화를 입은 아시아 국가들에게 일본이 가한 피해를 인정하는 한

편 일본제국이 일으킨 전쟁이 최후에는 특히 제국 주변부에 거주하던 일본 국민의 잔혹한 죽음[1]을 초래했음을 시인했습니다. 무라야마 담화를 처음 꼼꼼하게 읽었을 때 새삼 이 점에 생각이 미쳤습니다.

패주하는 자국 군인에게 버림받고 적국 군인 앞에 무방비했던, 전장에 유기되었던 국민과 군인들. 그 유골을 수습하는 일은 아직도 요원합니다. 주변부 가운데 북방 만주에서는 관동군에게 버려진 개척민과 만몽개척단의 용병 소년들(16~19세의 소년 약10만 명이 만주로 보내졌습니다)이 소련군에 포위되었습니다. 남방의 서부·중부 태평양에서는 맥아더가 이끄는 미국·오스트레일리아 연합군이 주도한 작전[2]으로 전장에서 제외된 섬들에 있던 군인들이 굶어 죽었습니다.

전몰자 310만 명 가운데 240만 명이 해외에서 사망했지만 2013년까지 일본으로 돌아온 유골은 약 127만 구에 불과했습니다. 필리핀 전장에서는 80퍼센트의 유골이 돌아오지 못했습니다. 1944년 10월 레이테 작전과 필리핀 해전 당시 이미 일본에는 미국과 전쟁을 치를 항공모함도 항공기도 없었습니다. 일본은 그 군인들이 어디서 어떻게 죽었는지 유족에게 알려주지 않았습니다.[3]

왜 일본군은 제국 주변부에 방위선을 설정하려 했을까요. 첫째는 물론 일본의 국토 형태에서 비롯되는 제약 때문입니다. 일본 본토는 방위하기 어려운 지리적 구조입니다. 해안선 길이로는 세계 6위(3위인 인도네시아, 5위인 필리핀이 전후에 독립하기 전까지 일본은 캐나다, 노르웨이, 러시아에 이어 긴 해안선을 가진 국가였다)이고, 국토의 70퍼센트가 산림이며 해안선 바로 앞까지 산이 뻗어

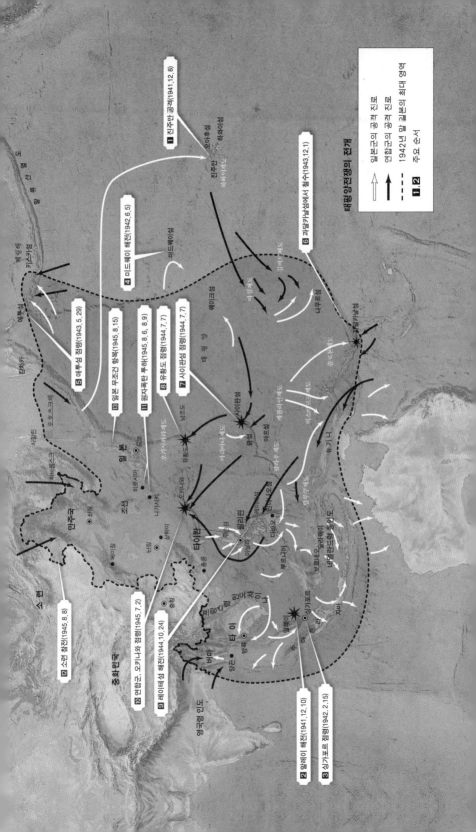

태평양전쟁의 전개

범례
- 일본군의 공격 진로
- 연합군의 공격 진로
- 1942년 말 일본의 최대 영역
- **1.2** 주요 순서

1 진주만 공격(1941.12.8)

2 말레이 해전(1941.12.10)

3 싱가포르 점령(1942.2.15)

4 미드웨이 해전(1942.6.5)

5 애투섬 점령(1943.5.29)

6 과달카날섬에서 철수(1943.12.1)

7 사이판섬 점령(1944.7.7)

8 유황도 점령(1944.7.7)

9 레이테섬 해전(1944.10.24)

10 연합군, 오키나와 점령(1945.7.2)

11 원자폭탄 투하(1945.8.6, 8.9)

12 소련 참전(1945.8.8)

13 일본 무조건 항복(1945.8.15)

중화민국

영국령 인도

타이

소련

만주국

조선

일본

376

있습니다. 따라서 일본은 러시아, 즉 소련과의 전쟁에 대비하기
위해 타이완, 조선, 만주국처럼 일본 본토와 먼 곳에 식민지를 확
보하고 해협, 반도, 산맥과 같은 자연의 요새와 지형을 살린 안전
보장책에 기대려 했지요.[4]

1945년 3월 10일 도쿄 대공습을 감행할 당시 미군은 1923
년(다이쇼 12년) 관동대지진 직후 도쿄에서 일어났던 화재의 규모
와 풍향 등을 세세하게 조사했습니다. 관동대지진이 있은 지 정확
히 22년 뒤 미국은 도쿄 폭격을 실시했습니다.[5]

폭격의 효과를 확인한 미국도, 이후 이를 연구하던 연구자들
도 이상하게 생각한 점이 있습니다. 미국은 일본이 1923년 대지
진을 겪은 뒤 분명 도쿄 주변에 방공 시스템을 갖추었을 것이라고
생각했습니다. 대지진 직후 도쿄를 잿더미로 만든 화재를 보면서
만약 전쟁이 일어나 적이 공습해온다면 대지진 때의 대화재와 똑
같은 결과를 초래할 것이라는 예상이 충분히 가능했을 테니까요.
사실 이런 예상을 한 사람이 있기는 합니다. 대지진 1년 후에 육군
대신을 지냈고 쇼와 시기에 육군 중진의 한 사람이었던 우가키 가
즈시게宇垣一成는 일기에 이렇게 남겼습니다.[6]

이번에 지진에 이은 화재가 불러온 참사를 목도하며 적국 항공
기가 습격해올 때의 상황을 떠올리니 실로 염천 아래 소름이 끼
치는 기분이다.

대지진 이후의 참상을 직접 목도하면서 앞으로 혹시 일본이
항공기 폭격을 받는다면 이와 똑같은 모습일 것이라는 생각이 들

었고, 그런 생각을 하니 오싹한 기분에 휩싸인다고 두려운 마음을 토로합니다. 우가키의 예감은 틀리지 않았습니다. 태평양전쟁 마지, 미군이 본토 공습을 시작한 1944년 11월부터 1945년 8월까지 마리아나에서 출발한 총 2만 8,782기의 폭격기에 일본은 속수무책이었습니다. 일본은 단 50기밖에 격추하지 못했습니다. 성공률은 겨우 0.17퍼센트였지요.

도쿄뿐만이 아닙니다. 패전에 이르기까지 일본 도시 지역의 41퍼센트 가까이가 잿더미로 변했습니다. 왜 수도만이라도 레이더망을 구축하는 등 방공 시스템을 갖추지 않았을까요. 군은 20년이 넘는 시간 동안 무엇을 했을까요. 수도에는 궁성(천황의 거주지)도 있었는데 왜 이렇게 방위에 무관심했을까요. 홍콩대학에서 교편을 잡고 있는 찰스 센킹Schencking J. Charles[7]이 이러한 예리한 문제의식을 바탕으로 책을 준비하고 있습니다.

센킹은 이에 대한 대답으로 ①일본군이 지녔던 방공 경시 사상, ②레이더와 최신식 발동기 등 과학기술 개발의 지체, ③육해군의 대립, ④비행기 생산 지체와 항공연료 부족 등을 꼽았습니다. 사실 방공 경시 사상의 근간에는 일본 본토에서 떨어진 장소에서 적을 격퇴한다는 군부의 전술이 자리 잡고 있었지요. 소련의 비행기나 전차는 만주에서 요격하고 미국의 침공은 트럭섬에 기지를 확보하고 연합 함대의 결전으로 맞서면 된다는 생각에 제국의 외부에 방위선을 그었습니다.

트럭섬은 뉴기니 북쪽, 사이판 남쪽에 위치한 캐롤라인제도의 중앙에 있는 환초(고리 모양으로 배열된 산호초-옮긴이)로 일본에서 약 3,300킬로미터나 떨어진 곳입니다. 태평양전쟁 당시 일본 해군은 조금이라도 빨리 전쟁을 치르기 위해 미국과 일본이 결전을 치를 것으로 상정되었던 장소보다 훨씬 전방에 결전지를 배치합니다.[8]

오키나와를 옭아맨 네 글자, 공생공사

첫 수업에서 오키나와현은 일본 국토에서 유일하게 대규모 지상전이 벌어져 주민이 직접 전쟁의 화마에 휩쓸렸던 곳이라는 이야기를 했었지요. 일본은 제국 주변부에 방위선을 그었지만 오키나와는 예외였습니다.

1945년 3월 23일 미군 기동부대가 대규모 공습을 개시합니다. 미군은 군함에서 '철의 폭풍'이라 불린 정밀한 함포 사격을 해대면서 4월 1일 오키나와 본도에 상륙합니다. 당시 미군의 병력은 54만 명이었는데 일본군 병력은 현지에서 소집한 약 3만의 보충 병력을 합해도 10만 명에 못 미쳤습니다. 하지만 격렬한 전투가 3개월이나 이어졌지요.

히메유리 학도대(1944년 간호훈련을 위해 오키나와사범학교 여자부와 오키나와현립 제1고등여학교의 교사, 학생으로 구성된 여자학도대-옮긴이)와 시라우메 학도대(오키나와현립 제2고등여학교 4학년생으로 편성된 종군 간호부대-옮긴이) 등 군인 간호에 종사한 여자학도대 8개의 존재는 잘 알려져 있습니다만, 또 하나 잊어서는 안 되는 것이 방위 소집이라는 이름으로 현지에서 소집된 사람들입니다. 본래 병역 법규에서는 결코 허용하지 않았던 만 14~17세의 소년들이 제대로 된 훈련도 받지 않고 장비도 갖추지 못한 채, 본인의 의지와 관계없이 현과 학교의 협정 하나로 군에 편입됩니다.

　오키나와전의 희생자는 민간인과 군인을 합하면 18만 8,136명이나 되는데, 민간인이 9만 4,000명, 군인이 9만 4,136명입니다.[9] 민간인과 군인의 희생자 수가 거의 비슷합니다. 주민까지 끌어들여 전쟁을 치른 참혹했던 지상전의 실상을 여실히 보여주는 숫자입니다.

　일본군의 조직적인 저항은 6월 23일에 끝났지만 그 이후에도 4만 명이 넘는 사람이 사망했다는 점[10]도 다른 곳에서는 찾아볼 수 없는 특징입니다. 어째서 이런 일이 일어났을까요? 물론 가장 큰 이유는 오키나와 수비군의 최고지휘관인 제32군사령관 우시지마 미쓰루牛島滿가 자결하면서 군사령부의 지휘계통이 무너졌고, 군과 함께 본섬 최남단까지 이동해 있던 민간인이 어쩔 수 없이 뿔뿔이 흩어졌기 때문입니다.

　가마(오키나와 본섬에는 석회암으로 만들어진 약 2,000개의 석회동굴이 있는데 이를 오키나와 방언으로 가마라 부른다-옮긴이)라 불리는 자연동굴로 숨어 들어간 민간인 대부분은 미군이 투항하라고 했을 때 왜 밖으로 나오지 않고 집단 자결을 선택했을까요. 싸우는 것은 군인이므로 민간인의 투항은 허용된다는, 전장을 바라보는 일반적인 관점으로는 오키나와전의 민간인 희생을 이해할 수 없습니다. 본토 결전의 요새가 되었던 오키나와에서는 어떤 특별한 의식이 사람들을 옭아맸습니다.

　오키나와 방위에 임했던 제32군은 1944년 11월 18일 '보도선전방첩 등에 관한 현민 지도 요강'이라는 극비 문서를 작성합니다.[11] 이 문서에는 "국가의 존망은 (중략) 참으로 64만 현민의 총궐기를 촉구하며 이에 총력전 태세로의 이행을 급속히 추진해 군

관민 공생공사共生共死의 일체화를 구현"하는 데에 걸려 있다는 격
문이 쓰여 있습니다. 이 문서가 의미하는 바는 '일본이라는 국가
가 살아남을 수 있는가 멸망하는가, 그것이 전적으로 오키나와 사
람들이 어떻게 싸우는가에 달려 있다. 현민은 관리, 군인과 함께
죽을 결심으로 미군 상륙에 대비하라'는 명령입니다. 민간인 희생
자가 많이 나온 배경에는 공생공사라는 네 글자가 있었습니다.

한편으로는 오키나와에 미군이 상륙하기 약 9개월 전에 함락
된 사이판과 오키나와의 깊은 인연도 있습니다. 오키나와에서 사
이판 등 구 독일령 남양군도로 건너간 사람이 많았습니다. 1차 세
계대전에서 승리한 연합국의 일원인 일본은 사이판을 위임통치
령으로 받았고 그곳에 설탕공장을 지었습니다.

세월이 흘러 태평양전쟁 중인 1944년 6월부터 7월에 걸쳐
벌어진 미군과 일본군의 전투로 사이판에 살던 일본인, 현지인,
그리고 비행장 건설을 위해 사이판에 끌려왔던 수많은 조선인이
숨졌습니다.

오키나와 사람들에게 오키나와 출신이 많이 살았던 사이판
에서 들려온 옥쇄玉碎(옥이 아름답게 부서지듯 명예나 충절을 위하여
깨끗이 죽음을 이르는 말. 2차 세계대전 중인 1943년 5월 30일 애투섬
전투에서 일본군 수비대가 전멸한 일을 대본영이 옥쇄라고 표현한 이후
부대가 전멸하거나 괴멸한 상황을 이르는 말로 자주 인용되었다. 애투
섬 전투에서는 괴멸 상태에서도 항복을 허용하지 않았기 때문에 사상자
가 많았고 이런 상황은 이후 사이판 전투에서도 답습됐다-옮긴이) 소
식은 각별히 무겁게 다가왔을 터입니다. 게다가 신문은 사이판이
의외로 빨리 함락된 이유는 주민이 제대로 저항하지 않았기 때문

이라는 식의 기사를 써댔습니다.

동굴의 전단지

전장에 있던 오키나와 사람들은 미군을 어떻게 생각했을까요. 일본군이 적국인 미군을 어떻게 묘사했는지 생생히 전해주는 자료가 있습니다.

오키나와에 주둔했던 보병 제89연대가 전멸한 뒤 미국군이 수집했다가 일본에게 반환한 사료의 일부로, 당시 일본군이 민간에 뿌린 전단지입니다. 등사판 전단지인데 앞부분 오른쪽 위에 연필로 연하게 적어놓은 글씨가 보입니다. 'ㅇㅇㅇ의 주민에게'라고 쓰여 있는데 읽을 수 있겠습니까?

💬 동굴 안?

맞습니다. 흘려서 쓴 글씨인데 잘 읽었네요. '동굴 안에 있는 주민들에게 읽어주십시오'라고 연필로 날려 쓴 글씨가 보입니다. 즉 이 전단지는 일본군 부대가 동굴 안에 있는 주민들에게 준 선전물 가운데 한 장입니다.

포고라는 형식으로 '친애하는 제군'이라는 말로 시작합니다. 이 전단지를 작성한 보병 제89연대는 주로 홋카이도 출신의 군인으로 구성되었고 중국 만주의 국경 경비를 맡았던 부대입니다. '친애하는 제군'이라는 전단지의 머리 문구는 먼 이국 땅에서 경비를 서던 군대가 1944년 오키나와로 이동해온 역사를 웅변하는 것이라 볼 수도 있겠지요. NHK 전쟁 증언 아카이브 사이트에 제

89연대 생존병 여섯 명의 증언이 남아 있습니다.[12]

무슨 뜻인지 살피면서 전단지를 읽어볼까요. '귀축 미수는 동굴 안 오키나와 주민들을 독을 써서 내쫓고 남녀노소 구분 없이 학살하고 있다. 평화와 안전을 선전하는 전단지 뒤에 기다리는 것은 적의 총탄이다'라고 쓰여 있습니다. 이때의 전단지는 미군이 투항을 촉구하기 위해 뿌린 전단지를 말합니다. 미군이 준비한 피난소에 오면 식량이 마련되어 있으니 민간인은 안심하고 투항하라는 내용이었습니다. 반면에 89연대가 뿌린 전단지는 미군의 전단지에 속아서는 안 된다, 전단지를 뿌리는 미군은 우리 동포를 사이판, 또 그 이웃 섬인 티니언에서 살육한 사람들이라며 투항을 저지하려 했습니다. 투항하지 말고 적을 섬멸하자고 호소합니다.

이 전단지의 끝 부분에는 '어른, 청소년, 남녀를 불문하고 모두 유구한 대의에 살자'라는 문구가 나옵니다. 남녀노소 모두 죽음을 두려워하지 말고 적을 무너뜨리자는 의미입니다. 끝줄 왼쪽 윗부분에 연필로 쓴 글씨가 보입니다. '젊은 사람'이라고 쓰여 있네요.

보아 하니 나중에 급하게 흘려 쓴 것 같은데 이 전단지가 실제로는 누구에게 호소하는지, 이 연필로 쓴 글씨를 통해 알 수 있습니다. 결국은 젊은 사람으로 대상을 좁혀 문자 그대로 결사, 필사의 항전을 강력하게 요구하고 있습니다. '유구한 대의에 살자'는 말은 당시의 상투어로 결국 대의를 위해 죽자는 말입니다.

동굴 안의 주민은 이런 전단지를 받았습니다. 투항을 저지당하고 무기도 들지 못한 사람들에게 남겨진 선택은 결국 스스로 죽는 길밖에는 없었음을 쉽게 상상할 수 있습니다.

중국에서의 무장해제

2차 세계대전이 끝난 순간 중국 대륙에는 105만 명의 일본 군이 남아 있었습니다. 만주 지역을 제외한 중국에서는 장제스가 연합군을 대표해 일본군의 항복을 받았습니다.

일본군 포로가 장제스가 통치하던 중국 지역에서 일본에 인도되는 과정에서는 전체 장병의 5퍼센트 정도가 사망했습니다.[13] 승리에 도취된 중국 민중에게 습격을 당하거나 보복을 당하는 일이 전혀 없지는 않았겠지만 그 수는 비교적 적었습니다.

이를 2차 세계대전에서 패배한 독일인이 고국으로 귀환하기까지 입었던 손해와 비교하면 매우 큰 차이가 납니다. 1945년 4월 히틀러가 자살하면서 군대의 지휘계통이 붕괴된 독일군이 연합군에 항복합니다. 그 결과 적국이었던 국가의 군대와 국민에게 보복을 당한 독일인이 많습니다. 전후에 희생된 독일인 수는 10만 명에 달한 것으로 보고 있습니다.

장제스가 통치하던 지역에서 일본군 인도가 순조롭게 진행된 이유 가운데 하나로 장제스의 라디오 방송을 꼽을 수 있습니다. 장제스는 종전 날짜인 8월 15일에 라디오 방송을 통해 "보복을 해서는 안 되며 적국의 무고한 인민에게 오욕을 주어서는 더욱 안 된다. 그들이 자신의 잘못과 죄악에서 탈출할 수 있게 (중략) 자애롭게 대하자"[14]라고 말합니다. 장제스가 윤리적으로 훌륭한 지도자였다는 사실은 이런 부분에서도 알 수 있습니다.

한편 현실적인 이야기를 하자면 중국이 일본군을 잘 대해줬던 또 하나의 이유는 일본군이 보유한 무기와 탄약을 무상으로 건네받고 싶었기 때문입니다. 국민당과 공산당은 일본과 싸울 때에

는 서로 협력했지만 일본이 포츠담선언을 수락하고 항복한 뒤에
는 다시 내전을 벌입니다.

양쪽 모두 일본군은 무기와 자재를 두고 빨리 돌아가주기만
하면 된다는 분위기였습니다. 지역에 따라 다르기는 했지만 중국
에서 귀환한 일본군 가운데 일본은 중국에게 패하지 않았다, 무기
를 주고 군마를 주고 돌아왔다는 식으로 말하는 사람도 있습니다.
이런 말에서도 무장해제 당시의 분위기를 읽을 수 있지요.

일본군이 중국군을 압도했던 것은 사실입니다. 1944년 전
쟁이 막바지로 치달을 무렵 일본군 군대는 중국 대륙의 해안선을
1,000킬로미터 이상 행군하며 미군이 사용할 만한 비행장을 모두
파괴했습니다. 이를 대륙관통작전이라 부르는데 이 작전으로 중
국이 입은 지역사회와 국가기구의 변화가 엄청났다는 사실이 최
근의 연구에서 밝혀졌습니다.[15] 단적으로 말하면 장제스의 국민
정부군은 일본군의 대륙관통작전으로 피폐해졌고 전후 공산당군
과의 내전에서 불리한 위치에 놓이게 됩니다. 이랬던 일본군이 중
국 각지에서 일제히 투항했으니 그 여파는 어마어마했겠지요.

공산당군 등은 내전을 치르기 위한 군의와 간호사가 부족해
일본군 의사와 일본 적십자사 간호사를 징용이라는 형태로 발을
묶어놓고 수년간 돌려보내지 않았습니다. 이 점은 국민당도 마찬
가지였습니다.

1937년 7월 중일전쟁 발발 이후 1945년 8월 패전까지 중국
대륙에서 전몰한 일본군 병사는 약 71만 명으로 해외 전몰자 240
만 명의 약 3분의 1을 차지합니다.[16] 매우 많습니다. 물론 일본군
이 중국군과 중국 민중에 입힌 피해는 이루 다 헤아릴 수 없지요.

전후에 중국 국민정부가 작성한 통계를 보면 중국의 희생자 수는 군인 사상자 수가 약 330만 명, 민간인 사상자 수는 약 800만 명으로 추계됩니다.[17]

중국에게 2차 세계대전 종결은 곧 중일전쟁의 종결이었습니다. 이후 1945년부터 1949년에 걸쳐 국민당과 공산당이 내전을 치렀고 여기서 패배한 장제스는 타이완으로 거점을 옮겨 그곳에서 대륙에 대항하는 일을 도모하게 됩니다.

일본은 왜 패배한 것일까

지금까지 강의에서는 리튼 보고서, 미일교섭을 다루면서 '세계의 길'이라는 키워드를 이용해 세계가 일본에게 요구했던 메시지를 살펴봤습니다. 세계는 1932년 리튼 보고서 때에는 만주가 아닌 전 중국을 상대로 해야 하지 않겠느냐고, 또 10년 후 미일교섭 때에는 극동에 아우타르키(폐쇄적 자급자족경제)를 만들 것이 아니라 태평양의 열린 자유주의 경제 속에서 살아야 하지 않겠느냐고 일본에 호소했습니다.

하지만 일본의 정치와 경제를 장악한 위정자들은 일본 경제의 저력만으로 만주시장과 중국시장에서 열강이나 중국과의 경제적 경쟁에 당당히 맞설 수 있다는 생각을 하지 못했던 것 같습니다. 이처럼 전쟁에 모든 것을 걸었던 일본이 도대체 왜 전쟁에서 패배했을까요. 답을 찾기 위해서는 먼저 전쟁이 일어난 원인을 살펴봐야 할 것 같습니다.

왜 전쟁이 일어나는가라는 질문을 18세기 철학자 루소가 한마디로 정리해주었다고 1장에서 이야기했었지요. 상대국 사회의 근간을 이루는 기본질서, 즉 헌법원리를 파헤쳐 헌법을 바꿔놓는 것이 전쟁이라고요. 이때 헌법원리란 헌법 제○조라는 식의 조문이 아닙니다. 국가의 형태를 만드는 근본적인 규칙을 말합니다.

💬 규칙의 근간이 되는 사고방식인 것이죠?

그렇습니다. 상대국 권력의 정통성의 원천인 헌법을 공격 목표로 하는 것이 전쟁이며 이 때문에 사람들은 서로 죽고 죽이는 전쟁을 벌입니다.

독일과 영국, 일본과 미국이 전쟁을 시작한 배경에는 많은 이유가 있습니다. 그렇지만 궁극적으로 독일과 영국이 그렇게까지 대립으로 치달았던 이유는 유럽의 질서를 둘러싼 규칙, 자원 분배 규칙, 그리고 그런 규칙을 누가 만들 것인가를 둘러싼 경쟁이었다고 볼 수 있습니다. 이를테면 의회제민주주의로 할 것인가, 그렇지 않으면 파시즘과 전체주의로 할 것인가라는 식으로요. 파시즘은 국내외 문제에 관한 국민의 위기감을 선동하면서 결정에 시간이 걸리는 의회의 권한을 없애고 일당독재, 테러, 폭력 행사를 통한 '공포의 지배'로 국가를 운영하는 시스템이라고 말할 수 있습니다.[18]

전전 일본과 미국이 바라던 사회의 기본질서에 차이가 있었음은 미일교섭양해안을 둘러싼 소통 과정을 보더라도 알 수 있습니다. 미국은 민주주의국가이자 세계 최강의 자본주의국가였기 때문에 누구라도 자원에 접근할 수 있는 자유무역을 표방하는 것이 자신의 이익을 최대화하는 길이었습니다. 일본은 근대에 들어와 만들어진 천황제를 국체로 하는 한편 뒤처지기는 했지만 입헌국가로 나아가 아시아에서는 가장 강한 자본주의국가, 식민지 제국이 되었습니다. 식민지와는 폐쇄적인 무역관계를 구축하는 한편, 자원의 수입과 공업제품의 수출이라는 점에서는 개방된 자유주의 경제규칙을 만끽한 복잡한 양면성을 지닌 국가였습니다.

당시 미국에게 중국·동남아시아 지역에서의 자유항행航行과 자유무역 권리의 확보는 국가의 사활을 건 중요한 문제였습니다. 그렇다면 이 두 가지를 방해하는 것이 무엇이었을까요. 바로 만주사변 이후 대륙 침공을 목표로 하는 일본의 국가체제였으며 또 체제의 수호자를 자임하는 일본 군부와 군대의 존재였습니다. 여기서 우리는 미국에게는 바람직한 세계질서와 달성해야 할 전쟁 목적이 하나로 이어져 있었다는 점에 주의해야 합니다.

미국이 연합국에게 승리를 가져다준 원동력 가운데 압도적인 군사력, 물적 자원, 우수한 과학기술력이 큰 비중을 차지했음은 분명합니다. 한마디로 잘 나가는 국가였던 셈이지요. 다만 국가가 이런 물적 우월성을 기반으로 총력전 태세를 갖추고 전쟁을 수행할 수 있었던 배경에는 국가를 떠받쳐주는 국민의 광범위한 지지가 있었습니다. 비상시에 국가와 국민 사이의 긴밀한 관계를 의회제민주주의와 국민주권 원리가 견고하게 뒷받침해주었지요.

이에 비해 일본은 어땠을까요. 오키나와전을 떠올려봅시다. 또 미국 함정을 공격하기 위해 출격한 자살 특공대를 생각해봅시다. 당시 일본은 이른바 국민 생활의 모든 것이 국가로 흡수된 상태였습니다. 민간인의 투항도 금지되었고 유구한 대의에 살라며 젊은이들을 죽음으로 몰아가던 국가였지요.

한 조직체의 마지막 모습이 그 조직의 본질을 가장 잘 보여줄 때가 있습니다. 메이지유신으로 동아시아 한구석에서 불쑥 등장한 일본의 본질은 전쟁이 끝을 향해 치달을 무렵 가장 적나라하게 드러납니다.

돌이켜 보면 1941년 4월 미국은 미일양해안을 통해 일본에게 자원을 공유하지 않겠습니까, 선박을 대여해주지 않으렵니까, 중국과의 전쟁을 그만 끝내는 게 어떻습니까 등 '세계의 길'을 제시했습니다. 하지만 일본은 미국의 요청에 등을 돌렸고 결국 대동아공영권 내의 사람들에게 충분한 물자와 식량을 공급할 수 없었습니다. 일본이 선택한 길은 실패로 귀결되었지요.

일본이라는 국가와 사회가 '세계의 길'이 내거는 이념에 패배한 구체적 형태가 바로 태평양전쟁입니다. 공산주의자였던 오자키 호쓰미가 분석한 것처럼 굴복의 합리성을 이해할 수 있는 계층은 아주 극소수였습니다.

일본은 전쟁에서 패배한 결과 헌법이 바뀌었습니다. 평화헌법이라고 말하는데, 교전권(국가가 전쟁을 수행하는 권리)까지 부인하는 데에 회의적인 사람들은 흔히 GHQ의 군인이 겨우 8일 만에 영문 초안을 정리해 만든[19] 헌법을 70년 동안이나 애지중지 껴안고 있어도 괜찮은가라고 반문합니다. 하지만 누가 만들었는지는 그다지 중요하지 않습니다. 점령군으로 들어온 국가가 미국이 아니었어도, 소련이었어도 영국이었어도 중국이었어도 그들 역시 헌법을 바꿔 썼을 것입니다. 연합국은 1941년 8월 루스벨트와 처칠의 정상회담 결과로 나온 대서양헌장에 전쟁의 목적을 명시하고 전후에 수립되어야 할 세계의 질서를 내걸었습니다.

그 목적이 당시 최강의 자본주의국가인 그들에게 유리한 규칙이었던 것은 물론입니다. 전쟁을 치르면서 영국과 미국은 자신들의 전쟁 목적에 공명할 수 있는 국가를 모으고 확대해 전후 국제연합의 기초를 마련해갑니다.

자신들의 이익 최대화를 추구하면서도 다른 국가도 그 길에서 이익을 얻을 수 있게 배려하는 일, 그런 행위를 보편적 이념의 구체화라고 부를 수 있겠지요. 일본은 전쟁에서 이런 보편적 이념을 내걸지 못했습니다.

전후 일본 사회를 보면 군부와 군사력이 국가의 운영에서 제거된 점과 국민 개개인이 존중받는 국가로 변모한 점, 이 두 가지를 가장 큰 변화로 꼽을 수 있습니다. 일본은 미국이 제시한 헌법 원리를 받아들였고 이것이 전후 일본의 모습이 되었습니다.

100년의 상처, 고통받는 현대사

상대국 헌법을 바꿔 쓰는 일이 전쟁의 목적이라고 말씀하셨는데 지금 중동에서 일어나고 있는 전쟁, 분쟁도 그런가요?

정말 어려운 질문입니다만 현재 일어나고 있는 문제를 생각해볼 수 있는 좋은 질문을 해주셨네요. 우선 루소는「전쟁 및 전쟁상태론」이라는 논문에서 전쟁은 국가와 국가 사이에서만 일어난다고 말했습니다. 전쟁은 국가와 국가 사이에서만 존재하기 때문에 루소의 분석이 들어맞을 수 있었습니다.

하지만 오늘날 세계가 가장 주시하는 분쟁 중 하나는 '이슬람국가'를 내건 과격파 조직 IS를 둘러싼 문제인데, 아무리 봐도 IS는 국가는 아닙니다. IS가 시리아와 이라크에서 지배 영역을 확장하면서 이 문제에 시리아 정부군, 이라크군, 터키군, 미군, 러시아군, 프랑스군, 영국군 등 여러 세력이 개입했고 시민을 위협하는 전투가 이어지기도 했지요.

얘기가 조금 과거로 거슬러 올라갑니다만 1차 세계대전 중 영국과 프랑스는 오스만제국이 지배하던 중동 지역을 제 마음대로 선을 그어 나누려 했습니다(사이크스피코협정). 이 협정은 ①현재 터키공화국의 남동부와 ②시리아, 이라크, 팔레스타인, 요르단 등에 걸친 일대를 분리해서 ②의 지역을 영국과 프랑스가 나눠 가지려 한 것입니다. 여러분도 IS가 자신들의 승리를 선전하는 동영상에서 '사이크스피코협정의 종식' 등을 내걸고 있는 것을 본 적이 있을 겁니다.

하지만 이 분야의 전문가인 이케우치 사토시池內惠는 1차 세계대전 중에 영국과 프랑스가 잠정적으로 맺은 사이크스피코협정보다 1920년 체결된 세브르조약이 더 중요하다고 말합니다. 1차 세계대전 종료 후의 정세를 반영해 중동에서 탄생한 신국가(아르메니아)와 자치구(쿠르드인), 세력권을 지닌 강대국(영국, 프랑스, 이탈리아)이 더욱더 복잡하게 지도를 수정했고 이를 반영한 세브르조약이 체결되었지요. 이 지역을 둘러싼 문제가 더욱 복잡해졌습니다.

세브르조약의 결과 영국, 프랑스, 이탈리아 등의 강대국이 아르메니아인과 쿠르드인이라는 소수민족을 보호한다는 명목으로 오스만제국 붕괴 이후 터키인의 본거지에 개입했습니다. 처음부터 무리가 있었던 세브르조약체제는 이 조약에 강하게 반발한 터키인이 독립운동을 일으킨 끝에 3년 만에 파기되었고, 터키공화국이 탄생합니다. 이때 터키공화국과 열강이 맺은 조약이 1923년의 로잔조약입니다. 즉 현재의 중동 문제는 100년 전 입은 상처에 뿌리를 두고 있습니다.

분명 국제사회는 IS를 국가로 인정하지 않습니다. 하지만 IS는 2014년 국가를 수립했다고 선포했습니다. 현재 중동 지역 내의 국가로는 시리아, 이라크, 터키가, 지역 밖에서는 미국, 영국, 프랑스, 러시아가 IS 문제에 개입하고 있습니다. 미국은 쿠르드인 세력을 원조하고 있습니다. 중동 문제에 지역 내 국가와 지역 밖의 강대국, 그리고 자치세력이 뒤엉켜 있는 구도는 100년 전 오스만제국이 쇠퇴하던 때와 비슷합니다.

IS는 많은 국가가 이 지역에 개입하는 일을 자신들의 정당성을 선전하는 데 이용합니다. IS를 비판하며 공격하는 지역 내 국가와 세력에게 당신들이야말로 강대국과 손잡은 비겁한 괴뢰라고 비판할 수 있기 때문입니다. 100년 전의 사이크스피코협정을 끝내자는 주장은 그들 조직과 세력의 정통성 원리로 기능한다고 볼 수 있습니다.

그러므로 IS와 각국의 싸움을 테러리스트와의 싸움이다, 혹은 서로의 헌법원리를 공격하는 전쟁은 아니다, 라고 단정 지어 말할 수는 없습니다. 루소의 판단은 이 비대칭적으로 보이는 분쟁을 분석할 때도 통용될 수 있지 않을까요?

그런데 루소는 왜 전쟁과 헌법원리를 생각했을까요. 이론상으로는 사람을 한 명도 죽이지 않고 전쟁을 끝낼 수 있다고 혹은 전쟁을 피할 수 있다고 생각했던 것 같습니다. 즉 사람들이 지금까지의 사회계약을 해체하고 다른 사회계약을 만들겠다는 판단과 결단을 한다면 전쟁을 멈출 수도 있을 것이고, 아예 처음부터 전쟁을 시작하지 않아도 될 거라고 말입니다.

한 국가의 국민이 전쟁 위기, 자신의 민족이 근절될지도 모를 절체절명의 위기에 직면했을 때(이를테면 사이판이 함락된 1944년 7월 이후의 일본이 그랬습니다), 국가를 구성하는 국민이 '지금까지와는 다른 사회계약을 맺고 다른 국가가 되겠습니다'라고 선택할 수도 있지 않을까라는 사고방식입니다.

1장에서 일본이라는 이름의 국가가 8세기에 만들어졌다고 얘기했지요. 물론 중국에게 이름을 대기 위해서였지만요. 663년 백촌강 전투에서 왜는 당나라에 패합니다. 그리고 32년 만에 중단되었던 견당사를 재개합니다. 일본에서 파견한 아와타노 마히토는 당나라 측천무후에게 '이번에 제가 당에 온 이유는 일본이라는 새 국가의 신하로서입니다. 왜국은 없어지고 당의 제도를 따라 일본이라는 새 국가를 만들었습니다'라고 설명합니다. 스스로 헌법원리를 바꾼 예라고 볼 수 있겠지요.

대동아전쟁조사회

1945년 8월 전쟁에서 패배하고 헌법원리의 보편성 경쟁에서 패배한 일본인이 전후 무엇을 하려 했는지를 전후의 상황을 통해 살펴보겠습니다.

우선 패전한 지 3개월 후에 대동아전쟁조사회라는 조직이 만들어졌습니다. 이것은 정부의 공식기관으로 시데하라 기주로 총리대신이 내각에 설치한 소식입니다. 1945년 10월 30일 긱의결정에서 이 조직의 설치 이유를 다음과 같이 설명합니다.

중대한 과오를 장차 되풀이하지 않기 위해 대동아전쟁 패전의 원인 및 실상을 분명히 밝히는 일이 필요하다.

히로시마 원폭 사몰자 위령비에 새겨진 "편히 잠드소서. 과오는 되풀이하지 않겠습니다"라는 문구를 떠오르게 하는 표현이지요. 위령비에 적힌 문장은 죽은 자를 향해 살아 있는 사람이 맹세하는 말입니다. 시데하라 총리는 전쟁 이전에는 와카쓰키 레이지로 내각과 하마구치 오사치 내각 등에서 외무상을 지냈고 중국과는 협조외교를 진행하기도 해서, 그야말로 이런 맹세를 하기에 어울리는 인물입니다.

대동아전쟁조사회는 애초 예정대로라면 반영구적 조직입니다. 남아 있는 사료를 보면 시데하라 총리는 사무관이 준비해놓은 제1회 총회 개회선언 인사말을 본인이 직접 수정할 정도로 열정을 갖고 조사위원회에 임했습니다. 1946년 3월 27일 제1회 총회에서 시데하라 총리가 한 인사말[21]을 들어볼까요.

오늘 우리는 전쟁포기선언을 내거는 대기大旗를 치켜올리고 국제정국의 광활한 들판을 홀로 나아가지만, 언젠가는 세계가 전쟁의 참화에 눈을 뜨고 결국 우리와 똑같은 깃발을 들고 저 멀리 뒤에서 따라올 시대가 오겠지요. 우리는 이제 전쟁의 원인 및 실상을 조사해서 그 결과를 기록으로 남기고 이로써 후세 국민을 반성하게 하고 이해하게 하는 데에 온 힘을 다하고 싶습니다.

시데하라는 '전쟁포기선언'이라는 말을 썼습니다. 우리는 지금 황야를 혼자서 걸어가고 있지만 세계가 머지않아 따라올 거라는 고고한 결의와 확신이 읽는 사람들에게 강한 인상을 줍니다. 평화주의라는 말을 쓰지는 않았지만 시데하라가 말하는 바는 곧 전쟁에 대한 반성을 바탕으로 한 평화주의 정신이라고 볼 수 있겠지요.

여기서 예리한 사람은 '아, 뭐가 먼저지'라는 의문이 들 수도 있겠는데요. 즉 GHQ가 전쟁포기를 내건 헌법초안을 일본에 제시한 것이 언제인지, 시데하라의 개회선언 이전인지 이후인지가 궁금할 수도 있을 것 같습니다.

GHQ는 일본이 준비한 헌법초안의 천황 조항과 주권 표기 부분이 불명확하다면서 자신들이 직접 초안을 수정합니다. 그리고 1946년 2월 13일 전쟁포기 조항을 포함한 GHQ 헌법초안을 일본에 제시했고, 1946년 3월 6일 일본 정부는 국민을 향해 일본국 헌법초안을 발표합니다. 전쟁포기선언이 시데하라의 인사말보다 앞서서 나왔지요. 다만 헌법제정사에 정통한 고세키 쇼이치 古關彰一가 밝혀낸 바[22]로는 전쟁포기는 분명 GHQ가 작성한 초안에 기원을 두고 있지만 평화주의 발상은 일본 측의 발안으로 헌법 조항에 들어갔다고 합니다.

본래 미국은 일본의 전쟁 책임을 묻는 한편 일본에서 군국주의가 부활하는 것을 경계하기 위해 전쟁포기라는 발상을 내놓았습니다. 또한 간접통치로 점령을 손쉽게 하고 나아가 소수의 인원으로 일본을 통치하기 위해서는 천황을 이용하는 일이 불가결했습니다. 극동국제군사재판에 천황을 소추하지 않으면 미국의 국내 여론과 연합국이 강하게 반발하리라는 것은 불 보듯 뻔했습니다. 주지하다시피 전쟁포기 조항은 이에 대한 사전 대책으로 들어갔지요.

GHQ의 헌법초안에 평화주의와 평화라는 말이 없었다니 참 충격적이지요. 또한 미국의 영문 초안을 받아 일본 정부가 문장을 다듬은 일본 측 초안에도 평화라는 말은 들어가지 않았습니다.

그렇다면 어느 단계에서 들어갔을까요. 헌법 제9조 1항의 첫 구절인 '일본국민은 정의와 질서를 기조로 하는 국제 평화를 성실히 희구하고'라는 부분이 들어간 것은 중의원에 와서입니다. 1946년 6월 21일 제90회 제국의회 중의원 본회의에서 사회당의 가타야마 데쓰片山哲가 요시다 시게루 총리에게 이런 질문을 합니다.[23]

민주헌법은 적극적으로 일본국이 평화국가로 출발한다는 것을 명시하는, 세계를 향한 평화선언이 필요하다고 생각합니다.

가타야마의 제안에 가나모리 도쿠지로金森德次郎 헌법담당국무대신을 비롯한 요시다 내각이 응했고 9조 1항 상단에 평화에 관한 기술이 추가되었습니다. 이런 경위를 보면 3월 27일 시데하라가 대동아전쟁조사회에서 했던 개회사가 헌법에 평화주의 기술

396

이 들어가는 데에 무척 큰 역할을 했던 것은 아닐까라는 생각이 듭니다. 가타야마가 중의원에서 질문하기 3개월 정도 전이었지요.

시데하라는 대동아전쟁조사회의 제2회 총회에서 이런 말도 합니다.[24]

> 전쟁은 승리하든 패배하든 양쪽 모두 수지가 안 맞는 일이라는 현실적인 참고를 만들어야 합니다. (중략) 앞으로 우리의 자손이 전쟁을 생각하지 않을 것이라고 단정할 수는 없습니다. 그런 위기가 찾아왔을 때 이번 자료가 큰 도움이 될 수 있게 조사해야 합니다.

'후세에 자손이 전쟁을 생각할지도 모른다. 그런 때 전승국이든 패전국이든 전쟁은 수지에 맞지 않는 일이라는 기록을 확실하게 남겨두면 매우 참고가 될 것이다. 이를 위한 조사회다'라고 말합니다. 즉 조사회는 전쟁을 해서는 안 된다는 것을 알리는 지표와 참고자료를 만들기 위해 설립됐다는 말을 강조하고 있습니다.

일본의 패전 기록은 세계에 주는 선물

대동아전쟁조사회의 청취조사에 응한 경제인 가운데 스이쓰 리스케永津利輔라는 사람이 있습니다. 스이쓰는 전전의 일본 철강업 분야의 발자취 자체라 말해도 손색이 없는 인물입니다. 1920년부터 1941년까지 만주의 안산제철소(이후 쇼와제강소)에서 근무했고 1941년부터는 일본제강통제회 이사로서 전시 철강증산의 최전선에서 활약했지요.

1946년 5월 30일 스이쓰가 대동아전쟁조사회에 불려가 전쟁 중 철강증산의 이면을 이야기합니다. 그때 남긴 마지막 말[25]을 여러분에게 꼭 들려주고 싶습니다.

마지막으로 제가 느낀 감상을 말씀드리면 앞으로 다가올 평화적, 문화적 세계에 일본이 선물 하나를 줄 수 있지 않을까라고 기대합니다. 무슨 말인가 하면 실패의 원인을 보고하는 일, 그 원인을 철저하고 냉철하게, 공정하게 연구해서 보고하는 것이 그런 일이 될 것입니다.

스이쓰는 자신이 보관하던 약 3,500점의 사료를 히토쓰바시 대학 대학원 경제연구과에 고스란히 기증했습니다. 우선 자신부터 후손을 위한 선물을 남겼지요.

전쟁조사회가 수집한 사료는 국립공문서관에 소장되어 있어서 이제는 누구나 이용할 수 있게 됐습니다. 2015년 10월에는 드디어 『전쟁조사회사무국서류』[26]라는 책자로 간행되어 더욱 손쉽게 읽을 수 있게 되었습니다.

전쟁조사회는 훌륭한 설립 취지를 가지고 만들어졌지만, 아쉬운 결말을 맞이했습니다. GHQ가 무장해제와 점령 개혁을 진행하는 가운데 1946년 4월 연합국 최고사령관 총사령부의 자문 기관으로 대일이사회가 설치됩니다. 이 대일이사회는 미국, 영국, 소련, 중국의 대표로 이루어져 있었는데 영국과 소련이 조사회의 움직임에 경계심을 표했고 맥아더에게 조사회를 해산시켜야 한다는 의견을 제시했습니다. 미국과 중국 대표는 조사회의 활동을 찬성했지만요.

영국과 소련 대표는 전쟁의 원인을 조사하고 범죄자를 처벌하는 것은 극동국제군사재판소의 일이라고 주장합니다. 맥아더는 이 권고를 받아들였고 결국 조사회는 1년도 되지 않아 해산되고 맙니다.

점령하에 놓여 외교권도 잃어버린 일본에게 대일이사회의 권고는 절대적이었습니다. 천황을 이용해 간접통치를 하면서 GHQ가 만든 헌법초안을 신헌법으로 제정하는 선에서 점령 개혁을 진행하고 싶었던 맥아더도 대일이사회의 권고에 따르는 편이 편했을 것입니다.

전쟁조사회가 존속되었다면 전쟁이 끝난 직후의 일본이 전쟁의 원인을 어떻게 탐구하고 후세에 어떤 자료를 남겼는지 알 수 있었을 텐데, 조사회가 해체되어 참으로 유감스럽습니다. 해체되기 전 조사회에서 어떤 청취조사가 이루어졌고 어떤 사실을 밝혀냈는지는 앞으로도 계속 연구하고 싶은 부분입니다. 그때 조사회는 미일교섭에 임했던 노무라 대사도 불러 청취조사를 했습니다. 그 기록도 고스란히 남아 있습니다.

최근 일본에서는 헌법을 개정하자는 목소리가 높아졌습니다. 2014년 무렵부터 아베 내각은 개헌을 본격적으로 논의하기 시작했지요.

지금까지 살펴봤듯이 일본국 헌법 속의 평화주의는 앞선 세계대전에 대한 일본 사회의 깊은 반성 속에서 태어났습니다.

전쟁의 결과로 다시 쓰인 일본국 헌법을 스스로 고쳐 쓰려 한다면 1945년 8월 15일에 끝난 전쟁에 관해 다시금 철저하게 재점

검할 필요가 있습니다. 전쟁 이전에 일본이 했던 세 가지 결단과 교섭을 이번 강의에서 다룬 이유 가운데 하나가 바로 여기에 있습니다.

전쟁이 상대국 권력의 정통성 원리를 향한 공격이라고 한다면 이 공격에 패배해 헌법을 고쳐 쓰게 된 일본인은 전쟁의 전모를 제대로 알아야만 합니다. 하지만 오키나와를 제외하면 전장이 주로 해외에 있었던 점, 전쟁의 끝이 너무나도 비참했던 점 등 때문에 그동안 전쟁을 제대로 마주하는 일은 무척이나 어려웠습니다.

많은 일본 국민이 이 점을 알고 있습니다. 2015년 4월 『아사히신문』이 실시한 여론조사[27]를 보면 1945년 8월 15일에 끝난 전쟁에 대해 '일본인이 왜 전쟁을 했는지 스스로 추궁하고 해명하는 노력을 충분히 해왔다고 생각하십니까'라는 질문에 '아직 불충분하다'는 대답이 65퍼센트나 됐습니다. 전후 70년에 나온 숫자라는 점에 더욱 주목해야겠지요.

강의를 마치며

이 강의의 목적은 여러분이 지금 일상생활에서, 또 앞으로 어른이 되고 사회인이 된 후에 교섭을 해야 할 상황에 맞닥뜨렸을 때를 위해서입니다. 그때 더 나은 선택을 할 수 있게 상대방의 주장과 그에 대한 자신의 주장을 곡해와 왜곡 없이 주고받을 수 있도록 준비하는 데 있었습니다.

겉보기에 그럴듯한 확실성에 속아 넘어가거나(리튼 보고서처럼 말이죠), 자신만 최대한의 이익을 올리려고 보편적 이념을 내거는 일을 잊어버리거나(삼국동맹 때의 이야기입니다), 자국의 안전에 관해 스스로 위험을 무릅쓸 각오도 없이 시키는 대로 행동하다가 결과적으로 전쟁에 내몰리거나(미일교섭 사례입니다)…. 지금 보면 전쟁 이전에 일본이 취해온 행동은 참으로 한심하고 답답하기 그지없습니다.

이런 설명을 할 때 제가 취하는 방법은 당시를 살았던 사람이 보았던 세계를 여러분이 머릿속에서 재현할 수 있게 도와주고, 나아가 최선의 길을 찾기 위해서는 어떻게 해야 좋았는지를 생각해보게 하는, 어떻게 보면 참 짓궂은 방법입니다. 이런 강의를 오랜 시간 들어주시느라 정말 고생 많으셨습니다. 마지막으로 질문이나 강의에 대한 감상이 있다면 말씀해주시기 바랍니다.

💬 저는 이 수업을 듣기 전까지 제가 사회 과목을 꽤 잘한다고 생각했습니다. 하지만 함께 수업 듣는 분들의 진지하게 메모를 하는 모습이나 정보처리 능력을 보면서 이 사람들에게는 이길 수 없다고 느꼈습니다. 이들과 함께 다른 교과도 배우고 싶다는 생각이 들었습니다.
수업은 어려웠고 모르는 것이 많았습니다. 질문을 하면 모르는 게 더 생겨나고, 그런 일이 반복되고, 중학생에게 이런 수업을 하는 선생님은 없거든요(웃음).

제가 대답을 하는 사이에 또 새로운 의문이 생겨났다는 말씀이군요. 아는 것과 이해하는 것이 늘어나면 다음 단계로 올라가 알고 싶은 것이 많아지게 마련이지요. 저도 연구를 하면서 똑같은 느낌에 사로잡히는 일이 있습니다. 잘 몰라서 괴롭지만 뭔가 행복감이 몰려오기도 하고요. 하지만 앞으로는 마음을 고쳐먹고 질문을 받으면 잘 이해할 수 있게 설명하도록 노력하겠습니다(웃음).

방금 이야기한 중학생은 아시아역사자료센터를 여러분에게 소개해주기도 했지요. 이 수업에는 질문의 대가가 많았습니다. 여러분의 질문이 강의를 더욱 풍성하게 해주었습니다.

💬 앞으로의 일에 대한 질문인데요, 외교 교섭에서 상대를 설득할 수 없을 때 힘으로 상대를 제압하는 방법 외에 어떤 방법이 있을까요?

미일교섭이 두드러진 예입니다. 일본의 육해군과 외무성 등은 자신들의 본심과 약점이라고 자각한 부분을 미국에게 숨겼을 뿐만 아니라 일본 국민에게도 숨긴 채 교섭에 임했습니다. 자기들끼리의 회의에서는 절대로 미국과 전쟁하고 싶지 않다고 말했던 해군의 모습을 당시 일반 국민은 전혀 상상할 수 없었지요.

그렇다면 거꾸로 외교 교섭에서 상대방을 설득하는 데 실패했을 때에는 자국민 앞에 모든 사실을 정직하게 밝히고 사과하는 일이 하나의 길이 되지 않을까요. 처음으로 돌아가 다시 국민을 설득하면서 보편적 이념의 말로 설명할 수 있는 내용을 교섭의 주제로 삼는 것이지요. 이런 전환이 필요하다고 봅니다.

최근에 독일 폭스바겐사의 배기가스 규제 위반 문제와 일본 미쓰비시자동차의 연비 조작 문제가 사회에 폭로되었습니다. 이런 문제 또한 회사 내의 누군가가 문제를 먼저 고발해 상황을 멈추게 했다면 회사를 구할 수 있었을 거라는 견해도 있습니다. 리

콜에 대한 대응, 집단소송 등의 배상금을 모두 합한 금액을 생각하면 내부고발이야말로 두 회사가 선택했어야 할 길이지 않았을까요.

앞에서도 소개한 스이쓰의 말도 참고가 될 듯합니다. 실패의 역사, 패배한 역사를 자국민에게 정직하게 가르치는 일입니다. 향후 50년, 100년을 내다보면서 역사 교육부터 시작하는 것이 좋겠지요.

💬 지금까지 어른들이랑 정치나 역사 이야기를 나눌 기회는 있었지만 이번처럼 다면적으로 해석해본 경험은 없습니다. 이번 수업에서 살펴본 세계대전 전후의 모습은 극히 일부라고 생각됩니다. 앞으로 좀 더 많은 사료를 읽고 다양한 관점을 찾아봐야겠다고 생각했습니다. 오늘날 국내 정치와 세계의 정세는 중요한 국면에 서 있는데 수업에서 배운 경험을 살려 현실을 더 정확하게 파악하고 싶습니다.

읽다보면 어려운 표현이 많이 나옵니다만 그럼에도 수업을 하면서 사료를 많이 읽었습니다. 똑같은 사료를 읽더라도 처음에 눈이 가는 부분과 가장 재미있다고 생각하는 부분이 각각 다르기 때문에 함께 사료를 읽는 일이 중요합니다. 저 또한 이번 수업을 통해 그동안 전혀 자각하지 못했던 독해 방식, 색다른 해석을 해보게 됐습니다.

오늘날의 세계정세를 언급하셨는데요, 2016년 6월에 영국이 대다수의 예측에서 벗어나 EU 탈퇴를 선택했습니다. 국민투표를 실시했고, 국민의 의사표시로 이루어진 결과입니다만 저는 무척 충격적이었습니다. 최근에는 일어날 것 같지 않은 일이 실제로 일어나는 일을 종종 보게 되는 듯합니다.

저는 전시의 일본을 보며 뭘 하고 있는 거지, 분명 질 게 뻔하잖아, 라는 느낌을 받은 적이 있습니다. 교과서에서는 사건을 하나의 문장으로 정리해놓았는데 그 문장을 읽을 때면 지금 보면 절대로 그렇게 생각하지 않을 것 같은데 왜 그랬을까, 라고 의문이 들었습니다. 그런데 이번 강의를 들으며 사건을 한 문장으로 명확히 정리할 수 없다는 사실을 깨달았습니다.

하나의 사건에는 거기에 찬성하는 사람, 반대하는 사람, 직접 행동하는 사람, 망설이는 사람 등 많은 사람이 얽혀 있고 각각의 생각도 있고요. 그 결과가 역사가 된다는 것을 배웠습니다. 지금부터 생겨날 역사도 분명 사람의 생각에 의해 좋든 싫든 이루어져 갈 거라고 생각합니다. 그러니 과거를 배우는 일에서 미래를 만들어갈 희망을 찾아낼 수 있는 거구나 싶고요.

왠지, 가슴이 뭉클하네요. 감동적인 감상을 남겨주셔서 감사합니다. 역사를 하나의 선이나 면이 아닌, 깊이가 있는 입체로 바라볼 수 있게 됐다면 그것으로 이 수업의 목적은 충분히 이루어졌습니다.

이 책은 많은 분의 협력으로 세상에 나왔습니다. 강단에 서서 이야기를 하는 사람은 저였지만 강의를 들어주고 심도 깊은 질문을 해준 28명의 학생들이 없었다면 이 책은 태어나지 못했습니다. 책 속에 나오는 중고등학생의 질문과 대답이 독자 여러분에게 어떤 리듬을 만들어주는 음악과 같은 역할을 해주리라 기대합니다. 또한 읽으면서 떠오르는 의문과 생각을 학생들의 생각과 비교하면서 역사를 바라보는 새로운 시각을 갖게 되지 않을까 싶습니다.

그런 의미에서 이 책은 학생들이 없었다면 만들어질 수 없었던 책입니다. 제가 이렇게 강조하는 또 하나의 이유는 중고등학생을 앞에 두고 이야기를 하는 동안 제 머릿속에서도 화학작용이라 부를 만한 일이 일어났고 역사를 설명하는 자세가 더욱 원초적이고 근원을 파고드는 방향으로 변화해갔기 때문입니다.

이 책에서 다루는 시기는 전 세계가 경제 위기에 빠져들고 영

·미·독·소·중·일 등의 열강이 각축을 벌이면서 극동과 유럽의 군사적 위기가 현실화됐던 때입니다. 그 시대의 사료를 꼼꼼히 읽으며 당시의 생각을 이해하려 노력하는 학생들을 마주하니 저 또한 어떻게든 이해하기 쉽게 설명하려 애쓰게 됐습니다. 결과적으로 지금까지 제 머릿속에 선으로 이어졌던 역사의 모습이 갑자기 입체로 구성되는 독특한 체험을 했습니다.

이 책은 준쿠도서점의 다구치 구미코田口久美子, 모리 아키코森曉子, 이데 유미코井手ゆみこ 씨가 2015년 10월부터 반년간 준쿠도서점 이케부쿠로 본점에서 '작가서점'을 해보지 않겠냐고 권유하면서 시작됐습니다. 작가서점의 점장이 되면 자신이 고른 책을 특설 코너에서 팔게 된다고 하니 책벌레인 저에게는 도저히 뿌리칠 수 없는 유혹이었지요. 앉은 자리에서 바로 하겠다고 대답했습니다.

이어서 강연을 기획해보는 것은 어떠냐는 제안이 나왔고, 아사히출판사 편집부의 스즈키 구니코鈴木久仁子 씨가 그렇다면 중고등학생을 대상으로 연속 강의를 해보자고 했습니다. 스즈키 씨는『그럼에도 일본은 전쟁을 선택했다』를 기획하고 편집했던 담당자입니다. 강의에 참가한 중고등학생은 서점에서 모집 광고를 보고 직접 응모한 열정 넘치는 학생들이었습니다.

수업을 하는 동안 '정치를 가령, 각 세력의 요구를 순서를 정해 배분하는 일이라고 정의하겠습니다'라고, 주제가 정치 쪽으로 흐르는 순간 뛰어난 통찰력을 보여주는 학생이 있었습니다. 그런가 하면 제가 사료 속의 단어와 논리를 이용해 설명한 내용을 똑같은 사료 속의 다른 말과 논리를 이용해 다르게 설명해서 저로 하여금 두 손을 들게 만든 학생도 있었습니다. 이런 젊은 지성과의 만남은 제 평생의 보물이 될 것입니다. 여기에 모인 학생들 이름을 감사의 말에 따로 적어놓았습니다.

표지를 디자인해준 아리야마 다쓰야有山達也 씨는 아름다운 장쇄와 손글씨를 준비해주었습니다. 책의 내용을 직감적으로 포착해 일을 진행하는 모습에 경탄을 금치 못했습니다. 아리야마 디자인 스토어의 이와부치 게이코岩淵惠子 씨와 나카모토 지하루中本ちはる 씨는 매력적인 본문 레이아웃을 만들어주었습니다.

화가인 마키노 이사오牧野伊三夫 씨는 일본어판의 표지 그림을 비롯해 각 장의 지도와 인물화를 그려주었습니다. 그림에서 음악이 흘러나올 것 같은 느낌이 듭니다.

강의 내용을 책에 고스란히 전하기 위해 온몸과 마음을 쏟은 아사히출판사 제2편집부의 스즈키 구니코 씨, 스즈키 구니코 씨의 상담 역할도 하면서 요소요소의 중요한 장면에 힘을 쏟아준 편집자 아카이 시케기赤井茂樹 씨에게도 감사드립니다. 복잡한 본문의 조판을 정성껏 짜주신 하마이 신사쿠濱井信作 씨, 자료 정리 등 세세한 부분을 챙겨주신 아사히출판사 제2편집부 오쓰키 미와大槻美和 씨에게도 진심으로 감사드립니다.

저는 지금까지 제가 연구해온 역사학의 재미를 말하는 일은 있어도 그 중요성에 대해서는 결코 말하지 않았습니다. 자신이 하는 일이 중요한 일이라고 말하는 것은 누구라도 부끄럽기 마련입니다. 다만 오늘날 우리가 살고 있는 지구는 활발한 지진 활동기에 들어갔고, 인간사회도 환경 문제와 경제 문제 등 인류의 미래를 흔들어놓을 불가역적인 문제에 직면해 있습니다. 이런 때일수록 사회를 구성하는 인간의 인식을 변화시킨 요인을 종합적으로 포착하는 역사라는 학문이 도움이 되지 않을까라고 절실히 느낍니다.

18세기 전반 근세 사회의 유학자 오규 소라이荻生徂徠는 인간이 주체적으로 사회질서를 작위하고 변혁할 수 있다고 생각했습니다. 전전의 젊은 마루야마 마사오丸山眞男는 소라이의 사상에서 근대적 사고의 맹아를 보기도 했습니다.[1] 소라이가 했던 '학문은 역사에 가닿는다'[2]라는 말을 볼 때마다 저는 격려를 받는 듯한 느낌이 듭니다. 이 말은 학문 가운데에서도 역사의 중요성을 강조한 말로 볼 수 있습니다.

소라이에 따르면 옛날에는 학문을 '비이장목飛耳長目의 길'이라고 표현했다고 합니다. 귀에 날개가 생겨 멀리 날아가 듣고 오는 것처럼 먼 타국의 일을 이해하고, 마치 망원경을 쓴 듯 먼 곳을 한눈에 내다보며, 현재를 살면서 '긴 안목'으로 과거를 이해할 수 있도록 해주는 것이 학문이라는 의미입니다. 즉 자국에 있으면서 타국의 일을 이해하고 현재를 살면서 과거를 이해하는 것이 학문이며, 그 궁극점이 곧 역사라는 것이지요.

1장에서 '역사의 잣대'로 세상을 재보자는 말을 했습니다. 그때 제 머릿속에는 소라이가 말한 '긴 안목'이라는 단어가 들어 있었습니다. 글로벌화가 극도에 달한 이 시대에 18세기의 사상가가 말한 역사의 정의 따위는 너무나 무력하다고 생각하는 분도 있

을지 모르겠습니다. 하지만 지구의 탄생이 64억 년 전인데 비해
오늘날 인간의 선조는 약 50만 년 전에 세상에 나왔다고 합니다.
앞으로 긴 안목으로 세상을 볼 수 있게 되길 바랍니다.

2016년 7월 참의원 선거 결과를 들으며*
가토 요코

---

* 2016년 7월 10일 치러진 일본 참의원 선거에서 아베 신조 일본 총리가 이끄는 집권 자
민당과 공명당의 연립 여당, 이른바 개헌 세력이 압승을 거두었다.─옮긴이

감사의 말

이 책을 발간하기까지 다음과 같은 분들의 도움을 받았습니다. 마음 깊이 감사드립니다.

에이메이칸중학고등학교 모리야 다카시森谷隆史

오유가쿠엔여자중학고등학교 오시마 요시에大島好惠

고카가쿠엔중학교고등학교 모리야 나나에森谷菜菜繪

가나가와현립 요코하마수유칸고등학교 이나미 수미아키伊波澄信

도쿄가쿠에이대학 부속국제중등교육학교 사토 히로다카佐藤大空,
하시모토 하나橋本花

도쿄세이도쿠대학 부속고등학교 가네하라 히사노리金原永典

도쿄도립 공예고등학교 후지하라 유야藤原侑椰

도쿄도립 다케하야고등학교 히로타 유키廣田友紀, 이시데 슈헤이
石出脩平, 오니시 나오키大西直己, 미야자와 게이타宮澤奎太

도요에이와여학원 고등부 사쿠라이 하야櫻井甲矢

도시마가오카여자학원고등학교 히키타 유마疋田悠眞, 호리구치

지에堀口知惠

게이오기주쿠고등학교 무카이 유스케向井優佑

사이타마현립 가와코에여자고등학교 우에노 하루카上野春香, 고미야마 사토미小宮山聡美, 마스다 린린增田凛々, 스즈키 리오鈴木梨央, 나카지마 사오리中島沙織

후지미중학고등학교 스즈키 마야鈴木萬亞矢

쓰쿠바대학 부속고등학교 오사와 모모노大澤桃乃, 사토 쓰요시佐藤剛

요코하마시립 히기리야마중학교 모리타 고겐森田向現, 오쿠야마 히카루奥山ひかる

아키타현립 오가치고등학교 스즈키 야스나리鈴木康成 선생님

기후쇼토쿠가쿠인대학 부속중학교 미쓰모리 도모에三森朋惠 선생님

도쿄도립 다케하야고등학교 나가오 요시다케長尾美武, 후카이 신지深井信司 선생님

마지막 페이지를 덮는 순간까지 강의가 끝나지 않기를 바라는 마음이 간절했다. 당장에라도 이 책의 저자 가토 요코의 강의를 들으러 도쿄로 달려가고 싶을 정도로 강의는 흥미진진했고 강렬했다.

이 책은 전쟁에 이르기까지 일본에게 제시됐던 세 번의 선택의 기회와 세 번의 교섭을 설명한다. 가토 요코의 전공인 근현대 일본을 다룬다는 점에서 전작들과 다루는 시기는 동일하다. 하지만 이 책에선 '일본의 선택'에 초점을 맞췄다. 일본이 궁극의 선택에 직면했던 세 번의 역사적 사건, 1931년 만주사변을 둘러싼 리튼 보고서와 이어진 일본의 국제연맹 탈퇴, 1940년의 삼국군사동맹, 그리고 1941년의 미일교섭을 화두로 삼았다. 그때 일본은 무엇을 생각하며 세계와 교섭을 벌였고 어떤 과정을 거쳐 최종 결단을 내렸을까. 1931년 만주사변부터 1941년 진주만 공격까지의 10년간 여러 선택지가 있었음에도 불구하고 왜 일본은 전쟁이라는 길을 택했는지, 전쟁을 결정짓기까지 가장 중대한 영향을 미친 역사적 사건을 중심으로 세계와 일본이 격렬하게 대립했던 순간을 포착한다. 가토 요코는 "과거의 사건을 정확하게 포착해 보여줌으로써 미래를 창조하는 데 도움을 주는 것이 역사가의 일"이라고 말했는데 자신이 말한 역사가의 본분을 이 책에서 훌륭히 해냈다.

책에선 수많은 사료를 인용한다. 전전의 일본 육해군·외무성 실무자급의 회의록, 개인의 일기와 메모, 편지, 어전회의 자료 등 사료를 함께 읽다보면 인물이 보이고 그들의 생각과 논리가 보인다. 철저한 사료 검증을 통해 과거의 한 장면을 정확히 재연하는데, 독자로 하여금 마치 그 현장에 있는 듯한 느낌이 들 정도로 사료를 보는 시각과 사료 속 행간을 읽어내는 능력이 탁월하다. 저자는 맺음말에서 "강의를 하며 머릿속에 선으로만 이어졌던 역사의 모습이 입체로 구성되는 독특한 체험을 했다"고 썼는데, 나 역시도 입체적인 역사를 만날 수 있었던 신기하고 즐거운 시간이었다.

가토 요코는 한 인터뷰에서 국가와 국민의 관계가 요동치는 일본의 현실에 큰 위기감을 느끼며 이 강의를 기획했다고 말한다. 일본은 2015년 안보법제가 통과되면서 전후 일본 사회와 헌법의 근간을 이루던 전쟁포기, 평화주의가 뿌리째 흔들리는 상황에 놓였다. 가토 요코는 언제 어떤 일이 일어날지 예측 불가능한 미래를 직면하게 됐다는 위기의식을 토로한다. 그래서 과거에 일본이 마주했던 선택의 시간을, 결국 전쟁까지 이르게 된 세 번의 실패한 선택을 정확히 보여주려 했다고 한다. 현실에 천착한 문제의식에서 비롯된 강의여서 그랬을까. 책을 읽는 내내 E. H. 카의 "역사란 현재와 과거의 끊임없는 대화"라는 말이 머릿속을 맴돈다. 마치 이 말이 무슨 뜻인지 알려주기 위한 책이라도 되는 듯 수상직인 문자로만 각인됐던 말의 의미가 절절히 다가온다.

가령 삼국군사동맹을 다룬 3장에서는 이 동맹이 무엇을 위한 동맹이었는지 파고든다. 저자는 일본이 유럽에서 승승장구하는 독일의 승리에 편승하려고 군사동맹을 맺으려 했다는 고정관념을 깨트린다. 한마디로 말해 삼국군사동맹은 독일을 견제하기 위한 동맹이었다고 한다. 일본은 그때 이미 2차 세계대전이 독일의 압승으로 끝날 것이라 예상하며 전후를 구상하고 있었다. 그렇다면 독일에게 패배한 프랑스와 네덜란드가 동남아시아에 보유하던 식민지의 행방이 이슈가 될 터였다. 일본은 독일이 동남아시아로 손을 뻗는 것을 저지하기 위해 삼국군사동맹에 동참했다는 것이다. 한편 저자는 2014년 7월 각의결정으로 집단적 자위권 행사가 가능해진 일본의 현재를 이야기한다. 안보법제의 통과로 일본은 전후 70년간 유지해온 안보체제의 변화를 겪게 되었고 이제 군사동맹을 맺을 수 있는 국가가 되었으니 군사동맹의 본질이 무엇인지 알고 있어야 한다고 말한다. 역사상 가장 큰 실패 선례인 삼국군사동맹 체결까지의 역사적 과정을 뒤쫓는 이유이다.

가토 요코는 무엇보다 선택의 문법을 강조한다. 안보법제가 국회를 통과한 뒤로 아베 정권은 헌법 개정안을 밀어붙이려 하고 있다. 언젠가 국민투표의 형식으로든 다른 형태로든 국가는 국민에게 국가가 직면한 문제를 물을 것이고 국민은 어떤 형태로든 선택의 순간에 놓이게 된다. 과거 세 가지 교섭의 과정을 되짚으며 가토 요코는 선택을 할 때 과연 어떤 일이 일어났는지, 선택의 제약조건은 무엇인지, 선택 문항은 어떤 식으로 제시되는지 등을 보여준다. 그러면서 선택을 할 때에는 문제의 본질이 선택 문항에 올바르게 반영되었는지 정확하고 객관적으로 판단할 수 있어야 하며 공포, 불안, 두려움 혹은 친밀감 같은 인간의 근원적 감정에 이끌리지 않도록 경계해야 한다고 말한다. 그러니 한편으로 이 책은 선택하는 순간의 문법을 보여주는 문법책이자, 선택의 지혜를 기르기 위한 하나의 가이드북인 셈이다.

일본인이 지닌 고정관념을 철저히 사료와 문헌, 객관적 사실에 입각해 깨트리고 비판하는 가토 요코의 냉철한 시각과 태도도 인상 깊다. 이를테면 일본은 식민지 침략전쟁의 원인을 서구 열강이 경제 블록화를 추진하는 상황에서 경제적으로 살아남기 위한 어쩔 수 없는 선택이었다는 식으로 설명해왔다. 진주만 공격 또한 미국이 일부러 일본이 공격하도록 부추기며 방관했다는 식의 고정관념이 뿌리 깊다. 열강의 경제봉쇄로 식민지 침략전쟁을 하지 않을 수 없었다거나 미국이 석유 금수 조치를 내렸기 때문에 어쩔 수 없이 태평양전쟁을 벌였다는 식으로, 수동태로 전쟁을 말하는 사람들이 아직도 많으며 이런 설명이 늘 인기를 끈다. 가토 요코는 이런 식의 수동형 전쟁관에 반론을 편다. 식민지 침략전쟁 당시의 경제 데이터를 보여주며 일본의 경제 상황과 능력이 어떠했는지 알려준다. 진주만 공격에 이르기까지의 일본 군부, 중간급 실무자의 회의록을 제시하며 당시의 상황을 자세히 그려낸다. 흔히 빠지기 쉬운 인식상의 기만인 수동태적 태도에 내리치는 죽비 소리는 비단 일본인의 역사인식에만 한정된 얘기는 아닐 것이다. 역사를 바라볼 때, 서술할 때 어떤 자세를 견지해야 하는지 가토 요코는 묵묵히 보여준다.

결국 세계가 일본에게 어느 쪽을 택하겠느냐고 물었던 세 번의 물음, 세계와 일본이 격렬하게 대립했던 세 번의 교섭에서 일본은 전쟁에 이르는 길을 택했다. 1931년 9월 관동군의 모략으로 일어난 만주사변을 조사하기 위해 국제연맹은 리튼을 단장으로 하는 조사단을 파견한다. 이때 작성된 보고서에서 리튼은 '세계의 길'이라는 말을 쓰며 일본에게 협조의 길을 제시했다. 하지만 일본은 이를 거부하고 국제연맹에서 탈퇴하며 고립의 길을 걷는다. 1941년 미일교섭 때에도 미국의 코델 헐 국무장관은 일본에게 태평양의 무역과 자원에 관한 자유경제 전망을 제시한다. 미국은 일본에게 '세계의 길'을 제시하지만 일본이 내놓은 대답은 전쟁이었다.

가토 요코는 세 가지 사례를 통해 "역사는 국민과 세계인에게 '선善'을 호소할 수 있는 힘을 지닌 국가가 세계를 이끌어간다는 것을 보여준다." "인간이 고통 속에서 번민을 거듭한 끝에 찾아낸 진리, 그것을 자국민에게 널리 알릴 뿐 아니라 세계가 공감하고 수용할 수 있게 호소하고 제시할 수 있는 지성의 힘을 지닌 국가와 국민이 시대를 이끌어간다"며 이를 보편적 이념의 구체화라고 표현했다. 역사의 도도한 흐름을 꿰뚫는 인식 앞에 절로 마음이 숙연해진다. 역사적 선택의 순간, 끝까지 붙잡고 있어야 할 좌표가 아닐까 싶다.

번역을 하는 동안 종종 인터넷에 올라와 있는 가토 요코의 강연을 찾아 들었다. 일반인보다 한 옥타브쯤 높은 음역대의 맑고 탄탄한 고음이 귀를 잡아끈다. 목소리엔 왠지 모를 간절함이 배어 있다. 목소리에 밴 간절함과 열정은 책에도 고스란히 녹아있다.

이 책을 옮기는 사이 남북정상회담이 열리고 북미정상회담이 열렸다. 저자의 표현처럼 역사상 일어날 확률이 높아서 일어나는 일은 없으며, 오늘날은 절대 일어나지 않을 것 같은 일들이 자고 나면 어느샌가 현실이 되는 세상이다. 흔들리는 시대를 살아가는 현대인에게 이 책은 가보지 않은 길을 위한 최고의 안내서라고 감히 말하고 싶다.

2018년 8월

양지연

주

1장

1 蠟山政道,「トインビー史学と現代の課題」,『世界の名著73 トインビー』, 蠟山政道責任編集, 中公バックス, 中央公論社(로야마 마사미치,「토인비 역사학과 현대의 과제」,『세계의 명저 73 토인비』, 로야마 마사미치 책임편집, 주고북스, 주오 고론샤), 1979, 15쪽.

2 川北稔,『世界システム論講義』, ちくま学芸文庫(가와기타 미노루,『세계 시스템론 강의』, 지쿠마가쿠에이분코), 2016, 제13장.

3 영국의 탈퇴로 현재 26개국이다. 본 강연이 열렸을 당시에는 아직 영국이 EU 탈퇴를 결정하기 전이었다.

4 1985년, 1990년, 2005년 순차적으로 체결된 세 협정.

5 長谷部恭男,『憲法とは何か』, 岩波新書(하세베 야스오,『헌법이란 무엇인가』, 이와나미신쇼), 2006, 36쪽.

6 クラウゼヴィッツ,『戦争論』全3巻, 篠田英雄訳, 岩波文庫(클라우제비츠, 시노다 히데오 옮김,『전쟁론』전3권, 이와나미분코), 1968.

7 위의 책, 하권, 316쪽.

8 일본순직선원현창회 웹사이트 http://www.kenshoukai.jp(2016년 6월 30일 열람).

9 吉田裕, 森茂樹,『アジア・太平洋戦争』, 吉川弘文館(요시다 유타카, 모리 시게키,『아시아태평양전쟁』, 요시카와고분칸), 2007, 257쪽.

10 浜井和史,『海外戦没者の戦後史』, 吉川弘文館(하마이 가즈시,『해외 전몰자의 전후사』, 요시카와고분칸), 2014, 5쪽.

11 「翁長知事の平和宣言」,『琉球新報』(「오나가 다케시 지사의 평화선언」,『류큐신보』),

2015년 6월 23일자 디지털판.

12 『新しく学ぶ西洋の歴史: アジアから考える』, 南塚信吾ほか責任編集, ミネルヴァ書房(『새롭게 배우는 서양 역사: 아시아의 눈으로 보다』, 미나미즈카 신고 외 책임편집, 미네르바쇼보), 2016, 32쪽(무라이 쇼스케 집필 부분).

13 '추모사·기자회견' 궁내청 웹사이트 http://www.kunaicho.go.jp/(2016년 6월 30일 열람).

14 2014년 8월 15일 추모사 제2단락 전문은 "종전 이후 이제 69년, 국민의 끈질긴 노력으로 오늘날 일본은 평화와 번영을 이루었습니다만, 고난으로 점철된 과거를 회상하면 감개가 무량합니다."

15 1952년 4월 8일 각의결정 '전국전몰자추모식 실시에 관한 건'.

16 '시론공론 안전보장 관련법 통과' NHK 웹사이트 http://www.nhk.or.jp/kaisetsublog/100/227939.html.

17 中村元哉,「相反する日本憲政観」, 『対立と共存の歴史認識』, 劉傑·川島真編, 東京大学出版会(나카무라 모토야,「상반되는 일본 헌정관」, 『대립과 공존의 역사 인식』, 리우 지에·가와시마 신 편집, 도쿄대학출판회), 2013, 171~190쪽.

18 堀和生, 『東アジア資本主義史論』第1巻, ミネルヴァ書房(호리 가즈오, 『동아시아 자본주의사론』제1권, 미네르바쇼보), 2009, 216쪽.

19 堀和生, 『東アジアにおける資本主義の形成』, 『社会経済史学』(호리 가즈오,「동아시아의 자본주의 형성」, 『사회경제사학』), 76권 3호, 2010년 11월, 29~32쪽.

20 호리 가즈오, 앞의 책, 2009, 제1권, 192쪽.

21 호리 가즈오, 앞의 논문, 2010, 33쪽.

22 和辻哲朗, 『倫理学』第3巻, 岩波文庫(와쓰지 데쓰로, 『윤리학』제3권, 이와나미분코), 2007, 138쪽.

23 寺沢薫, 『日本の歴史 02 王権誕生』, 講談社学術文庫(데라사와 가오루, 『일본의 역사 02 왕권 탄생』, 고단샤가쿠주쓰분코), 2008.

24 大津透, 『天皇の歴史 01 神話から歴史』, 講談社(오쓰 도오루, 『천황의 역사 01 신화에서 역사로』, 고단샤), 2010.

25 ヘロドトス, 『歴史』全3巻, 松平千秋訳, 岩波文庫(헤로도토스, 마쓰다이라 치아키 옮김, 『역사』전3권, 이와나미분코), 1971~1972(한국어판은 헤로도토스, 천병희 옮김, 『역사』, 도서출판 숲, 2009).

26 トゥーキュディデース, 『戦史』全3巻, 久保正彰訳, 岩波文庫(투키디데스, 구보 마사아키 옮김, 『전사』전3권, 이와나미분코), 1966~1967(한국어판은 투키디데스, 천병희 옮김, 『펠로폰네소스전쟁사』, 도서출판 숲, 2011).

27 桜井万里子, 『ヘロドトスとトゥーキュディデース』, 山川出版社(사쿠라이 마리코, 『헤로도토스와 투키디데스』, 야마카와출판사), 2006.

28 투키디데스, 앞의 책, 1966~1967, 상권, 164~165쪽.

29 구보 마사아키, 「해제」, 위의 책, 45쪽.

30 三和良一, 「槪說日本経済史: 近現代』 第3版, 東京大学出版会(미와 료이치, 『개설 일본경제사: 근현대』 제3판, 도쿄대학출판회), 2012.

31 吉野作造, 「我国近代史に於ける政治意識の発生」, 『吉野作造選集』 11巻, 岩波書店(요시노 사쿠조, 「일본 근대사에서 정치의식의 발생」, 『요시노 사쿠조 선집』 11권, 이와나미쇼텐), 1995.

32 위의 책, 223쪽.

33 「혼고 학부별 안내 경제학부」, 『교양학부보』 제565호, 2014.

34 鹿子木康弘, 「共感·同情行動の発達的起源」, 『ベビーサイエンス』(가나코기 야스히로, 「공감·동정 행동의 발달적 기원」, 『베이비 사이언스』) 13호, 2013, 26~35쪽.

35 堂目卓生, 『アダム·スミス』, 中央親書, 2008(한국어판은 도메 다쿠오, 우경봉 옮김, 『지금 애덤 스미스를 다시 읽는다: 도덕감정론과 국부론의 세계』, 동아시아, 2010).

36 위의 책, 263~264쪽(한국어판은 240~242쪽).

2장

1 다나카 상주문에 관해서는 服部龍二, 『日中歴史認識』, 東京大学出版会(핫토리 류지, 『일중 역사 인식』, 도쿄대학출판회), 2010 참조.

2 「創造するAI」(人工知能), 『朝日新聞』(「창조하는 AI」, 『아사히신문』), 2016년 1월 6일자 조간.

3 山室信一, 『キメラ: 満州国の肖像』 增補版, 中公親書, 2004(한국어판은 야마무로 신이치, 윤대석 옮김, 『키메라 만주국의 초상』, 소명출판, 2009).

4 『日本の選択 8 満州事変: 世界の孤児へ』, NHK取材班編, 角川文庫(『일본의 선택 8 만주사변: 세계의 고아』, NHK취재반 편, 가도카와분코), 1995, 64~65쪽.

5 『日本外交文書: 満州事変』 第1巻 第3冊, 外務省編刊(『일본외교문서: 만주사변』 제1권 제3책, 외무성 편간), 1978, 561쪽.

6 『リットン報告書の経緯』, 太平洋問題調査会 翻訳編纂(『리튼 보고서의 경위』, 태평양문제조사회 번역편찬), 1933, 1쪽.

7 『東京朝日新聞』(『도쿄아사히신문』), 1932년 9월 30일자 조간.

8 태평양문제조사회, 앞의 책, 1933, 14쪽.

9 위의 책, 14~15쪽.

10 桑田悦, 前原透共編著, 『日本の戦争: 図解とデータ』, 原書房(구와다 에쓰, 마에하라 도오루 공동편저, 『일본의 전쟁: 도해와 데이터』, 하라쇼보), 1989, 3쪽.

11 安富歩, 『満州暴走 隠された構造』, 角川親書(야스토미 아유미, 『만주 폭주 숨겨진 구
조』, 가도카와신쇼), 2015, 140~141쪽.

12 태평양문제조사회, 앞의 책, 1933, 16쪽.

13 吉野作造, 「国民生活の一新」, 『吉野作造選集』第1巻, 岩波書店(요시노 사쿠조, 「국
민 생활의 일신」, 『요시노 사쿠조 선집』 제1권, 이와나미쇼텐), 1995, 215쪽.

14 『日本外交文書: 満州事変』別巻, 外務省編刊(『일본외교문서: 만주사변』 별권, 외무
성 편간), 1981, 136~137쪽.

15 위의 책, 184쪽, 212쪽.

16 위의 책, 227쪽.

17 『日支紛争に関する国際連盟調査委員会の報告附属書』, 国際連盟協会編刊(『일·지
나 분쟁에 관한 국제연맹 조사위원회 보고서 부속서』, 국제연맹협회 편간), 1933,
681쪽.

18 외무성 편간, 앞의 책, 1981, 별권, 245쪽.

19 위의 책, 245쪽.

20 위의 책, 249쪽.

21 위의 책, 254쪽.

22 위의 책, 243쪽.

23 태평양문제조사회, 앞의 책, 1933, 16~17쪽.

24 외무성 편간, 앞의 책, 1981, 별권, 255쪽.

25 위의 책, 258~259쪽.

26 NHK취재반 편, 앞의 책, 1995, 160~165쪽.

27 O. M. Green은 1924년 당시 상하이 데일리 뉴스 주필. '외국신문통신기관 및 통신원
관계 잡건/통신원 부/미국인 부 제2권', 외무성 외교사료관(1-3-2-50_2_2_002),
아시아역사자료센터(JACAR 웹사이트(Ref. B03040931700)

28 Bland, John Otway Percy(1863~1945).

29 China: the Pity of It.

30 태평양문제조사회, 앞의 책, 1933, 22~24쪽.

31 川島真, 『シリーズ中国近現代史 ② 近代国家への模索 1894-1925』, 岩波書店(가와
시마 신, 『시리즈 중국 근현대사 ② 근대국가의 모색 1894~1925』, 이와나미쇼텐),
2010, 42~54쪽.

32 『新しく学ぶ西洋の歴史: アジアから考える』, 南塚信吾ほか責任編集, ミネルヴァ
書房(『새롭게 배우는 서양 역사: 아시아의 눈으로 보다』, 미나미즈카 신코 외 책임편
집, 미네르바쇼보), 2016, 167~168쪽.

33 태평양문제조사회, 앞의 책, 1933, 24~26쪽.

34 미나미즈카 신코 외 , 앞의 책, 2016, 168쪽.

35 태평양문제조사회, 앞의 책, 1933, 27쪽.

36 布川弘, 「戰間期における国際秩序構想と日本: 太平洋問題調査会における論議を中心として」, 科研報告書, 広島大学(누노카와 히로시, 「전간기 국제질서 구상과 일본: 태평양문제조사회 회의를 중심으로」, 과연보고서, 히로시마대학), 2007, 33쪽.

37 위의 논문, 48쪽.

38 태평양문제조사회, 앞의 책, 1933, 29쪽.

39 「満州を日本の保護領とし´若くは併合せしむることは断じて許すべからず」, 『東京日日新聞』(「만주를 일본의 보호령으로 만들거나 혹은 병합하려는 일은 결코 용납할 수 없다」, 『도쿄니치니치신문』), 1932년 9월 29일자 조간.

40 蠟山政道, 『日満関係の研究』, 斯文書院(로야마 마사미치, 『일만관계연구』, 시분쇼인), 1933, 275쪽.

41 NHK放送文化研究所, 『20世紀放送史 資料編』, 日本放送協会(NHK방송문화연구소, 『20세기 방송사 자료편』, 일본방송협회), 2003, 688쪽.

42 『東京朝日新聞』, (『도쿄아사히신문』), 1932년 10월 3일자 조간.

43 미나미즈카 신코 외, 앞의 책, 2016, 228쪽.

44 위의 책, 220쪽.

45 『日本の選択 7 満州国ラストエンペラー』, NHK取材班編, 角川文庫(『일본의 선택 7 만주국 마지막 황제』, NHK취재반 편, 가도카와분코), 1995, 112~114쪽.

46 위의 책, 114~115쪽에서 재인용.

47 위의 책, 166쪽.

48 顧維鈞, 『顧維鈞回憶録』 第2巻, 中国社会科学院近代史研究所訳, 中華書房(구웨이쥔, 중국사회과학원 근대사연구소 옮김, 『구웨이쥔 회억록』 제2권, 주카쇼보), 1985, 60~61쪽. 1932년 10월 11일자 대표단 발신 중국국민정부 외교부 수신 전보.

49 위의 책, 68쪽. 1932년 10월 17일자 장제스 발신 대표단 수신 전보.

50 『東京朝日新聞』(『도쿄아사히신문』), 1932년 10월 3일 조간 2쪽.

51 주50과 동일.

52 주50과 동일.

53 1931년 12월에 만들어진 광둥파의 후한민 정권 세력. 중국 국민당 서남정무위원회. 서남은 광시성, 구이저우성, 쓰촨성, 윈난성을 가리킨다. 이하의 기술은 미무라 가오三村佳緖, 스기모토 유키杉本優綺, 「近代政治史練習」(「근대 정치사 연습」), 2015년 6월 30일, 도쿄대학문학부 보고 참조.

54 구웨이쥔, 앞의 책, 1985, 제2권, 70쪽.

55 21개조 요구의 내용은 加藤陽子, 『満州事変から日中戦争まで』, 岩波書店, 2007,

44~45쪽 참조(한국어판은 가토 요코, 김영숙 옮김, 『만주사변에서 중일전쟁으로』, 어문학사, 2012, 60~61쪽).

56 주46과 동일.

57 국제연맹 규약 제15조와 제16조의 내용은 『만주사변에서 중일전쟁으로』, 133쪽, 136쪽 참조(한국어판은 156쪽, 158쪽).

58 ジャン゠ピエール・デュピュイ, 『経済の未来』, 森元庸介訳, 以文社(장 피에르 두퓌이, 모리모토 요스케 옮김, 『경제의 미래』, 이분샤), 2013, 94~96쪽.

59 위의 책, 96쪽.

60 等松春夫, 「一九三二年末発の満州PKF?: リットン報告書にみられる特別憲兵隊構想」, 『再考察・満州事変』, 軍事史学会編, 錦正社(도마쓰 하루오, 「1932년 말 발 만주PKF?: 리튼 보고서에 등장한 특별헌병대 구상」, 『재고찰·만주사변』, 군사사학회 편, 긴세이샤), 2001. PKF는 유엔평화유지군을 말함.

61 외무성 편간, 앞의 책, 1981, 별권, 248쪽.

62 위의 책, 267쪽.

63 南満州鉄道, 『南満州鉄道株式会社第3次十年史』, 竜渓書舍(남만주철도, 『남만주철도 주식회사 제3차 10년사』, 류케이쇼샤), 1976, 2750쪽. 1931년도 철도 수지 차액은 4818만 5,482.24엔이라고 나와 있다. 『10년사』에서는 부진의 원인을 세계 불황과 은화 폭락에서 찾고 있다.

64 로야마 마사미치, 앞의 책, 1933, 124쪽.

65 외무성 편간, 앞의 책, 1981, 별권, 267쪽.

66 도마쓰 하루오, 앞의 논문, 2001, 123쪽.

67 『牧野伸顕日記』, 伊藤隆ほか編, 中央公論社(『마키노 노부아키 일기』, 이토 다카시 외, 주오고론샤), 1990, 517쪽.

68 『木戸幸一日記』上卷, 木戸日記研究会校訂, 東京大学出版会(『기도 고이치 일기』 상권, 기도일기연구회 교정, 도쿄대학출판회), 1966, 130쪽.

69 위의 책, 136쪽.

70 奈良武次, 『侍従武官長奈良武次 日記・回顧錄』第3卷, 波多野澄雄, 黒沢文貴責任編集, 柏書房(나라 다케지, 『시종무관장 나라 다케지 일기·회고록』제3권, 하타노 스미오·구로사와 후미타카 책임편집, 가시와쇼보), 2000, 409쪽.

71 原田熊雄, 『西園寺公と政局』第2卷, 岩波書店(하라다 구마오, 『사이온지 공과 정국』제2권, 이와나미쇼텐), 1950, 377쪽.

72 加藤陽子, 『戦争の日本近現代史』, 講談社現代新書(가토 요코, 『전쟁의 일본 근현대사』, 고단샤현대신서), 2002, 195~196쪽에서 자세히 설명. 원사료는 「山東問題乃至我一般対支政策ニ対スル在巴里, 英, 米仏操觚者等ノ感想一斑」,

牧野伸顕文書(書類の部 R22.306「山東問題関係書類」所收)(「산둥문제의 일본 일빈 데 기나 정책에 대한 재 파리 엿미프 언론인 감상 일반」, 마키노 노부아키 문서(서류 일부 R22.306「산둥문제 관계 서류」)), 국립국회도서관 헌정자료실 소장.

73 『松岡洋右 人と生涯』松岡洋右伝記刊行会編, 講談社(『마쓰오카 요스케 인간과 생애』, 마쓰오카 요스케 전기 간행회편, 고단샤), 1974, 483~484쪽.

74 『日本外交文書: 満州事変』第3巻, 外務省編刊(『일본외교문서: 만주사변』제3권, 외무성 편간), 1981, 16~17쪽.

75 クリストファ・ソン,『満洲事変とは何だったのか』下巻, 市川洋一訳, 草思社(크리스토퍼 손,『만주사변이란 무엇인가』하권, 이치가와 요이치 옮김, 소시샤), 1994, 195쪽에서 재인용.

76 위의 책, 195쪽에서 재인용.

77 ボリス・スラヴィンスキー・ドミートリース・ラヴィンスキー,『中国革命とソ連』, 加藤幸廣訳, 共同通信社(보리스 슬라빈스키・드미트리 슬라빈스키, 가토 유카히로 옮김,『중국혁명과 소련』, 교도통신사), 2002, 252쪽.

78 井上寿一,『危機のなかの協調外交』, 山川出版社(이노우에 도시카즈,『위기 속 협조외교』, 야마카와출판사), 1994, 제2장; 酒井哲哉,『大正デモクラシー体制の崩壊』, 東京大学出版会(사카이 데쓰야,『다이쇼민주주의 체제의 붕괴』, 도쿄대학출판회), 1992, 제1장.

79 이토 다카시 외, 앞의 책, 1990, 538쪽.

80 이노우에 도시카즈, 앞의 책, 1944.

3장

1 「존 F. 케네디 대통령 취임 연설」, 존 F. 케네디 대통령도서관 웹사이트 http://www.jfklibrary.org/JFK/Historic-Speeches/Multilingual-Inaugural-Address/Multilingual-Inaugural-Address-in-Japanese.aspx(2016년 5월 14일 열람).

2 E・H・카,『역사란 무엇인가』, 清水幾太郎訳, 岩波親書, 1962, 143쪽(한국어판은 E. H. 카, 김택현 옮김,『역사란 무엇인가』, 까치, 2015, 135쪽).

3 前沢伸行,「反事実の歴史学」,『史学雑誌』(마에자와 노부유키,「반사실의 역사학」,『사학잡지』), 제125편 7호, 2016.7.

4 栗原優,『第二次世界大戦の勃發』, 名古屋大学出版会(구리하라 유,『2차 세계대전의 발발』, 나고야대학출판회), 1994, 622쪽.

5 大木毅,『ドイツ軍事史』, 作品社(오키 다케시,『독일 군사사』, 사쿠힌샤), 2016, 154쪽.

6 위의 책, 210쪽.

7 イアン·カーショー, 『運命の選択』下巻, 白水社(이언 커쇼, 『운명의 선택』 하권, 하쿠수이샤), 2014, 171~172쪽.

8 위의 책, 140쪽.

9 三谷太一郎, 「同盟の歴史に学ぶ」, 『朝日新聞』(미타니 다이치로, 「동맹의 역사에서 배운다」, 『아사히신문』), 2014년 6월 10일자 조간.

10 閣議決定, 「国の存立を全うし'国民を守るための切れ目のない安全保障法制の整備について」(각의결정, 「국가의 존립을 완수하고 국민을 지키기 위한 빈틈없는 안전보장법제의 정비에 관해」); 森肇志, 「集団的自衛権行使容認のこれから 閣議決定から法制整備へ 下」, 『UP』(모리 다다시, 「집단적 자위권 행사 용인의 향후: 각의결정에서 법제 정비로 하」, 『UP』) 510호, 2015.4, 46쪽.

11 森肇志, 「集団的自衛権行使容認のこれから 閣議決定から法制整備へ 上」, 『UP』(모리 다다시, 「집단적 자위권 행사 용인의 향후: 각의결정에서 법제 정비로 상」, 『UP』) 509호, 2015.3, 1쪽.

12 위의 논문, 2쪽.

13 경제조항 등으로도 불린다. 내용은 다음과 같다. "체약국은 자유로운 제도를 강화함으로써, 이러한 제도의 기초를 이루는 원칙의 이해를 촉진함으로써 또한 안정 및 복지의 조건을 조장함으로써, 평화적 나아가 우호적 국제관계의 더 큰 발전에 공헌한다. 체약국은 국제경제정책의 불일치를 제거하는 데 힘쓰며 또한 양국 간의 경제적 협력을 촉진한다."

14 「御署名原本·昭和十五年·条約第九号·日本国·独逸国及伊太利国間三国条約」, 国立公文書館, アジア歴史資料センター(JACAR)(「어서명 원본 쇼와15년 조약 제9호·일본국, 독일국 및 이탈리아국 삼국 조약」, 국립공문서관, 아시아역사자료센터 웹사이드)(Ref. A03022538200).

15 加藤陽子, 『戦争の論理』, 勁草書房(가토 요코, 『전쟁의 논리』, 게이소쇼보), 2005, 제5장 참조.

16 黒野耐, 『帝国国防方針の研究』, 総和社(구로노 다에루, 『제국국방방침 연구』, 소와샤), 2000.

17 外務省, 「日米安全保障条約(主要規定の解説)」(외무성, 「미일안전보장조약(주요규정 해설)」), 외무성 웹사이트 http://www.mofa.go.jp/mofaj/area/usa/hosho/jyoyaku_k.html(2016년 5월 20일 열람).

18 주9와 동일.

19 佐道明広, 『自衛隊史論』, 吉川弘文館(사도 아키히로, 『자위대 역사론』, 요시카와고분칸), 2015, 130쪽.

20 위의 책, 134쪽.

21 위의 책, 136~137쪽.

22 위의 책, 161쪽.

23 外務省, 「日米防衛協力のための指針」(외무성, 「미일방위협력을 위한 지침」), 외무성 웹사이트

http://www.mofa.go.jp/mofaj/files/000078187.pdf(2016년 5월 21일 열람).

24 사도 아키히로, 앞의 책, 2015, 167쪽.

25 「2015年8月11日 小池晃(共産党)の質疑(全文 参議院『平和安全特別委員会』)」(「2015년 8월 11일 고이케 아키라(공산당)의 질의(전문 참의원 『평화안전특별위원회』)」), 웹사이트, 〈聞文読報(문문독보)〉 http://bunbuntokuhoh.hateblo.jp/entry/2015/08/11/180853(2016년 5월 21일 열람).

26 비밀양해사항 제1조. 조문은 영문판 Wikisource에서 열람 가능. https://en.wikisource.org/wiki/Molotov%E2%80%93Ribbentrop_Pact#Secret_Additional_Protocol(2016년 5월 21일 열람).

27 이언 커쇼, 앞의 책, 2014, 상권, 46쪽.

28 위의 책, 34쪽.

29 위의 책, 79~80쪽.

30 大野裕之, 『チャップリンとヒトラー』, 岩波書店, 2015(한국어판은 오노 히로유키, 양지연 옮김, 『채플린과 히틀러의 세계대전』, 사계절, 2017).

31 小野塚知二, 「戦争と平和と経済 2015年の日本を考える」, 『国際武器移転史』(오노즈카 도모지, 「전쟁과 평화와 경제 2015년 일본을 생각하다」, 『국제 무기 이전사』) 1호, 2016.1, 22쪽.

32 Lord Hankey, *Politics, Trials and Errors*, H. Regnery, 1950, p.vii, p.57.

33 アントニー・ベスト, 『大英帝国の親日派』, 武田知己訳, 中央公論新社(안토니 베스트, 다케다 도모키 옮김, 『대영제국의 친일파』, 주오고론샤), 2015, 180쪽.

34 Timohty Snyder, *Black Earth: The Holocaust as History and Warning*, Tim Duggan Books, 2015(일본어판은 池田年穂訳, 『ブラックアース』上下巻, 慶應義塾大学出版会, 2016; 한국어판은 조행복 옮김, 『블랙 어스』, 열린책들, 2018).

35 「(インタビュー)ホロコーストの教訓 米エール大学教授, ティモシー・スナイダーさん」, 『朝日新聞』(「인터뷰 홀로코스트의 교훈 미예일 대학 교수, 티머시 스나이더」, 『아사히신문』), 2016년 4월 5일 조간.

36 ルーシー・ウェストコット, スタブ・ジブ, 「死者47万人, 殺された医師705人 シリア内戦5年を数字で振り返る」, 『ニューズウィーク日本版』(루시 웨스트코트, 스터브 집, 「사망자 47만 명, 살해당한 의사 705명 시리아내전 5년 숫자로 돌아보다」, 『뉴스위크 일본판』), 인터넷판, 2016년 3월 16일자(2016년 5월 21일 열람).

37 田嶋信雄, 「総説一 東アジア国際関係の中の日独関係」, 『日独関係史』第1巻, 工藤章

, 田嶋信雄編, 東京大学出版会(다지마 노부오, 「총설1 동아시아 국제관계 속 일본독일 관계」, 『일독관계사』제1권, 구도 아키라·다지마 노부오 편, 도쿄대학출판회), 2008, 47쪽.

38 Warren F. Kimball ed., *Churchill & Roosevelt, The Complete Correspondence*, Princeton University Press, 1987, vol. 1, C-17x, pp.49~51.

39 이언 커쇼, 앞의 책, 2014, 상권, 289쪽.

40 林董, 『後は昔の記 他 林董回顧録』, 由井正臣 校注, 平凡社(하야시 다다스, 『미래는 과거의 기록: 하야시 다다스 회고』, 헤이본샤), 1970.

41 近衛文麿, 「演説 重大時局に直面して(一)」, 国立国会図書館デジタルコレクション : 歴史的音源(永続的識別子 info:ndljp/pid/3573908)(고노에 후미마로, 「연설 중 대시국에 직면하여(1)」, 국립국회도서관 디지털 컬렉션: 역사적 음원 http://rekion. dl.ndl.go.jp).

42 内務省警保局, 「日独伊三国条約に関する記事取締に関する件」, 『現代史資料41 マスメディア統制2』, 内川芳美解説, みすず書房(내무성 경보국, 「일독이 삼국조약에 관한 기사 단속에 관한 건」, 『현대사자료41 언론통제2』, 우치가와 요시미 해설, 미스 즈쇼보), 1975년, 274~276쪽.

43 1931년 12월부터 1940년 10월까지 참모총장으로 재직.

44 1932년 2월부터 1941년 4월까지 군령부총장(1933년 10월, 해군군령부장을 군령부 총장으로 개칭)으로 재직.

45 「沢田茂参謀次長覚書」, 『太平洋戦争への道: 開戦外交史』別巻(資料編), 稲葉正夫 ほか編, 朝日新聞出版社(「사와다 시게루 참모차장 비망록」, 『태평양전쟁에 이른 길: 개전외교사』별권(자료편), 이나바 마사오 외 편, 아사히신문출판사), 1963, 337~370쪽.

46 岡崎哲二, 「読み解き経済 国力データ秘したまま戦争決断」, 『朝日新聞』(오카자키 데쓰지, 「경제 독해 국력 데이타를 숨긴 채 전쟁 결단」, 『아사히신문』), 2013년 12월 5일자 조간.

47 ドリス·カーンズ·グッドウィン, 『フランクリン·ローズヴェルト』上巻, 砂村榮利子 ·山下淑美訳, 中央公論社(도리스 컨스 굿윈, 스나무라 에리코·야마시타 요시미 옮 김, 『프랭클린 루스벨트』상권, 주오고론샤), 2014, 196쪽.

48 위의 책, 229쪽.

49 이언 커쇼, 앞의 책, 2014, 상권, 252쪽.

50 도리스 컨스 굿윈, 앞의 책, 2014, 상권, 286~287쪽.

51 위의 책, 429쪽.

52 위의 책, 427쪽.

53 日本国際政治学会, 太平洋戦争原因研究部編著, 『太平洋戦争の道: 開戦外交史』第5

巻(三国同盟·日ソ中立条約), 新装版, 朝日新聞社(일본국제정치학회, 태평양전쟁원 인연구부 편저, 『태평양전쟁의 길; 개전외교사』제5권(삼국동맹·일소중립조약), 신 장판, 아사히신문사), 1987, 214쪽.

54 『昭和天皇実録』第2巻, 宮内庁編, 東京書籍(『쇼와천황 실록』제2권, 궁내청 편, 도쿄 서적), 2015, 1916년 8월 14일자.

55 주14와 동일.

56 일독 간의 조문 작성은 일본어나 독일어가 아닌 영어로 이루어졌다. 추밀원 심의에 올라온 조약 본문도 영어판이었다. 『日本外交文書: 日独伊三国同盟関係調書集』 , 外務省編刊(『일본외교문서: 일독이 삼국동맹 관계조서집』, 외무성 편간), 2004, 193~197쪽.

57 외무차관인 오하시 주이치大橋忠一, 외무성 고문인 시라토리 도시오白鳥敏夫, 사이 토 료에齋藤良衛 등.

58 태평양전쟁원인연구부, 앞의 책, 1987, 별권(자료편), 320~321쪽.

59 외무성, 앞의 책, 2004, 51쪽, 108쪽.

60 「日独伊提携強化に対処する基礎要件」(「일독이 제휴강화에 대처하는 기초 요건」), 위의 책, 35쪽.

61 위의 책, 256~257쪽.

62 『杉山メモ』下券, 新装版, 參謀本部編, 原書房(『스기야마 메모』하권, 신장판, 참모본 부 편, 하라쇼보), 1994, 41쪽.

63 「第161回国会 国家基本政策委員会合同審査会 第2号」(「제161회 국회 국가기본정 책위원회 합동심사회 제2호」), 회의록, http://www.shugiin.go.jp/internet/itdb_kaigiroku.nsf/html/kaigiroku/ 008816120041110002.htm(2016년 5월 31일 열람).

64 松本(俊一)条約局長手記, 「日独伊三国条約に関する枢密院審査委員会議事概要」, 『日本外交文書: 第二次欧州大戰と日本』第1冊(日独伊三国軍事同盟·日ソ中立条約), 外務省編刊(마쓰모토(슌이치) 조약국장 수기, 「일독이 삼국조약에 관한 추밀원 심사 위원회 의사 개요」, 『일본외교문서: 2차유럽대전과 일본』제1책(일독이 삼국군사동 맹·일소중립조약), 외무성 편간), 2012, 238쪽.

65 제6조는 조약의 유효기간을 10년으로 정한다는 내용.

66 외무성 편간, 앞의 책, 2012, 제1책, 210~214쪽.

67 외무성 편간, 앞의 책, 2004, 92쪽.

68 위의 책, 36~37쪽.

69 오늘날 미크로네시아 연방, 마샬제도공화국, 팔라우공화국, 미국의 자유연합주 북마 리아나제도.

70 외무성 편간, 앞의 책, 2004, 40쪽.

71 외무성 편간, 앞의 책, 2012, 제1책, 214쪽.

72 위의 책, 251~254쪽. 교환 공문의 주요 내용은 ①영일 간에 무력 충돌이 발생할 때 독일의 원조 확보, ②구 독일식민지의 일본 유상무상처분, ③세목에 관해서는 제4조에 규정하는 혼합전문위원회에서 다루지만 이 결정은 각 정부의 승인 없이는 실시할 수 없다, ④제3조 공격의 유무 인정은 세 체약국 간의 협의에 따른다.

73 渡辺延志,『虚妄の三国同盟』, 岩波書店(와타나베 노부유키,『허망한 삼국동맹』, 이와나미쇼텐), 2013.

74 외무성 편간, 앞의 책, 2012, 제1책, 167~172쪽, 178~184쪽.

75 『日本陸海軍の制度・組織・人事』, 日本近代史料研究会編, 東京大学出版会(『일본육해군의 제도・조직・인사』, 일본근대사료연구회 편, 도쿄대학출판회), 1971, 425~432쪽.

76 秦郁彦,『戦前期日本官僚制の制度・組織・人事』, 戦前期官僚制研究会編, 東京大学出版会(하타 이쿠히코,『전전기 일본관료제의 제도・조직・인사』, 전전기관료제연구회 편, 도쿄대학출판회), 1981, 12쪽.

77 주74와 동일.

78 浅野豊美編,『南洋群島と帝国・国際秩序』, 中京大学社会科学研究所(아사노 도요미 편,『남양군도와 제국・국제질서』, 주쿄대학 사회과학연구소), 2007.

79 위의 책, 43쪽.

80 위의 책, 5쪽.

81 이런 논점을 가장 분명하게 보여주는 연구로 河西晃祐,『帝国日本の拡張と崩壊』, 法政大学出版局(가와니시 고스케,『제국일본의 확장과 붕괴』, 호세이대학출판국, 2012)이 있다.

82 삼국동맹이 독일의 대 아시아 진출을 봉쇄하기 위한 동맹이었다는 견해 자체는 이전에도 있었다. 요시이 히로시義井博, 호소야 지히로細谷千博, 이노우에 도시카즈井上寿一, 모리 시게키森茂樹 등의 연구에서도 밝혀진 바 있다. 義井博,『増補 日独伊三国同盟と日米関係』, 南窓社(요시이 히로시,『증보 일독이 삼국동맹과 미일관계』, 난소샤, 1977); 細谷千博,『両大戦間の日本外交』, 岩波書店(호소야 지히로,『양 대전 사이의 일본외교』, 이와나미쇼텐, 1988); 井上寿一,「国際協調・地域主義・新秩序」,『岩波講座 日本近現代史』第3巻, 岩波書店(이노우에 도시카즈,「국제협조・지역주의・신질서」,『이와나미 강좌 일본근현대사』제3권, 이와나미쇼텐, 1993); 森茂樹,「松岡外交における対米および対英策」,『日本史研究』(모리 시게키,「마쓰오카 외교의 미국 및 영국 정책」,『일본사연구』421호, 1997).

83 Andrew Krepinevich and Barry Watts, *The Last Warrior*, Basic Books, 2015.

84 アンドリュー・クレピネヴィッチ, バリー・ワッツ,『帝国の参謀』, 北川知子訳, 日経

BP社(앤드류 크레피네치·베리 와츠, 기타가와 도모코 옮김, 『제국의 참모』, 닛케이 BP사), 2016.

85 위의 책, 248~260쪽.

86 위의 책, 258쪽.

87 위의 책, 90~91쪽.

88 「蔣介石日記手稿」(スタンフォード大学フーバー研究所所蔵), 鹿錫俊, 『蔣介石の国際的解決戦略: 1937~1941』, 東方書店(「장제스 일기 수고」(스탠퍼드대학 하버 연구소 소장), 루시준, 『장제스의 국제적 해결전략: 1937~1941』, 도보쇼텐), 2016, 152쪽부터 재인용.

89 이나바 마사오 외, 앞의 책, 1963, 별권(자료편), 298쪽(1940년 3월 17일 육군성 결정 '오동나무 공작실시요강'). 『続 現代史資料 4 陸軍畑俊六日誌』, 伊藤隆ほか編, みすず書房(『속 현대사자료 4 육군 하타 슌로쿠 일지』, 이토 다카시 외 편집, 미스스쇼보), 1983, 259쪽(1940년 6월 26일자).

90 루시준, 앞의 책, 2016, 173쪽부터 재인용, 원전은 쉬융창 일기.

91 위의 책, 196쪽부터 재인용(원전은 장제스 일기).

92 구도 아키라·다지마 노부오, 앞의 책, 1963, 제1권, 51쪽.

93 이 동맹은 일본과 독일 당국이 문언상으로는 코민테른과, 실질적으로는 소련과 정보 교환 및 방첩 면에서 협력한다는 것. 田嶋信雄, 『ナチス·ドイツと中国国民政府: 1933~1937』, 東京大学出版会(다지마 노부오, 『나치 독일과 중국 국민정부: 1933~1937』, 도쿄대학출판회), 2013, 2쪽.

94 구도 아키라·다지마 노부오, 앞의 책, 1963, 제2권, 12쪽.

95 다지마 노부오, 「동아시아 국제관계 속 일독관계」, 『일독 관계사』 제1권.

96 루시준, 앞의 책, 2016, 197쪽.

97 위의 책, 199쪽.

98 森山優, 『日米開戦の政治過程』, 吉川弘文館(모리야마 아쓰시, 『미일 개전의 정치과정』, 요시카와고분칸), 1998, 47쪽.

99 예제로 나와 있는 것은 "쇼와 40년(1965년)의 1만 엔을 오늘날의 돈으로 환산하면 얼마나 될까요?"이다. 일본은행 홈페이지 http://www.boj.or.jp/announcements/education/oshiete/history/j12.htm/(2016년 6월 2일 열람).

100 『高木惣吉 日記と情報』下巻, 伊藤隆編, みすず書房(『다카기 소기치 일기와 정보』 하권, 이토 다카시편, 미스즈쇼보), 2000, 525쪽(1941년 4월 12일자).

101 모리야마 아쓰시, 앞의 책, 1998, 54쪽.

102 위의 책, 55쪽.

103 위의 책, 85쪽부터 재인용(원전은 군령부 제1과장이었던 나카자와 다스쿠中沢佑 일

기).

104 参謀本部,「昭和4年7月起 海軍 軍備制限綴(倫敦会議)」, 国立公文書館, アジア歴史資料センター(JACAR)(참모본부,「쇼와 4년 7월 해군 군비제한(런던해군군축조약)」, 국립공문서관, 아시아역사자료센터 웹사이트(Ref. C08051999400).

105 구도 아키라,「전시 경제 협력 실태」,『일독 관계사』제2권, 291쪽.

106 1942년 1월 18일 베를린에서 일독이 군사협정 조인. 일본과 독일 이탈리아의 작전지역을 동경 70도로 나눴다.

4장

1 入江昭,『日米戦争』, 中央公論社(이리에 아키라,『미일전쟁』, 주오고론샤), 1978, 42쪽.

2 『日本陸海軍の制度・組織・人事』, 日本近代史料研究会編, 東京大学出版会(『일본 육해군의 제도・조직・인사』, 일본근대사료연구회편, 도쿄대학출판회), 1971, 110쪽.

3 清沢洌,「アメリカは日本と戦わず」,『清沢洌評論集』, 山本義彦編, 岩波文庫(기요사와 기요시,「미국은 일본과 전쟁하지 않고」,『기요사와 기요시 평론집』, 야마모토 요시히코 편, 이와나미분코), 1970, 153쪽.

4 野村発松岡宛 136号電,『日本外交文書: 日米交渉』上巻, 外務省(노무라 발신 마쓰오카 수신 136호 전보,『일본외교문서: 미일교섭』상권, 외무성), 1990, 8쪽.

5 『戦争調査会事務局書類』9巻, 広瀬順皓解説・解題, ゆまに書房(『전쟁조사회 사무국 서류』9권, 히로세 요시히로 해설・해제, 유마니쇼보), 2015, 161쪽.

6 ドリス・カーンズ・グッドウィン,『フランクリン・ローズヴェルト』上巻, 砂村榮利子・山下淑美 翻訳, 中央公論社(도리스 컨스 굿윈, 스나무라 에리코・야마시타 요시미 옮김,『프랭클린 루스벨트』상권, 주오고론샤), 2014, 116쪽.

7 加藤陽子,『模索する1930年代: 日米関係と陸軍中堅層』, 山川出版社(가토 요코,『모색하는 1930년대: 미일관계와 육군중견층』, 야마카와출판사), 1993, 제1장.

8 『昭和十三年版 各国通商の動向と日本』, 外務省通商局編, 日本国際協会(『쇼와 13년판 각국 통상의 동향과 일본』, 외무성 통상국 편, 일본국제협회), 1938, 360쪽.

9 주4와 동일.

10 加藤陽子,『戦争の日本近現代史』, 講談社現代親書(가토 요코,『전쟁의 일본근현대사』, 고단샤현대신쇼), 2002, 115쪽, 151쪽.

11 '公文書に見る日米交渉' アジア歴史資料センター('공문서로 보는 미일교섭' 아시아역사자료센터 웹사이트 http://www.jacar.go.jp/nichibei/index2.html(2016년 6월 11일 열람).

12 小谷賢,「1941年2月の極東危機とイギリス情報部」,『軍事史学』(고타니 젠,「1941
년 2월 극동 위기와 영국 정보부」,『군사사학』) 153号, 2003, 11쪽.

13 일본에 관해서는 宮杉浩泰,「戦前期日本の暗号解読情報の伝達ルート」,『日本歴史』
(미야스기 히로야스,「전쟁 전기 일본의 암호 해독정보 전달 루트」,『일본역사』) 703
호, 2006년; 宮杉浩泰,「日本軍の対ソ情報活動」,『軍事史学』(미야스기 히로야스,「일
본군의 대소 정보활동」,『군사사학』) 49권 1호, 2013; 森山優,「戦前期における日本
の暗号解読能力に関する基礎研究」,『国際関係・比較文化研究』(모리야마 아쓰시,
「전쟁 전기 일본의 암호해독 능력에 관한 기초연구」,『국제관계・비교문화 연구』) 3
권 1호, 2004; 森山優,「戦前期日本の暗号解読とアメリカの対応」,『Intelligence イ
ンテリジェンス』(모리야마 아쓰시,「전전기 일본의 암호해독과 미국의 대응」,『인
텔리전스』) 9호, 20세기 미디어연구소 편, 기노쿠니야쇼텐, 2007. 일영에 관해서는
小谷賢,『日本軍のインテリジェンス』,講談社(고타니 젠,『일본군의 인텔리전스』,
고단샤), 2007.

14 모리야마 아쓰시, 앞의 논문, 2004, 33쪽.

15 위의 논문, 17~18쪽.

16 위의 논문, 30쪽.

17 塩崎弘明,「「諒解案」から「ハル・ノート」まで」,『国際政治』(시오자키 히로아키,「양
해안부터 헐 노트까지」,『국제정치』) 71호, 1982, 147쪽.

18 臼井勝美,「日米開戦と中国」,『太平洋戦争』,細谷千博ほか編, 東京大学出版会(우스
이 가쓰미,「미일개전과 중국」,『태평양전쟁』, 호소야 지히로 외 편집, 도쿄대학출판
회), 1993.

19 ジョナサン・G.アトリー,『アメリカの対日戦略』,五味俊樹訳, 朝日出版社(조나단
G. 유틀리, 고미 도시키 옮김,『미국의 대일 전략』, 아사히출판사), 1989, 229~230
쪽.

20 清沢洌,『暗黒日記』第1巻,橋川文三編, ちくま学芸文庫(기요사와 기요시,『암묵일
기』 제1권, 하시카와 분소 편, 지쿠마가쿠에이분코), 2002, 81쪽(1943년 5월 12일
강연회).

21 도리스 컨스 굿윈, 앞의 책, 2014, 상권, 307쪽.

22 イアン・カーショー,『運命の選択』下巻,白水社(이언 커쇼,『운명의 선택』, 하쿠수이
샤), 2014, 300쪽.

23 도리스 컨스 굿윈, 앞의 책, 2014, 상권, 304쪽.

24 잭슨의 연설은 大沼保昭,『戦争責任論序説』, 東京大学出版会(오누마 야스아키,『전
쟁책임론서설』, 도쿄대학출판회), 1975, 139쪽부터 재인용.

25 이언 커쇼, 앞의 책, 2014, 상권, 317쪽.

26 노무라 발신 마쓰오카 수신 247호 전보, 노무라 발신 마쓰오카 수신 305호 전보,『일

본외교문서: 미일외교』 상권, 32쪽, 73쪽.

27 工藤章,「戰前經濟協力の実態」,『日独関係史』第2巻, 工藤章, 田嶋信雄編, 東京大学出版会(구도 아키라,「전시 경제 협력의 실태」,『일독 관계사』제2권, 구도 아키라, 다지마 노부오편, 도쿄대학출판회), 2008, 291쪽.

28 오트 주일대사 발신 마쓰오카 외무상 수신 서간에는 "한 체약국이 조약 제3조의 의의에서 공격을 받았는지 아닌지는 세 체약국의 협의로 결정해야 함은 물론이다", "전문위원회의 결정은 각국 정부의 승인을 거치지 않으면 실시"할 수 없다고 적혀 있다. 外務省,『日本外交文書: 第二次欧州大戰と日本』第1巻(외무성,『일본외교문서: 2차 유럽대전과 일본』제1권), 2012, 253쪽.

29 海軍次官・次長発横山一郎宛電報,「野村吉三郎文書771」, 国立国会圖書館憲政資料室所蔵(해군차관・차장 발신 요코야마 이치로 수신 전보,「노무라 기치사부로 문서 771」, 국립국회도서관 헌정자료실 소장).

30 『日本外交年表竝主要文書』下巻, 外務省編, 原書房(『일본 외교연표 등 주요 문서』 하권, 외무성편, 하라쇼보), 1996, 489~491쪽.

31 大木毅,『ドイツ軍事史』, 作品社(오키 다케시,『독일 군사사』, 사쿠힌샤), 2016, 187쪽, 191쪽.

32 게르하르트 크렙스,「삼국동맹의 내실」,『일독 관계사』제2권, 62쪽.

33 외무성, 앞의 책, 2016, 하권, 522쪽.

34 해군차관・군령부차장 발신 노무라 수신 친전(1941년 5월 9일),「노무라 기치사부로 문서 771」.

35 예를 들어 有賀貞,『国際関係史』, 東京大学出版會(아루가 다다시,『국제관계사』, 도쿄대학출판회), 2010, 366쪽의 노무라 평가는 다음과 같다. "하시만 노무라는 웬지 헐의 4원칙에 관해서는 도쿄에 전달하지 않고 '미일양해안'을 미국 정부 측의 제안인 것처럼 보고해 교섭에 혼란을 빚었다."

36 노무라 발신 고노에 임시외무대신 수신 233전보(1941년 4월 17일), 외무성,『일본외교문서: 미일교섭』상권, 20쪽.

37 이카와 다다오 발신 고노에 후미마로 수신 전보(1941년 3월 27일),『井川忠雄日米交渉史料』, 伊藤隆・塩崎弘明編, 山川出版社(『이카와 다다오 미일교섭 사료』, 이토 다카시・시오자키 히로아키 편, 야마카와출판사), 1982, 194쪽.

38 미국대사관부 육군무관 이소다 사부로 발신 도조 육군상 수신 102호 전보(1941년 5월 11일), 외무성,『일본외교문서: 미일교섭』상권, 57쪽.

39 이소다 발신 도조 수신 101호 전보(1941년 5월 11일), 위의 책, 56쪽.

40 이언 커쇼, 앞의 책, 2014, 상권, 325쪽.

41 위의 책, 320쪽.

42 외무성, 앞의 책, 1996, 하권, 492~495쪽.

43 이카와 발신 고노에 수신 전보(1941년 3월 27일), 이토 다카시·시오자키 히로아키, 앞의 책, 1982, 195쪽, 해제 15쪽.

44 사료에도 분명히 나와 있다. "선박 차터charter(대여)는 미국에게만. 영국 네덜란드에는 곤란. 또한 1척 대여할 때마다 1척 건조 자재 요구"라는 일본 측 메모가 남아 있다. 이카와 다다오 메모(1941년 3월 22일), 위의 책, 189쪽 참조.

45 노무라 발신 고노에 수신 237호 전보, 외무성, 『일본외교문서 미일교섭』 상권, 25쪽.

46 矢部貞治, 『近衛文麿』 上巻, 弘文堂(야베 데이지, 『고노에 후미마로』 상권, 고분토), 1952, 248~291쪽.

47 노무라 발신 마쓰오카 수신 전보 314호(1941년 5월 6일), 외무성, 『일본외교문서: 미일교섭』 상권, 78쪽.

48 이토 다카시·시오자키 히로아키, 앞의 책, 1982.

49 위의 책, 해제 17쪽.

50 위의 책, 해제 15쪽.

51 드라우트 발신 이카와 수신 의견서(1941년 3월 27일), 위의 책, 212쪽.

52 『日米関係調書集成』 第1巻, 細谷千博, 佐藤元英, 現代史料出版(『미일관계조서집성』 제1권, 호소야 지히로·사토 모토에이, 현대사료출판), 2009, 302쪽.

53 「対米試案 未定稿 昭和16年1月3日」, 「野村吉三郎文書768」, 国立国会図書館憲政資料室(「대미 시안 미완성 원고 쇼와 16년 1월 3일」, 「노무라 기치사부로 문서 768」, 국립국회도서관 헌정자료실 소장).

54 松岡発野村宛電報(마쓰오카 발신 노무라 수신 전보) 205호, 1941년 5월 12일자, 『일본외교문서: 미일교섭』 상권, 58~60쪽.

55 野村発松岡宛電報(노무라 발신 마쓰오카 수신 전보) 425호, 1941년 6월 23일, 위의 책, 125~129쪽.

56 「「世界情勢ノ推移二伴フ時局処理要綱」二関スル覚」, 『太平洋戦争への道: 開戦外交史』 別巻(資料編), 新装版, 朝日新聞社(「「세계정세 추이에 따른 시국 처리 요강」에 관한 생각」, 『태평양전쟁에 이른 길: 개전외교사』 별권(자료편), 신장판, 아사히신문사), 1988, 328~329쪽.

57 현재 베트남의 하이퐁과 하노이를 잇는 선의 북동측부터 중국 접경 지역 주변.

58 ロバート O. バクストン, 『ヴィシー時代のフランス』, 渡辺和行·剣持久木 訳, 柏書房(로버트 팩스톤, 와타나베 가즈유키·겐모치 히사기 옮김, 『비시 시대의 프랑스』, 가시와쇼보), 2004.

59 防衛庁防衛研修所戦史室, 『戦史叢書 大本営陸軍部大東亜戦争開戦経緯』 第2巻, 朝雲出版社(방위청 방위연수소 전사실, 『전사총서 대본영 육군부 대동아 전쟁개전 경위』 제2권, 아사구모출판사), 1973, 57쪽.

434

60 로버트 팩스톤, 앞의 책, 2004, 98쪽.

61 防衛庁防衛研修所戦史室, 『戦史叢書 大本営陸軍部大東亜戦争開戦経緯』 第4巻, 朝雲出版社(방위청 방위연수소 전사실, 『전사총서 대본영 육군부 대동아 전쟁개전 경위』 제4권, 아사구모출판사), 1974, 323쪽(이 수치는 6월 11일 당시).

62 『大本営陸軍部戦争指導班 機密戦争日誌』 上巻, 軍事史学会編, 錦正社(『대본영 육군부 전쟁지도반 기밀전쟁일지』 상권, 군사사학회편, 긴세이샤), 1998, 138쪽.

63 森山優, 『日米開戦の政治過程』, 吉川弘文館(모리야마 아쓰시, 『미일 개전의 정치과정』, 요시카와고분칸), 1998, 82쪽.

64 『原敬日記』 第1巻, 原奎一郎編, 福村出版(『하라 다카시 일기』 제1권, 하라 게이치로 편집, 후쿠무라출판), 1965, 269쪽(1897년 8월 24일).

65 陸奥宗光, 『蹇蹇錄』, 中塚明編, 岩波文庫(무쓰 무네미쓰, 『건건록』, 나카쓰카 아키라 편집, 이와나미분코), 1983, 26쪽.

66 모리야마 아쓰시, 앞의 책, 1998.

67 吉沢南, 『戦争拡大の構図』, 青木書店(요시자와 미나미, 『전쟁 확대의 구도』, 아오키쇼텐), 1986.

68 결정된 국책의 전문은 佐藤元英, 『御前会議と対外政略』, 原書房(사토 모토에이, 『어전회의와 대외정략』, 하라쇼보), 2001, 164~182쪽.

69 이언 커쇼, 앞의 책, 2014, 상권, 379쪽.

70 波多野澄雄, 「開戦過程における陸軍」, 『太平洋戦争』, 細谷千博ほか編, 東京大学出版会(하타노 스미오, 「개전 과정의 육군」, 『태평양전쟁』, 호소야 지히로 외 편집, 도쿄대학출판회), 1993.

71 군사사학회, 앞의 책, 1998, 상권, 125쪽.

72 하타노 스미오, 앞의 논문, 15쪽.

73 野村発松岡宛(노무라 발신 마쓰오카 수신 전보) 520호, 1941년 7월 16일자, 『일본 외교문서: 미일교섭』 상권, 160쪽.

74 조나단 G. 유틀리, 앞의 책, 1989, 163쪽.

75 위의 책, 196쪽.

76 ウォルド・H・ハインリックス, 「大同盟の形成と太平洋戦争の開幕」, 『太平洋戦争』, 細谷千博ほか編, 東京大学出版会(왈도 하인리치, 「대동맹의 형성과 태평양전쟁의 개막」, 『태평양전쟁』, 호소야 지히로 외 편집, 도쿄대학출판회), 1993.

77 エドワード・ミラー, 『日本経済を殲滅せよ』, 金子宣子訳, 新潮社(에드워드 밀러, 가네코 노부코 옮김, 『일본경제를 섬멸하자』, 신초샤), 2010, 163쪽.

78 위의 책, 298쪽.

79 위의 책, 303쪽.

80 위의 책, 269쪽.

81 野村発豊田宛電報(노무라 발신 도요다 수신 전보) 565호, 1941년 7월 24일자, 『일본외교문서: 미일교섭』 상권, 170쪽.

82 ジョセフ·グルー, 『滞日十年』 下卷, 每日新聞社(조셉 그루, 『일본 체류 10년』 하권, 마이니치신문사, 1948, 161~164쪽(1941년 7월 27일자 기록).

83 野村発豊田宛(노무라 발신 도요다 수신 전보) 706~709호, 1941년 8월 17일~18일자, 『일본외교문서: 미일교섭』 상권, 224~235쪽.

84 외무성, 앞의 책, 1996, 하권, 542~543쪽.

85 野村発豊田宛(노무라 발신 도요다 수신 전보) 752호, 1941년 8월 28일자, 『일본외교문서: 미일교섭』 상권, 259쪽.

86 豊田発野村宛(도요다 발신 노무라 수신 전보) 510호, 1941년 8월 29일자, 위의 책, 261쪽.

87 「平沼国務相狙擊事件」, 『現代史資料 23 国家主義運動(三)』, 高橋正衛編, みすず書房(「히루누마국무상 저격사건」, 『현대사자료 23 국가주의운동(3)』, 다카하시 마사에 편, 미스즈쇼보), 1974, 208쪽.

88 군사사학회, 앞의 책, 1998, 상권, 150쪽, 1941년 8월 27일 일기.

89 『昭和天皇独白録』, 文春文庫(『쇼와천황 독백록』, 분슌분코), 1995, 85쪽.

90 위의 책, 160쪽.

91 「国家主義団体員数表」, アジア歴史資料センター(「국가주의단체원 숫자」, 아시아역사자료센터, Ref. A05020251700), 「種村氏警察参考資料 第80集」, 国立公文書館(「다네무라 경찰 참고자료 제80집」, 국립공문서관).

92) 『木戸幸一日記』 下卷, 木戸幸一研究会校訂, 東京大学出版会(『기도 고이치 일기』 하권, 기도고이치연구회교정, 도쿄대학출판회), 1966.

93 각각 『特高月報』(『특고월보』)('특고'는 특별고등경찰로 『특고월보』는 내무성 경보국 보안과에서 발간한 내부 문서이다-옮긴이) 1941년 9월호, 42~45쪽, 11월호, 49~50쪽.

94 野村発豊田宛(노무라 발신 도요다 수신 전보) 889호, 1941년 10월 2일자, 『일본외교문서: 미일교섭』 하권, 1쪽.

95 「東京時事資料月報」, 今井清一編, 『開戦前夜の近衛内閣』, 青木書店(「도쿄시사자료 월보」, 1941년 8월, 이마이 세이치편, 『개전 전야의 고노에 내각』, 아오키쇼텐), 1994, 284쪽.

96 기도고이치연구회, 앞의 책, 1966, 914쪽.

97 외무성, 앞의 책, 1990, 상권, 310쪽.

98 하타노 스미오, 앞의 논문, 1993, 20쪽.

99 군사사학회, 앞의 책, 1998, 상권, 154쪽, 9월 5일자 일기.

100 『日米交渉関係調書集成』 2巻, 細谷千博·佐藤元英編, 現代史料出版((『미일관계조서집성』 제2권, 호소야 지히로·사토 모토에이, 현대사료출판), 2009, 859쪽.

101 井口武夫, 『開戦神話』, 中公文庫(이구치 다케오, 『개전신화』, 주고분코), 2011.

102 Roberta Wohlstetter, *Peal Harbor*, Stanford University Press, 1962. 일부를 축약한 일본어판은 『パールハーバー』, 岩島久夫·岩島斐子翻訳, 読売新聞社(이와시마 히사오·이와시마 아야코 옮김, 『펄 하버』, 요미우리신문사), 1987.

103 위의 책, 7쪽.

104 山本熊一遺稿, 「大東亜戦争秘史」(야마모토 구마이치 유고, 「대동아전쟁 비사」)

5장

1 트럭섬에서 패전을 맞았던 하이쿠 작가 가네코 도타金子兜太가 「戦後70年 国のため死んでいく制度は我慢ならね」, 『毎日新聞』(「전후 70년 국가를 위해 죽는 제도는 용인할 수 없다」, 『마이니치신문』) 2015년 6월 23일자 조간에서 잔학사라는 말을 사용했다.

2 田中宏巳, 『消されたマッカーサーの戦い』, 吉川弘文館(다나카 히로미, 『지워진 맥아더의 전쟁』, 요시카와고분칸), 2014.

3 一ノ瀬俊也, 『故郷はなぜ兵士を殺したか』, 角川選書(이치노세 도시야, 『고향은 왜 병사를 죽였는가』, 가도카와센쇼), 2010; 浜井和史, 『海外戦没者の戦後史』, 吉川弘文館(하마이 가즈후미, 『해외 전몰자 전후사』, 요시카와고분칸), 2014.

4 半籐一利, 「歴史のリアリズム」, 『世界』(힌도 가즈토시, 「역사의 리얼리즘」, 『세계』) 874호, 2015.10, 45쪽.

5 『NHKスペシャル 東京大空襲 60年目の被災地図』, NHKエンタープライズ(『NHK 스페셜 도쿄대공습 60년의 재해 지도』, NHK엔터프라이즈), 2005(DVD).

6 『宇垣一成日記』第1巻, 角田順校訂, みすず書房(『우가키 가즈시게 일기』제1권, 가쿠다 준 교정, 미스즈쇼보), 1968, 445쪽(1923년 9월 6일자).

7 J. Charles Schencking, Japan in the Shadow of the Bomber: Airpower and Japanese Society in Interwar and Wartime Japan. 2011년 10월 피츠버그대학 아시아연구소 개최 국제회의 '아시아에서의 2차 세계대전' 보고서.

8 吉田裕, 森茂樹, 『アジア·太平洋戦争』, 吉川弘文館(요시다 유타카, 모리 시게키, 『아시아·태평양전쟁』, 요시카와고분칸), 2007, 20쪽.

9 林博史, 『沖縄戦と民衆』, 大月書店(하야시 히로후미, 『오키나와전과 민중』, 다이가쓰쇼텐), 2001, 5쪽.

10 〈NHKスペシャル 沖縄戦全記録〉(〈NHK 스페셜 오키나와 전쟁 기록〉), 2015년 6월 14일 방송. 이토반시청 소장 문서로 전후 오키나와현이 유일하게 각 시정촌을 대상으로 조사한 데이터.

11 「秘密戦ニ関スル書類」, 国立公文書館(「비밀전쟁에 관한 서류」, 국립공문서관), 아시아역사자료센터(JACAR) 웹사이트(Ref. A.06030046800).

12 NHK 전쟁 증언 아카이브 http://www.nhk.or.jp/shogenarchives/(2016년 6월 24일 열람).

13 『引揚援護の記録』, 引揚援護庁長官官房総務課編刊(『인양 원호 기록』, 인양원호청 장관 관방 총무과 편간), 1950년, 11쪽.

14 家近亮子, 『蒋介石の外交戦略と日中戦争』, 岩波書店(이에치카 료코, 『장제스의 외교전략과 중일전쟁』, 이와나미쇼텐), 2012, 270~271쪽.

15 『日中戦争の国際共同研究 2 日中戦争の軍事的展開』, 波多野澄雄, 戸部良一 編, 慶應義塾大学出版会(『중일전쟁 국제공동연구 2 중일전쟁의 군사적 전개』, 하타노 스미오, 도베 료이치 편, 게이오기주쿠대학출판회), 2006년에 실린 하라 다케시原剛의 「一号作戦(이치고 작전)」, 한스 반 데 벤Hans van de Ven의 「中国軍事史の文脈から見る日中戦争」(「중국 군사사의 문맥에서 보는 중일전쟁」) 등.

16 原朗, 「戦争, そして七〇年」, 『評論』(하라 아키라, 「전쟁, 그리고 70년」, 『논평』) 200호, 2015.7, 4쪽.

17 加藤陽子, 『それでも日本人は戦争を選んだ』, 朝日出版社, 2009, 389쪽(한국어판은 가토 요코, 윤현명·이승혁 옮김, 『그럼에도 일본은 전쟁을 선택했다』, 서해문집, 2018, 421쪽).

18 加藤陽子, 「ファシズム論」, 『日本歴史』(가토 요코, 「파시즘론」, 『일본역사』) 700호, 2006년 9월.

19 예를 들어 자민당 헌법 개정 추진본부 자료집 「호노보노 일가의 헌법개정이 뭐지?」.

20 池内恵, 『サイクスピコ協定 100年の呪縛』, 新潮選書(이케우치 사토시, 『사이크스피코협정 100년의 주박』, 신초선서), 2016, 제1장.

21 「昭和二十一年 会議記録 事務局書類十」(「쇼와 21년 회의기록 사무국 서류10」), 2A/37/위1357, 국립공문서관소장.

22 古関彰一, 『平和憲法の深層』, ちくま親書(고세키 쇼이치, 『평화헌법의 심층』, 지쿠마신쇼), 2015, 90쪽.

23 위의 책, 92쪽.

24 주21과 동일.

25 「資料原稿綴 二」(자료원고철 2), 2A/37/위1362, 국립공문서관 소장.

26 広瀬順皓, 長谷川貴志, 『戦争調査会事務局書類』 全15巻, ゆまに書房(히로세 요시히로, 하세가와 다카시, 『전쟁조사회사무국 서류』 전15권, 유마니쇼보), 2015.

27 『아사히신문』, 2015년 4월 14일자 조간.

맺음말

1 丸山眞男, 『日本政治思想史研究』新裝版, 東京大学出版会(마루야마 마사오, 『일본 정치사상사 연구』신장판, 도쿄대학출판회), 1983(한국어판은 마루야마 마사오, 김석근 옮김, 『일본 정치사상사 연구』, 통나무, 1998).

2 荻生徂徠, 「答問書」, 『荻生徂徠』, 尾藤正英責任編集, 中央公論者(오규 소라이, 「답문서」, 『오규 소라이』, 비토 마사히데 책임편집, 주오고론샤), 1983, 303쪽.

왜 전쟁까지
일본 제국주의의 논리와 '세계의 길' 사이에서

2018년 9월 14일 1판 1쇄

지은이	가토 요코
옮긴이	양지연
기획위원	노만수
편집	이진·이창연
디자인	홍경민
제작	박흥기
마케팅	이병규·양현범·이장열
인쇄	천일문화사
제책	J&D바인텍
펴낸이	강맑실
펴낸곳	(주)사계절출판사
등록	제406-2003-034호
주소	(우)10881 경기도 파주시 회동길 252
전화	031-955-8588, 8558
전송	마케팅부 031-955-8595 편집부 031-955-8596
홈페이지	www.sakyejul.net
전자우편	skj@sakyejul.co.kr
블로그	skjmail.blog.me
페이스북	facebook.com/sakyejul
트위터	twitter.com/sakyejul

ISBN 979-11-6094-395-5 03900

이 도서의 국립중앙도서관 출판예정도서목록(CIP)은 서지정보유통지원시스템
홈페이지(http://seoji.nl.go.kr)와 국가자료공동목록시스템(http://www.nl.go.kr/kolisnet)에서
이용하실 수 있습니다. (CIP제어번호: CIP2018027797)